Stefan Heiden

Kursreaktionen auf Dividendenankündigungen

GABLER EDITION WISSENSCHAFT

Der Informationsgehalt von Dividendenankündigungen am deutschen Kapitalmarkt

Inaugural-Dissertation
zur Erlangung des Doktorgrades
des Fachbereichs Wirtschaftswissenschaften
der Johann Wolfgang Goethe-Universität
Frankfurt am Main

vorgelegt von
Dipl.-Kfm. Stefan Heiden
aus Frankfurt am Main
1999

Stefan Heiden

Kursreaktionen auf Dividendenankündigungen

Ereignisstudie am deutschen Kapitalmarkt

Mit einem Geleitwort von Prof. Dr. Günther Gebhardt

Springer Fachmedien Wiesbaden GmbH

Die Deutsche Bibliothek – CIP-Einheitsaufnahme
Ein Titeldatensatz für diese Publikation ist bei
Der Deutschen Bibliothek erhältlich

Dissertation Universität Frankfurt am Main, 2000

1. Auflage Juni 2002

Ursprünglich erschienen bei Deutscher Universitäts-Verlag GmbH, Wiesbaden 2002.

Lektorat: Brigitte Siegel / Sabine Schöller

www.duv.de

Umschlaggestaltung: Regine Zimmer, Dipl.-Designerin, Frankfurt/Main

Gedruckt auf säurefreiem und chlorfrei gebleichtem Papier

ISBN 978-3-8244-7461-5 ISBN 978-3-322-89777-0 (eBook)
DOI 10.1007/978-3-322-89777-0

Geleitwort

Die Behandlung der für Theorie und Praxis äußerst interessanten Frage nach der Bewertungsrelevanz von Dividenden ("Do dividends matter?") hat in der Finanzierungslehre eine lange Geschichte. Das Irrelevanztheorem von Miller/Modigliani (1961) ist darin ein markanter Meilenstein und hat eine wichtige theoretische Weiterentwicklung ausgelöst, in der systematisch Erklärungsansätze für die Relevanz der Dividendenpolitik aufgezeigt werden.

Der Zusammenhang zwischen Dividendenhöhe und Unternehmensbewertung war zwar schon häufiger Gegenstand empirischer Untersuchungen, jedoch vornehmlich an angelsächsischen Märkten. Für den deutschen Markt legt Stefan Heiden die hiermit erste umfassende Arbeit vor, die die Dividendenpolitik deutscher Unternehmen auf dem Hintergrund der modernen neo-institutionalistischen Finanzierungstheorie und mit Methoden der neueren Kapitalmarktforschung untersucht. Er konzentriert sich dabei in einer methodisch ausgefeilten Ereignisstudie auf die Kapitalmarktreaktion bei Ankündigung der Dividendenentscheidungen.

Stefan Heiden bestimmt die Kursreaktionen für fast 1000 Dividendenankündigungen von 145 deutschen Unternehmen im Zeitraum 1981 bis 1990. Eine signifikante Kursreaktion ist nur bei Dividendenänderungen zu beobachten, wobei das Ausmass bei Dividendenkürzungen (-2,157%) deutlich stärker als bei Dividendenerhöhungen (+ 0,825%) ist. Besonders heftig ist die Kursreaktion auf Dividendenausfälle (-2,8%). Nur für Dividendenerhöhungen ergibt sich ein positiver Zusammenhang zwischen Dividendenänderung und Kursreaktion. Diese erwarteten Befunde entsprechen den Ergebnissen vorliegender Studien an anderen Märkten.

Weiter geht der Verfasser in vorbildlicher Weise theoriegeleitet den Bestimmungsgründen der Kursreaktionen nach und dabei inhaltlich sowie methodisch weit über vorliegende Literatur hinaus. So kann er einen signifikanten negativen Zusammenhang zwischen Unternehmensgrösse und Kursreaktion aufzeigen, der auch dann noch bestehen bleibt, wenn er die Effekte unterschiedlicher Kontrollstrukturen (managergeleitete versus eigentümergeleitete Unternehmen) berücksichtigt. Unternehmensgrösse fungiert dabei als Proxy für die über ein Unternehmen verfügbare Informationsmenge. Zugleich bestätigt sich hier die Hypothese, dass Dividenden den Konflikt zwischen Gross- und Kleinaktionären vermindern helfen.

Die differenzierte Untersuchung dieser Fragen im Kontext des deutschen Kapitalmarktes ist vor allem auch für die internationale Diskussion von Interesse. In der vergleichenden Finanzmarktforschung wird immer wieder auf die Bedeutung unterschiedlicher institutioneller Bedingungen für beobachtbare unterschiedliche Kapitalmarktreaktionen. Stefan Heiden zeigt jedoch überzeugend auf, dass die Kursreaktionen auf Dividendenankündigungen auch innerhalb eines Landes unterschiedlich sind. Dies ergänzt die Befunde aus anderen Untersuchungen zu den Kapitalmarktreaktionen auf Finanzierungsentscheidungen, die im Rahmen eines umfassenderen Forschungsprogrammes an meiner Professur und im Rahmen des DFG-Schwerpunktprogrammes „Empirische Kapitalmarktforschung" entstanden sind.[*)]

Stefan Heiden arbeitet heraus, dass in der Empirie Dividendenentscheidungen für die Kapitalmarktteilnehmer relevant sind und zeigt die relevanten theoretischen Bestimmungsgründe dafür auf. Dies ist ein wichtiger Beitrag zur empirischen Kapitalmarktforschung und auch eine wichtige Basis für Entscheidungsträger, die die Dividendenhöhe festzulegen haben. Ich wünsche der Arbeit das wohl verdiente Interesse in Theorie und Praxis der Finanzwirtschaft.

Prof. Dr. Günther Gebhardt

---

*) Vgl. z.B. Gebhardt/ Entrup (1993); Entrup (1995); Gebhardt/ Entrup / Heiden (1994); Gebhardt/ Heiden/ Daske (2001).

Vorwort

Dividendenentscheidungen sind Entscheidungen des Management, die in der Unternehmenspraxis auch tatsächlich von diesem getroffen werden. Diese Arbeit weist die bereits auf anderen Kapitalmärkten beobachteten Reaktionsmuster auf diese Dividendenentscheidungen auch für den deutschen Kapitalmarkt nach. Sie zeigt darüber hinaus Bestimmungsgründe für die Kursreaktion auf. Wie in allen Ereignisstudien ist es dabei nicht das primäre Interesse, die absolute Höhe der Kursreaktion zu bestimmen (oder vorhersagen zu können), eine Ereignisstudie ist konzeptionell auch nicht geeignet, profitable Handelsregeln zu generieren (zumindest nicht auf Basis öffentlich verfügbarer Informationen). Mein Interesse galt daher aufzuzeigen, welche (finanzwirtschaftliche) Theorien Erklärungsansätze für die Kursreaktion liefern können, hierin findet – so hoffe ich – auch der Leser seine interessantesten Anregungen. Der Forscher ist eben an der Bestätigungen seiner Theorien, die aus einem anderen Feld, beispielsweise der Untersuchung von Finanzierungsentscheidungen, kommen, interessiert. Unternehmenspraktiker hilft ein besseres Verständnis des Kapitalmarktes diesen besser zu interpretieren, so die Kommunikation mit den Kapitalmarktteilnehmern zu verbessern und darauf auch bessere Entscheidungen zu treffen.

Diese Arbeit wäre ohne Unterstützung anderer nicht möglich gewesen. Ganz besonders möchte ich Herrn Prof. Dr. Günther Gebhardt danken, der mich während der gesamten Zeit der Promotion betreute und mir dabei die Freiheit ließ, diesem Thema auf meine Art und Weise nachzugehen. Für die Übernahme des Zeitgutachtens danke ich Herrn Prof. Dr. Reinhard H. Schmidt ganz herzlich.

Anregend waren für mich immer wieder die Diskussion mit Kolleginnen und Kollegen in Frankfurt. Dr. Ulrich Entrup stand nicht nur am Anfang meiner empirischen Arbei mit Hilfe bereit, sondern hat auch die Arbeit im Endstadium Korrektur gelesen. Diskussionspartner - nicht nur für mein eigenes Thema - waren Dipl.-Ök. Lothar Demant, Dr. Georg Hax, Dr. Frank Schwenold, Dipl.-Kffr. Irmelin Burkhardt, Dipl.-Kfm. Oliver Ruß, Dr. Karin Mayer und Dr. Anne d'Arcy. Wichtige Unterstützung leisteten mir zahlreiche studentische Hilfskräfte. Begleitet haben mich in der Zeit der Entstehung und Fertigstellung dieser Arbeit Freunde und Freundinnen - für Abwechslung Interesse und moralische Unterstützung danke ich ihnen allen. Ganz besonders möchte ich meinen Eltern für die vertrauensvolle Unterstützung danken. Ihr Vertrauen und Unterstützung reichen über diese Arbeit hinaus und waren so die erste Grundlage für deren Gelingen.

Stefan Heiden

Inhalt

Abbildungen

Tabellen

Anhang

Abkürzungen

Abs.	Absatz
AG	Aktiengesellschaft
AktG	Aktiengesetz
Anz.	Anzahl
ARIMA	Autoregressive Integrated Moving Average
AUS	Australien
BewG	Bewertungsgesetz
BGH	Bundesgerichtshof
BRD	Deutschland
CAN	Kanada
CAPM	Capital Asset Pricing Modell
CRSP	Center for Research in Security Prices
d.h.	das heißt
DAFOX	Deutscher Aktienindex für Forschungszwecke
EStG	Einkommensteuergesetz
f.	folgende
FAZ	Frankfurter Allgemeine Zeitung
FRA	Frankreich
GewStG	Gewerbesteuergesetz
GuV	Gewinn- und Verlustrechnung
HGB	Handelsgesetzbuch
Hrsg.	Herausgeber
i.d.R.	in der Regel
i.w.	im wesentlichen
Jg.	Jahrgang
KStG	Körperschaftsteuergesetz
KWG	Kreditwesengesetz
m.w.N.	mit weiteren Nennungen
min.	mindestens
N	Anzahl
n.a.	nicht angegeben
Nr.	Nummer
NYSE	New York Stock Exchange

o.g.	oben genannte(n)
OLS	Ordinary Least Squares
pos.	positiv
Rn.	Randnummer
S&P	Standard & Poors
S.	Seite
SP	Schätzperiode
u.a.	unter anderem
u.s.f.	und so fort
u.U.	unter Umständen
UK	Großbritannien
USA	Vereinigte Staaten von Amerika
vgl.	vergleiche
Vol.	Jahrgang
VStG	Vermögensteuergesetz
WP-Nr.	Wertpapier-Kennummer
z.B.	zum Beispiel
z.T.	zum Teil

Symbole

#/'/+/*/**	Signifikanzangaben
α	Regressionskoeffizient
β	Regressionskoeffizient
ε	Zufallsterm
A	Abschreibungen
AR	Abnormal Return, Überrendite
c	Kostensatz
CAR	Cumulative Abnormal Return, kumulierte Überrendite
CF	Cash Flow
D, Div.	Dividende
df	Freiheitsgrade
E	Gewinn
e	Thesaurierungsquote
F	Finanzierung
G	Gewinn
g	Wachstumsrate
i	Diskontierungsfaktor
I	Investitionen
JÜ	Jahresüberschuß
K	Kurtosis oder Rangplatz
L	Anzahl der Tage in der Regressionsperiode
m	Anzahl der Aktien
P	Kurs / Wert der Aktie
Pr (t/z/h/Sp)	Wahrscheinlichkeiten
r	Diskontierungsfaktor
R	Rendite
r_{SP}	Rangkorrelationskoeffizient
S	Schiefe oder Standardabweichung
s	Steuersätze
T	Teststatistiken
t	Zeitindex
V	Wert des Unternehmens

I. Einleitung

I.1. Problemstellung

Wieso eine Arbeit über Dividenden ?

Miller/Modigliani (1961) haben schon vor mehr als 30 Jahren die Irrelevanz der Dividendenpolitik für die Bewertung des Unternehmens gezeigt. Ihre Arbeiten – nicht nur zur Dividendenpolitik sondern auch zur Finanzierungspolitik eines Unternehmens – waren trotz der in ihnen gezeigten Irrelevanz der Dividendenpolitik für die Bewertung eines Unternehmens eher ein neuer Startpunkt für die Forschung über die Fragen der Dividendenpolitik eines Unternehmens.[1] Selbstverständlich war ihre Arbeit auch nicht als Schlußpunkt dieser Diskussion gemeint, werfen sie doch selbst einen der im folgenden wichtigsten Ansatzpunkte für weitere Untersuchungen auf, wenn sie den „informational content"[2] der Dividende diskutieren. Die Bedeutung der Festlegung der Dividende für die Bewertung der Eigenkapitaltitel eines Unternehmens ist Gegenstand auch dieser Arbeit.

Die Dividendenpolitik ist das Gegenstück zu den Finanzierungsentscheidungen eines Unternehmens. Das Verständnis der Kapitalallokation in einer Volkswirtschaft durch einzelwirtschaftliche Finanzierungsentscheidungen bleibt unvollständig, wenn es nicht durch die Untersuchung der sie auslösenden Rückflüsse ergänzt wird. Dividendenzahlungen stellen Rückflüsse für die Bereitstellung von Eigenkapital dar. Der Einfluß der Festlegung der Dividendenhöhe auf die Bewertung des Eigenkapitaltitel eines Unternehmens ist somit ein weiterer Test der Theorien über die Unternehmensfinanzierung. Ein tieferes Verständnis der Bewertung von Eigenkapitaltiteln ermöglicht auf der Ebene des einzelnen Investors verbesserte Entscheidungen bei der Allokation seiner Ressourcen (*Bedeutet eine höhere Dividende für den Kapitalgeber einen höheren Wert seiner Unternehmensanteile?*), auf die wiederum Unternehmen als Nachfrager des Kapitals der Anleger durch Anpassung ihrer Entscheidungen über Finanzierungsmaßnahmen, Dividendenausschüttungen und Informationspolitik reagieren können (*Wie soll die Dividende festgelegt werden? Welche Finanzierungsform soll gewählt werden? Welche Information soll dem Anleger gegeben werden?*). Bei der Gestaltung von Elementen eines Finanzsystems kann das Verständnis der Auswirkungen von Dividendenpolitik eines Unternehmens Ansatzpunkte in der Diskussion über Veränderungen bieten (*Pflicht zur Ausschüttung des Bilanzgewinn? Vorteilhaftigkeit alternativer Ausschüttungsformen wie Rückkauf eigener Anteile?*). Auch wenn diese Arbeit nicht versucht, diese nur kurz angedeuteten Problemfelder zu diskutieren, stellen die in dieser

---

[1] Damit soll nicht gesagt werden, daß es vor ihren Arbeiten keine Diskussion über die von ihnen aufgeworfenen Fragen gegeben hat. Vgl. hierzu die Diskussion bei Miller/Modigliani (1961) selbst.

[2] Miller/Modigliani (1961), S. 430.

Untersuchung gewonnen Erkenntnisse doch Argumente zu deren Diskussion zur Verfügung. Entscheidungen zu diesen Problemkreisen setzt die Beantwortung von Fragen voraus, wie sie in dieser Arbeit bearbeitet werden sollen:

- Signalisiert die angekündigten Dividende etwas über den Wert des Unternehmens?
- Wie wirkt sich ein Zusammenhang zwischen Investitionsmöglichkeiten und Dividendenausschüttungen auf die Bewertung des Unternehmens aus?
- Welche Bedeutung haben Steuern bei der Bewertung eines Unternehmens?
- Wie wirkt sich die Menge der Informationen, die über ein Unternehmen verfügbar ist, auf die Bewertung des Unternehmens im Zusammenhang mit Dividendenentscheidungen aus?
- Welche Bedeutung hat die Eigentümerstruktur für die Bewertung eines Unternehmens?

Der Schwerpunkt dieser Arbeit liegt dabei auf der Beantwortung der ersten Frage nach dem Signalgehalt der Dividende. Grund hierfür ist, daß sich diese Arbeit sich bei der Untersuchung ihrer Fragestellungen hauptsächlich auf die Methodik der Ereignisstudie stützt. Dieses erlaubt eine umfassende Betrachtung des Signalgehaltes der Dividende, während für die weiteren Fragestellungen auch andere Untersuchungsmethoden eingesetzt werden müßten. Hier kann und will diese Arbeit nur weitere Bausteine zur Beantwortung der Fragen liefern.

Es gibt – selbst beschränkt auf Dividendenankündigungen – eine solche Fülle von Ereignisstudien, daß die Kenntnis aller Arbeiten mit dieser Methodik nicht möglich ist. Deshalb stellt sich die Frage:

Weshalb eine weitere Ereignisstudie zu Dividendenankündigungen?

Diese Arbeit bedient sich der Technik der Ereignisstudie als Mittel zur Untersuchung ihrer Fragestellungen. Hierfür ist neben der Ermittlung der Überrenditen in der Ereignisstudie eine aus der Hypothesenbildung abgeleitete Untersuchung dieser Überrenditen auf Zusammenhänge mit anderen ökonomischen Variablen (z.B. Dividendenrendite, Unternehmensgröße, Eigentümerstruktur, Gewinnentwicklung, Investitionen) notwendig. Diese Arbeit möchte durch die Untersuchung des Zusammenhangs dieser Variablen mit dem Ankündigungseffekt Erkenntnisse gewinnen.

Schließlich untersucht diese Arbeit die Dividendenankündigungen deutscher Aktiengesellschaften. Durch Besonderheiten des deutschen Kapitalmarktes gegenüber dem am häufigsten in Ereignisstudien betrachteten US-amerikanischen Kapitalmarkt verspricht diese Arbeit Erkenntnisse insbesondere zu Fragestellungen

- nach der Bedeutung von Steuern und
- nach dem Einfluß von Eigentümerstrukturen

im Zusammenhang mit Dividendenentscheidungen auf Kapitalmärkten.

I.2. Gang der Untersuchung

Für die Untersuchung des Informationsgehaltes von Dividendenankündigungen ist zunächst der rechtliche und institutionelle Rahmen, in dem Dividendenentscheidungen getroffen werden, zu untersuchen. Dies geschieht in Abschnitt II.1, welcher zunächst die gesetzlichen Regelungen über die Verwendung des Jahresüberschusses und den vorgelagerten Einfluß der Gewinnermittlung auf die Bestimmung des Jahresüberschusses beschreibt, um anschließend die Bedeutung vertraglicher Regelungen zur Begrenzung der Ausschüttung darzustellen (Abschnitt II.2). Zwei weitere Abschnitte dienen der Darstellung von Untersuchungen, die die Dividendenpolitik von Unternehmen beschreiben. Abschnitt II.3 stellt Befragungen der Entscheidungsträger bei der Festlegung von Dividenden vor, Abschnitt II.4 Modelle, die die Abhängigkeit der Dividendenhöhe von Einflußgrößen wie dem Jahresüberschuß untersuchen. Ziel der Darstellung dieser Untersuchungen ist es aufzuzeigen, daß die tatsächliche Festlegung der Dividende zumindest die Möglichkeit eines Informationsgehaltes der Dividende offenläßt.

Nachdem Kapitel II die Möglichkeiten aufgezeigt hat, die das Management bei der Gestaltung der Dividendenpolitik hat und welche Faktoren sich bei der Festlegung der Dividende empirisch als relevant erwiesen haben, soll in Kapitel III der Frage nachgegangen werden, inwieweit die Dividendenpolitik eines Unternehmens für den Wert des Unternehmens relevant ist (Abschnitt III.1). Anschließend werden in den Abschnitten III.2 und III.3 theoretische Ansätze aufgearbeitet, aus denen sich Hypothesen über den Zusammenhang zwischen Kursreaktion und Dividendenankündigung ableiten lassen. Differenzierte Kursreaktion in Abhängigkeit von der Größe und der Kontrollstruktur des Unternehmens behandelt Abschnitt III.4, und Abschnitt III.5 arbeitet steuerliche Einflüsse auf die Kursreaktion bei Dividendenankündigungen heraus. Abschnitt III.6 überprüft die Übertragbarkeit dieser Ansätze, die im wesentlichen bezogen auf dem (steuer-) rechtlichen und institutionellen Hintergrund des US-amerikanischen Kapitalmarktes entwickelt wurden, auf Dividendenankündigungen deutscher Unternehmen.

Ziel des folgenden Kapitels IV ist es, einen Überblick über den empirischen Erklärungsgehalt der in Kapitel III. dargestellten Erklärungshypothesen für die Kursreaktion auf die Ankündigung von Dividendenankündigungen zu geben. Weiter werden empirische Ergebnisse z.B. zur Gewinnentwicklung im Zusammenhang mit Dividendenentscheidungen dargestellt, die keine Ergebnisse von Ereignisstudien darstellen.

Kapitel V beginnt die eigene empirische Untersuchung mit der Formulierung der Untersuchungshypothesen und deren Operationalisierung (Abschnitt V.1). Weiter wird in diesem Kapitel die Methodik der im folgenden durchgeführten Ereignisstudie vorgestellt. Zunächst geht dabei Abschnitt V.2 auf die sachliche und zeitliche Abgrenzung der Untersuchungsgruppe ein. Die Technik der Bestimmung des „Ankündigungseffektes“ und die

Bestimmung der Signifikanz des „Ankündigungseffektes“ wird in Abschnitt V.3 vorgestellt. Da in dieser Untersuchung die Kursreaktionen nicht nur für die Gesamtgruppe, sondern auch für nach ökonomischen Kriterien gebildete Teilgruppen untersucht werden, werden in den Abschnitten V.4 und V.5 die Definition dieser Variablen und die Testverfahren, die Zusammenhänge zwischen diesen ökonomischen Variablen und den Kursreaktionen untersuchen, dargestellt.

Kapitel VI stellt die Ergebnisse der eigenen empirischen Untersuchung dar. Dabei dienen sieben Abschnitte jeweils der ausführlichen Darstellung der einzelnen Untersuchungsergebnisse. Dargestellt werden hier Zusammenhänge zwischen der Kursreaktion auf Dividendenankündigungen und anderen ökonomischen Variablen und eine unterschiedliche Entwicklung des Gewinns und der Investitionen vor und nach der Dividendenankündigung.

Im abschließenden Kapitel VII sollen diese Untersuchungsergebnisse dann den gebildeten Hypothesen zugeordnet werden und gemeinsam mit den vorliegenden Ergebnissen anderer Untersuchungen konfrontiert werden. Das Kapitel faßt damit die Untersuchung kritisch zusammen und zeigt auf, an welchen Punkten weiterer Erklärungsbedarf besteht.

II. Beschreibung der Dividendenpolitik

In diesem Kapitel soll zum einen der rechtliche Rahmen für Ausschüttungen deutscher Aktiengesellschaften beschrieben werden. Dabei sind zunächst gesetzliche Regelungen über die Verwendung des Jahresüberschusses darzustellen, was in Abschnitt II.1. erfolgt. Allerdings begrenzen nicht nur Vorschriften zur Gewinnverwendung mögliche Ausschüttungen, sondern auch die Regelungen zur Gewinnermittlung. Sämtliche Normen zum Bilanzansatz und zur Bewertung darzustellen, würde jedoch den Rahmen dieser Arbeit deutlich übersteigen, so daß hier auf deren Wiedergabe verzichtet wird. Eine Begrenzung der Ausschüttung kann nicht nur durch gesetzliche Vorschriften erfolgen, sondern auch (direkt oder indirekt) durch vertragliche Regelungen. Hierbei ist insbesondere an Regelungen in Kreditverträgen zu denken, deren Relevanz für Deutschland in Abschnitt II.2. dargestellt werden.

Nachdem mit den gesetzlichen und vertraglichen Bestimmungen der Rahmen für eine Dividendenpolitik umrissen wurde, wird im folgenden auf Untersuchungen eingegangen, die versuchen, die Dividendenpolitik zu beschreiben. Dazu werden in Abschnitt II.3. zunächst Befragungen vorgestellt, die nach den Motiven bei der Festlegung der Dividende suchen, um daran anschließend in Abschnitt II.4. Modelle darzustellen, die die Abhängigkeit der Dividendenhöhe von Einflußgrößen untersuchen, deren wichtigste der Jahresüberschuß des Unternehmens ist.

Die Ausführungen in diesem Kapitel sollen die Überlegungen zum Informationsgehalt von Dividendenankündigungen unterstützen. Die Untersuchung eines Informations- oder Signalgehaltes von Dividendenankündigungen hat zur Voraussetzung, daß das Management bei der Festlegung der Dividende rechtlich und tatsächlich die Möglichkeit einer Wahl hat. Nur in diesem Fall besteht überhaupt die Möglichkeit, daß die Festlegung der Dividende einen Informationsgehalt hat. Die Ausführungen in diesem Kapitel haben gemeinsam die Untersuchung dieser Möglichkeiten und ihrer Beschränkungen als Hintergrund.

II.1. Gesetzliche Ausschüttungsregeln bei Aktiengesellschaften

Während des für diese Untersuchung ausgewählten Untersuchungszeitraums zwischen 1981 und 1990 galten unterschiedliche Vorschriften zur Ergebnisverwendung. Die Vorschriften des alten Aktiengesetzes 1965 wurden durch das Bilanzrichtliniengesetz von 1985 reformiert. Die Regelungen zur Gewinnverwendung vor und nach der Reform lassen sich jedoch gemeinsam darstellen, was in diesem Abschnitt erfolgen soll.

Ausgangspunkt der Gewinnverwendungsrechnung ist der sich aus dem Jahresabschluß ergebende Jahresüberschuß des Unternehmens. Bereits auf die Bestimmung dieses Jahresüberschusses hat der Vorstand des Unternehmens Einfluß. Er kann durch die Anwendung expliziter Wahlrechte, durch die Ausnutzung von Ermessensspielräumen und durch die Sachverhaltsgestaltung Einfluß auf den Ansatz und die Bewertung von Aktiva und Passiva nehmen. Dabei unterscheiden sich die Gestaltungsmöglichkeiten des Vorstandes nach Aktiengesetz 1965 und neuem Handelsgesetzbuch, ein Gestaltungsspielraum des Management bleibt aber bestehen. Tabelle 1 zeigt beispielhaft einige dieser ergebniswirksamen Möglichkeiten.[3)] Dabei hat der Vorstand je nach Ausgangslage und Interesse sowohl die Möglichkeit zu einer Ergebnisverbesserung als auch zu einer Ergebnisverschlechterung im laufenden Geschäftsjahr. Zu beachten ist, daß sich die Ergebniswirksamkeit dieser Maßnahmen in den Folgeperioden z.T. umkehren kann, was den Gestaltungsspielraum wiederum einschränkt.

Tabelle 1: Beispiele für ergebnisbeeinflussende Gestaltungsmöglichkeiten des Vorstandes bei (vor) der Aufstellung des Jahresabschlusses.

Gestaltung-möglichkeit	Einfluß bei ⇒ auf ⇓	Aktiva	Passiva
Sachverhalts-gestaltung	Ansatz und Bewertung	Je nach Ausgestaltung des Leasingvertrags erfolgt der Ansatz des Vermögensgegenstandes oder nicht: Die Aufwandsverteilung unterscheidet sich entsprechend.	Der Ansatz einer Verbindlichkeit bei Leasingverträgen folgt spiegelbildlich dem Ansatz des Vermögensgegenstandes.
Ausnutzen von Ermessens-spielräumen	Bewertung	Bestimmung der voraussichtlichen Nutzungsdauer zur Bemessung der Abschreibungen auf das Anlagevermögen (§ 154 Abs. 1 AktG und § 253 Abs. 2 HGB).	Bewertung der Rückstellungen „nach vernünftiger kaufmännischer Beurteilung" (§ 156 Abs. 4 AktG 1965 und § 253 Abs. 1 HGB)
Explizite Wahlrechte	Ansatz	Disagio (§ 250 Abs. 3 HGB) AktG 1965: Selbsterstellte immaterielle Vermögensgegenstände des Anlagevermögens (§ 152 Abs. 3 AktG)	AktG 1965: Pensionsverpflichtungen HGB: Altverpflichtungen für Pensionen (Art. 28 EGHGB)
	Bewertung	AktG 1965: Wertaufholung außerplanmäßiger Abschreibungen im Anlagevermögen (§ 154 Abs. 2 AktG) HGB: Herstellungskosten (§ 255 Abs. 2 HGB)	Höherbewertung nichtbilanzierter Pensionsverpflichtungen bis zum beizulegenden Wert

Der Übergang vom Jahresüberschuß zum Bilanzgewinn erfolgt in der Ergebnisverwendungsrechnung, die Aktiengesellschaften nach § 151 Abs. 1 AktG 1965 und nach neuem Recht nach § 158 Abs. 1 AktG aufzustellen haben. Dabei erfolgt die Ermittlung des Bilanzgewinns ausgehend vom Jahresüberschuß durch die Berücksichtigung des Gewinn-/ Verlustvortrags aus dem Vorjahr sowie der Einstellungen und Entnahmen aus den Rücklagen im laufenden Jahr (vgl. Tabelle 2).

---

3) Auf eine weitergehende Darstellung aller Bilanzierungsmöglichkeiten kann hier verzichtet werden, vgl. dazu einschlägige Bilanzkommentare.

Tabelle 2: Ergebnisverwendungsrechnung

a) nach Aktiengesetz 1965.	b) nach Bilanzrichtliniengesetz.
Jahresüberschuß	Jahresüberschuß
± Gewinn/Verlustvortrag aus dem Vorjahr	± Gewinn/Verlustvortrag aus dem Vorjahr
	+ Entnahme aus der Kapitalrücklage
+ Entnahme aus offenen Rücklagen	+ Entnahmen aus Gewinnrücklagen
aus der gesetzlichen Rücklage	aus der gesetzlichen Rücklage
aus der Rücklage für eigene Aktien	aus der Rücklage für eigene Aktien
aus freien Rücklagen	aus satzungsmäßigen Rücklagen
Ertrag aus der Kapitalherabsetzung	aus anderen Gewinnrücklagen
- Einstellungen aus dem Jahresüberschuß in	- Einstellungen in Gewinnrücklagen
offene Rücklagen	
in die gesetzliche Rücklage	in die gesetzliche Rücklage
in die Rücklage für eigene Aktien	in die Rücklage für eigene Aktien
in freie Rücklagen	in satzungsmäßige Rücklagen
	in andere Gewinnrücklagen
Einstellung in die gesetzliche Rücklage nach den Vorschriften über die vereinfachte Kapitalherabsetzung	
= Bilanzgewinn/Bilanzverlust	= Bilanzgewinn/Bilanzverlust

Vgl. § 151 Abs. 1 AktG 1965 und § 158 Abs. 1 AktG.

Gemäß § 58 Abs. 4 AktG in alter und neuer Fassung haben die Aktionäre Anspruch auf den Bilanzgewinn. Dieser prinzipielle Anspruch auf die Ausschüttung des Bilanzgewinns wird allerdings schon durch die Vorschrift selbst wieder eingeschränkt, indem der Teil des Bilanzgewinns von der Ausschüttung ausgenommen wird, der „nach Gesetz oder Satzung, durch Hauptversammlungsbeschluß nach Absatz 3 oder als zusätzlicher Aufwand auf Grund des Gewinnverwendungsbeschlusses von der Verteilung unter die Aktionäre ausgeschlossen ist.“ [4] Weiter stehen dem Organ der Gesellschaft, welches den Jahresabschluß feststellt, weitere Rechte bei der Ermittlung des Bilanzgewinns zu. Da im Regelfall die Verwaltung der Aktiengesellschaft (Vorstand und Aufsichtsrat) den Jahresabschluß feststellen, haben diese Organe die Möglichkeit, den Bilanzgewinn zu gestalten. So kann das Recht, aus dem Jahresüberschuß Zuweisungen zu den Rücklagen vorzunehmen, zu einer Verminderung des Bilanzgewinns genutzt werden. Eine Erhöhung des Bilanzgewinns läßt sich durch Entnahmen aus Rücklagen erreichen. Hierfür kommt i.w. nur die freie Rücklage nach altem Recht bzw. die anderen Gewinnrücklagen nach neuem Recht in Frage. Die durch Gesetz getroffenen Regelungen für Zuführungen bzw. Entnahmen aus den übrigen Rücklagen geben Vorstand und Aufsichtsrat bei diesen i.d.R. keinen Gestaltungsspielraum zur Erhöhung bzw. Verminderung des Ausschüttungsspielraums.[5]

---

[4] Eine Ausnahme betrifft Verlustsituationen. Hier kann der Vorstand/Aufsichtsrat durch Auflösung gesetzlicher Rücklagen, die über die gesetzliche/satzungsmäßige Höchstgrenze hinausgehen, das Ausschüttungspotential zukünftiger Perioden erhöhen. Für die laufende Periode darf dann allerdings keine Ausschüttung vorgenommen werden.

[5] § 58 Abs. 4 AktG.

Nach Aktiengesetz 1965 haben Vorstand und Aufsichtsrat, sofern sie den Jahresabschluß feststellen, das Recht, die Hälfte des Jahresüberschusses (gekürzt um die Pflichtzuführung zur gesetzlichen Rücklage nach § 150 AktG und einen etwaigen Verlustvortrag) in die freien Rücklagen einzustellen. Sofern es die Satzung vorsieht, können sogar mehr als 50% diesen freien Rücklagen zugeführt werden. Eine höhere Zuführung ist aber nur solange möglich, wie die freien Rücklagen 50% des Grundkapitals nicht überschreiten. Das Recht, die Hälfte des Jahresüberschusses in die Gewinnrücklagen einzustellen, bleibt davon aber unberührt.[6] Die Vorschriften hinsichtlich der Zuweisung zu den anderen Gewinnrücklagen im heute gültigen Aktiengesetz entsprechen dieser Regelung. Weiterhin haben heute Vorstand und Aufsichtsrat gemäß § 58 Abs. 2 a AktG das Recht, den Eigenkapitalanteil von Wertaufholungen nach § 280 Abs. 1 HGB in die anderen Gewinnrücklagen einzustellen. Eine Anrechnung auf die Bildung anderer Rücklagen durch Vorstand und Aufsichtsrat erfolgt nicht.[7]

Sowohl nach altem als auch nach neuem Recht können Vorstand und Aufsichtsrat, sofern sie den Jahresabschluß feststellen, Entnahmen aus der freien Rücklage bzw. den anderen Gewinnrücklagen unter Beachtung von satzungsmäßigen oder durch die Hauptversammlung geschaffenen Beschränkungen in beliebiger Höhe vornehmen.[8]

Gemäß § 58 Abs. 4 AktG haben dann die Aktionäre Anspruch auf den Bilanzgewinn. Die Hauptversammlung, die über die Verwendung des Bilanzgewinns entscheidet (§ 174 AktG), hat dabei die Möglichkeit, den Gewinn auszuschütten, Einstellungen in die Gewinnrücklagen vorzunehmen, den Gewinn für andere (z.B. für gemeinnützige) Zwecke zu verwenden oder ihn auf neue Rechnung vorzutragen. Der Gewinnverwendungsbeschluß bedarf dabei der einfachen Mehrheit der Hauptversammlung, es sei denn, die Satzung bestimmt etwas anderes. Einschränkungen des Rechts zur Festlegung der Gewinnverwendung durch die Satzung werden als zulässig angesehen.[9] In der Regel unterbreiten Vorstand und Aufsichtsrat der Hauptversammlung einen Vorschlag für die Gewinnverwendung, in dem die von der Verwaltung gewünschte Ausschüttung zum Ausdruck kommt. Unter den Ereignissen der in Kapitel V beschriebenen Untersuchungsgruppe (Dividendenankündigungen für Geschäftsjahre 1981 bis 1990) gibt es keinen Fall, in dem die von der Verwaltung vorgeschlagene Ausschüttung durch die Hauptversammlung abgelehnt worden ist.

Trotz des prinzipiellen Anspruchs der Aktionäre auf den Bilanzgewinn ist es die Verwaltung der Aktiengesellschaft, die durch ihren Einfluß bei der Jahresabschlußerstellung

---

6) Vgl. § 58 Abs. 2 AktG 1965; Coenenberg (1985), S. 174.

7) Vgl. Clemm/Jensen (1995), Rn. 51.

8) Vgl. Coenenberg (1985), S. 175; Förschle/Kofahl (1995), Rn. 107.

9) Vgl. Clemm/Jensen (1995), Rn. 54 - 55.

(Gewinnermittlung, Rücklagendotierungsrecht bei der Gewinnverwendung sowie Vorschlag zur endgültigen Gewinnverwendung, der faktisch stets durch die Hauptversammlung übernommen wird) die Höhe der Ausschüttung innerhalb des durch diese Regelungen vorgegebenen Rahmens entscheidend bestimmt. Sie kann dabei natürlich weiteren Beschränkungen unterliegen, wie sie z.B. in (Kredit-) Verträgen enthalten sein können. Diese behandelt der folgende Abschnitt.

II.2. Beschränkungen der Dividendenausschüttungen durch Verträge

Kreditgeber haben ein Interesse daran, Dividendenausschüttungen durch Aktiengesellschaften zu begrenzen. Ausschüttungen vermindern das haftende Eigenkapital der Aktiengesellschaft, wodurch sich die Risikoposition der Gläubiger verschlechtert. Die Aktionäre oder ein zum Vorteil der Aktionäre handelndes Management können daher durch hohe Ausschüttungen die Vermögensposition der Gläubiger zugunsten der Aktionäre schädigen.

Eine Möglichkeit der Gläubiger, sich gegen solche Vermögensverschiebungen zu ihren Lasten zu wehren, ist die Vereinbarung von Schutzklauseln in Kreditverträgen. Zu diesen Schutzklauseln gehören Kreditsicherheiten, Verhaltensbeschränkungen des Schuldners z.B. durch Mitspracherechte bei Investitionsvorhaben, Kündigungsmöglichkeiten bzw. die Fristigkeitsstruktur des Fremdkapitals sowie die Festlegung von Mindesteigenkapitalquoten oder die direkte Beschränkung der Ausschüttungsmöglichkeiten der Aktiengesellschaft.[10)]

Indirekte Ausschüttungsbeschränkungen[11)] sehen Sanktionen (z.B. Kündigungsrechte der Gläubiger) für das Unternehmen vor, wenn durch die Ausschüttung Mindesteigenkapitalquoten, zum Beispiel in Form von horizontalen oder vertikalen Finanzierungsregeln, verletzt werden. Eigenkapitalquoten beschränken die Höhe der Ausschüttung dann, wenn das Unternehmen durch eine ansonsten rechtlich mögliche Ausschüttung die vertraglich eingegangenen Verpflichtungen verletzen würde.

Direkte Ausschüttungsbeschränkungen begrenzen explizit die Ausschüttung eines Jahres. Dabei werden die zukünftigen (Netto-)Ausschüttungen, definiert als Saldo aus Dividendenzahlungen und (in Deutschland bis 1998 nur in bestimmten, eng definierten Fällen rechtlich zulässigen) Aktienrückkäufen sowie Neuemissionen auf einen bestimmten Anteil am Gewinn begrenzt. Fixe Bestandteile, etwa schon bestehende Rücklagen, die

---

10) Vgl. Swoboda (1994), S. 176 - 178.

11) Zu Klassifikationsmöglichkeiten von Ausschüttungsbeschränkungen vgl. ausführlich Ewert (1986), S. 100 - 139.

ansonsten für die freie Ausschüttung zur Verfügung stehen, sind möglich. Weiterhin sind Kombinationen aus direkten und indirekten Dividendenbeschränkungen denkbar.[12)]

Eine Untersuchung über die Häufigkeit und Ausgestaltung solcher Ausschüttungsbegrenzungen in Kreditverträgen deutscher Aktiengesellschaften nehmen Leuz/Deller/ Stubenrath (1998) vor. Die Allgemeinen Geschäftsbedingungen (AGB), die bei allen deutschen Banken identisch sind, enthalten danach in § 13 das Recht der Bank, bei einer Verschlechterung der wirtschaftlichen Lage des Unternehmens die Stellung von Sicherheiten vom Kreditnehmer zu verlangen. Erfolgt dies nicht, hat die Bank das Recht, den Kredit zu kündigen und seine Rückzahlung zu verlangen.[13)] Diese Rechte erlauben es Banken, im Regelfall auf die Formulierung besonderer Ausschüttungsrestriktionen zu verzichten, da sie ein effektives Mittel haben, sich in Krisensituationen des Kreditnehmers vor Vermögensverlagerungen zu ihren Lasten zu schützen. Leuz/Deller/Stubenrath (1998) untersuchen ebenfalls eine Stichprobe mit 19 Anleihebedingungen deutscher Aktiengesellschaften und finden hier nur in drei Fällen (direkte bzw. indirekte) Ausschüttungsbeschränkungen. Inwiefern diese Ausschüttungsbeschränkungen eine wirksame Beschränkung der Ausschüttung auch nur im Jahr der Anleiheemission vornehmen, wird nicht untersucht. Die in der folgenden eigenen empirischen Untersuchung verwendeten Zeitungsberichte über die Ankündigung der Dividende enthalten allerdings bei keinem Ereignis einen Hinweis darauf, daß die Festlegung der Dividende unter Berücksichtigung vertraglicher Ausschüttungsrestriktionen erfolgt ist.

Kalay (1982a) untersucht Ausschüttungsbeschränkungen in Anleihebedingungen amerikanischer Unternehmen. Während alle Anleihebedingungen eine Art von Ausschüttungsbeschränkung enthalten, sind diese Beschränkungen selbst im Jahr einer Anleiheemission i.d.R. nicht bindend. Die untersuchten Unternehmen zahlen also eine niedrigere Dividende als es ihnen nach den Anleihebedingungen möglich ist.

Für diese Untersuchung kann demnach davon ausgegangen werden, daß die Bestimmung der Höhe der Dividende im Regelfall nicht durch gesetzliche und vertragliche Ausschüttungsbegrenzungen so begrenzt wird, daß ihr kein Informationsgehalt mehr zukommen kann. Damit soll nicht die Möglichkeit ausgeschlossen sein, daß bei der Festlegung der zu zahlenden Dividende das Management weitere Überlegungen berücksichtigt, wie z.B. eigene Interessen des Management, Erwartungen des Kapitalmarktes oder einen Kapitalbedarf des Unternehmens. Die Einbeziehungen solcher Überlegungen kann jedoch zu einem Signalgehalt der Dividende führen. Deswegen soll in den nächsten beiden Abschnitten untersucht werden, wie das Management tatsächlich die Dividende festlegt.

---

12) Zur Wirksamkeit dieser Ausschüttungsbegrenzung zur Lösung von Anreizkonflikten zwischen Gläubigern und Aktionären vgl. Ewert (1986).

13) Vgl. Leuz/Deller/Stubenrath (1998), S. 123.

II.3. Befragungen zur Bestimmung der Dividendenausschüttung

Das Management hat einen erheblichen, durch gesetzliche und vertragliche Regelungen begrenzten Spielraum bei der Festlegung der Dividendenausschüttung einer Aktiengesellschaft. Hier werden deshalb Untersuchungen vorgestellt, die Faktoren zu bestimmen versuchen, an denen sich das Management bei der Festlegung der Dividende orientiert. Befragungen des Management sind eine Möglichkeit, solche Einflußfaktoren zu identifizieren.

Die im Zusammenhang mit der Bestimmung der Dividendenhöhe am häufigsten zitierte Arbeit von Lintner (1956) beginnt ebenfalls mit einer Befragung von an der Dividendenentscheidung beteiligten Managern von 28 ausgewählten amerikanischen Industrieunternehmen.[14)] Ergebnis der Befragung ist eine Beschreibung des Prozesses, der zur Festlegung der von dem Unternehmen zu zahlenden Dividende führt. Nach den Aussagen der meisten US-Manager erfolgt die Festlegung der Dividende in einem zweistufigen Prozeß. Zunächst wird die Entscheidung getroffen, ob die Dividende grundsätzlich verändert wird. Ist diese Entscheidung getroffen, erfolgt die Festlegung der Höhe der Dividendenanpassung. Eine Änderung der Dividende nimmt das Management nur vor, wenn es davon überzeugt ist, daß es in der Zukunft keine Dividendenkürzung vornehmen muß. Bei der Entscheidung über die Höhe der Dividendenänderung orientiert sich das Management am laufenden Gewinn des Unternehmens. Manager äußerten dabei die Auffassung, daß die Ausschüttung einen bestimmten Prozentsatz des Gewinns betragen solle, der den Investoren „zustehe" (Zielausschüttungsquote). Bei der Festlegung der Dividendenanpassung spielt wiederum das Vermeiden von Dividendenkürzungen eine wichtige Rolle, so daß die Anpassung an die Zielausschüttungsquote nur partiell erfolgt. Weitere Anpassungen erfolgen dann gegebenenfalls in den Folgejahren.[15)]

Die Dividendenentscheidung ist nach den Aussagen der Manager nur eine Entscheidung über die Veränderung der Dividende. Langfristig soll damit aber die angestrebte Ausschüttungsquote erreicht werden, die wie die Anpassungsgeschwindigkeit an die Zielausschüttungsquote von den folgenden Faktoren beeinflußt wird:[16)]

- die Wachstumsmöglichkeiten der Branche, in der das Unternehmen tätig ist,
- die Wachstumsmöglichkeiten und Gewinnerwartungen des Unternehmens,
- die Variabilität der Investitionsmöglichkeiten, des Working Capital-Bedarfs und der internen Finanzierungsmöglichkeiten,
- die relative Bedeutung, die Manager Kursgewinnen gegenüber Dividendeneinkommen für die Aktionäre beimessen,

---

14) Vgl. zu den Auswahlkriterien für die in die Befragung einbezogenen Unternehmen Lintner (1956), S. 98.
15) Vgl. Lintner (1956), S. 99f.
16) Vgl. Lintner (1956), S. 100f.

- die Einschätzung der Manager über die Präferenzen der Aktionäre für stabile oder variierende Dividendensätze sowie über die Höherbewertung des Unternehmens am Markt, die durch eine stabile Dividendenpolitik erreicht werden kann,
- die Dividendensätze und Anpassungsquoten konkurrierender Unternehmen,
- die Finanzkraft des Unternehmens, seine Möglichkeiten der günstigen Finanzierung am Kapitalmarkt und seine Unternehmenspolitik bei der externen Fremd- und Eigenfinanzierung sowie
- das Vertrauen, das das Management in die Qualität der Jahresabschlußdaten und seiner Plangrößen für zukünftige Umsätze, Gewinne etc. hat.

In einer Fragebogenuntersuchung bestimmen Baker/Farrelly/Edelmann (1985) ebenfalls Einflußgrößen auf die Dividendenpolitik börsennotierter amerikanischer Unternehmen. In der Untersuchung werden 15 Determinanten der Dividendenpolitik vorgegeben, die von 318 befragten Unternehmen auf einer Skala von 0 bis 4 eingestuft werden.[17)] Danach waren die wichtigsten Determinanten die Erwartungen des Management über die zukünftigen Erfolge des Unternehmens sowie die vergangene Dividendenpolitik. Zusätzlich zu diesen beiden Faktoren, die die Untersuchungsergebnisse von Lintner (1956) bestätigen, wurden die Liquiditätslage des Unternehmens sowie - besonders von Versorgungsunternehmen - die Notwendigkeit einer hohen Dividende zur Erzielung eines hohen Aktienkurses, als besonders wichtig angesehen. Baker/Farrelly/Edelmann (1985) geben allerdings keine Auskunft über Faktoren, die von den Unternehmen als nicht wichtig angesehen werden. Im zweiten Teil der Untersuchung sollten die Befragten ihre Übereinstimmung mit 18 Aussagen zur Dividendenpolitik auf einer Skala von -3 bis +3 angeben. Aussagen, die der Beschreibung der Dividendenpolitik von Lintner (1956) entsprechen, sind auf den Rängen 1, 2, 3, 4 und 9 in der Wichtigkeit der einzelnen Aussagen zu finden. Von mittlerer Bedeutung (im Durchschnitt zustimmend) werden zwei Aussagen beurteilt, die der Dividendenpolitik einen Informationsgehalt für die Bestimmung des Aktienkurses beimessen oder explizit als Signalinstrument bezeichnen.

Nach den Befragungen von Lintner (1956) und Baker/Farrelly/Edelmann (1985) erscheint die Festlegung der Dividendenpolitik also als Aktionsparameter der Unternehmenspolitik und nicht nur als Residuum der Investitions- und sonstigen Finanzierungspolitik. Das Management erklärt, daß es sich bei der Festlegung der Dividende an einem vom ihm wahrgenommenen Interesse der Aktionäre orientiert.

---

17) Insgesamt wurden 562 Unternehmen angeschrieben. Vgl. Baker/Farrelly/Edelmann (1985), S. 79.

II.4. Modelle zur Beschreibung der Dividendenpolitik

Ziel dieses Abschnitts ist es, einen kurzen Überblick über wichtige Untersuchungsergebnisse für Modelle zu geben, die die Höhe oder die Änderung der Dividende in Abhängigkeit von anderen Variablen beschreiben.

Hauptunterscheidungskriterium der verschiedenen Dividendenmodelle sind die erklärenden Variablen, die in dem Modell zur Bestimmung der Dividende herangezogen werden. In der für andere Untersuchungen grundlegenden Arbeit von Lintner (1956) wird zur Erklärung der Dividende der aktuellen Periode der Gewinn der aktuellen Periode und die Dividende der vorausgehenden Periode verwendet:

(G-1) $D_t = \alpha + \beta_1 \cdot D_{t-1} + \beta_2 \cdot E_t + \varepsilon,$

mit: $D_{t(-1)}$ = Dividende in der Periode t (-1),

E_t = Gewinn in der Periode t.

Lintner (1956) schätzt dieses Dividendenmodell für den Zeitraum 1918 bis 1941 anhand aggregierter Gewinn- und Dividendendaten von 28 in die Untersuchung einbezogenen Unternehmen. Gegenüber dem naiven Erwartungsbildungsmodell weist dieses Modell einen niedrigeren durchschnittlichen absoluten Fehler (Mean Absolute Error) und durchschnittlichen quadrierten Fehler (Mean Squared Error) auf, wobei die Koeffizienten für D_{t-1} und E_t wie erwartet jeweils positiv sind.[18)] Schätzungen auf Basis aggregierter Daten nimmt auch Brittain (1964), (1966) vor, der anstelle des Gewinns den Cash Flow als erklärende Variable einbezieht und hier insbesondere für die Höhe der Abschreibungen einen signifikanten Einfluß findet. In neuerer Zeit haben Marsh/Merton (1987) ein Dividendenmodell für den gesamten Aktienmarkt entwickelt, das von ihnen selbst und Kao/Wu (1994) getestet wird. Allerdings wird dieses Modell auf Basis aggregierter Daten nicht auf seine Eignung untersucht, die Dividende für einzelne Unternehmen zu prognostizieren, weshalb diese Untersuchungsergebnisse für die vorliegende Untersuchung schwer interpretierbar sind.[19)]

Schätzungen anhand individueller Unternehmensdaten haben insbesondere Fama/ Babiak (1968) vorgenommen. Sie betrachten nicht nur das von Lintner (1956) untersuchte Modell, sondern schätzen sechs Modelle anhand der jährlichen Daten von 392 Unternehmen für die Jahre 1947 bis 1964:

---

18) Vgl. Lintner (1956), S. 109.

19) Grundsätzlich ist es möglich, anhand aggregierter Daten ein Dividendenmodell zu schätzen und die geschätzten Parameter zur Bestimmung einer erwarteten Dividende eines einzelnen Unternehmens zu verwenden. Dies geschieht in keiner der vorliegenden Untersuchungen.

$$
\begin{aligned}
&(\text{G-1 a})\quad D_t = \alpha + \beta_1 \cdot D_{t-1} + \beta_2 \cdot E_t + \varepsilon\\
&\quad\ \text{b})\quad D_t = \beta_1 \cdot D_{t-1} + \beta_2 \cdot E_t + \varepsilon\\
&(\text{G-2 a})\quad D_t = \alpha + \beta_1 \cdot D_{t-1} + \beta_2 \cdot E_t + \beta_4 \cdot A_t + \varepsilon\\
&\quad\ \text{b})\quad D_t = \beta_1 \cdot D_{t-1} + \beta_2 \cdot E_t + \beta_4 \cdot A_t + \varepsilon\\
&(\text{G-3 a})\quad D_t = \alpha + \beta_1 \cdot D_{t-1} + \beta_2 \cdot E_t + \beta_3 \cdot E_{t-1} + \varepsilon\\
&\quad\ \text{b})\quad D_t = \beta_1 \cdot D_{t-1} + \beta_2 \cdot E_t + \beta_3 \cdot E_{t-1} + \varepsilon
\end{aligned}
$$

mit E_{t-1} = Gewinn der Periode t_{-1},
A_t = Abschreibungen in der Periode t.

Neben dem laufenden Gewinn und der Dividende der vorangegangenen Periode werden zusätzlich der Gewinn der vorherigen Periode sowie die laufenden Abschreibung als erklärende Variablen einbezogen. Die Modelle werden zusätzlich jeweils in ihrer homogenen Form (ohne Konstante) geschätzt. Als Schätzverfahren wird die OLS-Regression verwendet, deren Bedingungen allerdings nicht erfüllt sind. So enthalten alle Modelle mit der Dividende D_{t-1} eine erklärende Variable, die hoch mit der erklärten Variable selbst korreliert. Autokorrelation in den Residuen führt daher dazu, daß Aussagen über die Signifikanz einzelner Parameter nicht möglich sind.[20)]

Vergleichen lassen sich die Modelle jedoch anhand ihres Prognosefehlers für die Dividende D_t. Fama/Babiak (1968) nehmen eine Out-of-Sample-Prognose für ein Jahr (1965) vor. Dabei zeigt sich zunächst, daß alle Modelle in ihrer homogenen Form einen niedrigeren standardisierten Prognosefehler (absolut oder quadriert) aufweisen als in ihrer Form mit absolutem Glied. Die Einbeziehung der Abschreibungen als erklärende Variable bringt keine eindeutige Modellverbesserung, die Einbeziehung des Gewinns E_{t-1} führt dagegen zu einer Modellverbesserung. Auch gegenüber dem naiven Erwartungsbildungsmodell weist Modell (G-3a) einen niedrigeren absoluten oder quadrierten Prognosefehler auf.

Für Deutschland liegen mit den Untersuchungen von König (1990) und (1991) Ergebnisse zur Schätzung von Dividendenmodellen vor. Er schätzt für den Zeitraum 1970 bis 1985 für 129 bzw. 120 Unternehmen die Modelle (G-1a), (G-3a) und (G-3b) sowie zusätzlich noch folgende Modelle:

---

20) Vgl. Fama/Babiak (1968), S. 1137.

König (1990)

(G-1 a)	$D_t = \alpha + \beta_1 \cdot D_{t-1} + \beta_2 \cdot E_t$	$+ \varepsilon$	$R^2 = 67{,}6\%$
(G-3 a)	$D_t = \alpha + \beta_1 \cdot D_{t-1} + \beta_2 \cdot E_t + \beta_3 \cdot E_{t-1}$	$+ \varepsilon$	$R^2 = 70{,}7\%$
b)	$D_t = \beta_1 \cdot D_{t-1} + \beta_2 \cdot E_t + \beta_3 \cdot E_{t-1}$	$+ \varepsilon$	$R^2 = 61{,}0\%$
(G-4)	$D_t = \alpha + \beta_1 \cdot D_{t-1} + \beta_2 \cdot E_t + \beta_5 \cdot I_t$	$+ \varepsilon$	$R^2 = 70{,}3\%$
(G-5)	$D_t = \alpha + \beta_1 \cdot D_{t-1} + \beta_2 \cdot E_t + \beta_3 \cdot E_{t-1} + \beta_5 \cdot I_t$	$+ \varepsilon$	$R^2 = 73{,}6\%$

König (1991)

(G-6)	$D_t = \alpha + \beta_2 \cdot E_t$	$+ \varepsilon$	$R^2 = 41{,}7\%$
(G-1 a)	$D_t = \alpha + \beta_1 \cdot D_{t-1} + \beta_2 \cdot E_t$	$+ \varepsilon$	$R^2 = 67{,}1\%$
(G-3 a)	$D_t = \alpha + \beta_1 \cdot D_{t-1} + \beta_2 \cdot E_t + \beta_3 \cdot E_{t-1}$	$+ \varepsilon$	$R^2 = 70{,}6\%$

mit I_t = Investitionen in der Periode t.

Dividenden und Gewinn definiert König (1990) und (1991) als brutto vor Körperschaftsteuer, eine Definition der Variable „Investitionen" wird nicht angegeben. Der von ihm gewählte Zeitraum enthält die Umstellung des Körperschaftsteuersystems von 1978. Ob damit ein Strukturbruch im Zusammenhang zwischen Dividende und Gewinn stattgefunden hat und ob sich dieser in den definierten Bruttogrößen zeigt, wird nicht untersucht.

Die geschätzten Modelle werden nicht anhand ihres Prognosefehlers verglichen, angegeben ist aber das durchschnittliche R^2 der unternehmensspezifisch geschätzten Modelle. Dieses hat bei isolierter Betrachtung allerdings den Nachteil, daß die Prognosefehler ungewichtet eingehen und daß extreme Prognosefehler stärker als im absoluten durchschnittlichen Prognosefehler gewichtet werden. Der R^2-Wert bei homogenen Modellen ist nicht mit dem für OLS-Schätzungen mit absolutem Glied vergleichbar[21)] und R^2-Werte aus Regressionen mit einer unterschiedlichen Anzahl erklärender Variablen sind ebenfalls nicht vergleichbar.[22)] Anhand der angegebenen R^2-Werte lassen sich somit nur noch die Modelle (G-3a) und (G-4) vergleichen, die ungefähr den gleichen Erklärungsgehalt aufweisen.

In der Literatur finden sich weitere Variationen dieser einfachen Dividendenmodelle. So beziehen Laub (1972), Kolb (1981), Nakamura/Nakamura (1985), Cragg (1986) und Nakamura (1989) ausdrücklich die Änderungswahrscheinlichkeit der Dividende in ihre Modelle mit ein, um erst in einem zweiten Schritt den Betrag der Dividendenänderung zu schätzen. Jalilvand/Harris (1984) modellieren den Einfluß des Gewinns und der letzten

21) Vgl. Gujarati (1995), S. 159.
22) Vgl. Gujarati (1995), S. 207 - 211.

Dividendenzahlung nicht konstant für den gesamten Zeitraum, sondern in Abhängigkeit von anderen Einflußgrößen, wie z.B. dem Zinsniveau oder dem Investitionsverhalten des Unternehmen. Schätzungen dieser komplexeren Modelle liegen für den deutschen Kapitalmarkt nicht vor. Weiter finden sich z.B. bei Higgins (1972) und McDonald/Jacquillat/Nussenbaum (1975) Schätzungen des Zusammenhanges zwischen Dividende und Gewinn in cross-section. Wie in den unternehmensindividuellen Modellen zeigt sich ebenfalls der Einfluß des Gewinns auf die Höhe der Dividende. Ergebnisse für deutsche Unternehmen liegen aber auch für diesen Ansatz nicht vor.

III. Relevanz oder Irrelevanz der Dividendenpolitik für den Marktwert des Unternehmens

Kapitel II. hat die Möglichkeiten aufgezeigt, die das Management bei der Gestaltung der Dividendenpolitik hat und welche Faktoren sich bei der Festlegung der Dividende empirisch als relevant erwiesen haben. In diesem Kapitel soll zunächst der Frage nachgegangen werden, inwieweit die Dividendenpolitik eines Unternehmens für den Wert des Unternehmens relevant ist. Ist die Höhe der Dividende für den Wert eines Unternehmens irrelevant, so muß die Hypothese für eine Untersuchung über den Zusammenhang zwischen Kursreaktion und Dividendenankündigung eine Nullreaktion sein. Im umgekehrten Fall lassen sich Hypothesen über den Zusammenhang zwischen Kursreaktion und Dividendenankündigung ableiten. Angesichts der breiten theoretischen Literatur zur Relevanz von Dividendenzahlungen erfolgt eine Beschränkung der hier aufzuarbeitenden Ansätze. Dies geschieht dadurch, daß hauptsächlich Ansätze, aus denen sich ein Signalgehalt der Dividendenpolitik ableiten läßt, in die Betrachtung einbezogen werden.

III.1. Aktienbewertungsmodell und Irrelevanz der Dividendenpolitik

Williams (1938) und ausführlicher Gordon (1959), (1962), (1963) haben das Barwertmodell auf die Bewertung von Aktien übertragen.[23] Danach bestimmt sich der Wert einer Aktie als Barwert aller künftigen Dividendenzahlungen. Unter Sicherheit[24] gilt:[25]

$$(G\text{-}7) \quad P_0 = \sum_{t=1}^{\infty} \frac{D_t}{(1+r)^t},$$

mit P_t = Wert der Aktie in t,
D_t = Dividende im Zeitpunkt t,
r = risikoloser Diskontierungsfaktor.

Diesem Barwertansatz liegt folgende Überlegung zugrunde. Alle Aktionäre verfolgen mit dem Halten einer Aktie rein finanzielle Interessen. Bei einer Haltedauer der Aktie von einer Periode ergibt sich der heutige Wert der Aktie somit als Barwert der Dividendenzahlung in einer Periode und dem abgezinsten Kurswert.

---

23) Die hier vorgenommene Darstellung des Barwertansatzes lehnt sich an Uhlir/Steiner (1994), S. 105 - 108 an.

24) Sicherheit wird nur zur Vereinfachung des Modells unterstellt. r läßt sich auch als risokoadäquater Diskontierungsfaktor interpretieren, wobei dann bei der Ableitung des Modells entweder zusätzliche (einschränkende) Annahmen über das Risiko der Investitionen nötig sind oder r entsprechend angepaßt werden muß.

25) Wobei in dieser Formulierung schon von einem konstanten Diskontierungsfaktor r ausgegangen wird, was eine Vereinfachung gegenüber der Annahme periodenspezifischer Diskontierungsfaktoren bedeutet.

(G-8) $$P_0 = \frac{D_1}{(1+r)} + \frac{P_1}{(1+r)}.$$

Der Wert der Aktie in t_1 ergibt sich wiederum als Barwert der Dividendenzahlung in t_2 und des Wertes in t_2. Der Wert der Aktie in t_2 ist genau der Wert, den ein anderer Käufer für diese Aktie bereit ist zu zahlen. Dieser ergibt aber analog zu den vorherigen Überlegungen wiederum aus den zukünftigen Dividendenzahlungen. Haben alle Investoren homogene Erwartungen über die zukünftigen Dividendenzahlungen, so erhält man durch wiederholtes Einsetzen in Gleichung (G-8) Gleichung (G-7).

Um den Kurs der Aktie in t_0 zu ermitteln, ist somit eine Prognose aller zukünftigen Dividendenzahlungen und des hier vereinfachend als konstant unterstellten Diskontierungsfaktors notwendig. Bewertet man das Unternehmen unter Unsicherheit, so ist im Diskontierungsfaktor die Risikostruktur der Dividenden zu berücksichtigen. Ist für die Bewertung nur das systematische Risiko bewertungsrelevant, so läßt sich der Diskontierungssatz mit Hilfe des CAPM bestimmen.

Bei der Prognose der zukünftigen Dividendenzahlungen werden häufig zwei Sonderfälle betrachtet. Unterstellt man, daß die zukünftigen Dividendenausschüttungen identisch und konstant sind ($D = D_1 = D_2 = \ldots = D_\infty$), so vereinfacht sich Gleichung (G-7) zu:

(G-9) $$P_0 = \frac{D}{r}.$$

Unterstellt man dagegen, daß die Dividende in allen weiteren Perioden jährlich mit der konstanten Wachstumsrate g wächst und daß dieses Wachstum ausschließlich durch die Einbehaltung von Gewinnen finanziert wird, so läßt sich eine Beziehung zwischen der Wachstumsrate des Unternehmens und dem Kurs der Aktie ableiten. Vom Gewinn zum Zeitpunkt t (G_t) wird ein konstanter Teil (Thesaurierungsquote e) einbehalten. Verzinsen sich die thesaurierten Gewinne allgemein mit r_r, so wachsen die Gewinne mit der Wachstumsrate $g = e \cdot r_r$. Die sich ergebende Dividende in t läßt sich wie folgt darstellen:

(G-10) $$D_t = G_t \cdot (1-e) = G_0 \cdot (1+g)^t (1-e).$$

Setzt man Gleichung (G-10) in Gleichung (G-7) ein, so erhält man:

(G-11) $$P_0 = \sum_{t=1}^{\infty} \frac{G_0 \cdot (1+g)^t (1-e)}{(1+r)^t} = G_0(1-e) \cdot \sum_{t=1}^{\infty} \frac{(1+g)^t}{(1+r)^t} = \frac{D_1}{r-g}.$$

Die Gleichungen (G-9) und (G-11) stellen Sonderfälle dar. In der Literatur werden weitere Fälle behandelt, für die sich ebenfalls Formeln zur Aktienbewertung ableiten lassen.

Die Auswirkungen einer Änderung der Dividende auf den Aktienkurs lassen sich durch folgende Überlegung bestimmen. Thesauriert das Unternehmen den Betrag E, so hängt die zusätzlich zahlbare Dividende von der Verzinsung dieser einbehaltenen Mittel ab. Ist die interne Verzinsung dieser Mittel gleich dem Diskontierungsfaktor r, so ist der Marktwert der Thesaurierung gerade gleich dem thesaurierten Betrag. Wird eine höhere (niedrigere) Verzinsung der thesaurierten Mittel erreicht, so ist der Marktwert der thesaurierten Mittel positiv (negativ). Mit einem positiven (negativen) Marktwert der thesaurierten Mittel steigt (sinkt) der Marktwert des Unternehmens gegenüber dem Fall keiner Thesaurierung. Allgemeine Aussagen sind also nur mit zusätzlichen Annahmen über die Investitionsmöglichkeiten des Unternehmens zu machen. Der positive Effekt einer Thesaurierung ist aber darauf zurückzuführen, daß die Unternehmung noch nicht alle kapitalwertpositiven Investitionsprojekte durchgeführt hat. Aus welchen Gründen dies der Fall sein sollte, wird vom Aktienbewertungsmodell nicht erklärt.

Wesentlicher Dateninput des Aktienbewertungsmodells und somit Bestimmungsfaktor für den Unternehmenswert ist die Reihe der Dividendenausschüttungen des Unternehmens. Die Dividendenausschüttungen werden aber durch die Investitionsmöglichkeiten des Unternehmens bestimmt, so daß sich mit dem Aktienbewertungsmodell noch nicht eine Relevanz der Dividendenpolitik im Sinne eines Einflusses der Gestaltung des Dividendenstroms auf den Unternehmenswert nachweisen läßt.

Eine der Annahmen, unter denen Miller/Modigliani (1961) den Einfluß der Dividendenpolitik auf den Marktwert betrachten, ist, daß die Investitionspolitik unabhängig von der Ausschüttung ist.[26] Weiter wird ein vollkommener Kapitalmarkt[27] angenommen, wodurch u.a. diskriminierende (z.B. von der Kapitalstruktur abhängige) Steuern, Transaktions- und Informationskosten ausgeschlossen werden. Auf einem vollkommenen Kapitalmarkt kann dann ein Finanzbedarf, der durch eine Ausschüttung entsteht, durch eine Aufnahme von Eigen- und/oder Fremdkapital gedeckt werden. Weiter wird allen Marktteilnehmern unterstellt, daß sie durch das Unternehmern nur finanzielle Interessen verfolgen, daß sie dabei rational handeln und dies auch von den anderen Marktteilnehmern annehmen. Auf einem solchen Kapitalmarkt gelten für den Wert des Unternehmens ebenfalls die Gleichungen (G-8) und (G-7). Der Wert des Unternehmens V_0 ergibt sich aus dem Wert der Aktie P_0 und der Anzahl der Aktien m_0.

(G-12) $V_0 = m_0 \cdot P_0$.

Um zu zeigen, daß der Wert des Unternehmens in t_0 unabhängig von der Zeitreihe der Dividenden ist, wird wie folgt vorgegangen. Zunächst sei angenommen, daß das Unternehmen stets genau die Differenz zwischen den Investitionen I und den aus der Investitionstätigkeit vergangener Perioden resultierenden Einzahlungsüberschüssen E ausschüttet. In der Budgetgleichung (G-13) sei daher im Ausgangsfall die Finanzierung genau null:

---

26) Vgl. zur folgenden Darstellung der Irrelevanz der Dividendenpolitik Swoboda (1994), S. 114f.

27) Vgl. zu den Bedingungen eines vollkommenen Kapitalmarktes Swoboda (1994), S. 42.

(G-13) $I_t + Div_t = E_t + F_t$,

mit: $F_t = 0$

Div_t = Anzahl der Aktien multipliziert mit D_t.

Ausgehend von Gleichung (G-12) wird nun zunächst für Periode t_1 gezeigt, daß eine höhere oder eine niedrigere Dividende den Marktwert des Unternehmens in t_0 nicht beeinflußt. Diese Überlegungen lassen sich dann auf andere Perioden übertragen, womit die Unabhängigkeit des Unternehmenswertes von der Dividendenpolitik gezeigt ist.

Eine zusätzliche Dividende in t_1 (D_1^+) muß durch Verkauf neuer Aktien in t_1 zum Marktpreis finanziert werden. Infolge der Kapitalerhöhung erhöht sich die Anzahl der Aktien um m_1 auf $m_0 + m_1$. Der Wert der Unternehmung in t_0 und t_1 beträgt daher:

(G-14) $$V_0 = m_0 \cdot P_0 = \frac{m_0 \cdot P_1 + m_0 \cdot (D_1^+ + D_1)}{1+r},$$

(G-15) $$V_1 = m_0 \cdot P_1 + m_1 \cdot P_1.$$

Durch Einsetzen von (G-15) in (G-14) ergibt sich:

(G-16) $$V_0 = \frac{V_1 - m_1 \cdot P_1 + m_0 \cdot (D_1^+ + D_1)}{1+r}.$$

Aus dem Verkauf der neuen Aktien in t_1 ergibt sich die Finanzierung $F_1 = m_1 \cdot P_1$ in der Budgetgleichung (G-13)).[28] Durch Einsetzen ergibt sich mit $Div_1 = m_0 \cdot (D_1^+ + D_1)$:

(G-17) $$V_0 = \frac{V_1 - I_1 + E_1}{1+r}.$$

Aus Gleichung (G-17) ergibt sich die Unabhängigkeit des Unternehmenswertes von einer in t_1 zusätzlich gezahlten Dividende. Den Grund erkennt man in Gleichung (G-16). Um die zusätzliche Dividenden finanzieren zu können, muß neues Eigenkapital in gleicher Höhe aufgenommen werden, damit die Budgetgleichung (G-13)) erfüllt bleibt. Den neuen Anteilseignern muß hierfür im Marktgleichgewicht genau ein Anteil in dieser Höhe eingeräumt werden, so daß der Marktwert der Aktien der Altaktionäre genau um die zusätzlich gezahlte Dividende sinkt.

Für die Betrachtung einer zusätzlichen Thesaurierung in t_1 muß unterstellt werden, daß diese marktwertneutral am Kapitalmarkt investiert werden kann.[29] Zur Vereinfachung

---

28) Die hier vorgestellte Argumentation impliziert eine Kapitalerhöhung unter Ausschluß des Bezugsrechts. Vgl. Hartmann-Wendels (1986), S. 13 - 16, zu einer Übertragung auf die in Deutschland üblichen Bezugsrechtskapitalerhöhungen, die aber zum gleichen Ergebnis führt.

29) Damit wird die oben getroffene Annahme aufgehoben, daß die Investitionspolitik des Unternehmens unabhängig von der Ausschüttungspolitik ist. Sie wird hier durch die in diesem Modellrahmen kaum weniger

wird unterstellt, daß die Thesaurierung nur eine zusätzliche Dividendenzahlung in t_2 auslöst, woraus sich zwischen beiden Größen folgender Zusammenhang ergibt:

(G-18) $D_2^+ = D_1^- \cdot (1+r)$,

mit D_2^+ = zusätzliche Dividende in t_2 aufgrund der Thesaurierung,

D_1^- = Thesaurierung in t_1.

Als Unternehmenswert V_0 ergibt sich dann:

(G-19) $$V_0 = m_0 \cdot \frac{P_1 + D_1 - D_1^-}{1+r}.$$

Die Dividenden ab t_3 sind unverändert, so daß auch der Wert der Aktie in t_2 unabhängig von der Thesaurierung in t_1 ist. Der Wert der Aktie in t_1 läßt sich wie folgt darstellen:

(G-20) $$P_1 = \frac{P_2 + D_2 + D_2^+}{1+r}.$$

Durch Einsetzen von (G-20) in (G-19) ergibt sich:

(G-21) $$V_0 = m_0 \cdot \left(\frac{P_2 + D_2}{(1+r)^2} + \frac{D_1}{1+r}\right).$$

Der Unternehmenswert in Gleichung (G-21) ist demnach unabhängig von der zusätzlichen Thesaurierung in t_1. Gezeigt wurde hier die Unabhängigkeit des Unternehmenswertes von der Dividendenpolitik für eine zusätzliche Ausschüttung in t_1 und einer zusätzlichen Thesaurierung in t_1 verbunden mit einer Ausschüttung in t_2. Ähnlich wie für diese beiden Fälle läßt sich die Unabhängigkeit des Unternehmenswertes auch für beliebige andere Perioden zeigen. Damit ist der Unternehmenswert in dem gewählten Annahmerahmen unabhängig von der Dividendenpolitik des Unternehmens. Insofern kann man von einer Irrelevanz der Dividendenpolitik für den Unternehmenswert sprechen.

Hier wurde diese Irrelevanz der Dividendenpolitik bei Sicherheit gezeigt. Miller/Modigliani (1961) zeigen diese Irrelevanz bei Unsicherheit unter Rückgriff auf Risikoklassen.[30] Eine Ableitung bei Unsicherheit mit Hilfe des Time State Preference-Ansatzes findet sich z.B. bei Hartmann-Wendels (1986).[31]

---

restriktive Annahme ersetzt, daß das Unternehmen jenseits seiner gegebenen Investitionspolitik nur Investitionen mit dem Marktwert null vornimmt.

30) Vgl. Miller/Modigliani (1961), S. 412f. bzw. leichter verständliche Textbuchdarstellungen.

31) Vgl. Hartmann-Wendels (1986), S. 9 - 17.

III.2. Signalwirkungen der Dividende

III.2.1. Grundlagen von Dividendensignalmodellen

Eine der Voraussetzungen, unter denen die Irrelevanz der Dividendenpolitik im vorangegangenen Abschnitt abgeleitet wurde, war die Homogenität der Information unter den Anteilseignern einer Unternehmung. Signalmodelle beschäftigen sich mit Ansätzen, die diese Annahme aufheben. Sie sollen in diesem Abschnitt untersucht werden. Im folgenden Abschnitt III.3. werden Auswirkungen unvollständiger Verträge untersucht, die wie Signalmodelle auf der Berücksichtigung von Informationsasymmetrien beruhen. Ziel beider Abschnitte ist es, einen Überblick über die Konsequenzen einer Berücksichtigung von Informationsasymmetrien zwischen den Anteilseignern einer Unternehmung für die Marktwertrelevanz der Dividendenpolitik zu geben.

Signalmodelle für Dividenden sind eine Anwendung des von Spence (1974) für den Arbeitsmarkt entwickelten Signalmodells, das von Riley (1979a), (1979b) formal ausgebaut wurde. Ausgangspunkt aller Modelle ist die Aufhebung der Annahme, daß alle Marktteilnehmer symmetrisch informiert sind. In den Dividendensignalmodellen bedeutet dies, daß davon ausgegangen wird, daß das Management gegenüber den Anteilseignern einen Informationsvorsprung bezüglich des wahren Unternehmenswertes besitzt. Eine Möglichkeit, diese Situation in Dividendensignalmodellen zu modellieren, besteht darin, daß die Anteilseigner nur die Verteilung (oder einzelne Parameter der Verteilung) der möglichen Erträge des Unternehmens kennt, während dem Management der Ertrag schon bekannt ist.[32)]

Vorgegeben wird in den Modellen ein Handeln der Manager im Interesse der Anteilseigner. Da bei einem Fortbestehen der Informationsasymmetrie das Unternehmen auf Basis seiner durchschnittlichen Erträge bewertet wird, hat das Management von „guten" Unternehmen so einen Anreiz, seine privaten Informationen an die Anteilseigner mitzuteilen, wovon dann beide Seiten einen Nutzen haben. Eine einfache Bekanntgabe der privaten Informationen durch das Management ist dabei ausgeschlossen, da sie von den Anteilseignern nicht geglaubt werden kann. Da das Management von der Bekanntgabe positiver Nachrichten profitiert, darf diese nicht kostenlos sein, da sie sonst von anderen (kostenlos) nachgeahmt werden könnte. Bei dissipativen Signalmodellen fallen dabei die Signalkosten tatsächlich an, bei nicht-dissipativen Signalmodellen entstehen im Gleichgewicht keine Signalkosten, da ein falsches Signalisieren durch eine „Strafe" verhindert

---

32) Vgl. z.B. Bhattacharya (1979), S. 262f. oder Eades (1982), S. 475.

wird.[33] Damit für das signalisierende Management kein Anreiz besteht, die Anleger bewußt irrezuführen, müssen daher für die Signalkosten folgende Bedingungen gelten:

- Die Signalerzeugung muß für „gute" Unternehmen kostengünstiger sein als für „schlechte" Unternehmen.
- Die dem „guten" Unternehmen entstehenden Kosten für das Signalisieren müssen geringer sein als die Kosten, die dem Unternehmen in einem gepoolten Markt entstehen. Dies bedeutet zugleich, daß die Kosten des Signalisierens für „schlechte" Unternehmen so hoch sein müssen, daß sich für diese Unternehmen nicht lohnt, eine falsches Signal zu produzieren.

Im Gleichgewicht des Kapitalmarktes werden dann die Erwartungen der uninformierten Anleger bei den Managern genau das Verhalten erzeugen, das gerade die Erwartungen der Uninformierten erfüllt (self-fulfilling prophecy-Eigenschaft des Signalgleichgewichts).[34] In Bezug auf die Dividendenmodelle bedeutet dies, daß das Management genau die Dividende ankündigt, aus der die Investoren dann den korrekten Unternehmenswert ablesen können. Voraussetzung ist dabei, daß sowohl das besser informierte Management als auch die schlechter informierten Anleger das Optimierungskalkül der jeweils anderen Seite kennen, damit sie es in ihr eigenes Optimierungskalkül einbeziehen können.

Die in der Literatur anzutreffenden Dividendenmodelle unterscheiden sich dabei im Detail in den hier nur allgemein beschriebenen Punkten:

- Es gibt sowohl dissipative als auch nicht-dissipative Signalmodelle, wobei die bei weitem überwiegende Anzahl der Dividendensignalmodelle zu den nicht-dissipativen Modellen gehört.
- Jedes Dividendensignalmodell gibt eine andere Informationsstruktur vor. Unter Informationsstruktur ist dabei der Informationsstand der informierten und uninformierten Marktteilnehmer in jedem Zeitpunkt des Modells anzusehen. Dabei unterscheiden sich die Modelle natürlich auch danach, auf welche Parameter sich die Informationen der Marktteilnehmer beziehen.
- Die Modelle unterscheiden sich auch danach, welche Handlungsmöglichkeiten die Agenten bzw. das Unternehmen zu bestimmten Zeitpunkten haben. In der Regel sind die Modelle dabei aber so konstruiert, daß als einzige Handlungsmöglichkeit die Festlegung der Dividende verbleibt. Da als unbekannt häufig nur der aus dem Ertrag des Unternehmens abgeleitete Wert des Unternehmens vorgegeben ist, ist somit - falls das Modell eine Signallösung hat - diese auch vorgegeben. Mit der Dividende wird der Wert des Unternehmens signalisiert.

---

33) Vgl. zu nicht-dissipativen Signalmodellen Franke (1987).

34) Vgl. Spremann (1991), S. 649.

- In den verschiedenen Modellen werden die Kosten des Signalisierens unterschiedlich konstruiert. Als Signalkosten dienen dabei z.B. die steuerliche Benachteiligung der Dividendenzahlung oder entgangene Investitionserträge bei einer zu hohen Dividendenzahlung.
- Je nach Modell wird ein anderes Optimierungskalkül der besser informierten Manager zugrundegelegt. Dabei ist der Fall, daß die Managerbezahlung an den Wert des Unternehmens gebunden wird, wodurch dieses ein Interesse an der Maximierung des Unternehmenswertes erhält, selten. Häufig wird unterstellt, daß das Management im Interesse der Eigentümer handelt und diese ein Interesse an der Maximierung des Unternehmenswertes haben. Da der „wahre" Unternehmenswert aber in allen Modellen im letzten Zeitpunkt unabhängig davon bekannt wird, ob ein (richtiges oder falsches) Signalisieren stattgefunden hat, ist das Interesse der Eigentümer an einer früheren Aufdeckung des Unternehmenswertes zu begründen. Hierfür treffen die Modelle ebenfalls unterschiedliche Annahmen.

Im folgenden werden einige Modelle vorgestellt, die die Signalwirkung der Dividende begründen. Dabei sollen die Annahmen des jeweiligen Modells verdeutlicht werden und die wichtigen Grundaussagen für die Dividendenpolitik herausgearbeitet werden.

III.2.2. Modelle mit Unterinvestitionskosten als Signalkosten

Bhattacharya (1979)[35] konstruiert ein Modell, in dem die Investoren aus der Dividende auf den Wert des Unternehmens schließen. Dabei legt sich das Management in t_0 auf eine in t_1 zu zahlende Dividende fest, wobei unterstellt wird, daß das Management in t_0 die Verteilung der Erträge des Unternehmens in t_1 kennt, während den Anlegern diese aber unbekannt ist. Das Management handelt im Interesse der Aktionäre, d.h. es versucht, durch die Festlegung der Dividende den Wert des Unternehmens zu maximieren. Dabei wird davon ausgegangen, daß eine in t_0 angekündigte Dividende auch gezahlt werden muß, wobei die Ankündigung einer zu hohen Dividende in t_0 Kosten in t_1 verursacht. Diese Kosten werden als Opportunitätskosten entgangener Erträge bei Investitionskürzungen angegeben und sind daher proportional zur Differenz zwischen der angekündigten Dividende und dem realisierten Zahlungsüberschuß. Sie lassen sich ebenfalls als die zusätzlichen Kosten einer plötzlichen Fremdfinanzierung interpretieren. Es wird unterstellt, daß die Anleger das Optimierungskalkül der Manager kennen und aus der Ankündigung der Dividende auf den Wert des Unternehmens schließen. Im Gleichgewicht kündigen die Unternehmen mit höheren erwarteten Zahlungsüberschüssen höhere Dividenden an, woraus die Anleger zutreffend auf den Unternehmenswert und damit die Höhe der erwarteten Zahlungsüberschüsse schließen.

Mit diesem Modell konnte Bhattacharya (1979) erstmals eine Signalfunktion der Dividende zeigen. Dabei kommt der Dividende trotz eines im Modell enthaltenen steuerlichen Nachteils gegenüber der Thesaurierung ein Signalgehalt zu.[36] Das Modell kann also die Existenz von Dividenden trotz ihrer steuerlicher Benachteiligung begründen. Dies gilt für den US-amerikanischen Kapitalmarkt allerdings nur mit der Einschränkung, die die Alternative des Aktienrückkaufs im Vergleich mit einer Dividendenzahlung betrifft. Da ein Aktienrückkauf in einem geringeren Maße steuerlich belastet ist als eine Dividende, sollte in diesem Modell die Ankündigung eines Aktienrückkaufs der Dividende vorzuziehen sein.[37] Auf Kapitalmärkten, auf denen ein Aktienrückkauf durch das Unternehmen nicht möglich ist, trifft dieser Einwand natürlich nicht zu.

Weiter wird das Handeln der Manager im Interesse der Aktionäre angenommen. Wie diese Bindung erreicht wird, ist nicht Gegenstand der Betrachtung. Das Modell unterstellt, daß die wahren Erträge auch in t_1 nicht bekannt werden und daß somit die Bewertung des

---

35) Vgl. zu diesem Modell Bhattacharya (1979) und die Darstellung bei Hartmann-Wendels (1986), S. 150 - 160. Makhija/Thompson (1986) nehmen eine Änderung in der Ableitung des Signalgleichgewichts vor, die aufgrund ihrer technischen Natur hier nicht dargestellt wird.

36) Der steuerliche Nachteil ist nicht entscheidend für die Existenz des Signalgleichgewichts, sondern nur für dessen Lage, vgl. Bhattacharya (1979), S. 267; Hartmann-Wendels (1986), S. 151, S. 159.

37) Vgl. Allen/Michaely (1995), S. 819.

Unternehmens in t_1 anhand der gezahlten Dividende erfolgt. Allen/Michaely (1995) unterstellen in ihrer Darstellung des Modells, daß die Aktionäre ihre Anteile in t_1 zu dem sich aus der gezahlten Dividende ergebenden Wert des Unternehmens verkaufen, so daß ihnen auf diese Weise die Erträge des Signalisierens zukommen.[38)]

Eine weitere Version des Modells von Bhattacharya (1979) findet sich auch bei Eades (1982).[39)] Das Signalgleichgewicht wird hier abgeleitet, ohne daß eine steuerliche Benachteiligung der Dividendenzahlung unterstellt wird. Dies zeigt wiederum, daß die Annahme einer steuerlichen Benachteiligung der Dividendenzahlung nicht notwendig für die Existenz eines Gleichgewichts ist. Weiter wird in diesem Modell eine Normalverteilung der wahren Erträge in t_1 unterstellt, während Bhattacharya (1979) noch von einer Gleichverteilung ausgeht. Dabei ist die Varianz der Erträge allen Marktteilnehmern bekannt, der Erwartungswert ist nur dem Management als den Insidern bekannt. Eades (1982) zeigt nun, daß bei einer hohen Varianz der wahren Erträge eine niedrigere Dividendenänderung ausreicht, um die gegebenen wahren Erträge zu signalisieren, als bei einer niedrigeren Varianz. Dies bedeutet, daß eine Dividendensteigerung bei einer höheren Varianz der Erträge einen höheren Wert der wahren Erträge signalisiert.[40)] Unternehmen mit höheren Erträgen weisen in dem Modell am Markt einen höheren Unternehmenswert auf. Dieser Zusammenhang läßt sich empirisch durch die Beobachtung der Varianz der Renditen überprüfen.

Eine Erweiterung des Modells von Bhattacharya (1979) nimmt Talmor (1981) vor.[41)] Während Bhattacharya (1979) unter der Annahme der Risikoneutralität nur einen Parameter benötigt, um die Wahrscheinlichkeitsverteilung der Zahlungsüberschüsse zu beschreiben, hebt Talmor (1981) die Annahme der Risikoneutralität auf. In einer ansonsten unveränderten Modellstruktur wird nun bei der unterstellten Normalverteilung der Zahlungsüberschüsse ein zweites Signal für die Bestimmung der Verteilung der Zahlungsüberschüsse benötigt. Dieses zweite Signal ist die Wahl des Verschuldungsgrades, womit zusätzliche Annahmen über die Auswirkungen einer erhöhten Verschuldung nötig werden. Dabei wird unterstellt, daß Fremdkapital zwar steuerlich gegenüber der Eigenfinanzierung bevorzugt wird, jedoch andererseits mit Agency- und Konkurskosten belastet ist. Das Management, welches im Sinne der Anteilseigner handelt, versucht durch die Wahl der Dividende und des Verschuldungsgrades den Marktwert des

38) Vgl. Allen/Michaely (1995), S. 818f.

39) Vgl. Eades (1982), S. 473 - 480.

40) Um diese Beziehung abzuleiten, muß keine Normalverteilung der Renditen unterstellt werden. Auch bei einer Gleichverteilung der Renditen, wie sie bei Bhattacharya (1979) unterstellt wurde, ergibt sich dieser Zusammenhang. Vgl. Gleichung (6a) in Bhattacharya (1979), S. 265.

41) Vgl. zu diesem Modell Talmor (1981) und die Diskussion bei Sick (1981). Vgl. auch die Darstellung bei Hartmann-Wendels (1986), S. 161 - 171.

Unternehmens in der Periode t_1 zu maximieren. Im Optimierungskalkül berücksichtigen die Manager dabei, daß ceteris paribus eine höhere Dividende und eine höhere Verschuldung einen höheren Unternehmenswert bedeuten, während mit einem höheren erwarteten Zahlungsüberschuß und einer niedrigeren Varianz dieses Zahlungsüberschusses die Signalkosten sinken.

Talmor (1981) hebt in dem Modell die Annahme der Risikoneutralität auf, so daß die Bewertung auf Basis des systematischen Risikos erfolgt. Dies unterstellt, daß die Anleger ein diversifiziertes Portfolio halten. Signalisiert wird aber mit der Varianz der Zahlungsüberschüsse eine Größe, die für die Bewertung des Unternehmens relativ unbedeutend ist, während die Kenntnis der Kovarianz der Zahlungsüberschüsse des Wertpapiers mit dem Marktportfolio vorausgesetzt wird.[42)]

Dieses Modell zeigt, auf welche Weise eine Integration verschiedener Signale bei verschiedenen unbekannten Parametern in der Bewertungsfunktion des Unternehmens gelingen kann und daß in einem solchen Modell die Dividende eine Signalfunktion für unbekannte Parameter bei der Bestimmung des Unternehmenswertes hat.

Einen Kritikpunkt an dem Modell von Bhattacharya (1979) greifen Ravid/Sarig (1991) auf. Bhattacharya (1979) geht von einem Unternehmen aus, das voll eigenfinanziert ist, oder dessen Kapitalstruktur unabhängig von der Dividende gegeben ist. In seinem Modell läßt sich die Ankündigung einer Dividende, deren Unterschreitung zu Kosten führt, auch als Kreditvertrag interpretieren, in dem die Auszahlung im Gegensatz zur Dividendenzahlung sogar rechtlich verpflichtend ist. Während die Dividendenzahlung steuerlich benachteiligt ist, wird die Kreditaufnahme in einigen Steuersystemen durch die Abzugsfähigkeit der Zinsen steuerlich begünstigt. Es stellt sich daher die Frage, ob bei einer möglichen Fremdfinanzierung die Dividende neben der Verschuldung noch als Signalinstrument verwendet wird.

Ravid/Sarig (1991) können in ihrem Modell zeigen, daß dies trotz der steuerlichen Kosten der Dividendenzahlung tatsächlich der Fall ist. Eine Berücksichtigung von Konkurskosten der Fremdfinanzierung führt dazu, daß unter plausiblen Nebenbedingungen im Signalgleichgewicht neben der Fremdfinanzierung Dividenden gezahlt werden. Im Signalgleichgewicht sind die Grenzkosten einer weiteren Fremdfinanzierung gleich den Grenzkosten einer Dividendenerhöhung. Unternehmen mit höheren erwarteten Erträgen weisen im Signalgleichgewicht eine höhere Verschuldung und eine höhere Dividende auf.

---

42) Vgl. zu diesem Kritikpunkt auch Hartmann-Wendels (1986), S. 164f., S. 171.

In den bisher betrachteten Signalmodellen kündigt das Management die in t_1 zu zahlende Dividende in t_0 an. Diese Informationsstruktur ändern Miller/Rock (1985) in ihrem Modell.[43] Sie untersuchen die Signalwirkung einer in t_0 gezahlten Dividende, wobei es sich allerdings nicht um die isolierte Ankündigung der Dividende handelt, sondern um die Ankündigung der Nettofinanzierung als Differenz zwischen Dividende und der Mittelaufnahme am Kapitalmarkt (Finanzierung). Damit sind in der Budgetgleichung des Unternehmens noch die Investitionsauszahlungen und die Zahlungsüberschüsse aus den bestehenden Investitionen unbekannt. Das Modell unterstellt, daß die Investitionsmöglichkeiten des Unternehmens, die unabhängig von der Finanzierung sind, den Anteilseignern bekannt sind. Damit ist den Anlegern insbesondere der Kapitalwert der in t_0 geplanten Investitionen bekannt, jedoch nicht der realisierte Cash Flow aus den bestehenden Investitionsobjekten.

Setzt man die Mittelaufnahme als gegeben und bekannt voraus, so entscheidet das Management in t_0 über die Aufteilung des realisierten Cash Flow in Dividendenzahlung und Investitionsauszahlungen. Das Management handelt dabei im Interesse der Anleger, die an einem hohen Unternehmenswert sowohl in t_1 als auch in t_0 interessiert sind. Die Berücksichtigung des Unternehmenswertes in beiden Zeitpunkten erfolgt in der Zielfunktion durch eine Gewichtung, so daß die Zielfunktion einer sozialen Wohlfahrtsfunktion gleicht. Begründet wird die Berücksichtigung des Unternehmenswertes in t_0 mit einem Liquiditätsbedarf der Anleger in t_0, der (nur) durch den Verkauf von Anteilen bzw. eine Dividendenzahlung gedeckt werden kann.

Unter den gemachten Annahmen können die Anleger im Signalgleichgewicht aus der Bekanntgabe der Dividende auf den realisierten Cash Flow des Unternehmens schließen. So bedeutet eine unerwartete Dividendenerhöhung einen höher als erwartet realisierten Cash Flow und vice versa. Unterstellt wird zudem ein Zusammenhang zwischen dem realisierten Cash Flow und den zukünftigen Cash Flows eines Unternehmens. Ein niedrigerer (höherer) Cash Flow bedeutet daher einen niedrigeren (höheren) Unternehmenswert in t_1. Die Verminderung (Erhöhung) des Unternehmenswertes ist dabei um so stärker, je dauerhafter die Verminderung (Erhöhung) des Cash Flow ist.

Das entstehende Signalgleichgewicht ist durch ein Unterinvestitionsproblem geprägt. Unternehmen investieren weniger als bei symmetrischer Information, um durch eine höhere Dividende einen höheren Unternehmenswert zu signalisieren. Entgangene Erträge aus den Investitionen stellen daher in diesem Modell ebenfalls Signalkosten dar. Dabei wird ein falsches Signalisieren dadurch verhindert, daß das Management bei einer weiteren Dividendenerhöhung wiederum die Investitionen kürzen müßte, was den Unter-

---

43) Vgl. Miller/Rock (1985) und die Darstellung des Modells bei Milde (1990), S. 336 - 339.

nehmenswert in t_1 vermindert. Die Erhöhung des Unternehmenswertes falsch signalisierender Unternehmen wird durch die Signalkosten (entgangenen Erträge aus Investitionen) unter Berücksichtigung ihrer Gewichtung in der Zielfunktion der Investoren überkompensiert. So entsteht ein stabiles Signalgleichgewicht.

Das Modell von Miller/Rock (1985) wurde hier als Dividendensignalmodell dargestellt. Die Signaleigenschaft der Dividende kann aber nur abgeleitet werden, weil die externe Finanzierung des Unternehmens als bekannt vorausgesetzt wurde. Tatsächlich dient in dem Modell der Saldo aus Dividende und externer Finanzierung als Signal, wodurch in dem Modell prinzipiell zwei unterschiedliche Signale denkbar sind:

- Sieht man die Dividende als bekannt an, so läßt sich aus der unerwartet höheren (oder niedrigeren) Finanzierung ein Signal für den Unternehmenswert ableiten.
- Sieht man die Finanzierungsmaßnahme als erwartet an, so bedeutet eine unerwartete Dividendenänderung ein Signal für den Unternehmenswert.[44)]

Somit bleibt in diesem Modell unklar, wieso Unternehmen gleichzeitig Dividende zahlen und sich am Kapitalmarkt finanzieren. Wenn nur dem Nettoeffekt ein Signalgehalt zukommt. Durch die Beschränkung auf eine Maßnahme ließen sich zumindest Transaktionskosten sparen, sofern es zu einer Nettozahlung an die Aktionäre kommt, ist nicht klar, wieso dies unter den rechtlichen Bedingungen des US-amerikanischen Kapitalmarktes durch eine Dividendenzahlung geschehen sollte. Durch einen Aktienrückkauf ließen sich die steuerlichen Nachteile einer Dividendenzahlung vermeiden.[45)]

Weiter läßt sich die in dem Modell verwendete Zielfunktion der Anteilseigner hinterfragen. Diese Zielfunktion wird unterstellt und wird nicht aus den Nutzenfunktionen der Anteilseigner abgeleitet. Es bleibt unklar, wieso die Aktionäre gerade diese Zielfunktion für das Management auswählen sollten, d.h. ob sich nicht eine Zielfunktion finden ließe, die ein Signalgleichgewicht ohne Unterinvestitionskosten entstehen läßt.[46)]

---

44) Vgl. Miller (1987), S. 44.
45) Vgl. Allen/Michaely (1995), S. 819f.
46) Vgl. Miller (1987), S. 47.

III.2.3. Nicht-dissipative Modelle zur Begründung der Signalfunktion von Dividenden

Zwei ähnliche Signalmodelle von Kalay (1980) und Bhattacharya (1980) leiten ein Signalgleichgewicht ab, in dem im Gleichgewicht keine Signalkosten der Dividende entstehen.[47] Dazu wird unterstellt, daß die Dividendenzahlung nicht steuerlich benachteiligt ist und Investoren risikoneutral sind. Die Investitionen des Unternehmens sind gegeben und bekannt. Das Unternehmen verwirklicht unabhängig von der Dividendenentscheidung alle Investitionsobjekte mit positivem Kapitalwert. Manager kennen die in t_1 realisierten Erträge, die den Investoren unbekannt sind. Das Management legt in t_0 eine in t_1 zu zahlende Dividende fest. Während dies bei Bhattacharya (1980) wie in seinem früheren Dividendenmodell ein „Dividendenversprechen“ ist, von dem eine tatsächlich zu zahlende Dividende zu unterscheiden ist, interpretiert Kalay (1980) die in t_0 gezahlte Dividende als Dividendenversprechen für die folgende Periode. Die Trennung zwischen „versprochen“ und „gezahlt“ Dividende erlaubt dabei eine einfachere Übertragung des Modells auf mehrere Zeitpunkte, wobei sich diese Unterscheidung auch problemlos in das Modell von Kalay (1980) einfügen ließe.

Im Modell von Bhattacharya (1980) handelt das Management im Interesse der Anteilseigner. Bei Ankündigung der Dividende berücksichtigt das Management, daß bei einer Nichteinhaltung dieses Versprechens den Anteilseignern Kosten entstehen. Im Gleichgewicht signalisiert dann die angekündigte Dividende den Wert des Unternehmens, ohne daß dabei Signalkosten entstehen, da das Management genau die Dividende verspricht, die es nach Kenntnis der in t_1 erzielten Erträge auch tatsächlich zahlen kann.

Die Konstruktion dieses Signalgleichgewichts ist jedoch problematisch. Um ein falsches Signal aufzudecken, muß unterstellt werden, daß die wahren Erträge in t_1 bekannt werden. Handelt das Management im Interesse der Anteilseigner und realisieren diese sowieso die Erträge in t_1, bleibt unklar, wieso das Management überhaupt signalisieren sollte. Ein Signalisieren führt zu einer Aufdeckung des Unternehmenswertes bereits in t_0, d.h. nur solche Anteilseigner haben einen Nutzen aus dem Signal, die ihre Anteile bereits in t_0 verkaufen. Es muß allerdings unterstellt werden, daß nur ein geringer Anteil der Investoren seine Anteile in t_0 verkauft, da gewährleistet bleiben muß, daß die verbleibenden Anteilseigner, in deren Interesse das Management handelt, auch tatsächlich die Kosten eines falschen Signals tragen. Wieso das Management in diesem Fall aber zum Nutzen einer Minderheit ausscheidender Aktionäre signalisiert, bleibt ungeklärt.[48]

---

47) Vgl. Kalay (1980), S. 856 - 859; Bhattacharya (1980) und die Darstellung dieses Modells bei Hartmann-Wendels (1986), S. 196 - 200.

48) Vgl. zu dieser Kritik im einzelnen Hartmann-Wendels (1986), S. 200.

Im Modell von Kalay (1980) wird ein Anreizsystem des Management postuliert. Die Vergütung des Management ist abhängig vom Marktwert des Unternehmens in t_0 und von den Erträgen des Unternehmens in t_1, wobei die Entlohnungsfunktion für den Fall eine Strafe vorsieht, daß die realisierten Erträge unter der Dividende liegen. Diese Strafe ist prohibitiv hoch, d.h. sie muß größer sein als die Differenz zwischen dem höchsten und niedrigsten möglichen Ertrag eines Unternehmens (gewichtet mit dem Faktor, mit dem sie in die Entlohnungsfunktion des Management eingeht). Das Management wird die Dividende um so höher festlegen, je höher die ihm bekannten Erträge des Unternehmens ausfallen. Die „Strafkomponente" in der Entlohnungsfunktion des Management verhindert ein falsches Signalisieren. Daraus leiten die Investoren wiederum einen höheren Unternehmenswert in t_0 ab, wovon das Management durch seine Entlohnung profitiert.

In den Modellen von Kalay (1980) und Bhattacharya (1980) wird eine perfekte Kenntnis der Erträge des Unternehmens durch das Management unterstellt. Diese wenig realistische Annahme heben Bar-Yosef/Huffmann (1986) in ihrem Modell auf.[49] Der Ertrag des Unternehmens in t_1 ist in ihrem Modell stochastisch, wobei eine Normalverteilung unterstellt wird, deren Erwartungswert nur dem Management bekannt ist, während die Varianz auch die Investoren kennen. Die Entlohnungsfunktion des Management enthält dabei wie im Modell von Kalay (1980) einen Bestandteil, der positiv vom signalisierten Wert des Unternehmens abhängt. Der zweite Bestandteil läßt sich als (Kauf-) Option charakterisieren, in der das Management mit der Dividende den Basispreis festlegt (gekauft wird der Ertrag des Unternehmens in t_1). Der Wert dieser Option nimmt mit einem höheren Basispreis, d.h. einer höheren Dividende ab. Unter Beachtung der Gewichtungen, mit denen beide Bestandteile die Entlohnungsfunktion eingehen, wird das Management die Dividende festlegen, die ihre erwartete Entlohnung maximiert. Ein falsches Signalisieren wird durch die Entwertung des Optionsbestandteils in der Entlohnungsfunktion verhindert. Daraus entsteht am Markt ein Signalgleichgewicht.

Durch die Vorgabe einer eigenständigen Entlohnungsfunktion des Management vermeiden die Modelle von Kalay (1980) und Bar-Yosef/Huffmann (1986) die oben geschilderten Probleme des Modells von Bhattacharya (1980). Im Prinzip handelt es sich aber um eine sehr ähnliche Anreizstruktur, die bei Bhattacharya (1980) als Handeln im Interesse der Anteilseigner dargestellt wird und in den beiden anderen Modellen als Entlohnungsfunktion modelliert wird.

Dabei bleibt unklar, wie es zu dieser Entlohnungsfunktion kommt. Insbesondere bei Kalay (1980) erscheinen Kosten unabhängig vom Grad des Falsch-Signalisierens als wenig realistisch. Auch die Optionskomponente in der Entlohnungsfunktion im Modell

---

[49] Vgl. Bar-Yosef/Huffmann (1986), S. 47 - 53.

von Bar-Yosef/Huffmann (1986) läßt sich in dieser Form nicht in real existierenden Entlohnungsverträgen beobachten.[50)] Beide Modelle beschränken sich so auf die Analyse des entstehenden Gleichgewichts, wenn man die jeweils vorgegebene Anreizstruktur unterstellt. Es wird nicht untersucht, ob sich Entsprechungen der gewählten Anreizstruktur in der Realität finden lassen. Man geht vielmehr davon aus, daß diese Anreizstruktur, die unter den gegebenen Bedingungen zu einem Dividendensignal führt, welches den Unternehmenswert richtig signalisiert, auch tatsächlich am Markt gewählt wird. Ob diese Anreizstruktur auch dann noch optimal ist, wenn man z.B. die Annahme gegebener Investitionspolitik aufhebt, wird nicht geklärt.

Weiterhin ist in den Modellen zweifelhaft, ob die Dividende bei einer steuerlichen Benachteiligung und der Möglichkeit eines Aktienrückkaufs noch als Signal Bestand hat. Unter diesen Annahmen läßt sich jedoch der Wert des Unternehmens kostengünstiger mit der Ankündigung eines Aktienrückkauf signalisieren als durch die Ankündigung einer Dividende. Eine Übertragung der Modelle auf Kapitalmärkte mit der Möglichkeit des Aktienrückkaufs ist daher schwierig.

III.2.4. Modelle mit Steuern als Signalkosten

In drei sehr ähnlichen Modellen von John/Williams (1985), Ambarish/John/Williams (1987) und Williams (1988) werden Dividenden nicht nur trotz ihrer diskriminierenden Besteuerung an Aktionäre gezahlt, sondern sind in dem gegebenen Modellrahmen eine für die Existenz eines Signalgleichgewichts notwendige Bedingung. Da alle drei Modelle einen sehr ähnlichen Annahmerahmen zugrunde legen, wird hier zunächst das Modell von John/Williams (1985) und dann die Variationen der anderen Modelle vorgestellt.

Im Modell von John/Williams (1985)[51)] wird unterstellt, daß die gegenwärtigen Aktionäre vor der in t_1 erfolgenden Liquidierung der Unternehmung einen Liquiditätsbedarf haben. Weiter hat das Unternehmen einen Finanzbedarf für Investitionsprojekte, der als gegeben und dem Markt bekannt vorausgesetzt wird. Es wird angenommen, daß das Unternehmen dabei alle Investitionsobjekte mit positivem Kapitalwert verwirklicht. Gegeben und dem Markt bekannt ist ebenfalls der Zahlungsmittelbestand des Unternehmens, der auch aus dem Cash Flow bestehender Investitionsprojekte resultieren kann. Dieser Zahlungsmittelbestand reicht nicht aus, um die Liquiditätsbedarf der Anleger und des Unternehmens zu befriedigen. Es wird ausgeschlossen, daß sich das Unternehmen

---

50) Es handelt sich um eine Entlohnung nur für den Fall, daß der Ertrag des Unternehmens größer als die Dividende ist.

51) Vgl. John/Williams (1985) und die verbale Darstellung des Modells bei Allen/Michaely (1995), S. 820.

oder die Anteilseigner privat verschulden können, um diesen Finanzbedarf zu decken. Zwar sind den Anteilseignern Investitionsvolumen und Zahlungsmittelbestand bekannt, sie kennen jedoch nicht die Vorteilhaftigkeit der (bestehenden und/oder für t_0 geplanten) Investitionsprojekte des einzelnen Unternehmens und damit nicht den Wert des Unternehmens am Ende der Betrachtungsperiode (t_1). Dem Management als Insider ist jedoch der Wert dieser Investitionsprojekte bekannt.

Das Management handelt im Interesse seiner Aktionäre, indem es das Vermögen seiner Aktionäre in t_0 maximiert. Dieses besteht aus dem Wert der Aktien in t_1, den Dividendenzahlungen des Unternehmens in t_0 (abzüglich der hierauf entfallenden Steuern) und den Erlösen aus dem Verkauf von Aktien des Unternehmens durch den Aktionär in t_0. Es gibt nun zwei Möglichkeiten, den Liquiditätsbedarf der Aktionäre in t_0 zu decken. Einmal können die Aktionäre Anteile am Unternehmen verkaufen oder das Unternehmen kann eine (zu versteuernde) Dividende an die Aktionäre zahlen. Je höher die gezahlte Dividende ist, desto höher ist zum einen der Anteil, den der Aktionär an dem Unternehmen behält. Zum anderen muß er bei einer Dividendenzahlung Steuern zahlen, die bei einem Verkauf von Anteilen nicht entstehen. Das Signalgleichgewicht entsteht, da der höhere Anteil, den der Aktionär an einem Unternehmen nach einer Dividendenzahlung hält, ihm einen um so höheren Nutzen bringt, je höher die erwarteten Erträge des Unternehmens sind. Daher werden nur Unternehmen mit hohen Erträgen hohe Dividenden zahlen, um so einen hohen Anteil der Aktionäre am Unternehmen zu erhalten. Ein falsches Signalisieren wird dadurch verhindert, daß ein hoher Anteil am Unternehmen für Aktionäre von Unternehmen mit niedrigen Erträgen einen niedrigen Wert hat, die Aktionäre aber trotzdem Signalkosten in Form der Steuern auf die Dividenden tragen müssen. Durch diesen Zusammenhang wird der Wert des Unternehmens dem Markt fälschungssicher signalisiert.

Das Modell zeigt, daß Unternehmen Dividenden nicht nur trotz, sondern gerade wegen ihrer mit der steuerlichen Benachteiligung verbundenen Kosten zahlen. In diesem Modell hätte die Ankündigung eines (steuerlich günstigeren) Aktienrückkaufs durch das Unternehmen keine Signalfunktion und ersetzt daher nicht die Dividendenzahlung. Außerdem wird gezeigt, daß Unternehmen gleichzeitig Dividenden zahlen und sich in einer Kapitalerhöhung bei dritten Investoren neue Mittel an der Börse verschaffen. Der Verkauf eines Teils des Unternehmens an Dritte (entweder durch die Investoren, indem sie Anteile verkaufen, oder durch eine Kapitalerhöhung des Unternehmens, die von Dritten gezeichnet wird) ist durch den Modellrahmen induziert. Eine Kapitalerhöhung ist auf jeden Fall vorzunehmen, um das Liquiditätsbedürfnis der Investoren und den Finanzbedarf des Unternehmens, die gemeinsam die Finanzmittelbestände des Unternehmens übersteigen, zu decken. Daraus ergeben sich zwei Schlußfolgerungen. Das Modell ist wohl eher mit Bezugsrechtsausschlußemissionen als mit Bezugsrechtsemissionen vereinbar, bei denen die Alteigentümer ihre Bezugsrechte ausüben. Eine Übertragung auf Kapitalmärkte, in denen Kapitalerhöhungen im Bezugsrechtsverfahren überwiegend von den Alteigentümern gezeichnet werden, fällt daher schwer. Kein Signalgleichgewicht entsteht, wenn die Finanzmittel des Unternehmens seinen Finanzbedarf und den der Investoren übersteigen.[52] Abstrahiert man vom Liquiditätsbedarf der Investoren,[53] ist das Modell daher eher auf junge Wachstumsunternehmen mit einem hohen Finanzbedarf denn auf „reife" Unternehmen mit einem hohen Cash Flow aber wenigen Investitionsmöglichkeiten anwendbar.

Im Modell von John/Williams (1985) lassen sich weiter zwei wenig realistische Annahmen kritisieren. Zunächst wird die Fremdfinanzierung durch Investoren oder Unternehmen ausgeschlossen, um den Finanzmittelbedarf zu decken. Die Möglichkeit einer Fremdfinanzierung würde jedoch ein Signalisieren durch die Dividende unmöglich machen. Weiter ist nicht klar, woher den Investoren das Investitionsvolumen, das von den Managern unabhängig von der Dividende optimal gewählt wird, bekannt sein sollte. Auch ist nicht klar, ob das Modell, das einperiodig konzipiert ist, auf ein mehrperiodiges Modell übertragbar ist, ohne dabei die Signalfunktion der Dividende zu zerstören. Wurde der Unternehmenswert einmal signalisiert, sind keine weiteren Dividendenzahlungen notwendig, wenn der Unternehmenswert sich nicht ändert. Ändert er sich jedoch, so sollte man sich stetig ändernde Dividenden beobachten, was aber tatsächlich nicht der Fall ist.[54]

Die wichtigste Änderung, die Ambarish/John/Williams (1987) gegenüber dem Modell von John/Williams (1985) im Modellrahmen vornehmen, betrifft die Investitionen. In ihrem Modell wird angenommen, daß diese nicht mehr gegeben, sondern durch das Management bestimmbar sind. Den Investoren ist wiederum weder die Vorteilhaftigkeit bestehender noch für t_0 geplanter Investitionsprojekte bekannt. Die Anteilseigner werden nun aus der Beobachtung von Dividende und Investitionen versuchen, auf den Wert des Unternehmens zu schließen, wobei neben den übrigen Annahmen des Modells von John/Williams (1985) auch die Annahme bestehen bleibt, daß das Management im Interesse der Anteilseigner handelt.

Da in dem Modell zwei Parameter veränderbar sind, ist es zunächst möglich, daß es verschiedene Signalgleichgewichte gibt. Es wird daher angenommen, daß sich unter den verschiedenen Signalgleichgewichten am Kapitalmarkt dasjenige einstellt, welches den Nutzen der Anteilseigner maximiert.

---

52) Vgl. John/Williams (1985), S. 1062.

53) Ein Signalgleichgewicht entsteht auch, wenn der Finanzbedarf der Investoren null oder negativ ist, solange das Unternehmen durch die Höhe seiner Investitionen gezwungen wird, Mittel bei fremden Investoren aufzunehmen, vgl. John/Williams (1985), S. 1062.

54) Vgl. Allen/Michaely (1995), S. 820f.

Dieses Gleichgewicht läßt sich wie folgt charakterisieren. Unternehmen mit niedrigen Erträgen aus (bestehenden oder geplanten) Investitionsobjekten werden keine Dividende zahlen und alle Investitionsprojekte mit positivem Kapitalwert verwirklichen. Dadurch vermeiden diese Unternehmen Signalkosten aus entgangenen Investitionserträgen und aus der steuerlichen Benachteiligung von Dividenden. Das Verhalten der Unternehmen mit hohen Erträgen hängt davon ab, ob die Erträge eher aus bestehenden oder geplanten Investitionen resultieren. Hat das Unternehmen Erträge aus bestehenden Investitionen zu erwarten, entsteht ein Unterinvestitionsproblem. Das Unternehmen signalisiert seinen Wert mit einer hohen Dividende und reduziert dabei seine Investitionen so sehr, daß es im Gleichgewicht noch über kapitalwertpositive Investitionsprojekte verfügt. Resultieren die Erträge des Unternehmens aus geplanten Investitionen, entsteht umgekehrt ein Überinvestitionsproblem. Das Management signalisiert mit einem hohen Investitionsniveau die hohen Erträge des Unternehmens, gleichzeitig wird weiter eine Dividende gezahlt. In den Fällen, in denen die höheren Erträge sowohl aus bestehenden als auch aus geplanten Investitionen entstehen, investiert das Unternehmen optimal in alle kapitalwertpositiven Investitionsprojekte und signalisiert seinen Wert mit der Höhe der Dividende.

Ambarish/John/Williams (1987) leiten in dem Modellrahmen explizit einen positiven Zusammenhang zwischen der Dividendenhöhe und dem Kurs des Unternehmens ab. Danach ist eine positive Kursreaktion auf Dividendenerhöhungen zu erwarten.[55] Zu beachten ist dabei jedoch, daß das Signalgleichgewicht nicht nur aus der Kenntnis der Dividende entsteht, sondern aus der Kenntnis von Dividende und Investitionen.

Da das Modell von Ambarish/John/Williams (1987) im wesentlichen die gleichen Annahmen trifft wie das Modell von John/Williams (1985), treffen die oben erwähnten Kritikpunkte auch für dieses Modell zu. Daneben lassen sich aber auch noch interessante Hypothesen über den Ankündigungseffekt von Kapitalerhöhungen aus dem Modell ableiten.[56] Hat das Unternehmen hauptsächlich Erträge aus bestehenden Investitionen zu erwarten, so ergibt sich eine negative Kursreaktion auf die Ankündigung von Kapitalerhöhungen. Resultieren höhere Erträge aus geplanten Investitionen, so ergibt sich eine positive Kursreaktion auf Kapitalerhöhungen. Damit lassen sich unterschiedliche Kursreaktionen bei „reifen" Unternehmen (Erträge aus bestehenden Investitionen) und „jungen" Wachstumsunternehmen (Erträge aus geplanten Investitionen) erklären.

---

55) Vgl. Ambarish/John/Williams (1987), S. 335f.

56) Dabei ergeben sich die gleichen Schlußfolgerungen für Investitionen, da Kapitalerhöhungen der Finanzierung von Investitionen dienen, vgl. Ambarish/John/Williams (1987), S. 336f.

Weitere Aktionsparameter läßt das Modell von Williams (1988) zu. Unternehmen haben auch hier die Möglichkeit, ihre Investitionen frei zu wählen, die dann durch die Investoren beobachtbar sind. Investoren haben zusätzlich die Möglichkeit, Anteile am Unternehmen nicht nur zu verkaufen, sondern auch zu kaufen. Unternehmen und Anleger können risikolose Anleihen kaufen und (leer) verkaufen.[57]

Das Gleichgewicht wird davon geprägt, daß alle Unternehmen ihr optimales Investitionsprogramm verwirklichen. Aus der Kenntnis von Dividendenzahlung, Investitionen und Volumen der Kapitalerhöhung schließen dann die Investoren wiederum auf den Wert des Unternehmens. Dabei ergibt sich ein positiver Zusammenhang zwischen Dividende und Unternehmenswert, d.h. Unternehmen mit höheren Erträgen zahlen trotz steuerlicher Benachteiligung eine höhere Dividende. Allerdings entsteht auch hier nur dann ein Signalgleichgewicht, wenn die Zahlungsmittel des Unternehmens nicht ausreichen, um das optimale Investitionsprogramm des Unternehmens zu finanzieren. Unternehmen erhöhen ihr Kapital nur soweit, um dieses Investitionsprogramm zu finanzieren und ihre Dividende zu zahlen, d.h. sie investieren nicht in risikolose Anlagen. Ein in der Realität beobachtbares Halten von finanziellen Aktiva (im Modell in der Form risikoloser Anleihen) wird somit nicht erklärt.[58]

III.2.5. Ein Modell mit Dividende als unvollkommenem Signal

Kumar (1988) stellt einen Modellrahmen vor, in dem kein Gleichgewicht mehr abgeleitet werden kann, in dem der Dividende eine Signalfunktion für den Wert des Unternehmens zukommt. Die Analyse des Modells ergibt jedoch einige Implikationen, die mit empirischen Beobachtungen zur Dividendenpolitik von Unternehmen gut vereinbar sind.[59]

Kumar (1988) unterstellt in seinem Modell ein risikoaverses Management, welches einen Informationsvorsprung über die zukünftigen Erträge des Unternehmens gegenüber den ebenfalls risikoaversen Anteilseignern hat. Das Management entscheidet zunächst über die Höhe der Dividende, anschließend über die Höhe der Investitionen (die nicht fix sind) und damit gleichzeitig über die Höhe des Kapitals, welches über eine Kapitalerhöhung zur Finanzierung der Investitionen benötigt wird. Schließlich werden die wahren Erträge bekannt. Es wird unterstellt, daß sowohl das Management als auch die Anteilseigner ihren eigenen Nutzen maximieren. Im Falle des Management bedeutet dies, daß es

---

[57] Vgl. Williams (1988), S. 738 - 741.

[58] Vgl. Williams (1988), S. 739 - 743.

[59] Vgl. Kumar (1988) und die verbale Darstellung des Modells bei Allen/Michaely (1995), S. 821f.

den Wert seines Anteils am Unternehmen maximiert, die Anteilseigner maximieren ihre Konsummöglichkeiten in t_0 und t_1.

Das Management ist am Unternehmen beteiligt, hat aber keine externen Mittel zur Verfügung, um seinen Anteil am Unternehmen bei einer Kapitalerhöhung konstant zu halten. Höhere Investitionen haben daher für das Management zwei Effekte. Zum einen erhöht sich der Unternehmenswert, da angenommen wird, daß zuerst Investitionsprojekte mit einem hohen positiven Kapitalwert verwirklicht werden. Zum anderen reduziert die wegen der höheren Investitionen notwendige höhere Kapitalerhöhung den Anteil des Management am Unternehmen. Management und Anteilseigner sehen jedoch nicht das gleiche Investitionsvolumen als optimal an. Ist das Management risikoaverser als die Anteilseigner, so liegt sein optimales Investitionsvolumen unter dem der Anteilseigner. Dies verhindert das Entstehen eines stabilen Signalgleichgewichts. Das Management wird stets versuchen, so zu signalisieren, daß ein Investitionsvolumen erreicht wird, das näher an seinem (niedrigeren) optimalen Investitionsvolumen liegt als an dem der Investoren.

Unter ergänzenden Annahmen[60)] läßt sich jedoch aus der Dividende ein „grobes", unvollkommenes Signal ableiten. Es läßt sich zeigen, daß Unternehmen innerhalb eines Spektrums von Erträgen jeweils eine bestimmte Dividendenhöhe wählen, die sie von Unternehmen mit einem anderen Spektrum unterscheidet. Für das Management besteht dann kein Anreiz mehr, von der Dividende des Spektrums abzuweichen, das der Kenntnis der Erträge ihres Unternehmens entspricht. In diesem Falle würde sich ihr Anteil am Unternehmen zu stark verändern und so weiter vom Optimum abweichen als zuvor.

Dieses Modell kann einige empirische Beobachtungen erklären. Zum einen werden Unternehmen ihre Dividende nicht bei jeder marginalen Änderungen ihrer Ertragserwartungen ändern. Eine Änderung wird nur erfolgen, wenn die erwarteten Erträge des Unternehmens in ein neues Spektrum fallen, was eher seltene Dividendenänderung impliziert. Das Modell ist daher konsistent mit einem empirisch beobachtbaren „Smoothing" der Dividenden durch Unternehmen. Da Unternehmen mit derselben Dividende unterschiedliche Erträge haben, sind Dividenden in diesem Sinne schlechte Prediktoren für Gewinne. Eine Änderung der Dividende signalisiert einen Sprung im Cluster erwarteter Erträge und daher ist auf Dividendenankündigungen eine starke Kursreaktion zu erwarten.

An diesem Modell läßt sich wiederum die bereits an anderen Modellen geübte Kritik anbringen, daß nicht klar ist, ob Dividendenzahlungen bei steuerlichen Nachteilen auf einem Kapitalmarkt mit zulässigen Aktienrückkäufen noch als Signal dienen können.

---

60) Unter diesen plausiblen Annahmen dürfen Management und Anleger nicht zu risikoavers sein und Unternehmen mit höheren erwarteten Erträgen müssen auch eine höhere marginale Produktivität des Kapitals haben, vgl. Kumar (1988), S. 120.

III.3. Berücksichtigung unvollständiger Verträge

In diesem Abschnitt werden zwei Ansätze betrachtet, die mögliche Signaleffekte von Dividendenentscheidungen bei unvollständigen Verträgen zwischen Eigenkapitalgebern und Fremdkapitalgebern oder zwischen Eigenkapitalgebern und den Managern eines Unternehmens ableiten. Beiden Ansätzen ist gemein, daß sie die Annahme aufheben, daß die an einer Unternehmung beteiligten Interessengruppen zu einem bestimmten Zeitpunkt für alle zukünftigen Umweltzustände bedingte Verträge abschließen können. Realitätsnah ist auch die Annahme, daß Eigen- und Fremdkapitalgeber jeweils in ihrem eigenen Interesse handeln. Unvollständige Verträge erlauben es ihnen dann, sich in bestimmten Situationen Vermögensvorteile zu Lasten einer anderen Gruppe zu verschaffen. Vermögensverschiebungseffekte können so zwischen Eigen- und Fremdkapitalgebern entstehen. Die Free Cash Flow Problematik, die im folgenden Abschnitt untersucht wird, ergibt sich dagegen aus Betrachtung des Konflikts zwischen Eigentümern und Managern einer Unternehmung.

III.3.1. Vermögensverschiebungseffekte zwischen Eigenkapitalgebern und Fremdkapitalgebern

Dividendenzahlungen an die Eigenkapitalgeber erlauben es dem Management, die Vermögensposition der Fremdkapitalgeber zugunsten der Eigenkapitalgeber zu verschlechtern.[61] Der Wert der Fremdkapitaltitel in einem Unternehmen hängt von deren Risikoposition ab. Da Dividendenzahlungen ceteris paribus den Verschuldungsgrad des Unternehmens erhöhen, sinkt der Wert der Fremdkapitaltitel. Dieser Vermögensverlust kommt den Aktionären zugute. Bei Vermögensverschiebungseffekten unterscheidet man dabei zwei Formen. Je nachdem, ob die Dividende durch zusätzliches Fremdkapital oder durch die Kürzung von Investitionen „finanziert" wird, spricht man von „Debt Financed Dividends" oder „Investment Financed Dividends".[62]

Fremdkapitalgeber, die ein solches mögliches Verhalten antizipieren, werden versuchen, sich in Verträgen gegen diese Vermögensverschiebungen abzusichern. Die Existenz von Vermögensverschiebungseffekten beruht also darauf, daß den Fremdkapitalgebern eine vollkommene Absicherung gegen diese Vermögensverschiebungseffekte in Verträgen

---

[61] Eine weitere Möglichkeit der Vermögensverschiebung besteht zwischen den Eigenkapitalgebern und den Besitzern von Optionen oder Wandelschuldverschreibungen auf neu auszugebene Aktien des Unternehmens, falls diese nicht gegen Dividenden geschützt sind. Durch höher als erwartet vorgenommene Dividendenausschüttungen wird der Wert dieser Optionen zugunsten der Eigenkapitalgeber vermindert. Relevant sind sie bei der aus steuerlichen Gründen von verschiedenen Unternehmen vorgenommenen „Schütt-aus-hol-zurück"-Politik, die durch die Herabsetzung des Körperschaftsteuersatzes für thesaurierte Gewinne von 56% auf 50% (50% auf 45%) veranlaßt war.

[62] Vgl. Kalay (1982a), S. 212f.

nicht gelingt. In diesem Sinne betreffen nur unerwartete, überhöhte Dividendenzahlungen die Vermögensposition der Fremdkapitalgeber, da nur diese Fälle nicht von den Fremdkapitalgebern antizipiert werden. Zu beachten ist weiterhin, daß Unternehmen dann keine Vermögensverschiebung zu Lasten der Fremdkapitalgeber vornehmen werden, wenn damit Kosten verbunden sind. Geht man nicht von einer einperiodigen Betrachtung des Verhältnisses zwischen Eigen- und Fremdkapitalgebern aus, so lassen sich solche Kosten mit dem Verlust von Reputation begründen. Unternehmen, die einmal eine Vermögensverschiebung zu Lasten der Fremdkapitalgeber vorgenommen haben, werden in Zukunft höhere Fremdfinanzierungskosten zahlen müssen, mit denen sich die Fremdkapitalgeber dieses Risiko bezahlen lassen. Diese Kosten verhindern bei Unternehmen, die regelmäßig am Kapitalmarkt Finanzmittel aufnehmen müssen, eine Vermögensverschiebung zu Lasten der Fremdkapitalgeber. Allerdings ist die Gefahr „überhöhter" Dividendenzahlungen zu Lasten der Fremdkapitalgeber bei Unternehmen, die nur noch eine kurze erwartete Lebensdauer haben (z.B. Unternehmen, die sich bereits in finanziellen Schwierigkeiten befinden) besonders groß.[63)]

Fremdkapitalgeber können sich gegen diese Vermögensverschiebungen zu ihren Lasten durch Regelungen in Kreditverträgen schützen. Solche direkten und indirekten Ausschüttungsregelungen wurden bereits in Abschnitt II.2. beschrieben. Weiter können auch noch institutionelle Gegebenheiten, wie ein hoher Einfluß der Fremdkapitalgeber auf das Unternehmen, solche Vermögensverschiebungen verhindern. Für den deutschen Kapitalmarkt dürfte dies insbesondere für Banken gelten, die durch eigene Anteile, durch übertragene Stimmrechte der Kleinaktionäre in Hauptversammlungen und durch die Ausübung von Aufsichtsratsmandaten in den Unternehmen Einfluß auf die Unternehmenspolitik nehmen können.

Allen/Michaely (1995)[64)] verweisen zudem darauf, daß auch für Eigenkapitalgeber frei verfügbare Mittel im Unternehmen einen positiven Kapitalwert haben können, wenn dadurch Situationen, wie sie durch Myers/Majluf (1984) beschrieben werden, verhindert werden. Im Kontext des Modells von Myers/Majluf (1984) unterläßt das Management Investitionen mit positivem Kapitalwert, weil deren Finanzierung durch eine Kapitalerhöhung vom Kapitalmarkt als ein negatives Signal aufgefaßt wird. Da sich Investitionen jedoch durch interne Finanzmittel finanzieren lassen, hat das Halten finanzieller Mittel durch ein Unternehmen in diesem Fall einen positiven Kapitalwert. Da die Eigenkapitalgeber damit ein Interesse an einem Halten von frei verfügbaren finanziellen Mitteln

---

63) Vgl. Allen/Michaely (1995), S. 826f.
64) Vgl. Allen/Michaely (1995), S. 827.

durch das Unternehmen haben, wird das Interesse an „überhöhten“ Dividendenzahlungen vermindert und damit der Eigenkapitalgeber/Fremdkapitalgeber-Konflikt entschärft.

III.3.2. Free Cash Flow Problematik

Auch die von Jensen (1986) beschriebene Free Cash Flow-Problematik entsteht durch die Schwierigkeit, vollständige Verträge, in diesem Fall zwischen Eigentümern und Managern der Unternehmung, abzuschließen. Es läßt sich daher nicht vollständig verhindern, daß Manager nicht im Interesse der Eigentümer, sondern in ihrem eigenen Interesse handeln.

Deutlich wird die Problematik unterschiedlicher Interessen von Management und Anteilseignern bei der Auswahl der Investitionsprojekte. Ein im Interesse der Anteilseigner handelndes Management wird nur solche Investitionsprojekte durchführen, die einen positiven Kapitalwert haben. Das Management selbst hat aber u.U. auch ein Interesse an der Durchführung von Investitionsprojekten mit negativem Kapitalwert, da ihm selbst - aber nicht den Anteilseignern - Vorteile aus diesen Investitionsprojekten entstehen. Deutlich wird dies am „Managerkonsum“, der über einen für die Anteilseigner optimalen Level liegt und dessen Vorteile der Manager allein konsumiert. Manager können auch ein Interesse an Investitionen oder Unternehmensübernahmen mit negativem Kapitalwert haben, wenn sich ihre Vergütung und ihre Reputation an der Größe des von ihnen geleiteten Unternehmen orientiert.

Grossman/Hart (1982) und Easterbrook (1984) schlagen als eine Möglichkeit zur Lösung dieses Konflikts Dividendenzahlungen vor. Dividendenzahlungen reduzieren den Free Cash Flow eines Unternehmens und damit die Finanzmittel, die das Management für Investitionsprojekte mit negativem Kapitalwert verwenden kann. Diese Reduktion der frei verfügbaren Mittel zwingt es darüber hinaus, sich für Investitionen häufiger am Kapitalmarkt Finanzmittel zu beschaffen. Damit setzt sich das Management einer stärkeren Kontrolle durch den Kapitalmarkt aus, was ebenfalls zu einer Reduktion der Agencykosten des Manager/Eigentümer-Konflikts führt.

Die Free Cash Flow Problematik ist in solchen Unternehmen am größten, die über einen hohen operativen Cash Flow aber nur über wenige Investitionsprojekte mit positivem Kapitalwert verfügen. Eine solche Situation herrscht am ehesten in „reifen“ Unternehmen, die nicht mehr wachsen (keine Investitionsprojekte mit positivem Kapitalwert) und die aus bestehenden Investitionsprojekten einen hohen Cash Flow generieren. Für junge Wachstumsunternehmen mit vielen positiven Investitionsprojekten und einem Kapitalbedarf, der über dem Cash Flow des Unternehmens liegt und das Unternehmen deswegen häufiger zur Aufnahme von Kapital zwingt, ist die Free Cash Flow-Problematik weniger relevant.

Bei „reifen" Unternehmen ohne positive Investitionsprojekte wird man daher eher einen Beitrag der Dividendenpolitik zur Lösung des Manager/Eigentümer-Konflikts erwarten als bei jungen Wachstumsunternehmen. Die Bedeutung der Dividendenpolitik hängt zudem noch davon ab, wie unterschiedlich die Interessen von Managern und Anteilseignern sind. Hierbei spielen die Art der Vergütungsverträge des Management und die Kontrollmöglichkeiten der Anteilseigner eine Rolle. Gewährleisten die Vergütungsverträge des Management einen hohen Grad der Übereinstimmung von Manager- und Anteilseignerinteressen, so werden Dividenden zur Lösung dieses Konflikts relativ unwichtiger. Gleiches gilt für Unternehmen, in denen die Entscheidungen des Management einer relativ starken Kontrolle durch die Anteilseigner unterliegen. Man kann annehmen, daß das Management von Unternehmen mit einer diversifizierten Eigentümerstruktur einer weniger starken Kontrolle unterliegt als das Management von Unternehmen, in denen einzelne Anteilseigner einen hohen Anteil am Unternehmen halten. Daher sollten Dividendenzahlungen bei weniger stark kontrollierten Unternehmen eher zur Lösung des Manager/Eigentümer-Konflikts herangezogen werden als bei Unternehmen mit Großaktionären.

Als Alternative zur Dividende gewährleisten auch Fremdfinanzierungsverträge, daß dem Unternehmen (und damit den Entscheidungsmöglichkeiten des Management) Finanzmittel entzogen werden. Durch die vertragliche Fixierung der Auszahlungsverpflichtungen erscheint die Fremdfinanzierung sogar als das geeignetere Instrument zur Lösung des Manager/Eigentümer-Konflikts. Es ist jedoch nicht zu erwarten, daß ein im Hinblick auf den Manager/Eigentümer-Konflikt optimal gewähltes Fremdfinanzierungsvolumen diesen Konflikt aufhebt, da mit der Fremdfinanzierung auch Kosten (z.B. Konkurskosten oder die oben beschriebene Möglichkeit von Vermögensverschiebungseffekten) verbunden sind. Dies bedeutet, daß zusätzlich auch Dividendenzahlungen zur Verminderung des Konflikts eingesetzt werden können.

III.4. Differenzierte Kursreaktionen bei unterschiedlichen Unternehmen

In diesem Abschnitt sollen drei Ansätze dargestellt werden, die nicht die Signalwirkung der Dividende selbst begründen können, jedoch bei einer gegebenen Signalwirkung für unterschiedliche Unternehmen differenzierte Kursreaktionen erwarten lassen. Die Ansätze unterstellen damit die Gültigkeit (einer) der Signalhypothese(n) und differenzieren die Kursreaktion weiter nach der Informationsmenge, die über ein Unternehmen verfügbar ist, nach dessen Eigentümerstruktur und nach dem Ausmaß, mit dem das Unternehmen reguliert wird. Diese Ansätze können als Versuch einer indirekten Bestätigung der Ansätze, die auf Informationsasymmetrien aufbauen, aufgefaßt werden. Lassen sich diese Hypothesen bestätigen, kann dies als Hinweis dafür gelten, daß die zuvor diskutierte Signal- und Free Cash Flow-Erklärungen und nicht die im folgenden Abschnitt III.5. diskutierten Steuer und Transaktionskostenansätze grundsätzlich zur Erklärung der Kursreaktion auf Dividendenankündigungen geeignet sind.

III.4.1. Verfügbare Informationsmenge als Bestimmungsgrund für die Kursreaktion

In den Signalansätzen dient die Höhe der Dividenden(änderung) als Signal. Nach den einfachen Signalansätzen ist auf ein Signal keine unternehmensspezifische, sondern eine einheitliche Kursreaktion zu erwarten. Die hier angestellten Überlegungen machen die Kursreaktion abhängig von der Informationsmenge, die über ein Ereignis am Kapitalmarkt verfügbar ist. Dabei sind im Zusammenhang mit Dividendenankündigung Argumente, die auf einer (langfristigen) Änderung der Menge und Qualität der über ein Unternehmen verfügbaren Informationen beruhen, als nicht so relevant anzusehen. Das Ereignis „Dividendenankündigung" selbst ist wie z.B. auch die Jahresabschlußveröffentlichung Bestandteil der regelmäßigen Publizität eines Unternehmens. Von einem Ereignis innerhalb dieser Regelpublizität kann nicht erwarten werden, daß es Änderungen der grundsätzlich über ein Unternehmen verfügbaren Informationsmenge auslöst. Damit läßt sich aber auch kein Bezug zum Modell eines Kapitalmarktes mit unvollständiger Information von Merton (1987) mehr herstellen.

Ansätze zur Erklärung einer differenzierten Kursreaktion können jedoch die Überlegungen zum Neglected Firm-Effect bieten. Die Erklärung des Neglected-Firm-Effects[65] setzt voraus, daß Unterschiede hinsichtlich der über ein Unternehmen verfügbaren Information bestehen.[66] Diese Unterschiede entstehen, weil sich die Informations-

---

65) Zum Neglected Firm-Effect vgl. die Arbeiten von Arbel/Strebel (1982); Arbel/Carvell/Strebel (1983); Arbel (1985); Carvell/Strebel (1987).

66) Vgl. Arbel/Carvell/Strebel (1983), S. 61.

nachfrage zwischen einzelne Unternehmen unterscheidet. Für einige Unternehmen werden deshalb Informationen in geringerem Umfang und niedrigerer Qualität zur Verfügung stehen. Weniger und schlechtere Informationen kommen z.B. in der Varianz der Gewinnprognosen zum Ausdruck. Eine hohe Anzahl von Analysten, die regelmäßig Gewinnprognosen erstellen, resultiert in einer niedrigeren Varianz der Gewinnprognose für dieses Unternehmen.[67)] Diese Überlegung läßt sich unmittelbar auf Dividendenprognosen übertragen. Mit der Informationsaufnahme, -auswertung und -verbreitung durch eine hohe Anzahl von Analysten wird ein Teil der in der Dividendenbekanntgabe steckenden Informationen bereits vorweggenommen. Damit hat auch die Veröffentlichung der Dividendenhöhe einen geringeren Informationsgehalt. Umgekehrt gilt für Unternehmen, über die weniger Informationen am Markt verfügbar sind, daß das einzelne Ereignis einen höheren Informationsgehalt hat.

III.4.2. Einfluß der Kontrollstruktur eines Unternehmens auf die Kursreaktion

Die in den Abschnitten III.2. und III.3. diskutierten Erklärungsansätze gehen von einer Trennung von Eigentum und Kontrolle im Unternehmen aus. Diese Erklärungsansätze haben keine Bedeutung, wenn diese Trennung nicht vorliegt. Zwischen den beiden Antipoden „vollständige“ und „keine“ Trennung zwischen Eigentum und Kontrolle sind Zwischenformen möglich, wie sie mit dem Blockbesitz bei börsennotierten Unternehmen auf dem deutschen Kapitalmarkt vorkommen. Es ist deshalb zu untersuchen, wie sich ein Abweichen von der Modellannahmen auf die Erklärungskraft der zuvor diskutierten Modelle auswirkt.

Die in Abschnitt III.2. diskutierten Signalerklärungen der Dividendenpolitik beruhen auf dem durch die Trennung von Eigentum und Kontrolle im Unternehmen verursachten Informationsvorsprung des Management gegenüber den Investoren. Unter dieser Bedingung kann die Dividende eine glaubwürdige Mechanismus sein, die privaten Informationen des Management an die Investoren zu übertragen. Dabei wird unterstellt, daß es keine andere Möglichkeit gibt, diese Information zu übertragen, oder daß andere Wege wie z.B. die Veröffentlichung von Jahresabschlußinformationen bereits ausgenutzt worden sind. Weiter besteht die Notwendigkeit, Informationen indirekt zu übertragen. Eine direkte Kommunikation könnte den Interessen der Anteilseigner schaden, da diese auch von den Wettbewerbern wahrgenommen wird.

Besitzt ein Anleger einen größeren Anteil an einem Unternehmen, so treffen diese Argumente nicht mehr zu. Der Informationsvorsprung des Management gegenüber einem

---

67) Vgl. Carvell/Strebel (1987), S. 279.

bedeutenden Anleger ist geringer. Es besteht die Möglichkeit, Informationen direkt zu übertragen, z.B. über Berichte an den Aufsichtsrat, in dem der Anleger vertreten ist. Die Glaubwürdigkeit der Information kann auf eine andere Weise als in Signalmodellen hergestellt werden, z.B. durch den direkten Einblick in Geschäftsunterlagen des Unternehmens.

Diese alternativen Informationsübertragungsmöglichkeiten relativieren die Bedeutung des Dividendensignals für einen maßgeblichen Anteilseigner. Davon unberührt bleibt zunächst die Informationsübertragung an die übrigen Aktionäre. Es ist jedoch zu fragen, ob das Management noch im Interesse der übrigen Aktionäre handelt, oder ob es nicht bei der Festlegung der Dividende vielmehr die Interessen des Großaktionärs berücksichtigt.[68] Erfolgt die Bestimmung der Dividendenhöhe vornehmlich im Hinblick auf dessen Interesse, so verliert die Dividende ihre Signaleigenschaft. Die dargestellten Signalmodelle, denen eine Situation der Informationsasymmetrie zwischen Management und Investoren zugrunde liegt, beschreiben mögliche Konflikte zwischen Großaktionär und Kleinaktionären nicht mehr und können daher auch keine Erklärungsansätze mit Dividendenzahlungen zur Lösung dieses Konfliktes liefern.

Der in Abschnitt III.3.2. diskutierte Free Cash Flow-Ansatz baut auf den Interessengegensätzen zwischen dem Management und den Investoren eines Unternehmens auf und beschreibt die Dividende als eine Möglichkeit zur Lösung dieses Konflikts. Die Existenz von Großaktionären erleichtert andere Konfliktlösungen, so daß die Bedeutung der Dividende bei der Existenz von Großaktionären abnimmt.[69]

Die Free Cash Flow-Problematik entsteht in Unternehmen mit einer Trennung von Eigentum und Kontrolle, weil ein hoher Kontrollaufwand eines einzelnen Investors, der nur einen geringen Anteil am Unternehmen hält, nicht durch Erträge aus der Reduzierung von Agencykosten entlohnt wird. Für einen Investor mit einem hohen Anteil am Unternehmen ist zu vermuten, daß das Ausmaß der Kontrolle, die er ausübt, über der eines Kleininvestors liegt.

Für einen bedeutenden Investor ist es lohnender, Informationen zu sammeln, auszuwerten und auf ihrer Basis das Management des Unternehmens zu kontrollieren. Er wird das Ausmaß der Kontrolle auf jeden Fall deswegen steigern, da ihm auch ein bedeutender Teil der Erträge seiner Kontrollaktivitäten zufließt. Es ist zu vermuten, daß er geringere marginale Informationsbeschaffungs- und -verarbeitungskosten hat und daß er Zugang zu Informationen besitzt, über die Kleininvestoren nicht verfügen (z.B. durch einen Sitz im Aufsichtsrat des Unternehmens). Diese verstärkten Kontrollaktivitäten sprechen dafür, daß

---

68) Vgl. Shleifer/Vishny (1997), S. 758f.

69) Zur Bedeutung von Großaktionären vgl. Shleifer/Vishny (1997), S. 754f.

das Free Cash Flow-Problem in Unternehmen mit bedeutenden Anteilseignern geringer ist als in Unternehmen, in denen das Unternehmen keiner starken Kontrolle durch die Investoren unterliegen. In einer solchen Situation vermindert sich die Bedeutung der Dividende zur Verminderung des Free Cash Flow und zur Kontrolle des Management.

Die dargestellten Auswirkungen der Existenz von Großaktionären gehen davon aus, daß ein Großaktionär nicht zum Schaden der Kleinaktionäre handelt. Damit wird unterstellt, daß es keinen Interessengegensatz zwischen Großaktionären und Kleinaktionären gibt. Es ist Großaktionären jedoch möglich, dem Unternehmen zu eigenem Gunsten Vorteile zu entziehen, denen keine entsprechende Gegenleistung entgegensteht. Jedoch können z.B. ein industrieller Investor aus Liefer- und Leistungsbeziehungen mit dem Unternehmen Vorteile erwachsen, oder eine Bank als bedeutender Anteilseigner kann auf die Einhaltung hoher Eigenkapitalquoten achten. Auch Familiengesellschafter können eigene Interessen im Unternehmen verfolgen. In allen Fällen ist es möglich, daß das Unternehmen zu Lasten der Kleininvestoren Investitionsprojekte mit negativem Kapitalwert verfolgt.

Dividendenzahlung können zur Lösung dieses Konflikts zwischen Klein- und Großaktionären beitragen. Die Dividende hat die Eigenschaft, Erträge des Unternehmens auf einer pro rata-Basis an die Anteilseigner zu verteilen. Ähnlich wie in der Argumentation zur Lösung der Free Cash Flow-Problematik vermindert sich mit der Dividendenzahlung die Möglichkeit von Investitionsprojekten mit einem negativen Kapitalwert. Allerdings kehren sich bei Betrachtung dieses Konflikts die Verhältnisse um: hier wird angenommen, daß Unternehmen mit Großaktionären Investitionsprojekte mit einem negativen Kapitalwert vornehmen, so daß ein positiver Effekt gerade bei diesen Unternehmen zu erwarten ist. Ein positiver Effekt ergibt sich nach der Signalhypothese und der Free Cash Flow-Hypothese dagegen bei den Unternehmen, die keinen bedeutenden Aktionär haben.

III.4.3. Unterschiedlicher Signalcharakter bei Ankündigungen regulierter Finanzunternehmen

In der Literatur von einem differenzierten Informationsgehalt von Ankündigungen von Finanzierungsentscheidungen durch regulierte Unternehmen ausgegangen. Die Ankündigung einer Finanztitelemission hat einen geringeren Informationsgehalt, wenn das Management durch die Regulierung zu einer Emission gezwungen werden kann und daher die Ankündigung keine privaten Informationen des Management widerspiegelt.[70)]

Die Auswirkungen von Regulierungen wirken bei Dividendenankündigungen in Richtung eines höheren Informationsgehaltes bei Ankündigungen regulierter Unter-

---

70) Vgl. Polonchek/Slovin/Sushka (1989); Slovin/Sushka/Polonchek (1992).

nehmen. Der Regulierungsprozeß bei Finanzunternehmen ist darauf abgestellt, die Wahrscheinlichkeit eines Scheiterns des Unternehmens, bei dem Vertragspartner des Unternehmens geschädigt werden, zu vermindern. Er zielt zunächst darauf ab, durch die Festlegung von (Mindest-) Eigenkapitalquoten genügend haftendes Eigenkapital für die Aktivitäten des Unternehmens zu erhalten. Liquiditätsanforderungen sollen die Zahlungsfähigkeit von Banken erhalten. Eine Dividendenerhöhung kann daher nur erfolgen, wenn durch die Ausschüttung diese Mindestanforderungen nicht verletzt werden. § 45 Abs. 1 KWG gibt dem Bundesaufsichtsamt für das Kreditwesen das Recht, Dividendenausschüttungen von Banken zu beschränken bzw. ganz zu untersagen. Dies betrifft zwar zunächst nur Dividendenausschüttungen für das vergangene Geschäftsjahr, es ist, jedoch davon auszugehen, daß das Management bei der Festlegung der Dividende auch auf eine langfristige Einhaltung der Eigenkapitalregeln achten wird.

Mit der Regulierung von Eigenkapitalquoten ist auch zugleich eine Überwachung der Ertragslage des Unternehmens verbunden, da diese bei einem gegebenen Geschäftsvolumen einen starken Einfluß auf die Bildung von Eigenkapital in der Bilanz hat. Sowohl bei der Überprüfung der Eigenkapitalquote als auch der Liquiditäts- und Ertragslage des Unternehmens werden dabei interne Informationen des Unternehmens verwendet, die dem Kapitalmarkt nicht zur Verfügung stehen. Da der Regulierungsprozeß Einfluß auf die Festlegung der Dividende nimmt, kommen in der Dividendenentscheidung auch die Informationen aus diesem Prozeß zum Ausdruck. Regulierung kann damit verstanden werden als ein zusätzliches Qualitätssignal der Dividendenentscheidungen. Im Sinne der in Abschnitt III.2. diskutierten Signalerklärungen trägt Regulierung zu einer Verhinderung eines falschen Signalisierens bei, indem „schlechten" Unternehmen zusätzliche Kosten entstehen, wenn sie versuchen, das Dividendensignal eines guten Unternehmens zu reproduzieren.

III.5. Berücksichtigung von Steuern und Transaktionskosten

III.5.1. Der Einfluß diskriminierender Steuern

Eine der Voraussetzungen, unter der in Abschnitt III.1. eine Irrelevanz der Dividendenpolitik abgeleitet wurde, ist ein nicht-diskriminierendes Steuersystem. In der Realität ist kein nicht-diskriminierendes Steuersystem anzutreffen. Häufig diskriminieren Steuersysteme gegen die Dividendenzahlung, d.h. Dividendenzahlungen werden höher besteuert als Kursgewinne, die aufgrund von Thesaurierungen entstehen.

Unter unterschiedlichen Voraussetzungen werden die Folgen einer Diskriminierung zu Lasten der Dividendenzahlung auf die Bewertung des Unternehmens abgeleitet. Statische Modelle erlauben es dem Investor, nur einmal sein Portfolio zu bilden. Nimmt man zusätzlich Risikoneutralität der Investoren an, so werden Investoren mit einem hohen Steuersatz im Gleichgewicht Aktien von Unternehmen halten, die eine niedrige Dividendenquote (Verhältnis von Dividendenzahlung zu Kursgewinn aus thesaurierten Gewinnen) haben. Investoren mit einem niedrigen Steuersatz halten Aktien von Unternehmen mit einer hohen Dividendenquote (Steuerklienteleffekt). Im Gleichgewicht ist der Marktwert des Unternehmens jedoch unabhängig von der gewählten Dividendenpolitik.[71)]

Empirische Tests dieser Modelle zielen zum einen direkt auf die Frage, ob Anleger mit höherem Steuersatz Aktien von Unternehmen mit einer niedrigeren Dividendenquote halten. Diesen Zusammenhang haben für den US-amerikanischen Kapitalmarkt Blume/Crocket/Friend (1974) und Lewellen/Stanley/Lease/Schlarbaum (1978) überprüft. Elton/Gruber (1970) überprüfen den Zusammenhang zwischen Steuersatz und Dividendenrendite, indem sie den Kursabschlag am Extag untersuchen.

Erweitert man dieses einfache Modell um die Berücksichtigung des systematischen Risikos der Aktie, so entsteht das CAPM nach Steuern. Auf Brennan (1970) bauen die Arbeiten von Litzenberger/Ramaswamy (1979), (1980) für den US-amerikanischen Kapitalmarkt auf, die das CAPM nach Steuern entwickeln und zu testen versuchen. Eine nach-Steuern Version des CAPM für den deutschen Kapitalmarkt hat König (1990) entwickelt. Diese Modelle sagen alle einen positiven Zusammenhang zwischen der Rendite einer Aktie und der Dividendenrendite voraus.[72)] Unternehmen mit einer höheren Dividendenrendite weisen eine höhere Rendite vor Steuern aus, so daß die Rendite nach Steuern gleich ist.

Empirische Überprüfungen des nach-Steuern CAPM erweitern das klassische CAPM um den Faktor Dividendenrendite (in z.T. unterschiedlichen Definitionen in den Studien) und testen dann auf Signifikanz dieses zusätzlichen Faktors. Die wichtigsten Arbeiten für den US-amerikanischen Kapitalmarkt stammen von Litzenberger/ Ramaswamy (1979),

---

71) Vgl. Allen/Michaely (1995), S. 805f.

(1980), (1982), Miller/Scholes (1982) und Chen/Grundy/ Stambaugh (1990), die allerdings zu unterschiedlichen Ergebnissen hinsichtlich der Signifikanz des Faktors gelangen. Für den deutschen Kapitalmarkt untersucht König (1990) diesen Zusammenhang.[73] Er stellt dabei einen signifikant positiven Faktor für die Dividendenrendite fest, was als Bestätigung des Klientelmodells aufzufassen ist. Aus dem Faktor für die Dividende läßt sich weiter der durchschnittliche Steuersatz für Dividenden der Investoren schätzen. Hier erhält König (1990) für Unternehmen mit unterschiedlichen Dividendenrenditen keine unterschiedlichen Steuersätze, was wiederum dem Klientelmodell widerspricht.[74]

Eine weitere Möglichkeit, dieses Dividendenklientelmodell zu testen, stellt die Untersuchung der Kursreaktion bei Dividendenankündigungen dar. Spielen Informationseffekte bei der Kursreaktion auf Dividendenankündigungen keine Rolle, sollte eine Dividendenerhöhung demnach von den Anteilseignern von Unternehmen, die bereits eine hohe Dividendenrendite aufweisen, positiv bewertet werden. Anteilseigner von Unternehmen mit einer niedrigen Dividendenrendite sollten die Ankündigung einer Dividendenerhöhung nicht positiv oder sogar negativ beurteilen. Grund hierfür ist, daß die Anteilseigner von Unternehmen mit einer niedrigeren Dividendenrendite einen höheren marginalen Steuersatz aufweisen und sie daher Kursgewinne gegenüber Dividendensteigerungen vorziehen. Bei Dividendensteigerungen sollte sich daher ein positiver Zusammenhang zwischen der Kursreaktion und der Dividendenrendite ergeben. Bei Dividendenkürzungen sollten Anteilseigner von Unternehmen mit einer höheren (niedrigeren) Dividendenrendite negativ (positiv) reagieren, so daß hier ein negativer Zusammenhang zwischen der Kursreaktion und der Dividendenrendite beobachtet werden sollte. Die Dividendenrendite ist daher ein Einflußfaktor, dessen Zusammenhang in Ereignisstudien untersucht wird. Ergebnisse werden in Abschnitt IV.1.3.7. vorgestellt.

An den statischen Modellen läßt sich die Annahme kritisieren, daß die Investoren ihr Portfolio nur einmal bilden können und es nicht (z.B. vor Dividendenzahlungen) umschichten. Dynamische Modelle heben diese Annahme auf und beziehen die Möglichkeit ein, daß der Investor sein Portfolio dynamisch, insbesondere auch vor und nach Extagen, umschichtet. Miller/Scholes (1978) und Stiglitz (1983) haben einige Strategien zur Vermeidung von Steuern auf Dividenden vorgeschlagen. Durch diese Strategien reduziert sich der marginale Steuersatz des Investors auf null, wodurch man wieder zur neoklassischen Irrelevanzhypothese der Dividendenpolitik aus Abschnitt III.1. zurückgelangt. Allerdings gibt es keine Anhaltspunkte dafür, daß diese Strategien von Investoren tatsächlich in

---

[72] Vgl. König (1990), S. 142 - 173.
[73] Vgl. König (1990), S. 116f. und S. 172f.
[74] Vgl. König (1990), S. 172f.

großem Umfang eingesetzt werden. Auch zeigt die Untersuchung von Peterson/Peterson/ Ang (1985), daß für natürliche Personen der marginale Steuersatz auf Dividenden deutlich über dem marginalen Steuersatz auf Kursgewinne liegt. Ein Grund für die Nichtanwendung dieser Steuervermeidungsstrategien sind wohl zu hohe Transaktionskosten.

Strategien, die sich auf den Handel um den Extag beziehen, wurden zunächst im Rahmen von Arbitragemodellen z.B. von Kalay (1982b) beschrieben. Dabei verkauft ein Investor mit hohem marginalen Steuersatz Aktien, auf die eine Dividende gezahlt wird, vor dem Extag an Investoren mit niedrigerem Steuersatz, um sie nach der Dividendenzahlung wieder zurückzukaufen. Der Preisabschlag am Extag sollte in einer Welt ohne Transaktionskosten genau der Dividendenzahlung entsprechen, d.h. eine Überrendite am Extag sollte nicht auftreten. Studien zum Preisabschlag von Dividendenzahlungen an Extagen, die sich auf den Zeitraum vor dem Tax Reform Act 1986 beziehen, haben ergeben, daß der Preisabschlag niedriger als die Dividendenzahlung ist.[75)] Diese Beobachtung läßt sich mit einem perfekten Arbitragemodell nicht erklären. Weiter beobachten eine Reihe von Untersuchungen, daß diese Überrendite mit der Dividendenrendite positiv korreliert ist.[76)] Dies wiederum läßt sich aus dem Steuerklientelmodell erklären. Bei Beachtung von Transaktionskosten sollte die Überrendite mit der Höhe der Transaktionskosten abnehmen. Dieser Zusammenhang bestätigen Karpoff/Walkling (1988).[77)]

Tatsächlich ist der von Kalay (1982b) beschriebene Kauf und Verkauf von Aktien um den Extag aber nicht risikolos. Deshalb haben Michaely/Vila (1995) diese Transaktion in einem Gleichgewichtsmodell statt in einem Arbitragemodell dargestellt. Ihr Modell erlaubt es, aus dem Preisabschlag am Extag, der gezahlten Dividende und dem beobachtbaren Handelsvolumen Aussagen über die marginalen Steuersätze verschiedener Investorengruppen abzuleiten.

Nach einer Steuerreform, die den Nachteil der Besteuerung der Dividende vermindert, sollte die Überrendite am Extag sinken. Dies konnten Poterba/Summers (1984) für die USA und Barclay (1987) für Großbritannien zeigen. Da Transaktionskosten bei dynamischen Modellen wegen der höheren Anzahl benötigter Transaktionen einen größeren Einfluß haben als in statischen Modellen, wurde deren Einfluß insbesondere auf das Handelsvolumen am Extag untersucht. Das Handelsvolumen nimmt mit höheren Transaktionskosten bei gegebenem systematischen Risiko der Aktie ab.[78)] Diese Befunde sind konsistent mit dem Steuerklientelmodell.

---

75) Vgl. Kalay (1982b), S. 1065f; Eades/Hess/Kim (1984), S. 9 - 11.
76) Vgl. Elton/Gruber (1970), S. 71f.; Kalay (1982b), S. 1066.
77) Vgl. Karpoff/Walkling (1988), S. 296 - 298.
78) Vgl. Michaely/Vila (1995).

III.5.2. Transaktionskosten und weitere Erklärungsansätze

Unterstellt man, daß (ein Teil der) Investoren ein regelmäßiges „Einkommen" aus ihren Anlagen ziehen wollen, so können Transaktionskosten dazu führen, daß Dividendenzahlungen (im Gegensatz zu einem Teilverkauf der Positionen) der billigere Weg sind, dieses Ziel zu erreichen. Unternehmen werden dieses Bedürfnis erkennen und Dividenden zahlen. Dies führt zu einem optimalen Level an Dividendenzahlungen auf einem Kapitalmarkt, bei dem aber die individuelle Dividendenpolitik eines Unternehmens dann wieder irrelevant ist.[79)] Niedrigere Transaktionskosten sollten danach dazu führen, daß die aggregierten Dividendenzahlungen abnehmen. Obwohl Transaktionskosten in den vergangenen 20 Jahren abgenommen haben, hat dies nicht zu einem Rückgang der aggregierten Dividendenzahlungen geführt.[80)]

Auf einigen Kapitalmärkten gibt es Investoren, die nur Aktien von Unternehmen halten, die Dividenden zahlen. Dieses Verhalten der Investoren führt wieder zu einem optimalen Level an Dividendenzahlungen auf einem Kapitalmarkt. Hat sich dieses optimale aggregierte Dividendenlevel am Kapitalmarkt eingestellt, ist die individuelle Dividendenpolitik eines Unternehmens irrelevant für seinen Kapitalwert. Empirische Tests dieser Hypothese liegen nicht vor.

Shefrin/Statman (1984) begründen Dividendenzahlungen verhaltenstheoretisch. Nach diesem Ansatz verwenden Investoren Dividenden zur Selbstkontrolle ihrer Konsumentscheidungen. Mit dieser Theorie läßt sich wieder eine optimale aggregierte Höhe der Dividendenzahlung bestimmen, jedoch keine firmenspezifisch optimale Dividendenpolitik. Da das Argument der Selbstkontrolle hauptsächlich auf natürliche Personen anwendbar ist, sollte die aggregierte Dividendenzahlung mit einem Rückgang des Anteils natürlicher Personen an den Investitionen am Aktienmarkt abnehmen. Dieser Zusammenhang kann für den US-amerikanischen Kapitalmarkt nicht beobachtet werden.[81)]

---

79) Vgl. Black/Scholes (1974), S. 3f.
80) Vgl. Allen/Michaely (1995), S. 794f.
81) Vgl. Allen/Michaely (1995), S. 794f.

III.6. Übertragbarkeit der Ansätze auf Dividendenentscheidungen deutscher Aktiengesellschaften

In den vorangegangenen Abschnitten wurden Ansätze vorgestellt, die eine Relevanz der Dividendenpolitik abzuleiten versuchen. Dabei wurde in unterschiedlichen Zusammenhängen auf institutionelle Rahmenbedingungen des Kapitalmarktes, auf dem Unternehmen, Eigen-, Fremdkapitalgeber und Manager agieren, Bezug genommen. In diesem Abschnitt soll untersucht werden, inwiefern sich die Annahmen dieser Modelle auf den deutschen Kapitalmarkt übertragen lassen.

III.6.1. Beurteilung relevanter steuerlicher Regelungen

Die Dividendensignalmodelle von John/Williams (1985), Ambarish/John/Williams (1987) und Williams (1988) unterstellen eine steuerliche Benachteiligung der Dividendenzahlung, ohne die es in diesen Modellen zu keinem Signalgleichgewicht kommt. Weiter beruht die Richtung eines Kurseffekts im Steuerklientelmodell auf der steuerlichen Vorteilhaftigkeit von Thesaurierung und Dividende. Die Konstruktion dieser Modelle ist vor dem Hintergrund der steuerlichen Regelungen des US-amerikanischen Kapitalmarktes vorgenommen worden. Für das US-amerikanische Steuersystem läßt sich eben diese steuerliche Benachteiligung von Dividenden sowohl vor der Steuerreform im Tax Reform Act 1986 als auch danach zeigen.[82), 83)] Es ist daher zu untersuchen, ob unter den Bedingungen des deutschen Steuersystems eine Benachteiligung der Dividendenzahlung gegenüber einer Thesaurierung durch das Unternehmen zu verzeichnen ist.

Die Frage nach einer steuerlichen Relevanz der Dividendenpolitik läßt sich in zwei Komplexe unterteilen. Zum einen ist zu fragen, ob die Ausschüttung einer Dividende nach der Verwirklichung aller Investitionsprojekte mit positivem Kapitalwert oder eine Thesaurierung dieser Mittel vorteilhafter ist. Zum anderen muß untersucht werden, wie eine zusätzliche Ausschüttung nach der Verwirklichung aller Investitionsprojekte mit einer anschließenden Kapitalerhöhung gegenüber einer einfachen Thesaurierung dieser Mittel zu beurteilen ist.

Die Beantwortung dieser Fragen ist an gewisse Prämissen gebunden. Werden die Auswirkungen geltender steuerlicher Vorschriften auf die Vorteilhaftigkeit von Alternativen beurteilt, so wird i.d.R. unterstellt, daß sich die Anleger steuerehrlich verhalten. Außerdem wird die andauernde Gültigkeit des zu beurteilenden Steuersystems für die Zukunft unterstellt, wenn eine der Alternativen nicht nur in der laufenden Periode steuer-

---

82) Vgl. Michaely (1991), S. 848.

83) Damit wird noch keine Aussage über die Marktwertrelevanz der Dividendenpolitik unter steuerlichen Bedingungen getroffen, vgl. Miller/Scholes (1978); Stiglitz (1983).

liche Auswirkungen hat. Unter diesen beiden nicht unproblematischen Annahmen lassen sich die Auswirkungen steuerlicher Regelungen ableiten. Die Ausführungen dieses Abschnitts halten an beiden Prämissen fest, da nicht klar ist, welche alternativen Annahmen für eine konsistente Ableitung sonst getroffen werden sollen.

Die Auswirkungen steuerlicher Regelungen sollen für den in der folgenden empirischen Untersuchung verwendeten Zeitraum dargestellt werden. Weiter soll auf eine komplette Darstellung des Steuersystems und eine formelmäßige Ableitung zugunsten einer qualitativen Analyse der Regelungen verzichtet werden.[84)]

Im deutsche Steuersystem im Untersuchungszeitraum von 1979 bis 1993 sind für Aktiengesellschaften die Regelungen der Körperschaft-, Gewerbe- und Vermögensteuer auf Unternehmensebene und die Regelungen zur Einkommensteuer beim Privatanleger relevant zur Beurteilung der steuerlichen Auswirkungen der Dividendenentscheidung.

Bemessungsgrundlage der Körperschaftsteuer ist das zu versteuernde Einkommen nach § 7 KStG. Auf Unternehmensebene sind bei der Ermittlung des zu versteuernden Einkommens Zinsen abzugsfähig, realisierte Kursgewinne aus den Aktiva eines Unternehmens zählen zum zu versteuernden Einkommen. Bei der Gewerbeertragsteuer sind sogenannte Dauerschuldzinsen hinzuzurechnen (§ 8 Nr. 1 GewStG). Die Hinzurechnung erfolgt für Erhebungszeiträume bis 1982 zu 100%, für 1983 zu 60% und ab 1984 zu 50%. Weiterhin mindert die Gewerbesteuer die Bemessungsgrundlage der Körperschaftsteuer sowie ihre eigene Bemessungsgrundlage. Bei der Gewerbekapitalsteuer sind die Dauerschulden zur Bemessungsgrundlage, dem Einheitswert des Betriebsvermögens, hinzuzurechnen (§ 12 Abs. 2 Nr. 1 GewStG). Die Hinzurechnung erfolgt mit den auch für die Dauerschuldzinsen geltenden Sätzen. Die Gewerbekapitalsteuer mindert ebenfalls sowohl bei der Körperschaftsteuer als auch bei der Gewerbeertragsteuer die Bemessungsgrundlage. Die im Untersuchungszeitraum noch erhobene Vermögensteuer wird auf das Gesamtvermögen des Unternehmens erhoben (§ 4 VStG). Bei der Ermittlung des Gesamtvermögens nach §§ 95 - 120 BewG entfällt eine Hinzurechnung der Betriebsschulden. Weiterhin ist zu beachten, daß für Erhebungszeiträume ab 1983 nur noch 75% des Betriebsvermögens als Bemessungsgrundlage der Vermögensteuer angerechnet werden (§ 117a BewG). Die Vermögensteuer mindert weder die Bemessungsgrundlage der Körperschaftsteuer noch der Gewerbeertragsteuer. Bis zum 31.12.1991 wurde Gesellschaftsteuer in Höhe von 1% auf das Emissionsvolumen in einer Kapitalerhöhung erhoben. Diese war bis 1983 nur bedingt abzugsfähige Betriebsausgabe, ab 1984 war sie vollständig abzugsfähig.

---

84) Vgl. dazu die Darstellungen bei Drukarczyk (1993), S. 426 - 439; Entrup (1995), S. 34 - 43.

Die Tarifbelastung der Körperschaftsteuer s_{K^t} beträgt für die Jahre bis 1989 56% und wurde 1990 auf 50% gesenkt. Bei einer Dividendenausschüttung mindert sich diese Belastung durch die Herstellung der Ausschüttungsbelastung (s_{K^a}).[85] Diese beträgt bis 1992 36% und wurde 1993 auf 30% gesenkt. Diese auf Unternehmensebene gezahlte Körperschaftsteuer ist bei einem in Deutschland unbeschränkt steuerpflichtigen Investor als Vorauszahlung für die persönliche Einkommensteuerschuld voll anrechnungsfähig. Privatpersonen versteuern dabei sowohl Zins- als auch Dividendenerträge. Kursgewinne sind im Privatvermögen nur zu versteuern, wenn sie innerhalb der Spekulationsfrist von sechs Monaten realisiert werden (§ 23 Abs. 1 EStG). Der Höchstsatz der Einkommensteuer beträgt bis 1989 56% und ab 1990 50% (für die Jahre 1992 und 1993 zuzüglich des Solidaritätszuschlag in Höhe von 7,5% auf die Einkommensteuerschuld 53,75%).

Zunächst soll beurteilt werden, ob eine Ausschüttung von Finanzmitteln, für die keine Investitionsprojekte mit positivem Kapitalwert mehr zur Verfügung stehen, gegenüber einer Thesaurierung vorteilhaft ist. Dies läßt sich durch einen Vergleich der durch die Thesaurierung erfolgenden Kurssteigerungen mit der Dividendenausschüttung erreichen. Bei einer Ausschüttung der Bruttodividende vor Körperschaftsteuer D erhält der Empfänger den Betrag $D \cdot (1-s_I)$, wobei s_I den persönlichen Einkommensteuersatz bezeichnet, den der Anleger zu zahlen hat. Bei Thesaurierung ergibt sich beim privaten Anleger nur eine Vermögenssteigerung in Höhe von $D \cdot (1 - s_{K^t})$. Berücksichtigt man, daß es einem Unternehmen aufgrund der Gewerbe- und Vermögensteuer schwer fallen dürfte, marktwertneutrale Investitionsprojekte überhaupt zu finden, so dürfte die Vermögensmehrung durch die Dividendenausschüttung höher sein als durch die Thesaurierung. Privatanleger ziehen deshalb Dividendenausschüttungen gegenüber einer Anlage im Unternehmen vor.[86]

Ist die Empfängerin der Dividende eine andere inländische Kapitalgesellschaft, so ist sie aus steuerlichen Gründen gegenüber einer Thesaurierung indifferent. Aus Sicht des Unternehmens gilt: $s_I = s_{K^t}$, womit sich die Vermögenszuwächse in beiden Alternativen gleich sind. Diese Betrachtung setzt voraus, daß sich das Management des Unternehmens an dieser Größe orientiert und dabei nicht die Wirkungen einer zusätzlichen Ausschüttung beim Anteilseigner der Unternehmung berücksichtigt.

Für ausländische Investoren stellt die deutsche Körperschaftsteuer eine endgültige Belastung dar. Inwiefern diese Belastung mit deutscher Körperschaftsteuer bei der Bestimmung der Steuerschuld im Empfängerland berücksichtigt wird, hängt vom dortigen

---

85) Auf eine Darstellung der Kapitalertragsteuer (§§ 43 - 45 b EStG) kann verzichtet werden, da diese Steuer ebenfalls nur eine Vorauszahlung auf die Einkommensteuer des Anlegers darstellt.

Steuerrecht und den Vereinbarungen in Doppelbesteuerungsabkommen ab. Beispielhaft seien die Regelungen für einen US-amerikanischen Empfänger der Dividendenzahlung einer deutschen Aktiengesellschaft dargestellt, wie sie 1990 Gültigkeit besaßen.[87)]

Für einen steuerpflichtigen US-Privatanleger wird die Dividende nach deutscher Körperschaftsteuer (Ausschüttungsbelastung) mit 1,0588 multipliziert. Hiervon wird eine Kapitalertragsteuer von 15% einbehalten, die beim Anleger als Vorauszahlung auf die persönliche Einkommensteuerschuld behandelt wird. Ein US-Privatanleger versteuert somit

(G-22) $D \cdot (1 - s_{K^a})(1 + 0{,}0588)$

mit seinem persönlichen Einkommensteuersatz s_{US}. Bei einem maximalen Steuersatz von $s_{US} = 39{,}6\%$ (ohne lokale Einkommensteuern) realisiert er somit einen Gewinn in Höhe von 0,409D (bei $s_{K^a} = 36\%$). Realisiert er einen Kursgewinn, so wird dieser mit einem Steuersatz von 28% versteuert. In diesem Fall erzielt er einen Vermögenszuwachs in Höhe von

(G-23) $D \cdot (1 - s_{K^t})(1 - 0{,}28) = 0{,}36D$.

Ein Investor, der steuerpflichtige Kursgewinne realisiert, präferiert daher Dividendenzahlungen. Dieser Vorteil nimmt mit einem niedrigeren Steuersatz s_{US} zu und reduziert sich mit einer längeren Halteperiode der Aktie, da in diesem Fall nur noch der Barwert der Steuern auf die Kursgewinne anzusetzen ist.[88)] Nur bei langen Halteperioden wird die Thesaurierung gegenüber einer Dividendenzahlung vorteilhaft.[89)]

Steuerbefreite US-Anleger erhalten die Dividende nach deutscher Körperschaftsteuer unter Abzug einer Kapitalertragsteuer von 10%.

Da $0{,}576D = D \cdot (1 - s_{K^a}) \cdot (1 - 0{,}1) > D \cdot (1 - s_{K^a}) = 0{,}5D$ ist, ziehen diese Investoren eine Dividendenzahlung einer Vermögensmehrung durch Thesaurierung vor.

Verfügt das Unternehmen noch über Investitionsprojekte mit positivem Kapitalwert, so ist unter steuerlichen Gesichtspunkten zu fragen, ob eine Ausschüttung mit einer anschließenden Kapitalerhöhung („Schütt-aus-hol-zurück"-Politik) für den Anteilseigner gegenüber einer einfachen Thesaurierung vorteilhaft ist. Bei einer Thesaurierung der Mittel fällt beim Unternehmen Körperschaftsteuer an, so daß das Unternehmen

---

86) Vgl. Drukarczyk (1993), S. 436; Amihud/Murgia (1997), S. 399.

87) Vgl. zu den folgenden Ausführungen Amihud/Murgia (1997), S. 400f.

88) Diesen Punkt vernachlässigen Amihud/Murgia (1997).

89) Auch hier ist wieder zu beachten, daß es aufgrund der Gewerbesteuer dem deutschen Unternehmen schwer fällt, marktwertneutrale Investitionsprojekte zu finden. Aus $0{,}409D = 0{,}5D - 0{,}14D \cdot (1\text{-}i)^t$ ergibt sich für i=10% (5%) eine erforderliche Halteperiode von mindestens 3,98 Jahren (7,77 Jahren).

(G-24) $D \cdot (1 - s_{K^t})$

thesaurieren kann. Bei einer Ausschüttung ist die Dividende beim Anteilseigner mit dessen individuellem Steuersatz zu besteuern. Durch die Kapitalerhöhung entstehen Transaktionskosten und bis zum 31.12.1991 Gesellschaftsteuer, deren Belastung jeweils nach Berücksichtigung von Gewerbeertragsteuer und Körperschaftsteuer zu ermitteln sind. Eine „Schütt-aus-hol-zurück"-Politik erbringt daher für das Unternehmen:

(G-25) $D \cdot (1 - s_I)(1 - c(1 - s_{GE})(1 - s_{K^t}))$,

mit: s_I = individueller Einkommensteuersatz des Empfängers,
s_{GE} = effektiver Steuersatz der Gewerbeertragsteuer,
c = Kosten der Kapitalerhöhung (einschließlich Gesellschaftsteuer; in Prozent des ausmachenden Betrages).

Für die Entscheidung zwischen „Schütt-aus-hol-zurück"-Politik und Thesaurierung läßt sich nun ein kritischer individuellen Einkommensteuersatz ermitteln, bis zu dem eine Ausschüttung mit anschließender Kapitalerhöhung vorteilhaft ist. Drukarczyk (1993) erhält für einen Hebesatz der Gewerbeertragsteuer in Höhe von 400%, Transaktionskosten in Höhe von 5% und einem Thesaurierungssatz von 50% einen kritischen Einkommensteuersatz von 48,9%. Berücksichtigt man in den Jahren 1990 und 1991 zusätzlich die Gesellschaftsteuer, so sinkt dieser Einkommensteuersatz auf 48,7%. Der höhere Thesaurierungssatz bis 1989 führt zu einem erhöhten kritischen Einkommensteuersatz in Höhe von 55%.[90)]

Diese kritischen Einkommensteuersätze sind maximale Werte, bis zu denen sich eine „Schütt-aus-hol-zurück"-Politik lohnt. In diesen Sätzen wird eine „ewige" Thesaurierung unterstellt, d.h. daß diese Mittel nicht mehr ausgeschüttet werden. Geht man nur von einer zeitlichen Verlagerung der Ausschüttung aus, so liegen die kritischen Einkommensteuersätze je nach unterstellter Thesaurierungsdauer (geringfügig) unter diesen Sätzen.[91)]

Ist die Empfängerin der Ausschüttung eine andere Körperschaft, so ist eine „Schütt-aus-hol-zurück"-Politik aus Sicht der Körperschaft nicht sinnvoll. Die Körperschaftsteuersätze unterscheiden sich zwischen beiden Unternehmen nicht, so daß bei einer „Schütt-aus-hol-zurück"-Politik lediglich Transaktionskosten entstehen.

Bei ausländischen Steuerpflichtigen hängt die Vorteilhaftigkeit einer „Schütt-aus-hol-zurück"-Politik wieder von den konkreten Besteuerungsregelungen im Land des

---

90) Zu den Formeln vergleiche Drukarczyk (1993), S. 432f.
91) Vgl. Drukarczyk (1993), S. 434f.

Empfängers ab. Für voll steuerpflichtige Empfänger in den USA ist Gleichung (G-24) durch die Steuer auf Kursgewinne in Höhe von 28% zu modifizieren:

(G-24a) $D \cdot (1 - s_{K^t})(1 - 0{,}28)$.

In Gleichung (G-25) ist s_I als Gesamtbelastung der Dividendenzahlung mit deutscher Körperschaftsteuer und US-amerikanischer Einkommensteuer zu interpretieren. Für $c = 6\%$ (einschließlich Gesellschaftsteuer), $s_{K^t} = 0{,}50$ und einen Hebesatz der Gewerbeertragsteuer in Höhe von 400% ergibt sich ein kritischer Wert für s_I in Höhe von 63,2%. Da der maximale Wert von s_I für einen US-amerikanischen steuerpflichtigen Investor 59,1% beträgt, ist für diesen Investor in jedem Fall eine „Schütt-aus-hol-zurück"-Politik vorteilhaft.[92)]

Für einen nicht-steuerpflichtigen US-Anleger können die Formeln (G-24) und (G-25), die auch für den deutschen Investor gelten, zur Bestimmung des kritischen Steuersatzes s_I verwendet werden. Für 1990 ergab sich ein kritischer Steuersatz von 48,7%. Dieser ist für den US-amerikanischen Investor wiederum als Belastung mit deutscher Körperschaftsteuer und US-amerikanischer Einkommensteuer (10%) zu interpretieren. Daraus ergab sich ein maximaler Steuersatz des US-amerikanischen, steuerbefreiten Investors in Höhe von 42,4%. Da auch für diese Gruppe der maximale Steuersatz s_I unter dem kritischen Wert für s_I liegt, ist auch aus deren Sicht stets eine „Schütt-aus-hol-zurück"-Politik zu präferieren.

Im deutschen Steuersystem kann man nicht von einer grundsätzlichen Benachteiligung der Dividendenausschüttung gegenüber einer Thesaurierung ausgehen. Für den inländischen Privatanleger ergibt sich erst bei hohen persönlichen Einkommensteuersätzen ein Vorteil der Thesaurierung. Beispielhaft wurde für US-amerikanische Anleger gezeigt, daß hier für Ausschüttungen deutscher Aktiengesellschaften 1990 keine steuerliche Benachteiligung gegenüber der Thesaurierung gegeben ist. Aus der steuerlichen Sicht deutscher Kapitalgesellschaften als Dividendenempfänger gibt es jedoch keinen Vorteil der Ausschüttung gegenüber einer Thesaurierung. Eine „Schütt-aus-hol-zurück"-Politik ist aufgrund der Transaktionskosten sogar unvorteilhaft.

In Abschnitt III.2. wurden die Modelle von John/Williams (1985), Ambarish/John/Williams (1987) und Williams (1988) skizziert, die eine steuerliche Benachteiligung der Dividendenpolitik als Modellvoraussetzung haben. Von einer gleichmäßigen steuerlichen Benachteiligung der Dividende kann für deutsche Kapitalgesellschaften nicht ange-

---

92) Diese Betrachtung unterstellt, daß die Kursgewinne auch realisiert werden. Geschieht dies erst in der Zukunft, so ist in Gleichung (G-24a) der Barwert der Einkommensteuer auf Kursgewinne anzusetzen. Dadurch sinkt der kritische Wert für s_I. Vgl. Fußnote 89.

nommen werden. Damit werden die Modellaussagen nicht irrelevant. Die steuerlichen Kosten der Dividende lassen sich generell als Kosten in Abhängigkeit von der Dividendenhöhe bezeichnen,[93] dies können zum Beispiel auch (zusätzliche) Kosten einer plötzlich notwendigen Fremdfinanzierung[94] oder andere Transaktionskosten sein. Zu den möglichen Kosten zählen auch die Kapitalwerte entgangener Investitionsprojekte in zukünftigen Perioden.[95] Mit einem steuerlichen Vorteil der Dividendenzahlung vermindern sich die Kosten der Dividendenzahlung. Für die Existenz eines Signalgleichgewichts ist es notwendig, daß eine Dividendenzahlung weiterhin mit Kosten verbunden ist. Der Nettoeffekt zwischen Kosten und Erträgen der Dividendenausschüttung ist im deutschen Steuersystem unklar und kann aufgrund der Schwierigkeiten beim Abschätzen der oben angesprochenen Kosten wohl nicht quantifiziert werden.

Bei der Betrachtung steuerlichen Klienteleffekte ist die steuerliche Situation der marginalen Investoren relevant. Dieser läßt sich durch die Betrachtung des Kursabschlags am Extag ermitteln. Bei einer Übertragung der Beobachtungen am Extag auf den Ankündigungstag wird allerdings unterstellt, daß es keine Steuerarbitrage zwischen verschiedenen Anlegergruppen gibt. Diese Annahme ist insbesondere für den deutschen Kapitalmarkt problematisch. Während Steuerinländern ein Anspruch auf Anrechnung der Körperschaftsteuer zusteht, ist dies bei ausländischen Investoren nicht der Fall. Hierdurch ergeben sich Arbitragemöglichkeiten, die von den Investoren wohl auch genutzt wurden.[96] Bay (1990) ermittelt aus den Kursabschlägen am Extag einen Steuersatz des marginalen Investors in Höhe von durchschnittlich 44% für den Zeitraum 1980 bis 1988, woraus ergibt sich ein steuerlicher Vorteil der Dividendenausschüttung im Vergleich zur Thesaurierung für den marginalen Investor.

Für die Existenz eines Klienteleffekts ist der Steuersatz der marginalen Investoren allerdings nicht relevant. Ein Steuerklienteleffekt kann immer dann auftreten, wenn Investoren unterschiedliche marginale Steuersätze für Dividendenausschüttungen und Kursgewinne haben, was auch im deutschen Steuersystem der Fall ist. Daher bleibt der positive Zusammenhang zwischen Dividendenrendite und Kursreaktion bei Dividendenerhöhungen, wie er unter den Bedingungen des US-amerikanischen Steuerrechts ermittelt wurde, auch für den Kapitalmarkt als Hypothese erhalten.

---

93) Vgl. ausdrücklich John/Williams (1985), S. 1057.
94) Vgl. das Modell von Bhattacharya (1979).
95) Vgl. das Modell von Miller/Rock (1985).
96) Als Beleg hierfür mag die Reaktion des Gesetzgebers in § 50c Abs. 10 EStG und §36 Abs. 2 Nr. 3 Satz 4g EStG gelten. Vgl. KPMG (Hrsg.) (1995), S. 165 - 168.

III.7. Anteilseignerstruktur, rechtliche Regelungen für Kapitalerhöhungen und Aktienrückkäufe auf dem deutschen Kapitalmarkt

In den Abschnitten III.2. und III.3. wurden Ansätze dargestellt, die einen Informationsgehalt der Dividendenpolitik implizieren. Diese Ansätze wurden unter den Bedingungen des US-amerikanischen Kapitalmarktes entwickelt, so daß zu überprüfen ist, ob sich diese Überlegungen auf den deutschen Kapitalmarkt übertragen lassen. Unterschiedliche Anteilseignerstrukturen, andere Verfahren für Kapitalerhöhungen und die rechtlichen Regelungen für Aktienrückkäufe können einen Einfluß auf die Aussagekraft der bisher vorgestellten Erklärungsansätze haben, so daß sie hier diskutiert werden sollen.

Die Signalerklärungen aus Abschnitten III.2. und die Free Cash Flow-Hypothese in Abschnitten III.3. gehen implizit von einer diversifizierten Anteilseignerstruktur des Unternehmens aus. Die einzelner Anteile der Investoren am Unternehmen sind gering, Paketbesitz, der es ermöglicht, einen wesentlichen Einfluß auf das Management des Unternehmens auszuüben, ist dagegen selten. Die Eigentumsverhältnisse deutscher Aktiengesellschaften sind dagegen durch die Existenz von Großaktionären gekennzeichnet. Die Anteile dieser Großaktionäre (oder einer Koalition mehrerer Großaktionäre) erlaubt es ihnen häufig, das Unternehmen zu kontrollieren.[97] In kontrollierten Unternehmen verlieren Erklärungsansätze der Dividendenpolitik, die auf Informationsasymmetrien und Interessenskonflikten zwischen Management und Eigentümern aufbauen, an Bedeutung. Gleichzeitig kann aber die Dividendenpolitik zur Lösung von Interessenkonflikten zwischen Großaktionären und Kleinaktionären beitragen.[98] Da für den deutschen Markt von einem größeren Anteil kontrollierter Unternehmen auszugehen ist, soll in der empirischen Untersuchung zwischen kontrollierten und nicht kontrollierten Unternehmen unterschieden werden. Diese Unterscheidung soll Hinweise darauf liefern, ob die Eigentümerstruktur Einfluß auf die empirischen Befunde hat.

Das deutsche Aktienrecht ließ bis zur Reform durch das „Gesetz zur Kontrolle und Transparenz im Unternehmensbereich" 1998 einen Rückkauf eigener Aktien durch die Gesellschaft nur in eng begrenzten Ausnahmefällen zu (vgl. §§ 71 bis 71e AktG 1965). Diese restriktiven Regelungen verhindern, daß Aktiengesellschaften den Rückkauf eigener Aktien als alternative, u.U. steuerbegünstigte Ausschüttungsform verwenden können. Der häufig bei Signalmodellen für den US-amerikanischen Kapitalmarkt gemachte Einwand, daß es für das Unternehmen kostengünstiger sei, die Ausschüttung in der Form eines Rückkaufs vorzunehmen, trifft deshalb für den deutschen Kapitalmarkt nicht zu. Die

---

97) Zur Aktionärsstruktur deutscher Aktiengesellschaften vgl. Iber (1987).

98) Vgl. Abschnitt III.4.2.

Signalmodelle „passen" bei einer Betrachtung dieses Aspektes besser für den deutschen Kapitalmarkt.

Das Aktiengesetz 1965 sieht bei Kapitalerhöhung grundsätzlich ein Bezugsrecht der Aktionäre auf die jungen Aktien vor (§ 186 Abs. 1 AktG 1965). Ein Bezugsrechtsausschluß ist nach der restriktiven Rechtsprechung des BGH nur in wenigen, eng begrenzten Ausnahmefällen zulässig.[99] Erst im Jahr wurde § 186 Abs. 3 Satz 4 AktG durch das „Gesetz für kleine Aktiengesellschaften und zur Deregulierung des Aktienrechts"[100] eingefügt, der nun einen erleichterten Bezugsrechtsausschluß ermöglicht, wenn der Ausgabebetrag den Börsenpreis der Aktie nicht wesentlich unterschreitet und die Kapitalerhöhung nicht mehr als 10% des Grundkapitals ausmacht.

Das Verfahren einer Kapitalerhöhung hat in zweierlei Hinsicht Bedeutung für die Dividendenpolitik eines Unternehmens. Zum einen impliziert eine Kapitalerhöhung mit einem Bezugskurs der jungen Aktien unter deren aktuellem Kurs eine Erhöhung der Dividendensumme und der Dividendenrendite, wenn das Unternehmen nach der Kapitalerhöhung eine Politik der konstanten Stückdividende verfolgt.[101]

Zum anderen können durch Bezugsrechtsemissionen mit einem hohen Zeichnungsanteil der bestehenden Aktionäre Unterinvestitionssituationen verhindert werden, wie sie von Myers/Majluf (1984) modelliert werden. In diesem Modell entsteht ein Unterinvestitionsproblem, wenn das Management eine Investition mit positivem Kapitalwert mit einer Kapitalerhöhung finanzieren muß, bei der die Alteigentümer die neuen Aktien nicht zeichnen. Das Management hat dann einen Anreiz, nur im Falle einer Überbewertung der Aktie eine Kapitalerhöhung vorzunehmen, da bei einer Unterbewertung der Aktie die Alteigentümer einen Vermögensverlust erleiden. Die Kapitalmarktteilnehmer werden diesen Zusammenhang erkennen („adverse selection"), so daß die Ankündigung einer Kapitalerhöhung eine negative Kursreaktion auslöst. In diesem Fall wird das Management auf die Kapitalerhöhung und damit die Durchführung der Investition verzichten.

Bei Bezugsrechtsemissionen entsteht dieses Unterinvestitionsproblem nicht, wenn die Alteigentümer die Emission im Verhältnis ihrer bisherigen Anteile zeichnen, da dann keine unterbewerteten Aktien an außenstehende Dritte veräußert werden. Dies vermindert die Unterinvestitionskosten einer Dividendenausschüttung in den vorgestellten Signalmodellen.

---

99) Vgl. BGH (1978), S. 46; Lutter (1990), S. 210 - 216 m.w.N.

100) Bundesgesetzblatt I Nr. 52 vom 9.8.1994.

101) Vgl. Hietala/Löyttyniemi (1991), S. 41f.

Hohe Zeichnungsquoten der Altaktionäre bei Bezugsrechtsemissionen sind auf dem deutschen Kapitalmarkt bei Unternehmen zu erwarten, bei denen Großaktionäre Anteile halten. In diesem Fall wird der Großaktionär nicht auf die Zeichnung der neuen Aktien verzichten, da sonst sein Anteil am Unternehmen verwässert würde. In diesem Fall schränkt jedoch die Existenz eines Großaktionärs den Entscheidungsspielraum des Management über die Durchführung einer Kapitalerhöhung ein. Es wird seine Pläne für eine Kapitalerhöhung zunächst mit dem Großaktionär abstimmen müssen, der unter Umständen auch die Durchführung einer Kapitalerhöhung aus eigenen Interessen verzögert bzw. verhindert. In diesem institutionellen Rahmen können so auch Unterinvestitionskosten einer Dividendenzahlung entstehen.

IV. Überblick über empirische Ergebnisse von Untersuchungen zu Kapitalmarktreaktionen im Zusammenhang mit Dividendenankündigungen

Ziel dieses Kapitels ist es, einen Überblick über den empirischen Erklärungsgehalt der in Kapitel III. dargestellten Erklärungshypothesen für die Kursreaktion auf die Ankündigung von Dividendenankündigungen zu geben. Weiter werden empirische Ergebnisse z.B. zur Gewinnentwicklung im Zusammenhang mit Dividendenentscheidungen dargestellt, die keine Ergebnisse von Ereignisstudien darstellen. Diese Untersuchungsansätze versuchen, empirische Bestätigungen der in Kapitel III. dargestellten Hypothesen durch andere Untersuchungsansätze zu gewinnen, so daß sie für diese Arbeit ebenfalls relevant sind.

In den Abschnitten IV.1. und IV.2. wird versucht, einen Überblick über die wichtigsten Untersuchungsergebnisse zu geben. Eine Diskussion der Hypothesen erscheint in den jeweiligen Abschnitten noch nicht sinnvoll, da erst die empirische Evidenz aus mehreren Untersuchungsansätzen eine Gesamtbeurteilung erlaubt. Diese soll daher in Abschnitt IV.3. erfolgen.

In diesem Überblick werden hauptsächlich Ergebnisse wiedergegeben, die sich auf den US-amerikanischen Kapitalmarkt beziehen. Nur wenn Ergebnisse aus Untersuchungen vorgestellt werden, die sich nicht auf den US-amerikanischen Kapitalmarkt beziehen, wird dies daher gesondert erwähnt. Ein besonderes Augenmerk liegt dabei auf Untersuchungen zum deutschen Kapitalmarkt.

Die wichtigsten Untersuchungsergebnisse der betreffenden Studien sind am Ende jeden Abschnitts in Tabellenform zusammengefaßt. Diese Tabellen sollen dem Leser einen schnellen Überblick über die Untersuchungsergebnisse ermöglichen. Die Tabellen geben keinen vollständigen Überblick über die jeweiligen Untersuchungen, sie versuchen nur die für den jeweiligen Abschnitt relevanten Untersuchungsergebnisse wiederzugeben, so daß einige Untersuchungen in mehreren Tabellen auftauchen.

IV.1. Ankündigungseffekte von Dividendenankündigungen

IV.1.1. Überblick über die Kursreaktionen bei Dividendenankündigungen

Einen Überblick über die Kapitalmarktreaktionen auf Dividendenankündigungen zu geben, ist mit der Schwierigkeit verbunden, daß sich für die Gesamtgruppe aller Dividendenankündigungen schwer eine Hypothese über die Kursreaktion finden läßt.[102)] Für andere Ereignissen wie z.B. Ankündigungen von Kapitalerhöhungen lassen sich sinnvolle Hypothesen etwa über eine grundsätzlich negative Kapitalmarktreaktion für die

---

[102)] Vgl. zur Möglichkeit einer solchen Hypothese aber die Ausführungen in Abschnitt IV.1.2.

Gesamtgruppe bilden. Dies schließt aber nicht aus, daß sich auch für Kapitalerhöhungen Hypothesen bilden lassen, die unterschiedliche Kursreaktionen voraussagen, die sich dann, quasi in einem zweiten Schritt z.B. durch eine Unterteilung der Gesamtgruppe untersuchen lassen.[103)] Für Dividendenankündigungen erscheint dieses Vorgehen jedoch wenig aussagekräftig. Für eine Gesamtgruppe aller, d.h. positiver und negativer Dividendenankündigungen, läßt sich allenfalls die Hypothese bilden, daß die Kursreaktion nicht verschieden von null sein sollte. Dieser noch genauer zu spezifizierende Untersuchungsansatz wird auch in Abschnitt IV.1.2. dargestellt. Bereits die Aufteilung einer Gesamtgruppe aller Dividendenankündigungen nach dem Vorzeichen der Dividendenänderung aber läßt sich, wenn man das naive Erwartungsbildungsmodell zugrunde legt, als Erklärungsansatz für die Kursreaktion deuten. Deshalb wird hier wie folgt vorgegangen. Der Überblick in Abschnitt IV.1.1. differenziert die Kursreaktion bei Dividendenankündigungen nach positiven und negativen Dividendenänderungen. Zunächst wird hier auf die Kursreaktion bei den Aktien den Unternehmens untersucht (Abschnitt IV.1.1.1.) und anschließend die Kursreaktion bei Genußscheinen (Preferred Stocks) und Anleihen (Abschnitt IV.1.1.2.). Untersuchungen zur Effizienz der Informationsverarbeitung bei Dividendenankündigungen werden in Abschnitt IV.1.2. dargestellt. Unter diesen Punkt fällt auch die oben angesprochene Hypothese keiner Kursreaktion in der Gesamtgruppe von Dividendenankündigungen.

Die Tabellen in diesem Kapitel geben jeweils einen Überblick über die Ergebnisse relevanter Studien. Für die dargestellten Untersuchungen wird die Abgrenzung der Stichprobe angegeben, wobei sich einige der wiedergegebenen Untersuchungsergebnisse auch auf Teilstichproben beziehen können. In der Spalte „Ermittlung der Überrenditen" wird die Bestimmung der Ankündigungsrenditen kurz charakterisiert. Dabei können jedoch nicht alle Besonderheiten der vorliegenden Untersuchungen bei der Ermittlung der Überrenditen wiedergegeben werden. Die Spalte „Untersuchungsansatz" gibt den aus meiner Sicht für den Abschnitt relevanten Untersuchungsansatz (z.B. Gruppenbildungen oder Regressionsansätze) wieder. Die Ergebnisse zu den mit I, II, III oder a), b), c) u.s.f. gekennzeichneten Ansätzen befinden sich dann in der Spalte „Untersuchungsergebnisse". Einheitlich wurde dabei als Tag t_0 der Tag bezeichnet, an dem eine Dividendenbekanntmachung im Index des Wall Street Journal erscheint. Sofern die Untersuchungen als t_0 den Tag der Veröffentlichung selbst bezeichnen, wurde dies angepaßt. Unterschiede ergeben sich hierdurch nicht, da in jedem Fall die Ankündigungsreaktion (mindestens) über ein Intervall von zwei Tagen zu kumulieren ist, da nicht bestimmbar ist, ob die Ankündigung vor oder nach Ende der Börsenzeit erfolgt ist. Signifikanzangaben in dieser Spalte wurden

---

[103)] Vgl. Heiden/Gebhardt/Burkhardt (1997).

von den Verfassern der Studie soweit vorhanden übernommen und beziehen sich daher auf die von den Verfassern im Einzelfall verwendeten statistischen Methoden, auf deren Wiedergabe aufgrund der Vielfalt der verwendeten Methoden in diesen Arbeiten verzichtet wird. Die Angabe des Signifikanzniveaus von 10% (+) wird nur gemacht, wenn der/die Verfasser der Studie Ergebnisse entsprechend gekennzeichnet haben. Ist dies in anderen Untersuchungen nicht der Fall, so sind diese Ergebnisse entsprechend den Angaben dort mit insignifikant (#) gekennzeichnet. Signifikante Ergebnisse auf dem 1%- und 5%-Niveau werden in den Tabellen einheitlich gekennzeichnet (*).

IV.1.1.1. Kursreaktionen auf Dividendenankündigungen

Der häufigste Ansatz in diesen Untersuchungen ist die Bestimmung einer positiven und einer negativen (und gegebenenfalls keiner) Dividendenänderung. Für diese Gruppen werden grundsätzlich andere Kursreaktionen erwartet. Dabei gehen alle in Tabelle 3 angeführten Untersuchungen von einer Betrachtung der Dividende je Aktie (Dividend per Share) aus. Die Gruppenbildung erfolgt zum einen explizit durch Bestimmung einer erwarteten Dividende, aus der dann durch Subtraktion der tatsächlichen Dividende Gruppen mit einer positiven bzw. negativen unerwarteten Dividende sowie je nach Erwartungsmodell auch einer unerwarteten Dividende von null bestimmt werden. Zum anderen erfolgt sie implizit, wenn die Betrachtung auf Dividendenerhöhungen, Dividendenkürzungen, Aufnahme oder Ausfall der Dividendenzahlung beschränkt wird. Eine solche Abgrenzung der Stichprobe kann als naive Erwartungsbildung interpretiert werden.

Untersuchungsergebnisse liegen hauptsächlich zum US-amerikanischen Kapitalmarkt vor. Einige wenige Untersuchungen liegen auch zu anderen Kapitalmärkten vor. Während frühe Untersuchungen noch mit monatlichen Renditen gearbeitet haben,[104)] werden in neueren Untersuchungen hauptsächlich tägliche Renditen verwendet. Vereinzelt werden auch Intraday-Renditen zur Bestimmung der Kapitalmarktreaktion verwendet,[105)] bei der Untersuchung von Einflußvariablen auf die Kursreaktion bleibt dies allerdings die Ausnahme.

Das am häufigsten verwendete Erwartungsmodell zur Bestimmung der unerwarteten Dividende ist dabei das naive Erwartungsmodell, in dem die erwartete Dividende die zuletzt gezahlte Dividende ist, wobei i.d.R. Anpassungen z.B. für Stock Splits vorgenommen werden, wenn Ereignisse, die mit Stock Splits oder Stock Dividends verbunden sind, nicht ganz aus der Untersuchungsgruppe ausgeschlossen werden.[106)] Da amerikani-

---

104) Vgl. die Untersuchungen von Patell/Wolfson (1984); Lang/Litzenberger (1989); Gosnell/Keown/Pinkerton (1996).

105) Vgl. die Untersuchungen von Pettit (1972); Brown/Finn/Hancock (1977); Charest (1978).

106) Vgl. z.B. Brown/Finn/Hancock (1977), S. 132; Aharony/Swary (1980), S. 4.

sche Unternehmen überwiegend quartalsweise Dividenden zahlen, und die Quartalsdividenden dabei z.T. einem gewissen Schema folgen, wird dieses einfache naive Dividendenmodell z.T. dahingehend differenziert, daß nicht die Dividende des letzten Quartals, sondern die Dividende des gleichen Quartals im Vorjahr als erwartete Dividende herangezogen wird. Als einen weiteren Ansatz zur Lösung dieses Problems des naiven Erwartungsmodells kann der häufig vorgenommene Ausschluß von Dividenden mit einem speziellen Label (z.B. Bonus, Jahresenddividende) angesehen werden.[107)]

Untersuchungen mit täglichen Überrenditen haben bei **Ankündigungen von Dividendenerhöhungen** signifikant positive Überrenditen ergeben. Diese betragen z.B. in den Untersuchungen von Eades (1982) und Bajaj/Vijh (1990) ca. 1% für Dividendenerhöhungen für den Zeitraum t_{-2} bis t_2 [Eades (1982)] bzw. t_{-1} bis t_1 [Bajaj/Vijh (1990)]. Die verwendeten Untersuchungsgruppen umfassen mit 2160 Ereignissen im Zeitraum von 1974 bis 1979 bzw. mit 7322 Ereignissen im Zeitraum von 1962 bis 1987 relativ viele Ereignisse, da keine Einschränkung der Untersuchungsgruppe z.B. auf Ereignisse ohne zeitgleiche Ankündigungen vorgenommen wird. Die positiven Überrenditen am bzw. um den Ereignistag spiegeln sich dann auch in positiven monatlichen Überrenditen in den Untersuchungen von Pettit (1972), Charest (1978) und Dielman/Oppenheimer (1984) wieder.

Auch auf anderen Kapitalmärkten lassen sich positive Kursreaktionen auf die Ankündigung von Dividendenerhöhungen nachweisen. So lassen sich den Untersuchungen von Brown/Finn/Hancock (1977) für Australien (2,9%) und Heikkilä (1996) für Finnland (1,44%) jeweils eine positive Überrendite auf die Ankündigung von Dividendenerhöhungen entnehmen. Für japanische Unternehmen ermitteln Kato/ Loewenstein/Tsay (1997) eine signifikante Überrendite in Höhe von 0,6%.[108)]

Für den deutschen Kapitalmarkt bestimmen die Untersuchungen von Saling (1981), Amihud/Murgia (1997), Gerke/Oerke/Sentner (1997) und Röder (1998) die Ankündigungsreaktionen für Dividendenankündigungen. Die Untersuchung von Saling (1981) untersucht die Kapitalmarktreaktion auf „wesentliche" Ausschüttungsänderungen, worunter (absolute) Veränderungen der Dividende um mindestens 5% des Nennwertes der Aktie verstanden werden. Seine Untersuchungsgruppe umfaßt 46 positive Dividendenänderungen, die sich aus 29 (Wieder-) Aufnahmen der Dividendenzahlungen und 17 Erhöhungen von Dividendenzahlungen zusammensetzen, und 103 negative Dividendenänderungen, die sich aus 49 Ausfällen der Dividendenzahlung, nachdem im Geschäftsjahr

---

107) Zu diesen als Specially Designated Dividends bezeichneten Ereignissen vgl. die Ereignisstudie von Brickley (1983).

108) Vgl. für Australien Brown/Finn/Hancock (1977), S. 141f.; für Finnland Heikkilä (1996), S. 23 - 28 und für Japan Kato/Loewenstein/Tsay (1997), S. 186 - 188.

zuvor eine Dividende in Höhe von mindestens 5% des Nennwertes der Aktie gezahlt wird, und 54 Kürzungen der Dividende zusammensetzen. Untersuchungszeitraum bilden die Geschäftsjahre 1971 bis 1976. Bestimmt wird die Kursreaktion aus branchenbereinigten Kursverhältnissen, die als Differenz zwischen den relativen Kursen der Aktien der ankündigenden Unternehmen und dem relativen Stand des zugehörigen Branchenindexes berechnet werden. Diese relative Kurse sind branchenindexbereinigte Renditen vergleichbar, die jedoch ohne Bereinigungen um Bezugsrechte, Dividendenzahlungen und Notizumstellungen berechnet werden. Betrachtet werden diese branchenbereinigten Kursverhältnisse jeweils zu den Stichtagen im Monat, zu denen die Branchenindices des Statistischen Bundesamtes vorhanden ist (7., 15., 23. und Ultimo eines Monats oder der letzte Börsentag vor einem dieser Tage, falls dieser selbst kein Börsentag ist). Tag t_0 bezeichnet in dieser Untersuchung dann den ersten dieser Tage nach der Ankündigung der Dividendenerhöhung. Ankündigungstag ist in dieser Untersuchung der Tag, an dem der Vorschlag des Vorstands und des Aufsichtsrats zur Gewinnverwendung veröffentlicht wird, wobei früher veröffentlichte Informationen über die Ertragslage oder zur Ausschüttung dann als Ankündigungstag gewertet werden, wenn sich die Informationen ex post bestätigen. Inwieweit dieses Vorgehen nur auf Verlustankündigungen, die man implizit auch als Ankündigung eines Ausfalls der Dividende deuten kann, angewendet wird oder auch auf Ergebnissteigerungen, auf die dann später Dividendensteigerungen folgen, bleibt in den gemachten Ausführungen offen.[109] Ankündigungsrenditen werden ausgehend vom Tag t_{-1} dann für t_0, t_1 u.s.f. bestimmt, wobei t dann stets den nächsten Stichtag bezeichnet, zu dem ein Wert für den Branchenindex vorliegt. Tatsächlich dürfte es sich bei vier Stichtagen pro Monat somit ungefähr um wöchentliche Renditen handeln mit der Besonderheit, daß die Anzahl der Handelstage innerhalb zweier Zeiträume nicht unbedingt identisch ist. Als Ankündigungsrendite im Zeitraum t_{-1} bis t_0 bei neun Ankündigungen von Dividendensteigerungen, die keine Bonusdividenden betrafen, lassen sich der Untersuchung von Saling (1981) 2,8% entnehmen, wobei sieben Fälle positiver bereinigter Kursverhältnisse auftreten. Angaben zur Signifikanz werden nicht gemacht.

Amihud/Murgia (1997) analysieren in ihrer Untersuchung 255 Dividendenerhöhungen und 51 Dividendenkürzungen der 200 am meisten an der Frankfurter Börse gehandelten Unternehmen im Zeitraum 1988 bis 1992. Ihre Untersuchungsgruppe enthält somit vermutlich auch Dividendeneinführungen und Dividendenausfälle. Der Berechnung der Überrenditen liegt eine Marktmodellschätzung mit dem DAFOX als Marktindex zugrunde. Die berechneten Überrenditen werden mit Hilfe eines t-Tests auf Signifikanz überprüft. Bei Dividendenerhöhungen stellen Amihud/Murgia (1997) eine positive

---

109) Vgl. Saling (1981), S. 71 - 74 und S. 82 - 88 zur Bestimmung des Ankündigungstages.

signifikante Überrendite im Zeitraum t_{-1} bis t_0 fest, die - vergleichbar mit den Untersuchungen am US-amerikanischen Kapitalmarkt - bei ca. 1% (64,7% der Überrenditen sind positiv) liegt. Eine Unterteilung der Untersuchungsgruppe nach Ankündigungsjahren ergibt auch für einzelne Jahre bis auf 1988 signifikante Überrenditen.

Gerke/Oerke/Senter (1997) analysieren in ihrer Untersuchung 218 Dividendenerhöhungen für 89 Unternehmen im Zeitraum 1987 bis 1994. Der Berechnung der Überrenditen liegt eine Marktmodellschätzung mit einem selbst konstruierten Index mit allen in die eigene Untersuchung einbezogenen Unternehmen zugrunde. Die berechneten Überrenditen werden mit Hilfe eines t-Tests auf Signifikanz überprüft. Auf Dividendenerhöhungen stellen sie eine positive signifikante Überrendite im Zeitraum t_{-1} bis t_0 in Höhe von 0,69% fest.

Röder (1998) bestimmt die Kursreaktion auf Ad-Hoc-Ankündigungen.[110)] Diese Ad-Hoc-Ankündigungen enthalten auch Dividendeninformationen, wobei nicht davon auszugehen ist, daß die Dividendeninformation immer die einzige oder wichtigste Information dieser Meldung ist (z.B. wenn sich die Ad-Hoc-Meldung auch auf die Veröffentlichung des Jahresabschlusses bezieht). Ad-Hoc-Ankündigungen, die Dividendeninformationen enthalten, werden in einer Untersuchungsgruppe zusammengefaßt. Es wird nicht versucht, für diese Untersuchungsgruppe ex ante unerwartet positive und unerwartet negative Dividendenänderungen zu bestimmen, statt dessen wird die absolute durchschnittliche Kursreaktion in der Gesamtgruppe bestimmt. Diese beträgt im Intervall t_{-3} bis t_3 4,90%, wobei sich aus den weiteren Angaben eine durchschnittliche Überrendite von 0,11% errechnen läßt.

Deutlich stärker positive Ankündigungsrenditen löst **die Ankündigung einer erstmaligen Dividendenzahlung** aus.[111)] Hier stellen z.B. Asquith/Mullins (1983) im Zeitraum t_{-1} bis t_0 statistisch signifikante Überrenditen in Höhe von 3,7% fest. Bei der Ankündigung einer erstmaligen Dividendenzahlung läßt sich im Ankündigungsmonat dann auch positive Überrendite feststellen.[112)] Einen Hinweis auf den Informationsgehalt von Dividendenankündigungen kann auch die Betrachtung des Handelsvolumens geben. In der Untersuchung von Michaely/Thaler/Womack (1995) ist an den Tagen t_{-1} und t_0 das abnormale Handelsvolumen signifikant positiv, was die Untersuchungsergebnisse zu abnormalen Renditen unterstützt.[113)]

---

110) Vgl. Röder (1998), S. 18 - 23.

111) Vgl. Pettit (1972); Asquith/Mullins (1983); Benesh/Keown/Pinkerton (1984); Dielman/Oppenheimer (1984); Healy/Palepu (1988); John/Lang (1991); Born/Rimbey (1993); Michaely/Thaler/Womack (1995); Dewenther/Warther (1997)S .

112) Vgl. Pettit (1972).

113) Vgl. Michaely/Thaler/Womack (1995), S. 600 - 605.

Für den deutschen Kapitalmarkt liegen gesonderte Untersuchungsergebnisse zu Dividendeneinführungen nur in der Arbeit von Saling (1981) vor. In dieser Untersuchung wird eine Ankündigungsrendite in dem hier abweichend von anderen Untersuchungen definierten Zeitraum von t_{-1} bis t_0[114)] von 2,6% (62,1% der Überrenditen sind positiv) festgestellt. Kato/Loewenstein/Tsay (1997) stellen für den japanischen Kapitalmarkt eine signifikant positive Überrendite in Höhe von 1,37% auf die Ankündigung einer Aufnahme der Dividendenzahlung fest, Dewenther/Warther (1997) eine insignifikant positive Überrendite in Höhe von nur 0,03%.[115)] Beide Untersuchungsgruppen bestehen dabei aus Unternehmen, die als stark kontrolliert bezeichnet werden, z.B. Unternehmen, die Teil eines Keiretzu sind, und aus nicht kontrollierten Unternehmen, für die jedoch keine eigenen Untersuchungsgruppen gebildet werden. Im Unterschied zu den Untersuchungen zum US-amerikanischen Kapitalmarkt wird außerdem in den Untersuchungen von Saling (1981), Dewenther/Warther (1997) und Kato/Loewenstein/Tsay (1997) für die Aufnahme in die Untersuchungsgruppe nicht verlangt, daß die betreffenden Unternehmen noch nie eine Dividende oder für einen langen Zeitraum (zehn Jahre) keine Dividende gezahlt haben, wodurch die Ergebnisse nicht vollkommen vergleichbar sind.

Grundsätzlich negative Überrenditen löst die **Ankündigung von Dividendenkürzungen** aus. Im Zeitraum t_{-1} bis t_0 stellt Pettit (1972) eine negative Überrendite in Höhe von -6,2% fest, während Bajaj/Vijh (1990) für ihre Untersuchungsgruppe nur eine allerdings auch signifikante Überrendite in Höhe -1,77% feststellen. Im Monat der Ankündigung stellt Pettit (1972) entsprechend eine negative Überrendite in Höhe von -9,7% fest.

Vergleicht man die Untersuchungsgruppen der Untersuchungen unter Verwendung von täglichen Überrenditen, so stellt man fest, daß die Untersuchungsgruppe von Bajaj/Vijh (1990) mit 1188 Ereignissen aus dem Zeitraum 1962 bis 1987 eine wesentlich größere Anzahl umfaßt als die Untersuchung von Pettit (1972) mit 22 Ereignissen aus dem Zeitraum 1967 bis 1969. Einen ähnlich langen Untersuchungszeitraum hat die Untersuchung von Eades/Hess/Kim (1985), die für die Jahre 1962 bis 1980 insgesamt 1993 Ereignisse enthält, wobei sich in ihrer Untersuchungsgruppe allerdings neben Dividendenkürzungen auch Ausfälle von Dividenden befinden. Auch sie stellen eine Ankündigungsreaktion von -2,03% fest. Andererseits stellen aber auch andere Untersuchungen, die allerdings im Gegensatz zu den hier zitierten Untersuchungsergebnissen noch weitere Ausschlußmerkmale bei der Bestimmung der Untersuchungsgruppe zugrunde legen, höhere negative Ankündigungsrenditen fest. Aharony/Swary (1980) ermitteln für ihre Untersuchungsgruppe eine Ankündigungsrendite in Höhe von -3,55% (47 Ereignisse) und

---

114) Vgl. die Darstellung oben oder bei Saling (1981), S. 71 - 74 und S. 82 - 88.

115) Vgl. Kato/Loewenstein/Tsay (1997), S. 186 - 188; Dewenther/Warther (1997), Table IV.

Woolridge (1982) in Höhe von -5,59% (46 Ereignisse). Wie diese deutlichen Unterschiede in der Höhe der negativen Überrenditen zwischen den Untersuchungen zu erklären sind, kann hier nicht geklärt werden. Es scheint aber so zu sein, daß der gewählte Untersuchungszeitraum und die Kriterien für die Aufnahme in die Untersuchungsgruppe bei Dividendenkürzungen einen besonderen Einfluß auf die absolute Höhe der Kursreaktion haben.

Vergleicht man die Höhe der absoluten Kursreaktion zwischen Dividendenerhöhungen und Dividendenkürzungen in den verschiedenen Untersuchungen, so ergibt sich allerdings einheitlich, daß Dividendenkürzungen eine absolut stärkere Kursreaktion auslösen als Dividendenerhöhungen.[116] Mögliche Ursachen hierfür könnten entweder im Berichtsverhalten der Unternehmen liegen, die schlechte Nachrichten eher als positive bündeln und so stärker negative Kursreaktionen auslösen. Eine andere Möglichkeit besteht darin, daß relative Dividendenkürzungen absolut größer ausfallen als relative Dividendenerhöhungen, damit das Unternehmen die Dividende nicht mehrfach kürzen muß.[117] Weiter besteht auch die Möglichkeit, daß der Kapitalmarkt tatsächlich asymmetrisch auf Dividendenerhöhungen und Dividendenkürzungen reagiert.

Diese negative Kapitalmarktreaktion auf die Ankündigung von Dividendenkürzungen weisen auch Untersuchungen für den australischen, finnischen, japanischen und deutschen Kapitalmarkt nach. Auf dem australischen Kapitalmarkt ermitteln Brown/Finn/Hancock (1977) eine negative Überrendite in Höhe von -7,5%. Der Untersuchung von Heikkilä (1996) für den finnischen Kapitalmarkt läßt sich eine Überrendite von -2,14% bei negativen Dividendenankündigungen entnehmen, wobei nicht klar wird, ob diese Untersuchungsgruppe auch Dividendenausfälle enthält. Auch für Dividendenkürzungen japanischer Unternehmen ermitteln Kato/Loewenstein/Tsay (1997) eine signifikant negative Überrenditen in Höhe von -1,8%.[118]

Auch die für den deutschen Kapitalmarkt vorliegenden Untersuchungen ermitteln negative Kapitalmarktreaktionen auf die Ankündigung von Dividendenkürzungen. Mit der oben geschilderten Methodik beobachtet Saling (1981) eine Überrendite in dem hier abweichend von anderen Untersuchungen definierten Zeitraum t_{-1} bis t_1[119] von -2,8% (nur 39% der Ereignisse weisen positive Überrenditen auf) bei 41 Ankündigungen von Dividendenkürzungen, die keine Bonusdividenden betrafen. Amihud/Murgia (1997)

---

116) Vgl. Michaely/Thaler/Womack (1995); Healy/Palepu (1988).

117) Vgl. Michaely/Thaler/Womack (1995), S. 592f.

118) Vgl. für Australien Brown/Finn/Hancock (1977), S. 141f.; für Finnland Heikkilä (1996), S. 23 - 28 und für Japan Kato/Loewenstein/Tsay (1997), S. 186 - 188.

119) Vgl. die Darstellung oben oder bei Saling (1981), S. 71 - 74 und S. 82 - 88.

ermitteln für ihre Untersuchungsgruppe von 51 Dividendenkürzungen eine statistisch signifikante Überrendite im Zeitraum von t_{-1} bis t_0 in Höhe von -1,73% (68,6% der Überrenditen sind negativ). In den gebildeten Unterzeiträumen 1988 bis 1990 und 1991 bis 1992 bleiben auch hier die negativen Überrenditen statistisch signifikant. Gerke/~~Oerke~~/Sentner (1997) ermitteln für den Zeitraum t_{-1} bis t_0 eine signifikant negative Überrendite in Höhe von -1,36%. Auch auf dem deutschen Kapitalmarkt sind die für Dividendenkürzungen ermittelten Überrenditen demnach absolut stärker als die Überrenditen bei Dividendenerhöhungen.

Die **Ankündigung eines Dividendenausfalls** nach einer vorherigen Dividendenzahlung verursacht bei der Ankündigung ebenfalls eine negative Überrendite.[120] So ermitteln z.B. Healy/Palepu (1988) im Zeitraum von t_{-1} bis t_0 eine Ankündigungsrendite in Höhe von -9,5%, Ghosh/Woolridge (1991) in Höhe von -4,62% und Sant/Cowan (1994) in Höhe von -10,74%, die jeweils statistisch signifikant sind. Die Betrachtung des Handelsvolumens ergibt auch hier ein signifikant positives abnormales Handelsvolumen an den Tagen t_{-1} und t_0.[121]

Der Vergleich der in einzelnen Untersuchungen für Dividendenkürzungen und Dividendenausfälle gebildeten Untergruppen ergibt stärker negative Kursreaktionen bei Dividendenausfällen[122] aber auch stärker negative Kursreaktionen bei Dividendenkürzungen[123]. Die Untersuchung von Christie (1994) nimmt daher einen Vergleich der Kursreaktionen beider Gruppen vor. Dividendenausfälle weisen dabei eine weniger stark negative Kursreaktion auf als starke Dividendenkürzungen ($\Delta D/D < -60\%$).[124] Der Versuch, die Erwartungsbildung bei Dividendenkürzungen und Dividendenausfällen in einer Regressionsgleichung zu modellieren, kann die weniger stark negative Kursreaktion auf Dividendenausfälle allerdings nicht erklären. Auch andere mögliche Ursachen (weitere zeitgleiche Ankündigungen, Rechtfertigung der Dividendenkürzung mit dem Finanzbedarf für Investitionsmöglichkeiten) werden als Erklärung ausgeschlossen. Allerdings ist anzumerken, daß die Abbildung von Erwartungen mittels des naiven Erwartungsbildungsmodells und zusätzlicher Variablen, die hauptsächlich Dummyvariablen sind, doch ein sehr grobes Verfahren darstellt, von dem nicht erwartet werden kann, daß es die auftretenden Unterschiede erklären kann.

---

[120] Vgl. Pettit (1972); Benesh/Keown/Pinkerton (1984); Dielman/Oppenheimer (1984); Healy/Palepu (1988); Ghosh/Woolridge (1991); Sant/Cowan (1994); Michaely/Thaler/Womack (1995).

[121] Vgl. Michaely/Thaler/Womack (1995), S. 600 - 605.

[122] Vgl. Dielman/Oppenheimer (1984).

[123] Vgl. Pettit (1972); Benesh/Keown/Pinkerton (1984).

[124] Vgl. Christie (1994), S. 468 - 475.

Die absolute Kursreaktion auf Dividendenkürzungen fällt in verschiedenen Untersuchungen stärker aus als auf Dividendeneinführungen.[125] Allerdings kündigen Unternehmen bei der Einführungen eine Dividende eine niedrigere Dividende an als Unternehmen, die einen Dividendenausfall ankündigen, im Quartal zuvor gezahlt haben. Damit ist die relative Dividendenänderung (ΔD/P) bei Dividendenausfällen größer als bei der Einführung von Dividenden. Michaely/Thaler/Womack (1995) kontrollieren diesen Effekt und finden keine stärkere Kursreaktion auf Dividendenausfälle mehr, wenn man die Dividendenänderung mit dem Kurs zum Zeitpunkt t_{-256} standardisiert. Ein signifikanter Unterschied bleibt bestehen, wenn man den Kurs zum Zeitpunkt t_{-1} verwendet.[126]

Für den deutschen Kapitalmarkt beobachtet Saling (1981) eine Überrendite in dem hier abweichend von anderen Untersuchungen definierten Zeitraum t_{-1} bis t_1[127] von -5,1% (nur 32,7% der Ereignisse weisen positive Überrenditen auf) bei Ankündigungen von 49 Dividendenausfällen. Gerke/Oerke/Sentner (1997) ermitteln für den Zeitraum t_0 bis t_1 eine signifikant negative Überrendite in Höhe von -3,19%. Auch für den japanischen Kapitalmarkt beobachten Dewenther/Warther (1997) eine negative Überrendite in Höhe von -2,53%.

Ankündigungen einer unveränderten Dividendenzahlung sind die am häufigsten zu beobachtenden Ereignisse. In der mit 73597 Ereignissen nach der Anzahl der Ereignisse umfassendsten Untersuchung von Eades/Hess/Kim (1985) mit einem Untersuchungszeitraum von 1962 bis 1980 machen diese Ereignisse 79,5% der Untersuchungsgruppe mit insgesamt 58497 Ereignissen aus. In dieser großen Untersuchungsgruppe läßt sich eine signifikant positive Überrendite im Zeitraum t_{-1} bis t_0 in Höhe von 0,12% feststellen. Eine mögliche Erklärung für diese signifikant positive Kursreaktion ist die Fehlspezifikation des Erwartungsbildungsmodelles für Dividendenankündigung. Dies würde darauf hindeuten, daß die Kapitalmarktteilnehmer im Durchschnitt eine sinkende Dividende erwarten, womit sich die positive Kursreaktion auf eine gleichbleibenden Dividende zu erklären läßt. Eine weitere Erklärung ist eine Überlagerung mit anderen Effekten, die eine positive Kursreaktion auslösen. Eades/Hess/Kim (1985) überprüfen daher die Überlagerung des Ankündigungstages mit Extagen von Dividendenzahlungen, für die Eades/Hess/Kim (1984) für den gleichen Untersuchungszeitraum im Durchschnitt positive Kurseffekte nachweisen können.[128] Eliminieren sie alle Ereignisse, bei denen der Extag einer Dividendenzahlung in den Zeitraum t_{-6} bis t_{14} relativ zur Dividendenankündigung fällt, so sinkt die Überrendite im Ankündigungszeitraum auf statistisch nicht mehr

---

125) Vgl. die Untersuchungen von Benesh/Keown/Peterson (1984); Dielman/Oppenheimer (1984); Healy/Palepu (1988); Michaely/Thaler/Womack (1995); Dewenther/Warther (1997).

126) Vgl. Michaely/Thaler/Womack (1995), S. 592 - 595.

127) Vgl. die Darstellung oben oder bei Saling (1981), S. 71 - 74 und S. 82 - 88.

128) Vgl. Eades/Hess/Kim (1984), S. 9 - 11.

signifikante 0,03%. Bemerkenswert ist, daß durch die Eliminierung der Ereignisse mit Extag die Anzahl der Fälle in der Untersuchungsgruppe auf 15173 sinkt, was allerdings nicht die abnehmende Signifikanz der Überrendite erklärt, da die Standardfehler der Überrenditen in beiden Gruppen ungefähr gleich groß sind.[129)]

Für den finnischen Kapitalmarkt untersucht Heikkilä (1996) die Kursreaktion auf die Ankündigung konstanter Dividenden. Bei Dividendenankündigungen ohne zeitgleiche Gewinnankündigung ist hier die Kursreaktion insignifikant, erfolgen Dividenden- und Gewinnankündigung zeitgleich, so ergibt sich eine durchschnittlich negative Überrendite.[130)]

Für den japanischen Kapitalmarkt untersuchen Kato/Loewenstein/Tsay (1997) die Ankündigung einer unveränderten Dividendenzahlung. Sie stellen dabei eine signifikant negative Kursreaktion in Höhe von -0,56% fest. Dividendenankündigungen japanischer Unternehmen erfolgen grundsätzlich freiwillig, d.h. bis zum Extag gibt es keine Ankündigungspflicht und auch tatsächlich erfolgen häufig keine Dividendenankündigungen vor dem Extag. Kato/Loewenstein/Tsay (1997) folgern aus der nicht bestehenden Veröffentlichungspflicht, daß Manager eher positive als negative Ankündigungen veröffentlichen. Wird dann eine unveränderte Dividende angekündigt, ist dies eher als eine schlechte Nachricht zu bewerten, womit sich die negative Kursreaktion erklären läßt.[131)]

Für den deutschen Kapitalmarkt untersuchen nur Gerke/Oerke/Sentner (1997) die Ankündigung konstanter Dividenden. Diese Ankündigungen weisen eine insignifikante Überrendite im Zeitraum t_{-1} bis t_0 auf, an t_1 zeigt sich allerdings eine auf dem 5%-Niveau signifikante positive Überrendite in Höhe von 0,25%, deren Erklärung in der Untersuchung nicht weiter nachgegangen wird.

Bei der **Bestimmung der Überrenditen** wird in den vorliegenden Untersuchungen eine Reihe von Modellen eingesetzt. Verwendet werden Mean und Market Adjusted Returns (bzw. Kontrollportfolio-bereinigte Renditen), erwartete Renditen werden unter Verwendung des Marktmodells und des Ansatzes von Fama/McBeth (1973) bestimmt. Weiter lassen sich Ankündigungsrenditen auch als Regressionskoeffizient einer Zeitreihenregression bestimmen.[132)] Die Festlegung der Schätzperiode (für das Marktmodell und beim Mean Adjusted Returns-Modell), die Auswahl des Marktindex (beim Marktmodell und beim Market Adjusted Returns-Modell) hat offenbar keinen Einfluß auf die Identifizierung von Überrendite bei Dividendenankündigungen. Auch wenn keine vergleichende

---

129) Vgl. Eades/Hess/Kim (1985), Table 1 und Table 2.

130) Vgl. Heikkilä (1996), S. 30 - 37.

131) Vgl. Kato/Loewenstein/Tsay (1997), S. 186 - 188.

132) Vgl. die Untersuchung von Dielman/Oppenheimer (1984), die wohl mehr der Demonstration dieser Methode am Beispiel von Dividendenankündigungen dient als einen Beitrag zum Verständnis der Kapitalmarktreaktion leisten soll.

Untersuchung vorliegt, die den Einfluß dieser Parameter auf die Bestimmung der Überrenditen bei Dividendenankündigungen untersucht, scheinen die grundsätzlichen Ergebnisse jedoch unabhängig davon zu sein, mit welchem Modell und in welcher Spezifikation die Kursreaktion gemessen wird.

Um den **Ankündigungseffekt** von Dividendenzahlungen selbst zu isolieren, werden in einer Reihe von Untersuchungen solche Ereignisse eliminiert, bei denen zeitgleich mit der Dividendenankündigung andere wichtige Unternehmensnachrichten bekannt werden.[133] Die Zeitfenster, die um den Tag der Ankündigung einer Dividendenankündigung gelegt werden, reichen dabei von ±2 Tagen in der Untersuchung von Dhillon/Johnson (1994) bis zu ±11 Tagen in der Untersuchung von Aharony/Swary (1980). Werden nicht alle Ereignisse ausgeschlossen, die irgendeine Unternehmensmeldung in dem gewählten Zeitfenster aufweisen,[134] so werden zumindest Ereignisse mit zeitgleichen Gewinnankündigungen, denen man einen ähnlichen Informationsgehalt beimißt wie Dividendenankündigungen, aus der Untersuchungsgruppe entfernt.[135] Auch wenn man Ereignisse mit zeitgleichen Ankündigungen aus den Untersuchungsgruppen entfernt, bleiben die grundsätzlich positiven (negativen) Kursreaktionen auf die Ankündigung von positiven (negativen) Dividendenänderungen bestehen. Während in der Untersuchung von Asquith/Mullins (1983) zur Ankündigung von Dividendeneinführungen die Untersuchungsgruppe ohne zeitgleiche andere Ankündigungen (hier innerhalb von ±10 Tagen) eine stärker positive Kursreaktion aufweist als die Gesamtgruppe, stellen Michaely/Thaler/Womack (1995) eine stärker negative Kursreaktion bei der Ankündigung von Dividendenausfällen fest, wenn gleichzeitig eine Gewinnankündigung erfolgt.

Als weitere Modelle zur **Bestimmung einer erwarteten Dividende** werden in den vorliegenden Untersuchungen Analystenvorhersagen, Modelle auf Basis von Jahresabschlußdaten, Zeitreihen- (ARIMA-) Modelle und auf Optionspreisen beruhende Modelle verwendet.

Die Untersuchungen von Woolridge (1982) und (1983), Ofer/Siegel (1987), Haw/Kim (1991) und Bar-Yosef/Sarig (1992) verwenden den Fehler der Dividendenvorhersage durch Analysten zur Messung der Höhe der unerwarteten Dividendenankündigung. Die Gruppenbildungen bei Woolridge (1982) und (1983) zeigen, daß sich bei Verwendung des Fehlers der Analystenvorhersage grundsätzlich die gleiche Richtung der Kursreaktion auf

---

133) Vgl. z.B. die Untersuchungen von Aharony/Swary (1980); Kwan (1981); Woolridge (1982); Howe/He/Kao (1992).

134) So z.B. in den Untersuchungen von Kwan (1981); Woolridge (1982); Penman (1983); Aharony/Falk/Swary (1988); Fehrs/Benesh/Peterson (1988); Howe/He/Kao (1992).

135) So z.B. in den Untersuchungen von Aharony/Swary (1980); Benesh/Keown/Pinkerton (1984); Eddy/Seifert (1988); Haw/Kim (1991).

unerwartet positive und unerwartet negative Dividendenänderung ergibt wie bei Verwendung des naiven Erwartungsmodells. Eine Besonderheit gegenüber den anderen Untersuchungen weist die Untersuchung von Haw/Kim (1991) auf. In dieser Untersuchung wird die Höhe der unerwarteten Dividende im Grunde mit zwei Filtern bestimmt, da in die Untersuchungsgruppe nur Ankündigungen von Dividendenerhöhungen aufgenommen werden und die Höhe der unerwarteten Dividende dann mit Hilfe der Analystenvorhersage bestimmt wird. Ereignisse mit einer positiven (negativen) unerwarteten Dividende, die entstehen, weil die Dividendenkürzung niedriger (höher) als von Analysten erwartet ausfällt, gelangen so nicht in die Untersuchungsgruppe.

In der Untersuchung von Kwan (1981) wird die Abweichung der angekündigten Dividende von einer erwarteten Dividende, die aus einem Jahresabschlußmodell geschätzt wird, zur Klassifikation der Ankündigungen verwendet. Das Modell zur Bestimmung der erwarteten Rendite, auf das sich die angegebenen Untersuchungsergebnisse beziehen, ist das Modell von Fama/Babiak (1968) ohne Konstante in der Form:

(G-26) $\Delta D_t = \beta_1 \cdot D_{t-1} + \beta_2 \cdot E_t + \beta_3 \cdot E_{t-1} + \varepsilon_t$.

Auch bei der Klassifikation von Dividendenankündigungen auf Basis dieses Jahresabschlußmodells ergeben sich wieder die grundsätzlich gleichen Ergebnisse wie beim naiven Erwartungsbildungsmodell.

Bar-Yosef/Sarig (1992) bestimmen eine erwartete Dividende auf Basis von Zeitreihen-(ARIMA-) Modellen und auf Basis von Optionspreisen. Eine Gruppenbildung für unerwartet positive bzw. negative Dividenden erfolgt in ihrer Untersuchung nicht. Vielmehr werden diese Modelle anhand der Stärke des Zusammenhangs zwischen der vom Modell generierten unerwarteten Dividende und der Kapitalmarktreaktion miteinander verglichen. Ihre Untersuchungsergebnisse werden daher in Abschnitt IV.1.3.1. diskutiert.

Brickley (1983) und Howe/He/Kao (1992) untersuchen die **Ankündigung von „Specially Designated Dividends"**, d.h. Dividenden, die vom Management mit einem Label wie z.B. „Bonusdividende" („extra" oder „special") oder „Jahresenddividende" („year-end") versehen werden. Die Ankündigung solcher Specially Designated Dividends löst positive Kursreaktionen aus. In der Untersuchung von Brickley (1983) ist diese positive Kursreaktion größer als der reine Cash Flow-Effekt dieser einmaligen zusätzlichen Zahlung, aber schwächer als bei vergleichbaren „normalen" Dividendenerhöhungen, wenn man für die Höhe der Dividendenänderung kontrolliert. Bei einer Regression eines Dummys für Specially Designated Dividends und der Dividendenänderung ($\Delta D/D$) auf die Ankündigungsrendite zeigt dieser auf dem 10%-Niveau eine schwächere Kursreaktion auf Specially Designated Dividends an.

Firth (1996) untersucht die **Kursreaktion der Aktien von Konkurrenzunternehmen** auf Dividendenankündigungen. Er stellt dabei eine grundsätzlich gleichgerichtete Kursreaktion bei Dividendenankündigungen fest, d.h. auf die Ankündigung von Dividendenerhöhungen ergeben sich bei Konkurrenzunternehmen positive Kursreaktionen, bei Dividendenkürzungen negative Kursreaktionen.

Ebenso läßt sich ein **Einfluß vorausgehender Dividendenänderungen vergleichbarer Unternehmen** auf die Kursreaktion beim ankündigenden Unternehmen nachweisen. In einer multiplen Regressionsanalyse von Christie (1994)[136)] für Dividendenkürzungen und Dividendenausfälle wird dies mit Hilfe eines Dummies, der den Wert eins annimmt, wenn vor der Ankündigung bereits mehr als ein Unternehmen desselben SIC-Code eine Dividendenkürzung vorgenommen hat, untersucht. Dieser Dummy hat einen signifikant positiven Einfluß auf die Kursreaktion. Der positive Einfluß vorheriger Ankündigungen läßt sich als teilweise Antizipation der negativen Dividendenankündigung interpretieren. Die Kursreaktion auf die Ankündigung von Dividendenkürzungen und Dividendenausfällen fällt weniger stark negativ aus, wenn zuvor bereits andere vergleichbare Unternehmen eine Dividendenkürzung vorgenommen haben.

Die Arbeit von Dubofsky/Bierman (1988) beschäftigt sich mit der **Ankündigung von Discount Dividend Reinvestment-Plänen**, die es Aktionären ermöglichen, für die Dividende (begünstigt) neue Aktien des Unternehmens zu erwerben. Die Kursreaktionen auf solche Maßnahmen sind daher eher mit denen von Kapitalerhöhungen als mit Dividendenänderungen zu vergleichen.

Zusammenfassend kann man feststellen, daß die Ankündigung einer positiven Dividende eine positive Kursreaktion auslöst, während die Ankündigung einer negativen Dividende eine negative Kursreaktion auslöst. Auch die Ankündigungen von Bonusdividendenerhöhungen und Jahresenddividenden löst eine - allerdings geringer - positive Kursreaktion aus. Dieses Ergebnis ist unabhängig davon, mit welchem Modell man „positive" und „negative" Dividendenankündigungen bestimmt. Auch spielt für dieses Ergebnis keine Rolle, auf welche Weise man die Ankündigungsrendite bestimmt. Zeitgleiche Ankündigungen mögen die Höhe der Kursreaktion beeinflussen, sind aber nicht die alleinige Ursache für die feststellbaren Kursreaktionen. Untersuchungen für den deutschen Kapitalmarkt und andere Kapitalmärkte bestätigen die Richtung der Kursreaktion auf Dividendenänderungen, wie sie am US-amerikanischen Kapitalmarkt festgestellt werden.

136) Vgl. Christie (1994), S. 468 - 470.

Tabelle 3: Überblick über Ereignisstudien zu Dividendenankündigungen.

Untersuchung Kapitalmarkt	Abgrenzung der Stichprobe Ermittlung der Überrenditen	Untersuchungsansatz Untersuchungsergebnisse
Pettit (1972) USA	Dividendenankündigung Zeit: 1964-1968 Anz.: 18644	Es wird die Kursreaktion für 38 Dividendeneinführungen, 17645 konstante Dividenden, 906 Dividendenerhöhungen, 29 Dividendenkürzungen und 26 Dividendenausfälle ermittelt.
	monatliche Überrenditen: Marktmodell SP: endet 12 Monate vor Ereignis In: Fisher's Index	Gruppe: Erhöhungen / $\Delta D/D = 0$ / Kürzungen AR in m_0: 1,5%' / -0,4%' / -9,7%' Gruppe: Aufnahme / Ausfall AR in m_0: 7,6%' / 2,3%'
	Dividendenankündigung Zeit: 1967-1969 Anz.: 135	Es wird die Kursreaktion für 91 Dividendenerhöhungen, 22 Dividendenkürzungen und 22 Dividendenausfälle ermittelt.
	tägliche Überrenditen: Marktmodell SP: endet 12 Monate vor Ereignis In: NYSE composite Index	Gruppe: Erhöhungen / Kürzungen / Ausfälle AR in t_{-1} bis t_0: 1,3%' / -6,2%' / -2,2%'
Brown/Finn/ Hancock (1977) Australien	Dividendenänderung Zeit: 1963-1969 Anz.: 357 Ankündigungen	Es wird die Kursreaktion für 186 Dividendenerhöhungen, 97 Dividendenkürzungen und 74 Dividendenausfälle ermittelt.
	monatliche Residuen nach Fama/McBeth	Gruppe: Erhöhungen / Kürzungen / Ausfälle AR in m_0: 0,3%' / -1,2%' / -1,3%' AR in t_{-1} bis t_0: 2,9%' / -7,5%' / -12,7%'
Charest (1978) USA	Dividendenänderung > 10% Zeit: 1947-1968 Anz.: 1720 mindestens zwei Jahre stabile Dividende	Es wird die Kursreaktion für Dividendenerhöhungen und Dividendenkürzungen ermittelt.
	monatliche Residuen nach Fama/McBeth SP: m_{-30} bis m_{30} In: Fisher's Index	AR in m_0 ΔD pos.: 3,18%' ΔD neg.: -7,42%'
Aharony/ Swary (1980) USA	Dividendenankündigung Zeit: 1963-1976 Anz.: 3399 keine zeitgleichen (±11 Tage) Gewinnankündigungen	Dividendenankündigungen werden nach dem naiven Erwartungsmodell und dem Zeitpunkt der Gewinnankündigung (Dividende vor Gewinn vs. Gewinn vor Dividende) differenziert.
	tägliche Überrenditen: Marktmodell SP: eigene SP für jedes Unternehmen In: S&P Industrial-Index	AR in t_{-1} bis t_0: ΔD pos. / $\Delta D = 0$ / ΔD neg. D vor E: 1,03%* / -0,1%# / -2,82%' E vor D: 0,72%* / 0,0%# / -3,76%'
Kwan (1981) USA	Dividendenänderung Zeit: 1973-1977 Anz.: 147 keine weiteren zeitgleichen Ankündigungen (±5 Tage), Gewinnankündigung vor Dividendenankündigung	Unerwartete Dividendenankündigungen (UD) werden nach einem Modell von Fama/Babiak (1968) bestimmt.
	tägliche Market Adjusted Returns In: n.a.	UD pos. / UD neg. AR in t_{-1} bis t_0: 1,41%' / -3,41%'
Saling (1981) Deutschland	Dividendenänderung ≥ 5% des Nennwertes der Aktie Zeit: 1971-1977 Anz.: 149 Industrieunternehmen des produzierenden Gewerbes; keine wesentlichen Ankündigungen während des Untersuchungszeitraums (ca. m_{-6} bis m_3 relativ zur Ankünd.)	Es wird die Kursreaktion für positive und negative Dividendenänderungen in jeweils drei Untergruppen ermittelt: Ia) Einführung der Dividende Ib) Dividendenerhöhungen (keine Bonusdividenden) Ic) Weitere Dividendenerhöhungen IIa) Ausfall der Dividende IIb) Dividendenkürzungen (keine Bonusdividenden) IIc) Weitere Dividendenkürzungen
	branchenindexbereininigte relative Kurse für vier Stichtage pro Monat SP: Branchenindices des Statistischen Bundesamtes	Gruppe: AR in t_{-1} bis t_0 / AR in t_{-1} bis t_1 I: ΔD positiv: 2,2%' / 2,8%' Ia) Einführung: 2,6%' / 2,6%' Ib) Erhöhungen: 2,8%' / 2,4%' Ic) Weitere Erhöhungen: 0,3%' / 3,5%' II: ΔD negativ: -1,3%' / -3,4%' IIa) Ausfall: -2,4%' / -5,1%' IIb) Kürzungen: -0,8%' / -3,8%' IIc) Weitere Kürzungen: 0,9%' / 1,1%'

Tabelle 3: Überblick über Ereignisstudien zu Dividendenankündigungen.

Untersuchung Kapitalmarkt	Abgrenzung der Stichprobe Ermittlung der Überrenditen	Untersuchungsansatz Untersuchungsergebnisse
Eades (1982) USA	Dividendenerhöhung Zeit: 1974-1979 Anz.: 2160	Es wird die Kursreaktion für Dividendenerhöhungen ermittelt.
	tägliche Mean Adjusted Returns SP: t_{-117} bis t_{-18}	AR in t_{-2} bis t_2: 1,065%*
Woolridge (1982) USA	Dividendenänderung Zeit: 1971-1977 Anz.: 376 keine weiteren zeitgleichen Ankündigungen (-5/+10 Tage)	Unerwartete Dividendenankündigungen (UD) werden als Abweichung der gezahlten von der erwarteten Dividendenzahlung auf der Basis von Analystenvorhersagen bestimmt.
	tägliche Market Adjusted Returns In: S&P 500-Index	AR in t_{-1} bis t_0 — UD pos.: 1,44%' — UD=0: 0,13%' — UD neg.: -5,59%'
Asquith/ Mullins (1983) USA	Dividendeneinführung Zeit: 1964-1980 Anz.: 160	Es wird die Kursreaktion für erstmalige Dividendenzahlungen ermittelt.
	Kontrollportfolio (mit gleichem Beta)-bereinigte tägliche Renditen	AR in t_{-1} bis t_0: 3,7%*
Brickley (1983) USA	Specially Designated Dividend (SDD) Zeit: 1969-1979 Anz.: a) 165 SDD b) 100 Kontrollportfolio (normale Dividendensteigerungen)	I: Es wird die Kursreaktion auf SDD ermittelt. II: Es wird überprüft, ob die Kursreaktion gleich dem Cash-Effekt der SDD ist (SDD/P). III: In einer Regressionsanalyse werden SDD und normale Dividendenerhöhungen verglichen. Die Ankündigungsrendite (AR in t_0 bis t_1) wird durch $\Delta D/D$ und einen Dummy mit dem Wert 1 bei normalen Dividendensteigerungen erklärt.
	tägliche Mean Adjusted Returns SP: n.a.	I: AR in t_0 bis t_1: 2,11%* II: Die Kursreaktion ist signifikant größer als SDD/P. III: a) und b) — Konst.: pos.* — $\Delta D/D$: pos.* — Dummy: pos.+ — R^2: 12%
Divecha/ Morse (1983) USA	Dividendenerhöhung Zeit: 1977-1979 Anz.: 1039	Es wird die Kursreaktion für Dividendenerhöhungen ermittelt.
	tägliche Market Adjusted Returns SP: 60 monatliche Renditen bis 3/1977 In: CRSP-Index (value weighted)	AR in t_{-1} bis t_0: 1,08%*
Rosenfeld (1983) USA	Dividendenkürzung Zeit: 1953-1975 Anz.: 48	Es wird die Kursreaktion für Dividendenkürzungen ermittelt.
	monatliche Market Adjusted Returns SP: t_{-73} bis t_{-13} In: Common Stock Price Index	AR in m_0: -9,05%*
Woolridge (1983) USA	Dividendenänderung Zeit: 1970-1977 Anz.: 367 keine weiteren zeitgleichen Ankündigungen (±2 Tage)	Es werden die Ankündigungsrenditen für unerwartete Dividendenankündigungen (UD=Abweichung der gezahlten von der erwarteten Dividendenzahlung auf der Basis von Analystenvorhersagen) ermittelt.
	tägliche Mean Adjusted Returns SP: n.a.	AR in t_{-1} bis t_0 — UD > 0: 1,16%* — UD < 0: -4,47%*
Benesh/ Keown/ Pinkerton (1984) USA	Dividendenänderung ≥ 25% Zeit: 1971-1978 Anz.: 117 keine zeitgleichen Gewinnankündigungen (±11 Tage)	Es wird die Kursreaktion für Dividendenerhöhungen, Dividendenkürzungen, Einführung und Ausfall der Dividende ermittelt.
	tägliche Überrenditen: Marktmodell SP: t_{-101} bis t_{101} ohne t_{-20} bis t_{20} I: S&P 500-Index	AR in t_{-1} bis t_0 — Aufnahme: 4,34%* — Erhöhung: 1,43%' — Kürzung: -9,59%* — Ausfall: -7,73%*

Tabelle 3: Überblick über Ereignisstudien zu Dividendenankündigungen.

Untersuchung **Kapitalmarkt**	**Abgrenzung der Stichprobe** **Ermittlung der Überrenditen**	**Untersuchungsansatz** **Untersuchungsergebnisse**
Dielman/ Oppenheimer (1984) USA	Dividendenänderung ≥ 25% Zeit: 1969-1977 Anz.: 202 mindestens zwei Jahre stabile Dividende	Es wird die Kursreaktion für Dividendenerhöhungen (ΔD/D > 25%), Dividendenkürzungen (ΔD/D < -25%), Einführung und Ausfall der Dividende ermittelt.
	Die (monatliche oder tägliche) Ankündigungsrendite wird als Regressionskoeffizient einer multiplen Regression (SP: jeweils t_{-20} bis t_{20}) mit dem CRSP-Index (value weighted) und einem Dummy (=1, wenn Ereignisperiode) bestimmt.	AR in m_0 / AR in t_{-1} bis t_0 Aufnahme: 4,43%* / 3,66%* ΔD/D > 25%: 4,68%* / 2,52%* ΔD/D < -25%: -8,74%* / -7,66%* Ausfall: -12,54%* / -8,58%*
Eades/Hess/ Kim (1985) USA	Dividendenankündigung Zeit: 1962-1980 Anz.: 73597 Unternehmen hat im Quartal vorher eine Dividende gezahlt	Es wird die Kursreaktion für Dividendenerhöhungen, konstante Dividende und negative Dividendenänderungen ermittelt.
	tägliche Mean Adjusted Returns SP: t_{31} bis t_{60}	Erhöhung / ΔD = 0 / ΔD neg. AR in t_{-1} bis t_0: 0,95%* / 0,12%* / -2,03%*
Dubofsky/ Bierman (1988) USA	Dividenden-Reinvestitionspläne Zeit: 1975-1983 Anz.: 53	Es wird die Kursreaktion auf die Ankündigung von Dividenden-Reinvestitionsplänen ermittelt.
	tägliche Market Adjusted Returns In: CRSP-Index (value-weighted)	AR in t_0: 0,70%*
Healy/Palepu (1988) USA	Dividendeneinführung, Dividendenausfall Zeit: 1969-1980 Anz.: 131 Einführungen 172 Ausfälle	Es wird die Kursreaktion für Dividendenaufnahmen und Dividendenausfälle ermittelt.
	tägliche Market Adjusted Returns In: CRSP-Index (equally weighted)	Gruppe: Aufnahmen / Ausfälle AR in t_{-1} bis t_0: 3,9%* / -9,5%*
Bajaj/Vijh (1990) USA	Dividendenankündigung Zeit: 1962-1987 Anz.: 54058	Es wird die Kursreaktion für Dividendenerhöhungen, konstante Dividende und Dividendenkürzungen ermittelt (nicht für Dividendenausfälle oder Dividendeneinführungen).
	tägliche Überrenditen: Marktmodell SP: t_{-250} bis t_{-11} In: CRSP-Index (equally weighted)	Gruppe: Erhöhung / ΔD=0 / Kürzung AR in t_{-1} bis t_1: 1,04%* / 0,06%* / -1,77%*
Ghosh/ Woolridge (1991) USA	Dividendenausfall Zeit: 1962-1984 Anz.: 358 Ausfälle sowie 316 folgende Ankündig. mit D=0	Es wird die Kursreaktion für den ersten Ausfall der Dividenden, die weiteren Dividendenausfälle und die Ankündigung der Wiederaufnahme einer Dividende dieser Unternehmen ermittelt.
	tägliche Market Adjusted Returns In: S&P 500-Index	erster Ausfall / folgende Ausfälle / Wiederaufn. AR in t_{-1} bis t_0: -4,617%* / -0,867%* / +2,173%#
Haw/Kim (1991) USA	Dividendenerhöhung Zeit: 1975-1984 Anz.: 679 nur Industrieunternehmen; keine zeitgleiche Gewinnankündigung (-5/+3 Tage)	Es wird die Kursreaktion für Dividendenerhöhungen ermittelt.
	tägliche Überrenditen: Marktmodell SP: t_{-290} bis t_{-41} In: CRSP-Index (value weighted)	AR in t_{-1} bis t_0: 0,83%*
John/Lang (1991) USA	Dividendeneinführung Zeit: 1975-1985 Anz.: 265	Es wird die Kursreaktion für Dividendeneinführungen ermittelt.
	tägliche Überrenditen: Marktmodell SP: t_{-200} bis t_{-20} In: n.a.	AR in t_{-1} bis t_0: 3,23%*

Tabelle 3: Überblick über Ereignisstudien zu Dividendenankündigungen.

Untersuchung Kapitalmarkt	Abgrenzung der Stichprobe Ermittlung der Überrenditen	Untersuchungsansatz Untersuchungsergebnisse
Howe/He/Kao (1992) USA	Specially Designated Dividend, Share Repurchase Tender Offer Zeit: 1979-1989 Anz.: 60 SDD und 55 Tender Offers keine weiteren zeitgleichen Ankündigungen (±10 Tage)	Es wird die Kursreaktion für SDD, Share Repurchases Tender Offers und die Gesamtgruppe ermittelt.
	tägliche Überrenditen: Marktmodell SP: t_{-210} bis t_{-11} In: CRSP-Index (equally weighted)	Gruppe / AR / in SDD 3,44%* t_{-1} bis t_0 Repurchases 7,47%* t_0 bis t_1 Gesamt 3,74%* t_{-1} bis t_1
Born/Rimbey (1993) USA	Dividendeneinführung Zeit: 1962-1989 Anz.: 490 keine weiteren zeitgleichen wichtigen Ankündigungen (±10 Tage), Gewinnankündigungen werden nicht ausgeschlossen	Es wird die Kursreaktion für Dividendeneinführungen ermittelt.
	tägliche Überrenditen: Marktmodell SP: t_{-90} bis t_{-1} In: n.a.	AR in t_{-1} bis t_0: 2,94%*
Christie (1994) USA	Dividendenkürzung, Dividendenausfall Zeit: 1962-1985 Anz.: 492 Dividendenausfälle 475 Dividendenkürzungen keine Finanzunternehmen; keine weiteren zeitgleichen Ankündigung (t_{-1} und t_0)	Es wird die Ankündigungsreaktion für Dividendenausfälle und Dividendenkürzungen in der Gesamtgruppe und für Unternehmen, die mind. fünf Jahre Dividende gezahlt haben, ermittelt.
	tägliche Überrenditen: Marktmodell SP: t_{-305} bis t_{-56} In: S&P 500-Index	AR in t_{-1} bis t_0 / Alle / 5 Jahre Div.-Zahlung Div.-Ausfall -6,94%* -7,49%* Div.-Kürzung -6,78%* -6,84%*
Denis/Denis/ Sarin (1994) USA	Dividendenänderung > 10% Zeit: 1962-1988 Anz.: 6777	Es wird die Kursreaktion für Dividendenerhöhungen und Dividendenkürzungen ermittelt.
	tägliche Überrenditen werden vom Daily Excess Return File übernommen	AR in t_{-1} bis t_0 / Erhöhung / Kürzung / abs. Diff. Gesamt 1,25%* -5,71%* 4,46%*
Dhillon/ Johnson (1994) USA	Dividendenankündigung Zeit: 1970-1987 Anz.: 131 Dividendenerhöhungen nur, sofern ΔD/D ≥ 30%. Keine weiteren zeitgleichen Ankündigungen (±2 Tage)	Es wird die Kursreaktion für folgende Gruppen ermittelt: a) positive und negative Dividendenänderungen b) Dividendenaufnahmen und -erhöhungen c) Dividendenausfall, Kürzung ≥ 30%, Kürzung < 30%
	tägliche Mean Adjusted Returns SP: t_{-11} bis t_{-2} und t_2 bis t_{11}	StAR in t_{-1} bis t_1 / ΔD pos. / ΔD neg. 0,98%* -2,01%* StAR in t_{-1} bis t_1 / Aufnahme / Erhöhung 0,28%# 1,21%* StAR in t_{-1} bis t_1 / Ausfall / Kürz. > 30% / Kürz. < 30% -1,09%* -2,70%* -0,54%#
Sant/Cowan (1994) USA	Dividendenausfall Zeit: 1962-1987 Anz.: 280	Es wird die Kursreaktion für Dividendenausfälle ermittelt.
	tägliche Überrenditen: Marktmodell SP: t_{101} bis t_{355} In: CRSP-Index (equally weighted)	AR in / t_{-1} bis t_0 / t_{-1} bis t_1 -10,74%* -12,75%*

Tabelle 3: Überblick über Ereignisstudien zu Dividendenankündigungen.

Untersuchung Kapitalmarkt	Abgrenzung der Stichprobe Ermittlung der Überrenditen	Untersuchungsansatz Untersuchungsergebnisse
Michaely/ Thaler/ Womack (1995) USA	Dividendeneinführung, Dividendenausfall Zeit: 1964-1988 Anz.: 561 Div.-Aufnahmen 887 Div.-Ausfälle	I: Ermittelt wird die Kursreaktion für Dividendeneinführungen und -Ausfälle, die nochmals danach unterteilt werden, ob statt der Dividende eine Stock Dividend „gezahlt" wird oder nicht. II: Untersucht wird das Handelsvolumen (bereinigt um das durchschnittliche Handelsvolumen der Aktie) bei der Ankündigung. III: Mit folgender Regression wird untersucht, ob Dividendenaufnahmen und -Ausfälle unter Berücksichtigung der Höhe von D/P = ΔD/P eine unterschiedliche Kursreaktion (absolut) erzielen: $AR = \alpha + \beta_1 \cdot Q + \beta_2 \cdot (D/P) \cdot M + \beta_3 \cdot Q \cdot (D/P) + \varepsilon$ AR Kursreaktion in t_{-1} bis t_1 M -1 (1), wenn Dividendenausfall (Dividendenaufnahme) Q 1 (0), wenn Dividendenausfall (Dividendenaufnahme) D/P Verhältnis Dividende/Kurs
	tägliche Market Adjusted Returns In: CRSP-Index (equally weighted)	I: Einführung / Ausfall AR in t_{-1} bis t_1: 3,4%* / -7,0%* Div.-Ausfall: mit St. Div. / ohne St. Div. / Diff. AR in t_{-1} bis t_1: -3,1%' / -7,4%' / sign. II: Bei Dividendenaufnahmen ist das abnormale Handelsvolumen im Zeitraum t_{-3} bis t_3, bei Dividendenausfällen im Zeitraum t_{-1} bis t_9 signifikant positiv. III: α / β_1 / β_2 / β_3 / R^2 a) pos.* / pos.* / pos.* / neg* / 16% b) pos.* / pos.# / pos.* / pos.# / 14% Bei Verwendung des Kurses t_{-1} zur Berechnung von D/P [Regression a)] sind β_1 und β_3 signifikant, d.h. Dividendenausfälle weisen eine signifikant stärkere Kursreaktion auf. Wird in b) der Kurs t_{-256} verwendet, so läßt sich dies nicht mehr nachweisen.
Yoon/Starks (1995) USA	Dividendenänderung ≥ 10% Zeit: 1969-1988 Anz.: 4179 nur Industrieunternehmen	Es wird die Kursreaktion auf Dividendenerhöhungen und Dividendenkürzungen (nicht für Dividendenaufnahmen oder Dividendenausfälle) ermittelt.
	tägliche Überrenditen: Marktmodell SP: t_{-100} bis t_{-8} und t_8 bis t_{100} In: CRSP-Index (equally weighted)	Gruppe: / AR in t_{-1} bis t_1 Erhöhung: 1,15%* Kürzung: -5,16%*
Firth (1996) USA	Dividendenänderung ≥ 10% Zeit: 1980-1991 Anz.: 649 keine zeitgleiche Gewinnankündigung (±5 Tage) und keine weiteren zeitgleichen Ankündigungen (±10 Tage)	Untersucht wird die Kursreaktion auf Dividendenerhöhungen und Dividendenkürzungen bei a) ankündigenden Unternehmen selbst und b) Konkurrenzunternehmen derselben Branche.
	tägliche Überrenditen: Marktmodell SP: t_{-60} bis t_{-10} In: CRSP-Index (equally weighted)	AR in t_{-1} bis t_0: Erhöhung / Kürzung a) ankündig. Unternehmen: 2,63%* / -4,29%* b) vergleichb. Unternehmen: 0,37%* / -0,60%*
Heikkilä (1996) Finnland	Dividendenankündigung Zeit: 1983-1994 Anz.: 369 ohne zeitgleiche Gewinnankündigungen	Es wird die Kursreaktion für positive und negative Dividendenänderungen ermittelt.
	tägliche Mean Adjusted Returns SP: t_{-229} bis t_{-30}	ΔD pos. / ΔD = 0 / ΔD neg. AR in t_{-1} bis t_0: 1,44%* / -0,26%# / -2,14%* Market Adjusted Returns ergeben qualitativ die gleichen Ergebnisse.
Amihud/ Murgia (1997) Deutschland	Dividendenankündigung Zeit: 1988-1992 Anz.: 306	Es werden die Kursreaktionen auf Dividendenerhöhungen und Dividendenkürzungen ermittelt.
	tägliche Überrenditen: Marktmodell SP: t_{-65} bis t_{-6} und t_6 bis t_{65} In: DAFOX	Gruppe / AR in t_{-1} bis t_0 Erhöhung: 0,965%* Kürzung: -1,73%*

Tabelle 3: Überblick über Ereignisstudien zu Dividendenankündigungen.

<table>
<tr><th>Untersuchung
Kapitalmarkt</th><th>Abgrenzung der Stichprobe
Ermittlung der Überrenditen</th><th>Untersuchungsansatz
Untersuchungsergebnisse</th></tr>
<tr><td rowspan="2">Dewenther/
Warther (1997)
USA und Japan</td><td>Dividendeneinführung, Dividendenausfall
Zeit: 1982-1993
Anz.: 49 Japan
58 USA
Nur Unternehmen des S&P 500 (USA) und Morgan Stanley Index für Japan, keine Finanz- oder Versorgungsunternehmen.</td><td>Es werden die Kursreaktionen auf Dividendeneinführungen und Dividendenausfälle für die Unternehmen beider Länder bestimmt.</td></tr>
<tr><td>tägliche Market Adjusted Returns
In: CRSP-Index (value weighted) für USA und Datastream Total Market Index (value weighted) für Japan</td><td><table><tr><th>AR in t_{-1} bis t_0</th><th>Ausfall</th><th>Aufnahme</th></tr><tr><td>USA</td><td>-4,89%*</td><td>2,38%*</td></tr><tr><td>Japan</td><td>-2,53%*</td><td>0,03%#</td></tr><tr><td>Differenz</td><td>-1,35%#</td><td>2,35%*</td></tr></table></td></tr>
<tr><td rowspan="2">Gerke/Oerke/
Sentner (1997)
Deutschland</td><td>Dividendenankündigung
Zeit: 1987-1994
Anz.: 414</td><td>Es wird die Kursreaktion für 218 Dividendenerhöhungen, 130 konstante Dividenden, 46 Dividendenkürzungen und 20 Dividendenausfälle ermittelt.</td></tr>
<tr><td>tägliche Überrenditen: Marktmodell
SP: t_{-110} bis t_{-11}
In: eigener Index aller in die Untersuchung einbezogene Unternehmen (gleichgewichtet)</td><td><table><tr><th></th><th>AR in t_{-1} bis t_0</th></tr><tr><td>Erhöhung</td><td>0,70%*</td></tr><tr><td>$\Delta D = 0$</td><td>-0,07%*</td></tr><tr><td>Kürzung</td><td>-1,36%*</td></tr><tr><td>Ausfall (AR in t_0 bis t_1)</td><td>-3,19%*</td></tr></table></td></tr>
<tr><td rowspan="2">Kato/Loewen-
stein/Tsay
(1997)
Japan</td><td>Dividendenankündigungen
Zeit: 1982-1991
Anz.: 2356
nur Industrieunternehmen</td><td>Es wird die Kursreaktion auf Dividendenerhöhungen, keine Dividendenänderung, Dividendenkürzungen und Dividenden-aufnahmen ermittelt.</td></tr>
<tr><td>tägliche Überrenditen: Marktmodell
SP: t_{-124} bis t_{-25}
In: Nikkei Stock Index</td><td><table><tr><th>Gruppe:</th><th>Erhöhungen</th><th>Aufnahme</th></tr><tr><td>AR in t_{-1} bis t_0</td><td>0,61%*</td><td>1,37%*</td></tr><tr><td>Gruppe:</td><td>$\Delta D/D = 0$</td><td>Kürzungen</td></tr><tr><td>AR in t_{-1} bis t_0</td><td>0,56%*</td><td>-1,8%*</td></tr></table></td></tr>
<tr><td rowspan="2">Röder (1998)
Deutschland</td><td>Ad-Hoc-Dividendenankündigung
Zeit: Januar - Juni 1997
Anz.: 83</td><td>Gemessen wird die durchschnittliche absolute Rendite im Zeitraum t_{-3} bis t_3. Dabei wird nicht aufgrund der Höhe einer unerwarteten Dividendenankündigung differenziert. Aus den Angaben läßt sich die durchschnittliche Rendite berechnen.</td></tr>
<tr><td>tägliche Market Adjusted Returns
In: DAX</td><td><table><tr><th></th><th>AR in t_{-3} bis t_3</th></tr><tr><td>durchschn. absolute Rendite</td><td>4,90%*</td></tr><tr><td>durchschnittliche Rendite</td><td>0,11%'</td></tr></table></td></tr>
</table>

- nicht signifikant; * - signifikant auf dem 5%-Niveau (min.), jeweils nach den in der Untersuchung verwendeten Signifikanztests; ' - keine Angabe des Signifikanzniveaus für den bezeichneten Zeitraum.

IV.1.1.2. Ankündigungseffekte bei Anleihen und Genußscheinen

Eine Reihe von Untersuchungen beschäftigt sich mit den Kursreaktionen bei Anleihen und Genußscheinen (Preferred Stock), wenn das Unternehmen Änderungen seiner Dividende auf Stammaktien ankündigt. Tabelle 4 faßt die Ergebnisse dieser Untersuchungen zusammen. Geben die Untersuchungen auch die Kursreaktionen auf die Stammaktien selbst wieder, so sind diese zum Vergleich mit angegeben.

Bei Erhöhungen der Dividende für Stammaktien stellen Woolridge (1983); Handjinicolaou/Kalay (1984) und Dhillon/Johnson (1994) jeweils insignifikante Kursreaktionen bei den ausstehenden Anleihen dieser Unternehmen fest. Bei Genußscheinen ermittelt Woolridge (1983) eine signifikant positive Kursreaktion, Fooladi/Roberts (1988) sowohl für den US-amerikanischen als auch für den kanadischen Kapitalmarkt eine negative Kursreaktion. Mit Ausnahme dieses signifikant positiven Ergebnisses von Woolridge (1983) lassen sich bei Anleihen und Genußscheinen keine Kursreaktionen auf die Ankündigung von Dividendenerhöhungen feststellen.

Bei einer Dividendenkürzungen für die Stammaktien eines Unternehmens beobachten Woolridge (1983) und Handjinicolaou/Kalay (1984) signifikant negative Überrenditen bei den ausstehenden Anleihen dieses Unternehmens, die sich in der Untersuchung von Handjinicolaou/Kalay (1984) hauptsächlich in einer Untersuchungsgruppe mit Unternehmen mit einem hohen Leverage zeigen. Rosenfeld (1983) und Woolridge (1983) ermitteln auch für Genußscheine negative Überrenditen bei der Ankündigung von Dividendenkürzungen. Zu gegenteiligen Untersuchungsergebnissen kommen in ihrer Untersuchung Dhillon/Johnson (1994), die für negative Änderungen der Dividende statistisch signifikant positive Überrenditen bei Genußscheinen feststellen. Selbst die Ankündigung eines Dividendenausfalls löst eine statistisch allerdings nicht signifikante positive Überrendite aus. Hohe Dividendenkürzungen ($\geq$ 30%) lösen statistisch signifikant positive Kursreaktionen aus, bei niedrigeren Dividendenkürzungen (< 30%) erfolgt keine Kursreaktion bei Anleihen. Als Erklärung für diese unterschiedlichen Untersuchungsergebnisse verweisen Dhillon/Johnson (1994) auf unterschiedliche Untersuchungsgruppen, wobei es ihnen trotz eines Untersuchungszeitraums, der den von Handjinicolaou/Kalay (1984) umfaßt, nicht gelungen ist, deren Untersuchungsgruppe nachzubilden. Dhillon/Johnson (1994) verweisen weiter auf unterschiedliche Methoden zur Bestimmung der Anleiheüberrenditen besonders bei einem zu geringen Handel, die die Untersuchungsergebnisse beeinflußt haben könnten.

Tabelle 4: Überblick über Ereignisstudien zu Kursreaktionen auf Dividendenankündigungen bei Anleihen und Genußscheinen.

Untersuchung Kapitalmarkt	Abgrenzung der Stichprobe Ermittlung der Überrenditen	Untersuchungsansatz Untersuchungsergebnisse
Rosenfeld (1983) USA	Dividendenkürzung Zeit: 1953-1975 Anz.: 48 Common Stock " 54 Preferred Stock	Es werden die Ankündigungsrenditen für Common Stocks und Preffered Stocks bei Dividendenankündigungen für Common Stocks bestimmt.
	monatliche Market Adjusted Returns SP: t_{-73} bis t_{-13} In: Common Stock Price Index Preferred Stock Price Index	AR in m_0 Common Stocks -9,05%* Preferred Stocks -3,30%*
Woolridge (1983) USA	Dividendenänderung Zeit: 1970-1977 Anz.: 367 Common Stock 151 Preferred Stock 293 Bonds Keine weiteren zeitgleichen Ankündigungen (±2 Tage)	Es werden die Ankündigungsrenditen für Common Stocks, Preffered Stocks und Bonds bei unerwarteten Dividendenankündigungen bestimmt. Unerwartete Dividendenankündigungen (UD) werden als Abweichung der gezahlten von der erwarteten Dividendenzahlung für Common Stocks auf der Basis von Analystenvorhersagen bestimmt.
	tägliche Mean Adjusted Returns SP: n.a.	AR in t_{-1} bis t_0 — UD > 0 — UD < 0 Common Stocks — 1,16%* — -4,47%* Preffered Stocks — 0,58%* — -0,86%# Bonds — 0,20%# — -1,10%*
Handjinicolaou/ Kalay (1984) USA	Dividendenankündigung Zeit: 1975-1976 Anz.: 143 Common Stocks 818 Bonds	I: Es werden die Ankündigungsrenditen für Bonds bei Dividendenankündigungen für Common Stocks differenziert nach der Richtung der Dividendenänderung bestimmt. II: Die Ankündigungsrenditen für Common Stock und Bonds werden nach dem Verschuldungsgrad des Unternehmens differenziert (H-hoch, L-niedrig).
	tägliche Mean Adjusted Stock Returns und tägliche Mean and Interest Rate Adjusted Bond Returns, jeweils mit SP: t_{-60} bis t_{-16}	I: Bonds — ΔD pos. — ΔD = 0 — ΔD neg. StAR in t_0 — -0,06%# — 0,05%# — -0,26%+ II: StAR in t_0 — Bonds (H — L) — Stocks (H — L) ΔD pos. — -0,11%# — -0,01%# — 0,51%* — 0,30%* ΔD neg. — -0,69%* — 0,12%# — 0,10%# — -1,18%*
Fooladi/ Roberts (1988) USA und Kanada	Dividendenankündigung Zeit: 1978-1986 (USA) Anz.: 421 (USA) Zeit: 1981-1986 (Kanada) Anz.: 227 (Kanada)	Es werden die Ankündigungsrenditen für Preferred Stocks bei Dividendenankündigungen für Common Stocks differenziert nach der Richtung der Dividendenänderung bestimmt.
	tägliche Überrenditen: Marktmodell SP: n.a. In: S&P-Index (USA) TSE 300 (Kanada)	AR in t_{-1} bis t_1 — USA — Kanada Dividendenerhöhung — -0,22%' — -0,13%' Dividende unverändert — 0,03%' — 0,70%' Dividendenkürzung — -0,47%' — n.a.
Dhillon/ Johnson (1994) USA	Dividendenankündigung Zeit: 1970-1987 Anz.: 131 Dividendenerhöhungen nur, sofern ΔD/D ≥ 30%. Keine weiteren zeitgleichen Ankündigungen (±2 Tage);	Die Ankündigungseffekte für Bonds und Common Stocks werden für folgende Gruppen bestimmt: - positive und negative Dividendenänderungen - Dividendenaufnahmen und -erhöhungen - Dividendenausfall, Dividendenkürzung ≥ 30%/< 30%
	tägliche Mean Adjusted Stock Returns und tägliche Mean and Interest Rate Adjusted Bond Returns, jeweils mit: SP: t_{-11} bis t_{-2} und t_2 bis t_{11}	StAR in t_{-1} bis t_1 — Stock — Bonds ΔD positiv — 0,98%* — -0,37%# ΔD negativ — -2,01%* — 0,69%* Aufnahme — 0,28%# — -0,49%* Erhöhung — 1,21%* — -0,33%# Ausfall — -1,09%* — +0,84%# Kürzung ≥ 30% — -2,70%* — +0,81%* Kürzung < 30% — -0,54%# — -0,01%#

- nicht signifikant; * - signifikant auf dem 5%-Niveau (min.), jeweils nach den in der Untersuchung verwendeten Signifikanztests; ' - keine Angabe des Signifikanzniveaus für den bezeichneten Zeitraum.

IV.1.2. Effizienz der Kapitalmarktreaktionen auf Dividendenankündigungen

Unter dem Aspekt einer effizienten Kapitalmarktreaktion auf Dividendenankündigungen sollen hier zwei Fragen behandelt werden. Zum einen ist dies die „sofortige" und „vollständige" Verarbeitung der Information am Kapitalmarkt. Zum anderen wird eine bereits oben angesprochene Hypothese über die Kursreaktion in einer Gesamtgruppe aller Dividendenankündigungen behandelt.

IV.1.2.1. Informationsverarbeitung bei Dividendenankündigungen

Zur Überprüfung einer „sofortigen" und „vollständigen" Verarbeitung einer Dividendenankündigung am Kapitalmarkt reicht die Betrachtung von Überrenditen, die meist über zwei bis drei Tage kumuliert werden (t_{-1} bis t_0 oder t_1) nicht mehr aus. Patell/Wolfson (1984) und Gosnell/Keown/Pinkerton (1996) arbeiten daher mit Intraday-Renditen, die sie vor und nach dem Zeitpunkt der Veröffentlichung beobachten.[137)] Der genaue Zeitpunkt der Veröffentlichung läßt sich aus der Informationen des Dow Jones News Service bestimmen, der die Minute enthält, in der die Dividendeninformation über den Broad Tape Monitor, der an allen Handelsplätzen in der Börse aufgestellt ist, veröffentlicht wird. Beobachtet werden Renditen, die relativ zur Minute der Ankündigung angeordnet werden. Beide Untersuchung vergleichen die unbereinigten Renditen mit Hilfe nicht-parametrischer Testverfahren mit Renditen von Vergleichsportfolios. Als Vergleichsrenditen verwenden Patell/Wolfson (1984) Renditen von Kontrollportfolios, bei denen keine parallele Ankündigung erfolgt. Gosnell/Keown/Pinkerton (1996) verwenden Renditen einer Vergleichsperiode, deren Wochentag und Zeitraum mit dem Beobachtungszeitraum des Ereignisses übereinstimmt. Während Patell/Wolfson (1984) alle Ereignisse in einer Gesamtgruppe poolen, wobei unterstellt wird, daß die Aktien von Unternehmen mit Dividendenkürzungen leerverkauft werden, betrachten Gosnell/Keown/Pinkerton (1996) getrennte Gruppen für positive und negative Dividendenankündigungen.

Vor der Ankündigung beobachten beide Untersuchungen höhere Renditen in der Untersuchungsgruppe als in der Vergleichsgruppe, diese sind nur bei Patell/Wolfson (1984) z.T. signifikant. Im Zeitraum 30 Minuten nach der Dividendenankündigung beobachten Patell/Wolfson (1984) eine signifikant positive Kursreaktion in der Untersuchungsgruppe. Gosnell/Keown/Pinkerton (1996) beobachten bei Dividendenkürzungen ebenfalls innerhalb der ersten 30 Minuten signifikant negative Überrenditen, bei Dividendenerhöhungen ergeben sich signifikante Überrenditen nur innerhalb der ersten 15 Minuten nach der Ankündigung. Auch Patell/Wolfson (1984) sprechen davon, daß die Kursanpassung unmittelbar erfolgt und innerhalb von 10 bis 15 Minuten nach der Ankündigung abgeschlossen ist. Beide Untersuchungen enthalten für weitere Zeiträume bis zu drei Stunden [Patell/Wolfson (1984)] bzw. sechs Stunden [Gosnell/Keown/Pinkerton (1996)] keine systematischen Kursbewegungen mehr.[138)]

Während die bisher betrachteten Untersuchungsergebnisse die Überrendite aus den quotierten Kursen (ohne Berücksichtigung des Bid-Ask-Spreads) ergeben, berechnen Gosnell/Keown/Pinkerton (1996) auch Renditen einer Handelsstrategie. Dabei wird bei einer negativen Dividendenankündigung die Aktie zum Zeitpunkt der Ankündigung verkauft, bei einer positiver Dividendenankündigung gekauft, die Glattstellung erfolgt dann am Ende des Betrachtungszeitraums (weitere Transaktionskosten werden nicht berücksichtigt). Bei dieser Handelsstrategie zeigt sich bei negativen Dividendenankündigungen nach 45 Minuten eine positive Rendite, die signifikant höher als in der Kontrollperiode ist. Bei positiven Dividendenankündigungen weicht die Rendite nach der Ankündigung signifikant und positiv von der Vergleichsperiode ab, bleibt aber insgesamt negativ.

Tabelle 5: Überblick über Ereignisstudien mit Intraday-Renditen zu Dividendenankündigungen.

Untersuchung Kapitalmarkt	Abgrenzung der Stichprobe Ermittlung der Überrenditen	Untersuchungsansatz Untersuchungsergebnisse
Patell/ Wolfson (1984) USA	Dividendenankündigung Zeit: 1967-1977 Anz.: 35	Die Ankündigungsreaktion auf Dividendenerhöhungen und auf Dividendenkürzungen (negativ) werden gemeinsam betrachtet.
	Kontrollportfolio-bereinigte Intraday-Renditen	Die Kursreaktion erfolgt innerhalb der ersten 10-15 Minuten nach der Veröffentlichung über den Broad Tape Monitor. Die Ankündigungsreaktion ist signifikant und nach spätestens 30 Minuten abgeschlossen.
Gosnell/Keown/ Pinkerton (1996) USA	Dividendenänderung ≥ 25% Dividendeneinführung, Dividendenausfall Zeit: 1985-1989 Anz.: 120	Es wird die Intraday-Rendite ab der Minute der Ankündigung ermittelt. Die Rendite wird berechnet a) aus dem Bid-Ask-Mittelkurs und b) als tatsächlicher Handel (Leerverkauf bei negativer und Kauf bei positiver Dividendenankündigung mit Glattstellung).
	Unbereinigte Intraday-Renditen, die mit denen einer Kontrollperiode verglichen werden.	a) Bei positiven Dividendenankündigungen erfolgt eine signifikante Kursreaktion in den ersten 15 Minuten, bei negativen Dividendenankündigungen innerhalb der ersten 30 Minuten. Danach ist die Kursreaktion abgeschlossen. b) Bei Dividendenkürzungen zeigt sich nach 45 Minuten eine positive Rendite, die signifikant höher als in der Kontrollperiode ist. Bei positiven Dividendenankündigungen weicht die Rendite signifikant und positiv von der Vergleichsperiode ab, bleibt aber negativ.

Andere Untersuchungen enthalten die Betrachtung einzelner Tage um den Dividendenankündigungstag und untersuchen so die Effizienz der Informationsverarbeitung bei Dividendenankündigungen. So enthalten u.a. die Untersuchungen von Pettit (1972),

---

137) Vgl. Patell/Wolfson (1984), S. 236f.; Gosnell/Keown/Pinkerton (1996), S. 258 - 260.

138) Die Untersuchung von Gosnell/Keown/Pinkerton (1996), S. 259 enthält noch einige Zeiträume mit signifikanten Überrenditen, die jedoch vereinzelt auftreten und unsystematisch verteilt sind.

Charest (1978), Kwan (1981), Woolridge (1982), Divecha/Morse (1983) tägliche abnormale Renditen für unterschiedlich lange Zeiträume vor und nach der Ankündigung und z.T. auch Angaben zur Signifikanz dieser Überrenditen. Diese Untersuchungen weisen jeweils für ihr Sample an unterschiedlichen Tagen vor und nach der Dividendenankündigung hohe und z.T. auch signifikante Überrenditen auf. Dies kann man so interpretieren, daß die Informationsverarbeitung auf Dividendenankündigungen nicht effizient im Sinne der mittelstrengen Form von Informationseffizienz ist.[139] Eades/Hess/Kim (1985) untersuchen für ihre umfassendste Stichprobe mit 73597 Ereignissen diese Fragestellung. Betrachtet werden neun Tage vor und nach der Dividendenankündigung, als Verfahren zur Überprüfung der Signifikanz der Überrenditen dient der t-Test unter expliziter Annahme der Unabhängigkeit der Überrenditen.[140] Ihre Betrachtung erfolgt getrennt für Dividendenerhöhungen, keine Dividendenänderung und Dividendenkürzungen. Nur in der Gruppe der Dividendenerhöhungen ergeben sich an sechs der neun Tage vor der Ankündigung signifikant positive Überrenditen. Nach der Dividendenankündigung ergeben sich in der Gruppe der Dividendenerhöhungen und bei stabilen Dividenden auch signifikant positive Überrenditen an fünf bzw. drei Tagen nach der Dividendenankündigung. Eades/Hess/Kim (1985) eliminieren anschließend alle Ereignisse, bei denen sich im Zeitraum t_{-6} bis t_{14} relativ zur Dividendenankündigung ein Extag von Dividendenzahlungen befindet, für die Eades/Hess/Kim (1984) für den gleichen Untersuchungszeitraum im Durchschnitt positive Kurseffekte nachweisen können.[141] In den so eingeschränkten Untersuchungsgruppen ergeben sich deutlich weniger Tage mit signifikanten Überrenditen in zeitlicher Nähe zur Dividendenankündigung. Nach der Ankündigung weist bei Dividendenerhöhungen nur noch der Tag t_1 eine signifikante positive Überrendite auf, bei Dividendenkürzungen ist die Überrendite am Tag t_2 signifikant positiv und bei stabilen Dividenden sind keine Überrenditen nach der Ankündigung mehr signifikant. Vor der Ankündigung lassen sich bei Dividendenerhöhungen noch an den Tagen t_{-2}, t_{-5} und t_{-7} signifikant positive Überrenditen feststellen, bei stabilen Dividenden an den Tagen t_{-4} und t_{-7} und bei Dividendenkürzungen an keinem Tag. Die Verringerung der Anzahl der Tage mit signifikanten Überrenditen ist ein deutlicher Hinweis darauf, daß diese Überrenditen nicht durch eine ineffiziente Informationsverarbeitung verursacht werden, sondern durch andere Effekte erklärbar sind. Eades/Hess/Kim (1985) kontrollieren zum Beispiel nicht für andere Ankündigungen, die auch Ursache dieser Effekte sein könnten.

---

139) Zur Definition eines informationseffizienten Kapitalmarktes vgl. Fama (1970); Fama (1991).

140) Vgl. Patell (1976).

141) Vgl. Eades/Hess/Kim (1984), S. 9 - 11.

Für den deutschen Markt liegen in der Untersuchung von Gerke/Oerke/Sentner (1997) Überrenditen für einzelne Tage im Zeitraum t_{-10} bis t_{10} vor. Für die Ankündigung von Dividendenerhöhungen ergibt sich nur für den Tag t_{-10} eine signifikant positive Überrendite. Bei Dividendenkürzungen ist die Überrendite am Tag t_{10} signifikant positiv.[142)] Beide Überrenditen können auch zufällig sein, da an den angrenzenden Tagen keine signifkanten Überrenditen auftreten. In den beiden Gruppen mit Dividendenkürzungen und Dividendenausfällen zeigt sich außerdem am Tag t_1 eine signifikant negative Überrendite, die auf eine verzögerte Informationsverarbeitung am deutschen Kapitalmarkt hindeutet. Auch andere Untersuchungen zu Ankündigungen von Finanzierungsvorgängen von deutschen Unternehmen stellen eine solche verzögerte Kursreaktion am deutschen Kapitalmarkt fest.[143)]

Ergänzt werden die Untersuchungen zu Renditen durch die Betrachtung des Handelsvolumens und des Bid-Ask-Spreads bei Dividendenankündigungen. Gosnell/Keown/ Pinkerton (1996) beobachten bei positiven (negativen) Dividendenankündigungen für ca. zwei Stunden (sechs Stunden) ein „abnormal" hohes Handelsvolumen. Diese Transaktionen finden bei negativen Dividendenankündigungen für sechs Stunden vermehrt zum Bid-Kurs statt (der Unterschied zur Vergleichsperiode ist signifikant), während bei positiven Dividendenankündigungen keine signifikante Abweichung feststellbar ist. Bei negativen Dividendenankündigungen liegt auch der Bid-Ask-Spread für 75 Minuten signifikant über dem der Vergleichsperiode, während bei positiven Dividendenankündigungen kein signifikanter Anstieg feststellbar ist.[144)] Dividendenankündigungen lösen somit Anpassungen in den Portfolios der Investoren aus, wobei bei negativen Dividendenankündigungen der Anpassungsprozeß länger dauert und mit größeren Unsicherheiten verbunden ist (Anstieg des Bid-Ask-Spread) als bei positiven Dividendenankündigungen.

Betrachtet man das Handelsvolumen in den Tagen um die Ankündigung, so zeigt sich in der Untersuchung von Michaely/Thaler/Womack (1995) bei der Ankündigung von Dividendeneinführungen bereits ab dem Tag t_{-3} ein signifikant positives abnormales Handelsvolumen, das bis zum Tag t_3 besteht, bei Dividendenausfällen läßt sich ein signifikant positives abnormales Handelsvolumen im Zeitraum t_{-1} bis t_9 beobachten. Auch wenn an den Tagen nach der Ankündigung überwiegend keine signifikante Überrenditen mehr beobachtet werden, so löst die Ankündigung zumindest noch einige Zeit Anpassungen in den Portfolios der Investoren aus. Dieser Prozeß setzt bei Dividendenausfällen auch erst

---

142) Beide Überrenditen werden in der Untersuchung trotz signifikantem t-Wert nicht als solche gekennzeichnet, vgl. Gerke/Oerke/Sentner (1997), S. 820 (Tabelle 3).

143) Vgl. Gebhardt/Entrup (1993), S. 15 - 16 und Entrup (1995), S. 169 - 170 für Optionsanleihen oder Heiden/Gebhardt/Burkhardt (1997), S. 50- 52 für Kapitalerhöhungen.

144) Vgl. Gosnell/Keown/Pinkerton (1996), S. 254 - 257.

mit der Ankündigung (am Tag t_{-1}) ein, bei Dividendeneinführungen sind bereit an den Tagen vorher vermehrte Transaktionen zu beobachten. Allerdings wird in der Untersuchung nicht für andere Ankündigungen kontrolliert, so daß diese Überrenditen nicht zwingend auf Insidertransaktionen zurückzuführen sind.[145)]

Tabelle 6: Überblick über die Entwicklung des Handelsvolumens und des Bid-Ask-Spread bei Dividendenankündigungen.

Untersuchung	Abgrenzung der Stichprobe	Untersuchungsansatz und Untersuchungsergebnisse
Michaely/ Thaler/Womack (1995) USA	Dividendenaufnahme und -Ausfall Zeit: 1964-1988 Anz.: 561 Div.-Aufnahmen 887 Div.-Ausfälle	Untersucht wird das Handelsvolumen (bereinigt um das durchschnittliche Handelsvolumen der Aktie) bei der Ankündigung von Dividendenaufnahmen und Dividendenausfällen. Bei Dividendenaufnahmen ist das abnormale Handelsvolumen im Zeitraum t_{-3} bis t_{+3}, bei Ausfällen im Zeitraum t_{-1} bis t_9 signifikant positiv.
Gosnell/Keown/ Pinkerton (1996) USA	Dividendenänderung ≥ 25% Dividendeneinführung und Dividendenausfälle Zeit: 1985-1989 Anz.: 120	I: Das Handelsvolumen wird mit der Kontrollperiode verglichen. II: Der Bid-Ask-Spread wird mit der Kontrollperiode verglichen. III: Der Handel innerhalb des Spread wird bestimmt. I: Bei positiven (negativen) Dividendenankündigungen liegt das Handelsvolumen für ca. zwei Stunden (sechs Stunden) über dem der Vergleichsperiode. II: Bei negativen Dividendenankündigungen liegt der Bid-Ask-Spread für 75 Minuten signifikant über dem der Vergleichsperiode. Bei positiven Dividendenankündigungen ist kein signifikanter Anstieg feststellbar. III: Bei negativen Dividendenankündigungen findet für sechs Stunden signifikant mehr Handel zum Bid-Kurs statt als in der Vergleichsperiode. Bei positiven Dividendenankündigungen ist keine signifikante Abweichung feststellbar.

Auch zur langfristigen Renditeentwicklung liegen in den Arbeiten von Michaely/ Thaler/Womack (1995) und Benartzi/Michaely/Thaler (1997) Untersuchungsergebnisse vor. Bei Dividendeneinführungen und Dividendenerhöhungen werden im Jahr vor der Ankündigung signifikant positive Überrenditen beobachtet, bei Dividendenausfällen und Dividendenkürzungen signifikant negative Überrenditen. Diese Überrenditen lassen sich noch mit anderen Informationen erklären, die vor positiven (negativen) Dividendenankündigungen eher positiv (negativ) sind. Nach der Ankündigung sollten sich jedoch keine signifikanten Überrenditen mehr ergeben. Bei Dividendenausfällen, Dividendeneinführungen und Dividendenerhöhungen lassen sich allerdings noch für Zeiträume von einem bis drei Jahren signifikante Überrenditen beobachten, die der Richtung der Kursreaktion auf die Dividendenankündigung entsprechen.

Das Auftreten der langfristigen Überrenditen kann nicht aus den in den Kapitel III. dargestellten Erklärungsansätzen abgeleitet werden. Vielmehr werden zur Erklärung solch langfristiger Renditeentwicklungen die sog. „Underreaction-Hypothese“ und „Overreaction-Hypothese“ angeführt, die allerdings mehr ein empirisches Phänomen beschreiben, als diese Beobachtungen aus einer geschlossenen Theorie rational handelnder Investoren abzuleiten.

---

145) Das höhere Handelsvolumen läßt sich auch damit begründen, daß der Termin einer wichtigen Ankündigung bekannt ist, nicht aber der Inhalt der Dividendenankündigung selbst.

Die Underreaction-Hypothese beruht auf der Beobachtung eines Post-Earnings- oder Post-Repurchase-Announcement Drifts, bei dem in den Quartalen nach der Ankündigung eines überraschend guten (schlechten) Gewinns oder eines Aktienrückkaufs Überrenditen in der gleichen Richtung beobachtet werden.[146)] Die Underreaction-Hypothese erklärt die langfristigen Renditen damit, daß die Kursreaktion auf die Ankündigung nicht ausreichend ist und deshalb Raum für weitere Kursanpassungen in derselben Richtung läßt. Ähnliches könnte auch auf die Kursreaktion bei Dividendenankündigungen zutreffen.

Dem steht die Overreaction-Hypothese eines anderen Literaturkreises gegenüber, die eine Umkehr der Überrendite in den Folgeperioden bei Unternehmen erklärt, die extrem hohe Überrendite in einem vorangegangenen langen Zeitraum aufweisen (über drei bis fünf Jahre).[147)] Hier wird eine Überreaktion des Marktes postuliert, die in den Folgeperioden korrigiert wird. Obwohl die in der Untersuchung von Michaely/Thaler/Womack (1995) einbezogenen Unternehmen mit einem Dividendenausfall ähnlich hohe Überrendite erzielen wie die Unternehmen, für die De Bondt/Thaler (1988) dann eine Korrektur der Renditeentwicklung beobachten, zeigen die empirischen Ergebnisse keine derartige Umkehr der Renditeentwicklung. Die Overreaction-Hypothese läßt sich mit den Beobachtungen bei Dividendenausfällen nicht bestätigen.

Tabelle 7: Überblick über Untersuchungen zur langfristigen Renditeentwicklung nach Dividendenankündigungen.

Untersuchung	Abgrenzung der Stichprobe	Untersuchungsansatz und Untersuchungsergebnisse				
Michaely/ Thaler/ Womack (1995) USA	Dividendeneinführung und Dividendenausfall Zeit: 1964-1988 Anz.: 561 Einführungen 887 Ausfälle	Untersucht wird die langfristige Renditeentwicklung vor und nach der Ankündigung einer Dividendeneinführung und eines Dividendenausfalls gemessen als Buy-and-Hold-Rendite, die um die Rendite des CRSP-Index (equally-weighted) bereinigt wird.				
		AR in	t_{-254} bis t_{-2}	t_2 bis t_{254}	t_2 bis t_{506}	t_2 bis t_{758}
		Einf.	15,1%*	7,5%*	15,6%*	24,8%*
		Ausf.	-31,8%*	-11,0%*	-15,0%*	-15,3%*
		Die Ergebnisse sind stabil gegenüber der Verwendung einer anderen Benchmark (Verwendung von betabereinigten oder größenbereinigten Renditen oder mit Vergleichsunternehmen bereinigten Renditen).				
Benartzi/ Michaely/ Thaler (1997) USA	Dividendenerhöhung und Dividendenkürzung Zeit: 1979-1991 Anz.: 4249 Erhöhungen 255 Kürzungen	Untersucht wird die langfristige Renditeentwicklung vor und nach der Ankündigung einer Dividendenerhöhung und einer Dividendenkürzung gemessen als Buy-and-Hold-Rendite, die um die Rendite des entsprechenden Größendezils des CRSP (equally-weighted) bereinigt wird.				
		AR in	m_{-12} bis m_0	m_1 bis m_{12}	m_1 bis m_{24}	m_1 bis m_{36}
		Erh.	8,6%*	2,1%*	4,6%*	1,0%*
		Kürz.	-28,1%*	4,6%+	1,6%#	1,4%#

- nicht signifikant; * - signifikant auf dem 5%-Niveau (min.), jeweils nach den in der Untersuchung verwendeten Signifikanztests.

146) Zum Post-Earnings-Announcement Drift vgl. Ball/Brown (1968); Bernard/Stober (1989), (1990) und zum Post-Repurchase-Announcement Drift Ikenberry/Lakonishok/Vermaelen (1995).

147) Vgl. De Bondt/Thaler (1985), (1988), (1990).

IV.1.2.2. Kursreaktionen auf unerwartete Dividendenankündigungen

Eades/Hess/Kim (1985), Kalay/Loewenstein (1985) und Ghosh/Woolridge (1991) untersuchen die Hypothese, daß vorhersagbare Ereignisse am Kapitalmarkt im Durchschnitt keine systematischen Kurseffekte verursachen. Auf die Ankündigung von Dividenden bezogen bedeutet dies, daß für eine vollständige Untersuchungsgruppe mit allen Dividendenankündigungen ungeachtet der Höhe der angekündigten Dividende insgesamt eine Überrendite von null beobachtet werden sollte. Die empirische Überprüfung dieser Hypothese kann also auf die Bestimmung einer unerwarteten Dividende verzichten. Problematisch ist dagegen die Festlegung des Ankündigungstages. Ist die Dividendenankündigung selbst unerwartet, so ist sie kein vorhersagbares Ereignis mehr. Dann widerspricht aber auch eine durchschnittliche positive oder negative Überrenditen nicht mehr der Hypothese. Für Dividendenankündigungen behaupten diese Untersuchungen, daß es einem Investor möglich ist, aus vergangenen Ankündigungsdaten oder weiteren öffentlich verfügbaren Informationen wie z.B. Unternehmensveröffentlichungen das Datum der Dividendenankündigungen zu bestimmen.

Getestet wird diese Hypothese von den Untersuchungen in drei Varianten. Eades/Hess/Kim (1985) konditionieren die betrachteten Ereignisse auf Dividendenankündigungen von Unternehmen, die im Quartal zuvor bereits eine Dividende gezahlt haben. Diese Information ist wiederum öffentlich bekannt, so daß sich auch für diese Gruppe eine durchschnittliche Überrendite von null ergeben sollte. Ghosh/Woolridge (1991) betrachten Dividendenausfälle und die folgenden Dividendenankündigungen bis zur Wiederaufnahme der Dividende und Kalay/Loewenstein (1985) konditionieren ihre Untersuchungsgruppe nicht.

Alle drei Untersuchungen kommen zu dem Ergebnis, daß ihre Gesamtgruppe von Dividendenankündigungen statistisch signifikante positive Überrenditen enthält. Eades/Hess/Kim (1985) und Kalay/Loewenstein (1985) untersuchen dann als Erklärung das Problem der Vorhersagbarkeit des Ereignistags, einer Verzerrung der Untersuchungsgruppe durch die Konstruktion der CRSP-Daten („Survivorship Bias") und die Auswirkung fehlender Ankündigungsdaten besonders für den wiederholten Ausfall der Dividende. Beide Untersuchungen kommen zu dem Ergebnis, daß keine dieser Erklärungsansätze die positiven Überrenditen erklären kann.

Eine weitere Erklärung für positive Überrenditen bei Dividendenankündigungen ist ein Anstieg des Risikos an diesen Tagen. Wenn das Datum der Dividende bekannt ist und die Dividendenankündigung selbst einen Informationsgehalt hat, so haben Investoren, die die Aktie zum Zeitpunkt der Dividendenankündigung halten, ein Risiko. Ist dieses Risiko nicht vollständig diversifizierbar, so werden die Investoren für dieses Risiko eine Kompensation verlangen. Die in den Untersuchungen mit Hilfe von Mean oder Market Adjusted Returns gemessenen Überrenditen nehmen jedoch keine Anpassung für dieses

Risiko vor. Eades/Hess/Kim (1985) und Kalay/Loewenstein (1985) kommen zu dem Schluß, daß sowohl das unsystematische als auch das systematische Risiko um die Dividendenankündigung ansteigt,[148)] daß dieser Anstieg die festgestellten Überrenditen allerdings nicht erklären kann.

Zwar stellen sowohl Eades/Hess/Kim (1985) als auch Kalay/Loewenstein (1985) statistisch signifikante Überrenditen bei Dividendenankündigungen fest, jedoch stimmen sie in der Beurteilung der ökonomischen Signifikanz dieser Überrenditen nicht überein. Für Eades/Hess/Kim (1985) sind die festgestellten Überrenditen für einen Investor unter Berücksichtigung seiner Transaktionskosten nicht mehr realisierbar, Kalay/Loewenstein (1985) geben an, daß die Überrenditen höher als die Transaktionskosten für Mitglieder der Börse sind. Beide berücksichtigen nicht die Informationskosten eines Anlegers, der sich stets die Veröffentlichungsdaten der Dividende besorgen muß, um darauf Handelsstrategien aufzubauen. Da auch die Untersuchung von Ghosh/Woolridge (1991) nicht zur Klärung der Frage beiträgt, muß diese Frage weiterhin als offen gelten.

Tabelle 8: Überblick über Ereignisstudien zu erwarteten Dividendenankündigungen.

Untersuchung **Kapitalmarkt**	**Abgrenzung der Stichprobe** **Ermittlung der Überrenditen**	**Untersuchungsansatz** **Untersuchungsergebnisse**
Eades/Hess/ Kim (1985) USA	Dividendenankündigung Zeit: 1962-1980 Anz.: 73597 Unternehmen hat im Quartal vorher eine Dividende gezahlt	Es wird die Ankündigungsreaktion für alle Dividendenankündigungen von Unternehmen bestimmt, die im Quartal vorher eine Dividende gezahlt haben.
	tägliche Mean Adjusted Returns SP: t_{31} bis t_{60}	AR in t_{-1} bis t_0: 0,19%*
Kalay/ Loewenstein (1985) USA	Dividendenankündigung Zeit: 1962-1980 Anz.: 20451	Es wird die Kursreaktion für alle Dividendenankündigungen bestimmt.
	tägliche Mean Adjusted Returns SP: t_{-29} bis t_{-15} und t_{15} bis t_{29}	StAR in t_{-1} bis t_0 0,26%* StAR in t_{-2} bis t_2 0,40%*
Ghosh/ Woolridge (1991) USA	Dividendenausfall Zeit: 1962-1984 Anz.: 358 Dividendenausfälle, 316 folgende Ank. mit D=0, 195 Wiederaufnahmen der Dividende (durch dieselben Untern.)	I: Es wird die Kursreaktion auf die Ankündigung eines Dividendenausfalls, einer Nulldividende in den folgenden Perioden und der Wiederaufnahme der Dividende derselben Unternehmen bestimmt. II: Daraus wird die Kursreaktion in der Gesamtgruppe (erster, folgender Ausfall der Dividende, Wiederaufnahme) ermittelt.
	tägliche Market Adjusted Returns In: S&P 500-Index	I: erster Ausfall / folgende Ausfälle / Wiederaufn. AR in t_{-1} bis t_0 -4,617%* -0,867%* +2,173%# II: AR in t_{-1} / AR in t_0 Gesamtgruppe 0,38%* -0,08%#

- nicht signifikant; * - signifikant auf dem 5%-Niveau (min.), jeweils nach den in der Untersuchung verwendeten Signifikanztests.

148) Vgl. Abschnitt IV.1.3.8.

IV.1.3. Erklärungsvariablen für den Ankündigungseffekt bei Stammaktien

IV.1.3.1. Abhängigkeit der Kursreaktion von der Dividendenänderung

Die Abhängigkeit der Kursreaktion auf Dividendenankündigungen vom Vorzeichen der Dividendenänderung wurde bereits in Abschnitt IV.1.1.1. untersucht. Hier wird zusätzlich der Zusammenhang zwischen der Kursreaktion und der Höhe der Dividendenänderung untersucht. Die Höhe der Dividendenänderung wird in den vorliegenden Untersuchungen durch zwei Größen operationalisiert. Die Dividendenänderung wird entweder mit der Dividende vor der Ankündigung (prozentuale Dividendenänderung $\Delta D/D$) oder mit einem Kurs der Aktie vor der Ankündigung (relative Dividendenänderung $\Delta D/P$) standardisiert. Die relative Dividendenänderung $\Delta D/P$ bei der Ankündigung von Dividendeneinführungen ist gleich der Änderung der Dividendenrendite. Wird nicht das naive Erwartungsbildungsmodell verwendet, so kann analog zum Vorgehen beim naiven Erwartungsbildungsmodell die vom jeweiligen Modell bestimmte unerwartete Dividende auch entweder mit der erwarteten Dividende oder dem Kurs der Aktie standardisiert werden. Die Überprüfung des Zusammenhangs zwischen Kursreaktion und der Höhe der Dividendenänderung erfolgt entweder durch Gruppenbildung oder durch Korrelations- und Regressionsanalysen.

Die Dividendenänderung hat bei Dividendenerhöhungen und Dividendenkürzungen in den in Tabelle 9 aufgeführten Untersuchungen stets einen positiven Zusammenhang zur Ankündigungsreaktion. Dies gilt sowohl für die relative als auch für die prozentuale Dividendenänderung. Dies bedeutet eine stärker positive Kursreaktion bei höheren (prozentualen oder relativen) Dividendenerhöhungen und eine stärker negative Kursreaktion bei höheren (prozentualen oder relativen) Dividendenkürzungen.

Die Untersuchungen von Asquith/Mullins (1983), (1986), Born (1988) und Born/ Rimbey (1993) beziehen sich dabei auf die Ankündigung von Dividendeneinführungen und ergeben in den vorgenommenen Regressionsanalysen jeweils positive Koeffizienten für die relative Dividendenänderung.

Erzielt werden diese Untersuchungsergebnisse sowohl durch Gruppenbildungen als auch durch Regressionsanalysen. So unterteilt Pettit (1972) seine Untersuchungsgruppe in drei Teilgruppen nach der Höhe der prozentualen Dividendenerhöhung, Eades (1982) unterteilt die Untersuchungsgruppe in 30 Teilgruppen nach der Höhe der relativen Dividendenänderung, Fehrs/Benesh/Peterson (1988) in zehn Teilgruppen und Denis/Denis/Sarin (1994) in nur zwei Teilgruppen. Es zeigt sich jeweils, daß die Untergruppen mit einer höheren relativen Dividendenänderung eine stärkere Kursreaktion aufweisen als Untergruppen mit einer niedrigeren Dividendenänderung. In Regressionsanalysen ist daher der Korrelationskoeffizient der (relativen oder absoluten) Dividendenänderung stets positiv.[149] Dieser positive Zusammenhang entsteht nicht allein dadurch, daß positive Dividendenänderungen positive Überrenditen auslösen, negative Dividendenänderungen dagegen negative Überrenditen. Auch in den Untersuchungen, die eine Regression getrennt für Dividendenerhöhungen und Dividendenkürzungen vornehmen, läßt sich dieser positive Zusammenhang nachweisen.[150]

Die Untersuchung von Bajaj/Vijh (1990) untersucht sowohl den Einfluß der prozentualen Dividendenänderung als auch der relativen Dividendenänderung.[151] In einer multiplen Regressionsanalyse, die die prozentuale und die relative Dividendenänderung sowie weitere Variablen als erklärende Variablen enthält, kehrt sich bei Dividendenkürzungen das Vorzeichen für die relative Dividendenänderung und bei Dividendenerhöhungen das Vorzeichen für die prozentualen Dividendenänderung um. Eine Erklärung für dieses Verhalten haben die Verfasser nicht. Allerdings untersuchen sie auch nicht die Korrelationen zwischen den erklärenden Variablen, so daß dieser Effekt auch durch einer starke Korrelation beider Variablen verursacht sein könnte.

Ein positiver Zusammenhang zwischen Kursreaktion und Dividendenänderung läßt sich nicht nur bei Verwendung des naiven Erwartungsbildungsmodells zeigen. So verwenden Haw/Kim (1991) den Fehler der Analystenvorhersage als erklärende Variable, wofür sich in Regressionsanalysen bei Dividendenerhöhungen und Dividendenkürzungen ein signifikant positiver Zusammenhang mit der Kursreaktion ergibt. Bar-Yosef/Sarig (1992) untersuchen fünf Modelle zur Erwartungsbildung für Dividenden, die sie anhand der Stärke des Zusammenhangs der unerwarteten (relativen) Dividendenänderung mit der Kursreaktion beurteilen. Für alle Modelle ergibt sich in univariaten Regressionen ein positiver Zusammenhang, der allerdings nur für die aus Optionspreisen bestimmte unerwartete Dividende signifikant ist.[152] Dabei ist jedoch zu beachten, daß sich unter 226 Ereignissen nur 51 befinden, die das naive Modell als Dividendenänderung klassifiziert, sich die Untersuchung also hauptsächlich auf Fälle bezieht, die das naive Modell als keine Dividendenänderung einstuft.[153]

---

149) Das negative Vorzeichen in der Untersuchung von Ghosh/Woolridge (1988) entsteht dadurch, daß sie in ihrer Untersuchungsgruppe mit Dividendenkürzungen und Dividendenausfällen den Betrag der prozentualen Dividendenänderung verwenden, wodurch sich das Vorzeichen in der Regressionsgleichung umkehrt, vgl. Ghosh/Woolridge (1988), S. 287f.

150) Vgl. am einfachsten die Untersuchung von Bajaj/Vijh (1990), der für Dividendenkürzungen und für Dividendenerhöhungen den Zusammenhang zwischen der Kursreaktion und der prozentualen bzw. relativen Dividendenänderung jeweils getrennt untersucht.

151) Vgl. Bajaj/Vijh (1990), S. 209 - 213.

152) Vgl. Bar-Yosef/Sarig (1992), S. 1635 - 1637.

153) Vgl. Bar-Yosef/Sarig (1992), S. 1630.

Der positive Einfluß der Dividendenänderung auf die Kursreaktion läßt sich auch für andere Kapitalmärkte bestätigen. So liegen entsprechende Untersuchungsergebnisse zum australischen Kapitalmarkt in Brown/Finn/Hancock (1977) und Easton (1991) und zum finnischen Kapitalmarkt bei Heikkilä (1996) vor. Für den deutschen Kapitalmarkt liegen Untersuchungsergebnisse von Amihud/Murgia (1997) und Gerke/Oerke/Sentner (1997) vor.[154] Amihud/Murgia (1997) trennen ihre Untersuchungsgruppe nicht nach Dividendenerhöhungen und Dividendenkürzungen und ermitteln in einer multiplen Regression, in der neben der relativen Dividendenänderung ($\Delta D/P$) auch die relative Gewinnänderung als erklärende Variable für die Ankündigungsreaktion enthalten ist, ein positives Vorzeichen für die relative Dividendenänderung. Dieser positive Zusammenhang ergibt sich in der Untersuchung von Gerke/Oerke/Sentner (1997) nur in der Gruppe der Dividendenerhöhungen, für die Gruppe der Dividendenkürzungen und Dividendenausfälle ist der Zusammenhang insignifikant. Auffällig ist auch der Unterschied in den ermittelten R^2 zwischen den beiden Untersuchungen. Amihud/Murgia (1997) ermitteln ein auch im Vergleich zu amerikanischen Untersuchungen hohes R^2 von 23%, während Gerke/Oerke/Sentner (1997) ein R^2 von (maximal) 3% ermitteln. Der Unterschied könnte zum einen in der als erklärende Variable für die Ankündigungsreaktion in der Untersuchung von Amihud/Murgia (1997) zusätzlich einbezogenen relativen Gewinnänderung begründet sein. Zum anderen ist es möglich, daß Amihud/ Murgia (1997), die die Regression für die Gesamtgruppe durchführen, in ihrer Regression nur die Tatsache erklären, daß Dividendenerhöhungen positive Kursreaktionen und Dividendenkürzungen negative Kursreaktionen auslösen.

---

154) Vgl. Amihud/Murgia (1997), S. 404 - 405; Gerke/Oerke/Sentner (1997), S. 818 - 819.

Tabelle 9: Überblick über Ereignisstudien zu Dividendenankündigungen.

Untersuchung	Abgrenzung der Stichprobe Ermittlung der Überrenditen	Untersuchungsansatz Untersuchungsergebnisse
Pettit (1972) USA	Dividendenerhöhungen Zeit: 1964-1968 Anz.: 906	Die Kursreaktion auf Dividendenerhöhungen wird nach der Höhe der prozentualen Dividendenänderung (ΔD/D) und der Höhe des unerwarteten Gewinns (eigenes Modell) unterteilt.
	monatliche Überrenditen: Marktmodell SP: endet 12 Monate vor Ereignis In: Fisher's Index	AR in m_0 — neg. Gewinn — pos. Gewinn ΔD/D < 10%: -0,06%' — -1,2%' 10% ≤ ΔD/D < 25%: 1,7%' — 1,5%' ΔD/D ≥ 25%: 3,4%' — 4,3%'
	Dividendenerhöhungen Zeit: 1967-1969 Anz.: 135	Die Untersuchungsgruppe wird nach der Höhe der prozentualen Dividendenänderung (ΔD/D) unterteilt.
	tägliche Überrenditen: Marktmodell SP: endet 12 Monate vor Ereignis In: NYSE Composite Index	Erhöhung — < 10% — > 10% u. < 25% — > 25% AR in t_{-1} bis t_0 — 0,9%' — 2,0%' — -0,2%'
Brown/Finn/ Hancock (1977) Australien	Dividendenänderung Zeit: 1964-1972 Anz.: 363	In einer Regressionsanalyse wird die Ankündigungsrendite (AR t_{-1} bis t_1) durch die prozentuale (ΔD/D) und die relative (ΔD/P) Dividendenänderung erklärt.
	tägliche unbereinigte Renditen	Konstante — ΔD/P — ΔD/D — R^2 a) neg.# — pos.* — — 30% b) neg.# — — pos.* — 35%
Eades (1982) USA	Dividendenerhöhung Zeit: 1974-1979 Anz.: 2160	Durch Gruppenbildung wird der Einfluß der relativen Dividendenänderung (ΔD/P) auf die Kursreaktion überprüft.
	tägliche Mean Adjusted Returns SP: t_{-117} bis t_{-18}	Es läßt sich ein positiver Einfluß der relativen Dividendenänderung (ΔD/P) auf die Ankündigungsrendite zeigen.
Asquith/ Mullins (1983) USA	Dividendeneinführung und weitere Dividendenankündigungen Zeit: 1964-1980 Anz.: 160	In einer Regressionsanalyse wird die Kursreaktion (AR t_{-1} bis t_0) durch die relative Dividendenänderung (ΔD/P) erklärt für: a) alle Dividendeneinführungen, b) Dividendeneinführungen ohne weitere zeitgleiche Ankündigungen (±10 Tage), c) Ankündigung weiterer hoher Dividendensteigerungen.
	Kontrollportfolio (mit gleichem Beta)-bereinigte tägliche Renditen	Konst. — ΔD/P — R^2 a) pos.# — pos.* — 12% b) pos.# — pos.* — 18,2% c) neg.# — pos.* — 14,9%
Brickley (1983) USA	Specially Designated Dividend (SDD) Zeit: 1969-1979 Anz.: 165 SDD 100 Kontrollportfolio (normale Dividendensteigerungen)	In einer Regressionsanalyse werden SDD und normale Dividendensteigerung verglichen. Die Kursreaktion (AR t_0 bis t_1) wird durch die prozentuale Dividendenänderung (ΔD/D) und einen Dummy mit dem Wert 1 für normale Dividendensteigerungen erklärt.
	tägliche Mean Adjusted Returns SP: n.a.	Konst. — ΔD/D — Dummy — R^2 pos.* — pos.* — pos.+ — 12%
Asquith/ Mullins (1986) USA	Dividendeneinführung und weitere Dividendenankündigungen Zeit: 1964-1980 Anz.: 80 keine weiteren zeitgleichen Ankündigungen (±10 Tage)	In einer Regressionsanalyse wird die Kursreaktion (AR t_{-1} bis t_0) durch die relative Dividendenänderung (ΔD/P) erklärt: a) bei einer erstmaligen Dividendenzahlung und b) bei der nächsten (hohen) Dividendenerhöhung.
	Kontrollportfolio (mit gleichem Beta)-bereinigte tägliche Renditen	a) Konstante — ΔD/P — b) Konstante — ΔD/P pos.' — pos.' — pos.' — pos.'
Ofer/Siegel (1987) USA	Dividendenankündigung Zeit: 1976-1984 Anz.: 781 keine weiteren zeitgleichen Ankündigungen (±6 Tage)	In einer Regression wird die Dividendenänderung (ΔD) durch die Ankündigungsreaktion erklärt.
	tägliche unbereinigte Renditen	Konstante — R in t_{-2} bis t_1 — R^2 pos.* — pos* — 9,7%

Tabelle 9: Überblick über Ereignisstudien zu Dividendenankündigungen.

Untersuchung	Abgrenzung der Stichprobe / Ermittlung der Überrenditen	Untersuchungsansatz / Untersuchungsergebnisse
Born (1988) USA	Dividendeneinführung Zeit: 1972-1983 Anz.: 127	In einer Regression wird der Einfluß von D/P (=ΔD/P) und der Anteil der Insider auf die Ankündigungsreaktion untersucht.
	tägliche Überrenditen: Marktmodell SP: t_{-90} bis t_{-30} In: CRSP-Index (equally weighted)	D/P – Anteil Insider – R^2 Einfachregression: pos.* – – 4,18% multiple Regression: pos.* – pos.* – 9,01%
Eddy/Seifert (1988) USA	Dividendenerhöhung > 20% Zeit: 1983-1985 Anz.: 179 keine weiteren zeitgleichen Gewinnankündigungen (±5 Tage)	In multiplen Regressionsanalysen wird der Zusammenhang zwischen der Kursreaktion (StAR in t_{-1} bis t_0) und der prozentualen Dividendenänderung (ΔD/D), der Ausschüttungsquote (D/E) sowie der Unternehmensgröße (Marktwert des Eigenkapitals) bestimmt.
	tägliche Mean Adjusted Returns SP: t_{-60} bis t_{-11}	In der Regression haben ΔD/D und D/E einen signifikant positiven, Größe einen signifikant negativen Einfluß auf die Kursreaktion.
Fehrs/Benesh/Peterson (1988) USA	Dividendenerhöhung, Dividendenkürzung Zeit: 1980-1984 Anz.: 1080 keine weiteren zeitgleichen Ankündigungen (±7 Tage); mindestens vier Quartale Dividendenzahlungen	I: Durch Gruppenbildung wird für Dividendenerhöhungen der Einfluß der relativen Dividendenerhöhung (ΔD/P) auf die Kursreaktion untersucht. II: In einer Regression wird der Einfluß der relativen Dividendenänderung (ΔD/P) auf die Kursreaktion bei Dividendenerhöhungen und Dividendenkürzungen untersucht.
	tägliche Überrenditen: Marktmodell SP: t_{-120} bis t_{-21} In: CRSP-Index (value weighted)	I: Unternehmen mit höherer Dividendenänderung weisen eine stärker positive Kursreaktion auf. II: Konstante – ΔD/P – adj. R^2 Erhöhungen: neg.* – pos.* – 6,4% Kürzungen: neg.# – pos.# – 0
Ghosh/Woolridge (1988) USA	Dividendenkürzung, Dividendenausfall Zeit: 1962-1984 Anz.: 930	Die prozentuale Dividendenänderung (Betrag von ΔD/D) hat einen signifikant negativen Einfluß auf die Kursreaktion, d.h. bei einem Anstieg der Dividendenkürzungen ergibt sich eine stärker negative Kursreaktion.
	tägliche Market Adjusted Returns In: S&P 500-Index	In einer multiplen Regressionsanalyse wird der Einfluß von acht Variablen auf die Kursreaktion untersucht. Eine dieser Variablen ist die prozentuale Dividendenänderung (Betrag von ΔD/D). Die Korrelation unter den erklärenden Variablen wird nicht untersucht.
Bajaj/Vijh (1990) USA	Dividendenankündigung Zeit: 1962-1987 Anz.: 54058 ohne Ankündigungen eines Ausfalls oder Aufnahme einer Dividendenzahlung	In a) Einfachregressionen und b) multiplen Regressionen wird die Kursreaktion (AR in t_{-1} bis t_1) durch die prozentuale (ΔD/D) und die relative (ΔD/P) Dividendenänderung, den Rangplatz des Kurses (RStP), den Rangplatz des Marktwertes des Eigenkapitals (RVal) und den Rangplatz der Dividendenrendite (RD/P) erklärt. [Zur Vergabe der Rangplätze wird die Gesamtgruppe quartalsweise in Percentile unterteilt.]
	tägliche Überrenditen: Marktmodell SP: t_{-250} bis t_{-11} In: CRSP-Index (equally weighted)	a) Kürzungen – R^2 – Erhöhungen – R^2 ΔD/D: pos.* – 2,0% – pos.* – 0,5% ΔD/P: pos.* – 1,9% – pos.* – 4,2% b) ΔD/D – ΔD/P – RStP – RVal – RD/P – R^2 Kürzung: pos.* – neg.# – pos.# – pos.* – neg.* – 7,04% Erhöhung: neg.* – pos.* – neg.* – neg.* – pos.* – 6,26%
Easton (1991) Australien	Dividendenankündigung Zeit: 1978-1980 Anz.: 896 zeitgleiche Gewinnankündigungen werden nicht ausgeschlossen; keine weiteren zeitgleichen Ankündigungen (in m_0).	Bei Dividendenankündigungen erfolgt zeitgleich eine Gewinnankündigung. In einer Regression wird daher die Kursreaktion auf die Dividendenankündigung (AR in m_0) durch die Dividendenänderung (ΔD/D), die Gewinnänderung (ΔE/E) sowie einer Reihe von Dummyvariablen, die die Richtung der Gewinn- und Dividendenänderung angeben, erklärt.
	monatliche Überrenditen: Marktmodell SP: m_{-60} bis m_{-1} In: eigener Index (gleichgewichtet)	In einer ersten Regressionsschätzung ohne Dummyvariablen sind die Koeffizienten für ΔD/D und ΔE/E signifikant positiv. Nimmt man die Dummyvariablen in die Regression auf, so bleiben die Koeffizienten für ΔD/D und ΔE/E positiv und gemeinsam signifikant, die Dummyvariablen sind ebenfalls positiv und gemeinsam signifikant.

Tabelle 9: Überblick über Ereignisstudien zu Dividendenankündigungen.

Untersuchung	Abgrenzung der Stichprobe Ermittlung der Überrenditen	Untersuchungsansatz Untersuchungsergebnisse
Haw/Kim (1991) USA	Dividendenankündigung Zeit: 1975-1984 Anz.: 679 Erhöhungen 63 Kürzungen keine weiteren zeitgleichen Gewinnankündigungen (-5/+3 Tage)	In einer Regressionsanalyse wird die Ankündigungsreaktion bei Dividendenerhöhungen und Dividendenkürzungen durch die Variablen Marktwert des Eigenkapital (ln MW EK) und Fehler der Dividendenschätzung (DFE) erklärt. DFE wird als Differenz zwischen Dividendenzahlung und Dividendenschätzung (FD) dividiert durch die Dividendenschätzung [DFE=(FD-D)/FD] bestimmt.
	tägliche Überrenditen: Marktmodell SP: t_{-290} bis t_{-41} In: CRSP-Index (value weighted)	| Konstante | DFE | ln MW EK | R^2 Erhöhungen | n.a. | pos.* | | 1,8% Erhöhungen | n.a. | pos.* | neg.* | 5,2% Kürzungen | n.a. | pos.* | | 26,3% Kürzungen | n.a. | neg.# | pos.* | 27,1%
Bar-Yosef/ Sarig (1992) USA	Dividendenankündigung Zeit: 1984-1985 Anz.: 265 nur Unternehmen, auf deren Aktien Optionen gehandelt werden	Untersucht werden fünf Modelle zur Bestimmung einer unerwarteten Dividende: Naives Dividendenmodell, Lintner-Modell, Zeitreihen-(ARIMA-) Modell, Value-Line-Vorhersage, Änderung der impliziten Dividendenerwartung im Optionspreis. Zur Beurteilung der Modelle wird die Stärke des Zusammenhangs der nach dem Modell gebildeten unerwarteten Dividende mit der Kursreaktion (AR in t_{-1} bis t_0) herangezogen.
	tägliche Überrenditen: Marktmodell SP: t_{-70} bis t_{-11} und t_{11} bis t_{70} In: CRSP-Index (equally weighted)	In univariaten Regressionen wird für alle Dividendenänderungen ein positiver Koeffizient ermittelt. Der stärkste Zusammenhang, der auch als einziger signifikant ist, ergibt sich nach dem Optionspreismodell.
Eddy/Seifert (1992) USA	Dividendenankündigung Zeit: 1983-1985 Anz.: 1111 keine zeitgleiche Ankündigung einer Finanzierungsmaßnahme oder eines Stock Split (± 2 Tage)	Untersucht werden Dividendenerhöhungen (-Kürzungen), bei denen auch eine Erhöhung (Verminderung) des Gewinn vorliegt. In einer Regression wird die Kursreaktion (StAR in t_{-3} bis t_1) durch die prozentuale Dividendenänderung und einen Dummy mit dem Wert 1 bei gemeinsamen Ankündigungen erklärt.
	tägliche Mean Adjusted Returns SP: n.a. In: CRSP-Index (equally weighted)	| Konstante | ΔD/D | Dummy Erhöhungen | pos.# | pos.* | pos.* Kürzungen | neg.* | neg.# | neg.#
Impson/ Karafiath (1992) USA	Dividendenerhöhung, Dividendenkürzung > 25% Zeit: 1970-1986 Anz.: 116 keine weiteren zeitgleichen Ankündigungen (±5 Tage); Gewinnankündigung vor Dividendenankündigung	In einer Regression wird die Kursreaktion (AR in t_{-1} bis t_1) durch die prozentuale Dividendenänderung (ΔD/D) und die Änderung der Ausschüttungsquote (ΔAQ/AQ) erklärt.
	tägliche Überrenditen: Marktmodell SP: t_{-766} bis t_{-16} In: n.a.	| Konstante | ΔD/D | ΔAQ/AQ | R^2 Erhöhung | n.a. | pos.* | neg.# | 48% Kürzung | n.a. | pos.* | neg.# | 48%
Filbeck/ Mullineaux (1993) USA	Dividendenerhöhung bei Banken Zeit: 1973-1987 Anz.: 211 keine weiteren zeitgleichen Ankündigungen (± 5 Tage)	Dividendenerhöhungen durch Bank Holding Companies werden nach der Höhe der prozentualen Dividendenerhöhung (ΔD/D) unterteilt.
	tägliche Überrenditen: Marktmodell SP: t_{-150} bis t_{-51} und t_{51} bis t_{150} In: CRSP-Index (equally weighted)	Dividendenerhöhungen | < 10% | >10% u. < 20% | > 20% StAR in t_{-1} bis t_0 | 0,22%* | 0,26%* | 1,25%*
Born/Rimbey (1993) USA	Dividendeneinführung Zeit: 1962-1989 Anz.: 490 keine weiteren zeitgleichen wichtigen Ankündigungen (±10 Tage), Gewinnankündigungen wurden nicht ausgeschlossen	In einer Regression wird die Kursreaktion (AR in t_{-1} bis t_0) durch die Variable Dividendenänderung (D/P) und einen Dummy mit dem Wert 1, wenn das Unternehmen zuvor Finanzierungsaktivitäten vorgenommen hat, erklärt.
	tägliche Überrenditen: Marktmodell SP: t_{-90} bis t_{-1} In: n.a.	| Konst. | D/P | Dummy | adj. R^2 Gesamt | pos.* | pos.* | neg.* | 8,9%

Tabelle 9: Überblick über Ereignisstudien zu Dividendenankündigungen.

Untersuchung	Abgrenzung der Stichprobe Ermittlung der Überrenditen	Untersuchungsansatz Untersuchungsergebnisse
Christie (1994) USA	Dividendenkürzung, Dividendenausfall Zeit: 1962-1985 Anz.: 492 Dividendenausfälle 475 Dividendenkürzungen keine Finanzunternehmen; keine weiteren zeitgleichen Ankündigung (t_{-1} und t_0)	Bestimmt wird die Kursreaktion für Dividendenausfälle und Dividendenkürzungen für alle Unternehmen und für Unternehmen, die fünf Jahren vor der Ankündigung stets Dividende gezahlt haben.
	tägliche Überrenditen: Marktmodell SP: t_{-305} bis t_{-56} In: S&P 500-Index	AR in t_{-1} bis t_0 | Alle | 5 Jahre Dividendenzahlung Dividendenausfall | -6,94%* | -7,49%* Dividendenkürzung | -6,78%* | -6,84%* ΔD/D ≤ 20% | -4,95%* | -4,79%* 20% < ΔD/D ≤ 40% | -5,61%* | -6,02%* 40% < ΔD/D ≤ 60% | -7,57%* | -7,56%* 60% < ΔD/D ≤ 80% | -8,78%* | -8,35%*
Denis/Denis/ Sarin (1994) USA	Dividendenänderung > 10% Zeit: 1962-1988 Anz.: 6777	I: Die Kursreaktion wird nach der Höhe der absoluten relativen Dividendenänderung (|ΔD/P|) differenziert. II: In einer Regression wird die Kursreaktion a) in einer gepoolten Gruppe (Dividendenkürzungen negativ), b) für Dividendenerhöhungen und c) für Dividendenkürzungen durch die relative Dividendenänderung (ΔD/P), die Dividendenrendite (D/P) und einen Dummy mit dem Wert 1, wenn Tobins Q > 1, erklärt.
	tägliche Überrenditen werden vom Daily Excess Return File übernommen	I: AR in t_{-1} bis t_0 | Erhöhung | Kürzung | abs. Diff. Gesamt | 1,25%* | -5,71%* | 4,46%* |ΔD/P| < Median | 0,65%* | -2,13%* | 1,48%* |ΔD/P| > Median | 2,01%* | -5,77%+ | 3,76%* Differenz | -1,36%* | 3,64%* | II: Regression | a) gepoolt | b) Erh. | c) Kürz. Konstante | neg.# | neg.* | neg.* ΔD/P | pos.* | pos.* | pos.* D/P | pos.* | pos.* | neg.# Dum. Q > 1 | neg.# | pos.* | pos.# adj. R^2 | 13,9% | 7,8% | 3,4%
Dhillon/ Johnson (1994) USA	Dividendenkürzung Zeit: 1970-1987 Anz.: 51 keine weiteren zeitgleichen Ankündigungen (±2 Tage)	Es wird der Ankündigungseffekt für prozentuale Dividendenkürzungen (ΔD/D) größer und kleiner als 30% ermittelt.
	tägliche Mean Adjusted Returns SP: t_{-11} bis t_{-2} und t_2 bis t_{11}	| Kürzung > 30% | Kürzung < 30% StAR in t_{-1} bis t_1 | -2,70%* | -0,54%#
Yoon/Starks (1995) USA	Dividendenänderung ≥ 10% Zeit: 1969-1988 Anz.: 4179 keine Aufnahme oder Ausfall der Dividende; nur Industrieunternehmen	Die Ankündigungsreaktion wird in einer multiplen Regression durch die prozentuale Dividendenänderung (ΔD/P), die Dividendenrendite vor der Ankündigung (D/P), die Unternehmensgröße (Size = Marktwert des Unternehmens, ln) und einen Dummy mit dem Wert 1, wenn Tobins Q größer 1, erklärt.
	tägliche Überrenditen: Marktmodell SP: t_{-100} bis t_{-8} und t_8 bis t_{100} In: CRSP-Index (equally weighted)	Konstante | ΔD/P | D/P | Size | Dum | R^2 pos.# | pos.* | pos.* | neg.* | pos.# | 5%
Bessler/Nohel (1996) USA	Dividendenkürzung, Dividendenausfall bei Bank Holding Companies Zeit: 1974-1991 Anz.: 137	In einer Regression wird die Kursreaktion (AR in t_{-1} bis t_0) durch die relative Dividendenkürzung (ΔD/P) erklärt.
	täglich Überrenditen: Marktmodell SP: t-110 bis t-11 In: NYSE Comp. Index (value weighted)	Konstante | ΔD/P | R^2 pos.# | pos.* | 17,6%

Tabelle 9: Überblick über Ereignisstudien zu Dividendenankündigungen.

Untersuchung	Abgrenzung der Stichprobe Ermittlung der Überrenditen	Untersuchungsansatz Untersuchungsergebnisse
Heikkilä (1996) Finnland	Dividendenankündigung Zeit: 1983-1994 Anz.: 369 keine zeitgleiche Gewinnankündigung tägliche Mean Adjusted Returns SP: t_{-229} bis t_{-30}	In einer Regression wird die Kursreaktion auf Ereignisse durch die relative Dividendenänderung (ΔD/P) in drei Gruppen erklärt: a) alle Dividendenänderungen, b) Ereignisse mit ΔD positiv und c) Ereignisse mit ΔD negativ. Konstante | ΔD/P | R^2 a) alle: pos.# | pos.* | 18,3% b) ΔD positiv: pos.# | pos.* | 8,1% c) ΔD negativ: neg.# | pos.+ | 12,4%
Amihud/ Murgia (1997) Deutschland	Dividendenankündigung Zeit: 1988-1992 Anz.: 306 tägliche Überrenditen: Marktmodell SP: t_{-65} bis t_{-6} und t_6 bis t_{65} In: DAFOX	In einer Regression wird die Kursreaktion (AR in t_{-1} bis t_0) durch die relative Dividendenänderung (ΔD/P) und die Gewinnänderung (ΔEPS/P) erklärt. Konstante | ΔD/P | ΔEPS/P | R^2 0,003* | 0,614* | 0,214* | 23,0%
Gerke/Oerke/ Sentner (1997) Deutschland	Dividendenankündigung Zeit: 1987-1994 Anz.: 218 Dividendenerhöhungen 46 Dividendenkürzungen 20 Dividendenausfälle tägliche Überrenditen: Marktmodell SP: t_{-110} bis t_{-11} In: gleichgewichteter Index aller in die Untersuchung einbezogenen Untern.	In einer Regressionsanalyse wird die Kursreaktion (AR in t_{-1} bis t_0) durch die relative Dividendenänderung (ΔD/P) erklärt. Regression | Erhöhung | Kürzung + Ausfall Konstante | 0,004# | -0,014* ΔD/P | 0,34* | 0,074# R^2 | 3% | 0,1%

- nicht signifikant; * - signifikant auf dem 5%-Niveau (min.), jeweils nach den in der Untersuchung verwendeten Signifikanztests; ' - keine Angabe des Signifikanzniveaus für den bezeichneten Zeitraum.

IV.1.3.2. Der Einfluß der Gewinnveröffentlichung auf den Informationsgehalt von Dividendenankündigungen

Viele Untersuchungen zu Dividendenankündigungen untersuchen die Frage, ob der Information über die Höhe der Dividende zusätzlich zur Gewinninformation ein Informationsgehalt zukommt. Abschnitt IV.1.1.1. hat gezeigt, daß eine Kapitalmarktreaktion in einem zeitlich engen Zusammenhang mit der Ankündigung von Dividenden auch dann festzustellen ist, wenn keine weiteren Informationen bekannt werden. Aus dieser Argumentation heraus kann man der Dividendeninformation unabhängig von der Gewinninformation einen Informationsgehalt beimessen. In diesem Abschnitt sollen noch weitere Ansätze dargestellt werden, die den Informationsgehalt von Dividendenankündigungen im Zusammenhang von Gewinnveröffentlichungen untersuchen.

Aharony/Swary (1980) untersuchen, ob Dividendenankündigungen, die vor der Gewinnankündigung des entsprechenden Zeitraums erfolgen, einen höheren Informationsgehalt haben als Dividendenankündigungen, die nach der Gewinnankündigung erfolgen. Unabhängig von der zeitlichen Abfolge von Dividenden- und Gewinnankündigung stellt sich jedoch jeweils eine Kursreaktion auf die Ankündigung der Dividende ein.[155] Penman (1983) stellt bei Ankündigung von Dividendenerhöhungen durch Unternehmen, die Gewinnprognosen abgeben, eine positive Kursreaktion fest.[156] Eddy/Seifert (1992) untersuchen, ob die isolierte Ankündigung der Dividende oder des Gewinns gegenüber einer gemeinsamen Ankündigung beider Informationen eine unterschiedliche Kursreaktion auslöst. Für die Untersuchung werden dabei nur Ereignisse ausgewählt, bei der die Richtung der Gewinn- und Dividendenänderung identisch ist. Sowohl bei Dividendenerhöhungen als auch bei Dividendenkürzungen ist eine betragsmäßig niedrigere Kursreaktion bei isolierten Ankündigungen gegenüber der gemeinsamen Ankündigung feststellbar. Gegenüber der isolierten Ankündigung des Gewinns läßt sich somit eine höhere Kursreaktion bei Gewinn- und Dividendenankündigungen feststellen.[157] Dividendenankündigungen haben einen Informationsgehalt, auch wenn die Gewinne bereits bekannt sind, aus Prognosen antizipiert werden können oder zeitgleich bekanntgegeben werden. Die Dividendeninformation selbst ist daher im Vergleich zur Gewinninformation für den Kapitalmarkt nicht redundant.

Während Aharony/Swary (1980) Dividendenankündigungen betrachten, die nicht gleichzeitig mit Gewinnankündigungen erfolgen, untersuchen andere Untersuchungen

---

155) Vgl. Aharony/Swary (1980), S. 6 - 8.
156) Vgl. Penman (1983), S. 1194 - 1196.
157) Vgl. Eddy/Seifert (1992), S. 210 - 212.

genau den Fall der zeitgleichen Ankündigung beider Informationen.[158] Drei Ansätze zur Untersuchung des Informationsgehalts der Dividendenankündigung werden dabei verfolgt. Der erste Ansatz differenziert die Untersuchungsgruppe nicht nur nach der Richtung der Dividendenänderung, sondern zusätzlich nach der Richtung der Gewinnentwicklung,[159] wobei unterschiedliche Modelle zur Bestimmung der Dividenden- und Gewinnänderung angewendet werden. Dabei ergibt sich unabhängig von der Richtung der Gewinnentwicklung in den Untersuchungen von Brown/Finn/Hancock (1977) zum australischen Kapitalmarkt und Heikkilä (1996) zum finnischen Kapitalmarkt eine positive (negative) Kursreaktion bei der Ankündigung einer Erhöhung (Kürzung) der Dividende. Auch wenn Dividenden- und Gewinnankündigung nicht gleichzeitig erfolgen, ergeben sich unabhängig von der Gewinnentwicklung in der Untersuchung von Pettit (1972) positive Ankündigungsrenditen bei Dividendenerhöhung größer als 10%. Nur in der Untersuchung von Leftwich/Zmijewski (1991) ergibt sich bei Dividendenerhöhungen eine (insignifikant) negative Kursreaktion, wenn die Gewinnentwicklung negativ ist. Hier wird zusätzlich auf eine Differenz in den Kursreaktionen zwischen positiven und negativen Dividendenankündigungen in den beiden Gruppen positive und negative Gewinnankündigung getestet. Diese Differenzen sind bei gesunkenem und konstantem Gewinn insignifikant, weshalb die Autoren den Informationsgehalt einer Dividendenankündigung bezweifeln.

Der zweite Ansatz bezieht eine Variable für die Gewinnentwicklung in eine Regression ein, in der die Kursreaktion bei der Dividendenankündigung durch die Dividendenänderung erklärt wird. Hier liegen Untersuchungsergebnisse für den US-amerikanischen Kapitalmarkt von Kane/Lee/Marcus (1984) und Leftwich/Zmijewski (1991) vor, zum australischen Kapitalmarkt von Brown/Finn/Hancock (1977) und Easton (1991).[160] Zum deutschen Kapitalmarkt enthält die Untersuchung von Amihud/Murgia (1997) eine derartige Regression, wobei hier nicht kontrolliert wird, in welchem zeitlichen Zusammenhang Gewinn- und Dividendenankündigung zueinander stehen. Stets sind dabei beide Regressionskoeffizienten positiv, und bis auf in der Untersuchung von Brown/Finn/Hancock (1977) auch signifikant. Problem dieser multiplen Regressionen ist die Korrelation zwischen den beiden erklärenden Variablen. Diese wird von Brown/Finn/Hancock mit 0,6 für Australien und von Amihud/Murgia (1997) für Deutschland mit 0,51 angegeben.[161] In einer multiplen Regression ist bei einer hohen

---

158) Vgl. die Untersuchungen Brown/Finn/Hancock (1977); Kane/Lee/Marcus (1984); Easton (1991); Eddy/Seifert (1992); Leftwich/Zmijewski (1991); Heikkilä (1996).

159) Vgl. die Untersuchungen von Pettit (1972); Brown/Finn/Hancock (1977); Leftwich/Zmijewski (1991); Heikkilä (1996).

160) Vgl. die Untersuchungen von Brown/Finn/Hancock (1977); Kane/Lee/Marcus (1984); Easton (1991); Leftwich/Zmijewski (1991).

161) Vgl. Brown/Finn/Hancock (1977), S. 136; Amihud/Murgia (1997), S. 404.

Korrelation der erklärenden Variablen nicht mehr klar, welcher der beiden Variablen der gemeinsame Einfluß zugerechnet wird.

Der dritte Ansatz kombiniert die beiden ersten Ansätze. In die Regression wird dabei neben den beiden erklärenden Variablen Dividenden- und Gewinnänderung eine Reihe von Dummys einbezogen, die die Richtung der Gewinn- und Dividendenänderung angeben. Kane/Lee/Marcus (1984) führen diese Regression für den US-amerikanischen Kapitalmarkt durch, Easton (1991) für den australischen. In beiden Untersuchungen sind die Dummyvariablen, die die Richtung der Gewinn- und Dividendenänderung angeben, gemeinsam signifikant. Die Variablen der Gewinn- und Dividendenänderung sind nur in der Untersuchung von Easton (1991) signifikant, bei Kane/Lee/Marcus (1984) sind diese beiden Variablen nun insignifikant.[162)]

Bei einer Beurteilung dieser Untersuchungsergebnisse ist zwischen Untersuchungen zum US-amerikanischen und zu anderen Kapitalmärkten zu trennen. Aus Untersuchungen zu Nicht-US-Kapitalmärkten (Australien, Finnland und Deutschland) läßt sich nicht ableiten, daß die Dividendeninformation gegenüber der Gewinninformation redundant ist. Das Phänomen gemeinsamer Ankündigung von Gewinn und Dividende wird dabei von diesen Untersuchungen stets als für den Kapitalmarkt besonders relevant bezeichnet. Für den US-amerikanischen Kapitalmarkt zieht insbesondere die Untersuchung von Leftwich/Zmijewski (1991) den Informationsgehalt von Dividendenankündigungen in Zweifel. Andere (frühere) Untersuchungen bestätigen allerdings auch für den US-Kapitalmarkt den Informationsgehalt einer Dividendenankündigung.

---

162) Vgl. Kane/Lee/Marcus (1984), S. 1096 - 1098; Easton (1991), S. 261 - 163.

Tabelle 10: Überblick über Ereignisstudien zur Untersuchung des Informationsgehalts von Dividendenankündigungen und Gewinnankündigungen.

Untersuchung	Abgrenzung der Stichprobe Ermittlung der Überrenditen	Untersuchungsansatz Untersuchungsergebnisse
Pettit (1972) USA	Dividendenankündigung Zeit: 1964-1968 Anz.: 18644	Es wird die Kursreaktion auf Dividendenankündigungen ermittelt. Die Untersuchungsgruppe wird nach der Höhe der Dividendenänderung (ΔD/D) und der Höhe des unerwarteten Gewinns (eigenes Modell) unterteilt.
	monatliche Überrenditen: Marktmodell SP: endet 12 Monate vor Ereignis In: Fisher's Index	AR in m_0 – neg. Gewinn – pos. Gewinn Ausfall: -4,7%' – -8,5%' Kürzung: -9,8%' – -9,6%' ΔD/D = 0: -0,05%' – -0,02%' Erh. < 10%: -0,06%' – -1,2%' 10% ≤ Erh. < 25%: 1,7%' – 1,5%' Erh. ≥ 25%: 3,4%' – 4,3%' Aufnahme: 4,2%' – 11,7%'
Brown/Finn/ Hancock (1977) Australien	Dividendenänderung Zeit: 1963-1969 Anz.: 647	Bei 98% aller Dividendenankündigungen erfolgt zeitgleich eine Gewinnankündigung. Dividendenänderungen (ΔD) werden daher nach dem naiven Erwartungsmodell und der Höhe der Gewinnänderung (ΔE) differenziert.
	monatliche Residuen nach Fama/McBeth	ΔE – ΔD – AR in m_0 – AR in t_{-1} bis t_0 pos. – pos. – 0,5%' – 3,7%' pos. – neg. – -4,7%' – -7,0%' neg. – pos. – -0,5%' – 0,5%' neg. – neg. – -0,78%' – -7,6%' neg. – Ausf. – -1,25%' – -12,7%'
	Dividendenänderung Zeit: 1964-1972 Anz.: 363	In einer Regression wird die Ankündigungsrendite (in t_{-1} bis t_1) durch die prozentuale (ΔD/D) und die relative (ΔD/P) Dividendenänderung sowie die Gewinnänderung (ln E_0/E_{-1}) erklärt.
	tägliche unbereinigte Renditen	Regressionen – a) – b) – c) Konstante – neg.# – neg.# – neg.# ΔD/P – pos.* – – pos.* ΔD/D – – pos.* – ln E_0/E_{-1} – – – pos.# R^2 – 30% – 35% – 38% Beachte: r (ΔD/D, ln E_0/E_{-1}) = 0,6
Aharony/Swary (1980) USA	Dividendenankündigung Zeit: 1963-1976 Anz.: 3399 keine zeitgleichen (±11 Tage) Gewinnankündigungen	Dividendenankündigungen werden nach dem Zeitpunkt der Gewinnankündigung (Dividenden- vor Gewinnankündigung und Gewinn- vor Dividendenankündigung) differenziert.
	tägliche Renditen: Marktmodell SP: eigene SP für jedes Untern. In: S&P Industrial-Index	AR in t_{-1} bis t_0 – ΔD pos. – ΔD = 0 – ΔD neg. D vor E – 1,03%* – -0,1%# – -2,82%' E vor D – 0,72%* – 0,0%# – -3,76%'
Penman (1983) USA	Dividendenerhöhung Zeit: 1968-1973 Anz.: 328 keine weiteren zeitgleichen Ankündigungen (±5 Tage)	Untersucht werden Dividendenankündigungen von Unternehmen, die Gewinnprognosen abgegeben.
	tägliche Mean Adjusted Returns SP: t_{-140} bis t_{-61}	Dividendenankündigungen lösen auch dann eine positive Kursreaktion aus, wenn Unternehmen Gewinnprognosen abgegeben.
Kane/Lee/ Marcus (1984) USA	Dividendenankündigung Zeit: 1979-1981 Anz.: 352 Dividenden- und Gewinnankündigung erfolgt innerhalb von 10 Tagen	In einer Regression wird die Kursreaktion (t_{-10} vor der ersten Ankündigung bis t_{+10} nach der zweiten Ankündigung) durch die Dividendenänderung (ΔD/D), die unerwartete Gewinnänderung (geschätzt aus einem Zeitreihenmodell UE/EE) sowie einer Reihe von Dummyvariablen, die die Richtung der Gewinn- und Dividendenänderung angeben, erklärt.
	tägliche CAPM-bereinigte Renditen SP: 52 wöchentliche Renditen vor der Ankündigung In: S&P 500-Index	In einer ersten Regressionsschätzung ohne Dummyvariablen sind die Koeffizienten für ΔD/D und UE/EE signifikant positiv. Nimmt man die Dummyvariablen in die Regression auf, so sind die Koeffizienten für ΔD/D und UE/EE positiv aber gemeinsam insignifikant, die Dummyvariablen gemeinsam signifikant.

Tabelle 10: Überblick über Ereignisstudien zur Untersuchung des Informationsgehalts von Dividendenankündigungen und Gewinnankündigungen.

Untersuchung	Abgrenzung der Stichprobe Ermittlung der Überrenditen	Untersuchungsansatz Untersuchungsergebnisse
Easton (1991) Australien	zeitgleiche Dividenden- und Gewinnankündigung Zeit: 1978-1980 Anz.: 896 keine weiteren zeitgleichen Ankündigungen (in m_0)	In einer Regression wird die Kursreaktion auf die Dividendenankündigung (AR in m_0) durch die Dividendenänderung (ΔD/D), die Gewinnänderung (ΔE/E) sowie einer Reihe von Dummyvariablen, die die Richtung der Gewinn- und Dividendenänderung angeben, erklärt.
	monatliche Überrenditen: Marktmodell SP: m_{-60} bis m_{-1} In: eigener Index (gleichgewichtet)	In einer ersten Regressionsschätzung ohne Dummyvariablen sind die Koeffizienten für ΔD/D und ΔE/E signifikant positiv. Nimmt man die Dummyvariablen in die Regression auf, so bleiben die Koeffizienten für ΔD/D und ΔE/E positiv und gemeinsam signifikant, die Dummyvariablen sind ebenfalls positiv und gemeinsam signifikant.
Leftwich/ Zmijewski (1991) USA	zeitgleiche Gewinn- und Dividendenankündigung (± 1 Tag) Zeit: 1979-1987 Anz.: 972	I: Es wird die Kursreaktion für neun Gruppen ermittelt, die nach der Richtung der unerwarteten Dividenden- und Gewinnänderung (basierend auf Analystenvorhersagen) gebildet werden. II: In einer Regression wird die Kursreaktion auf die gemeinsame Ankündigung durch den Fehler der Analystenvorhersage des Gewinns, den Fehler eines Zeitreihenmodells für Gewinne, die Gewinnänderung und die Dividendenänderung erklärt.
	tägliche Überrenditen: Die Bereinigung erfolgt mit dem Betafaktor aus CRSP.	I: AR in t_{-1} bis t_1 — ΔE neg. / ΔE = 0 / ΔE pos. ΔD neg.: -1,4%* / 0,2%# / 0,9%+ ΔD = 0: -0,4%* / -0,3%# / 0,7%* ΔD pos.: -0,9%+ / 1,8%# / 2,2%* ΔD neg.-ΔD pos.: insign. / insign. / sign. II: Mit Ausnahme der Konstanten sind alle Variablen signifikant positiv (adj. R^2=9,1%). Das Modell ohne die Dividendenvariable erreicht ein adj. R^2 von 8,3%.
Eddy/Seifert (1992) USA	Dividendenankündigungen Zeit: 1983-1985 Anz.: 1111 keine zeitgleiche Ankündigung einer Finanzierungsmaßnahme oder eines Stock Split (± 2 Tage); keine Unternehmen aus regulierten Branchen	Die Kursreaktion einer gemeinsamen Ankündigung einer Erhöhung (Kürzung) von Dividende und Gewinn wird mit der Kursreaktion der isolierten Ankündigung einer Dividendenerhöhung (Dividendenkürzung) und der isolierten Ankündigung einer Gewinnerhöhung (Gewinnminderung) verglichen.
	tägliche Mean Adjusted Returns SP: n.a. In: CRSP-Index (equally weighted)	StAR in t_{-3} bis t_1 — Erhöhungen / Kürzungen isolierte Dividendenankündigung: 0,30%' / -1,74%' isolierte Gewinnankündigung: 0,76%' / -0,69%' gemeinsame Ankündigung: 1,78%' / -2,01%' Differenz gemeinsame Ankündigung zu isolierten Dividendenankündigungen: sign. / insign. zu isolierten Gewinnankündigungen: sign. / insign.
Heikkilä (1996) Finnland	zeitgleiche Gewinn- und Dividendenankündigung (± 1 Tag) Zeit: 1983-1994 Anz.: 369	Die Kursreaktion in der Untersuchungsgruppe wird nach der Richtung der Dividenden- und Gewinnänderung differenziert.
	tägliche Mean Adjusted Returns SP: t_{-229} bis t_{-30}	AR in t_{-1} bis t_0 — ΔD pos. / ΔD = 0 / ΔD neg. ΔE pos.: 2,22%* / 0,89%# / -1,72%# ΔE neg.: 0,73%# / -1,55%* / -2,19%*
Amihud/Murgia (1997) Deutschland	Dividendenankündigung Zeit: 1988-1992 Anz.: 306	In einer Regression wird die Kursreaktion (AR in t_{-1} bis t_0) durch die Änderung der Dividende (ΔD/P) und des Gewinns (ΔEPS/P) erklärt.
	tägliche Überrenditen: Marktmodell SP: t_{-65} bis t_{-6} und t_6 bis t_{65} In: DAFOX	Konstante / ΔD/P / ΔEPS/P / R^2 pos.* / pos.* / pos.* / 23,0%

- nicht signifikant; * - signifikant auf dem 5%-Niveau (min.), jeweils nach den in der Untersuchung verwendeten Signifikanztests; ' - keine Angabe des Signifikanzniveaus für den bezeichneten Zeitraum.

IV.1.3.3. Kursreaktion auf Dividendenankündigungen bei regulierten und nicht-regulierten Unternehmen

Bestimmte Unternehmen in einer Volkswirtschaft unterliegen in ihrem Geschäft einer besonderen Regulierung. Dies betrifft in den USA zum einen Versorgungsunternehmen, deren Absatzpreise einer besonderen Regulierung unterliegen, und zum anderen Banken, deren Kapitalausstattung (aber auch deren Kreditvergabe, Management und weitere Faktoren) einer Regulierung durch das Federal Reserve System unterliegt.

Aharony/Falk/Swary (1988) untersuchen, ob sich die Kursreaktionen von Unternehmen aus regulierten und nicht regulierten Industrien (sie verstehen hierunter wohl nur Versorgungsunternehmen) unterscheiden. Bei Dividendenerhöhungen ist dabei die Kursreaktion in der Gruppe mit regulierten Unternehmen signifikant größer als in der Gruppe mit nicht regulierten Unternehmen. Dabei beruht diese stärkere Kursreaktion nicht darauf, daß in der Gruppe der Dividendenankündigungen regulierter Unternehmen die prozentuale Dividendenankündigung größer ist als in der Gruppe mit nicht regulierten Unternehmen, ihre Dividendensteigerung ist sogar signifikant kleiner.

Filbeck/Mullineaux (1993) und Bessler/Nohel (1996) untersuchen die Kursreaktion bei Banken, wobei die Kursreaktionen allerdings nicht mit denen von Industrieunternehmen verglichen werden. Bessler/Nohel (1996) ermitteln eine signifikant positive Kursreaktion auf die Ankündigung von Dividendenerhöhungen, beide Untersuchungen erhalten signifikant negative Kursreaktionen auf negative Dividendenankündigungen.

Dubofsky/Bierman (1988) unterscheiden ihre Untersuchungsgruppe mit Ankündigungen von Dividendenreinvestitionsplänen, die sich allerdings eher mit Ankündigungen von Kapitalerhöhungen vergleichen lassen, nach Versorgungs- und Nicht-Versorgungsunternehmen. Versorgungsunternehmen weisen dabei eine stärker positive Kursreaktion auf als Nicht-Versorgungsunternehmen.

Tabelle 11: Überblick über Ereignisstudien zu den Kursreaktionen auf Dividendenankündigungen bei regulierten und nicht regulierten Unternehmen.

Untersuchung	Abgrenzung der Stichprobe Ermittlung der Überrenditen	Untersuchungsansatz Untersuchungsergebnisse
Aharony/Falk/ Swary (1988) USA	Dividendenerhöhung Zeit: 1974-1982 Anz.: 411 regulierte Industrie 313 normale Industrie keine weiteren zeitgleichen Ankündigungen (±10 Tage)	I: Es wird die Ankündigungsreaktion für Unternehmen aus regulierten und nicht regulierten Industriezweigen bestimmt. II: Untersucht wird die Differenz in der prozentualen Dividendensteigerung (ΔD/D) zwischen beiden Gruppen.
	tägliche Überrenditen: Marktmodell SP: t_{-90} bis t_{-11} In: CRSP-Index (value weighted)	I: Gruppen / regulierte / nicht reguliert / Differenz AR in t_{-1} bis t_0: 1,66%* / 0,72%* / +0,94%* II: Die Dividendensteigerung ΔD/D ist für regulierte Unternehmen signifikant größer als für nicht regulierte Unternehmen.
Dubofsky/ Bierman (1988) USA	Ankündigung von Dividenden-Reinvestitionsplänen Zeit: 1975-1983 Anz.: 53	Es wird die Ankündigungsreaktion für die Gesamtgruppe sowie getrennt für Versorgungsunternehmen und Nicht-Versorgungsunternehmen bestimmt.
	tägliche Market Adjusted Returns In: CRSP-Index (value-weighted)	Gruppen: AR in t_0 Gesamtgruppe: 0,70%* Versorgungsunternehmen: 1,45%' Nicht-Versorgungsunternehmen: 0,26%' Differenz: nicht sign.
Filbeck/ Mullineaux (1993) USA	Dividendenerhöhung, Dividendenkürzung und Dividendenausfall bei Bank Holding Companies Zeit: 1973-1987 Anz.: 236 keine weiteren zeitgleichen Ankündigungen (± 5 Tage)	Es wird die Kursreaktion auf Dividendenerhöhungen und auf negative Dividendenankündigungen (Dividendenkürzungen und Dividendenausfälle) bestimmt. Dividendenerhöhungen werden nach der Höhe der prozentualen Dividendenerhöhung unterteilt.
	tägliche Überrenditen: Marktmodell SP: t_{-150} bis t_{-51} und t_{51} bis t_{150} In: CRSP-Index (equally weighted)	Gruppen: StAR in t_{-1} bis t_0 negative Dividendenankündigungen: -5,79%* Alle Dividendenerhöhungen: 0,39%* $\Delta D/D \leq 10\%$: 0,22%* $10\% < \Delta D/D < 20\%$: 0,26%* $\Delta D/D \geq 20\%$: 1,25%*
Bessler/Nohel (1996) USA	Dividendenkürzung, Dividendenausfall bei Bank Holding Companies Zeit: 1974-1991 Anz.: 137	Es wird die Kursreaktion auf die Ankündigung von Dividendenkürzungen und Dividendenausfälle durch Bank Holding Companies in einer Gruppe ermittelt.
	täglich Überrenditen: Marktmodell SP: t_{-110} bis t_{-11} In: NYSE Composite Index (value weighted)	AR in t_{-1} bis t_0: -8,02%*

- nicht signifikant; * - signifikant auf dem 5%-Niveau (min.), jeweils nach den in der Untersuchung verwendeten Signifikanztests; ' - keine Angabe des Signifikanzniveaus für den bezeichneten Zeitraum.

IV.1.3.4. Zusammenhang zwischen der Kursreaktion auf Dividendenankündigungen und der Unternehmensgröße

Tabelle 12 gibt einen Überblick über Ereignisstudien, die den Zusammenhang zwischen der Unternehmensgröße und der Kursreaktion bei der Ankündigung von Dividenden untersuchen. Die Unternehmensgröße wird dabei stets aus dem Marktwert des Eigenkapitals abgeleitet. Eddy/Seifert (1988) unterteilen dabei ihre Untersuchungsgruppe nach dem Marktwert des Eigenkapitals in große und kleine Unternehmen. In den Regressionsanalysen von Ghosh/Woolridge (1988), Haw/Kim (1991), Christie (1994) und Yoon/Starks (1995) wird der Marktwert des Eigenkapitals logarithmiert, Bajaj/Vijh (1990) verwenden anstatt des Marktwertes die Nummer des Percentils, in den der Marktwert des Unternehmens fällt. Da bei Dividendenerhöhungen ein negativer und bei Dividendenkürzungen ein positiver Zusammenhang mit der Unternehmensgröße vermutet wird, wird die Untersuchung für positive und negative Dividendenankündigungen getrennt durchgeführt. Bei einem Pooling dieser Ereignisse in einer Gruppe wird das Vorzeichen der Kursreaktion umgekehrt.

Für Dividendenerhöhungen ergeben dabei die Untersuchungen von Eddy/Seifert (1988), Bajaj/Vijh (1990) Haw/Kim (1991) und Yoon/Starks (1995), daß kleinere Unternehmen eine stärkere Kursreaktion aufweisen als größere Unternehmen. Für Dividendenkürzungen ergeben die Untersuchungen von Ghosh/Woolridge (1988), Bajaj/Vijh (1990) und Christie (1994)[163] einen positiven Einfluß der Unternehmensgröße auf die absolute Höhe der Ankündigungsreaktion. Auch bei Banken finden Bessler/Nohel (1996) einen negativen Einfluß der Unternehmensgröße auf die Kursreaktion bei Dividendenkürzungen und Dividendenausfällen. Kleinere Unternehmen weisen also eine stärker negative Kursreaktion bei der Ankündigung von Dividendenkürzungen auf als größere Unternehmen. Die Untersuchung von Haw/Kim (1991) weist hier einen negativen Koeffizienten auf, der nur auf dem 10%-Niveau signifikant ist. Dieses Ergebnis ist wohl als Ausreißer zu bewerten.

Den in der Untersuchung von Bajaj/Vijh (1990) verwendeten absoluten Kurs der Aktie kann man als Proxy für die Unternehmensgröße ansehen.[164] Die Höhe des absoluten Kurses ist positiv mit der Unternehmensgröße korreliert.[165] Entsprechend ergeben sich für Unternehmen mit einem niedrigen Aktienkurs stärker positive (negative) Kursreaktionen auf die Ankündigung von Dividendenerhöhungen (Dividendenkürzungen). In einer

---

163) Bei Christie (1994), S. 470 liegen im Rahmen einer multiplen Regression auch Ergebnisse zum Einfluß der Unternehmensgröße auf die Kursreaktion für Dividendenausfälle vor. Die in Table 5 wiedergegebenen signifikant negativen Koeffizienten widersprechen der Aussage im Text, der von einem Einfluß spricht, der „reliable positive" ist.

164) Vgl. Bajaj/Vijh (1990), S. 203 - 205.

165) Vgl. Bajaj/Vijh (1990), S. 205 und Table 3.

multivariaten Regression mit dem Kurs und dem Marktwert des Unternehmens als unabhängigen Variablen behält allerdings die Höhe des Kurses für Dividendenerhöhungen eine signifikante Erklärungskraft. Dies kann man damit erklären, daß die Höhe des Kurses z.B. durch die Abhängigkeit der Transaktionskosten vom absoluten Kurs oder die Tatsache, daß Kurse nur als ganzzahlige Vielfache von 1/8 ermittelt werden, Einfluß auf die Kursbildung auch bei Ereignissen wie Dividendenankündigung hat. Weiter ist es auch möglich, daß es sich dabei nur um ein statistisches Phänomen bei stark korrelierten Variablen in einer multiplen Regression handelt.

Tabelle 12: Überblick über Ereignisstudien zum Zusammenhang zwischen der Größe des Unternehmens und der Kursreaktion bei Dividendenankündigungen.

Untersuchung	Abgrenzung der Stichprobe Ermittlung der Überrenditen	Untersuchungsansatz Untersuchungsergebnisse
Eddy/Seifert (1988) USA	Dividendenerhöhung > 20% Zeit: 1983-1985 Anz.: 179 keine weiteren zeitgleichen Gewinn-ankündigungen (±5 Tage)	I: Es wird die Kursreaktion auf Dividendenerhöhungen bei großen und kleinen Unternehmen ermittelt. II: In einer multiplen Regression wird der Zusammenhang zwischen der Kursreaktion und der Dividendenänderung (ΔD/D), der Ausschüttungsquote (D/E) sowie der Unternehmensgröße (Marktwert des Eigenkapitals) bestimmt.
	tägliche Mean Adjusted Returns SP: t_{-60} bis t_{-11}	I: kleine Unt. / große Unt. / Differenz StAR in t_{-1} bis t_0: 0,92%* / 0,20%* / signifikant* II: In der Regression hat die Unternehmensgröße einen signifikant negativen, ΔD/D und D/E einen signifikant positiven Einfluß auf die Ankündigungsreaktion.
Yoon/Starks (1995) USA	Dividendenerhöhung ≥ 10% Zeit: 1969-1988 Anz.: 4179 nur Industrieunternehmen	In einer multiplen Regression wird die Kursreaktion durch die relative Dividendenerhöhung (ΔD/P), die Dividendenrendite vor der Ankündigung (D/P), die Unternehmensgröße (Size = Marktwert des Unternehmens, ln) und einen Dummy mit dem Wert 1, wenn Tobins Q größer als 1 ist, erklärt.
	tägliche Überrenditen: Marktmodell SP: t_{-100} bis t_{-8} und t_8 bis t_{100} In: CRSP-Index (equally weighted)	Konstante / ΔD/P / D/P / Size / Dum / R^2 pos.# / pos.* / pos.* / neg.* / pos.# / 5%
Bajaj/Vijh (1990) USA	Dividendenankündigung Zeit: 1962-1987 Anz.: 54058 ohne Ankündigungen eines Ausfalls oder Aufnahme einer Dividendenzahlung	I: Durch Gruppenbildung wird der Einfluß der Dividendenrendite und der Höhe des Kurses auf die Kursreaktion ermittelt. II: In a) Einfachregressionen und b) multiplen Regressionen wird die Ankündigungsreaktion durch die prozentuale Dividenden-änderung (ΔD/D), die relative Dividendenänderung (ΔD/P), den Rangplatz des Kurses (RStP), den Rangplatz des Marktwertes des Eigenkapitals (RVal) und den Rangplatz der Dividendenrendite (RD/P) erklärt. [Zur Vergabe der Rangplätze wird die Gesamt-gruppe quartalsweise in Percentile unterteilt.]
	tägliche Überrenditen: Marktmodell SP: t_{-250} bis t_{-11} In: CRSP-Index (equally weighted)	I: Die Höhe der Dividendenrendite hat bei Dividendenerhöhungen einen positiven, bei Dividendenkürzungen einen negativen Einfluß auf die Ankündigungsreaktion. Die Höhe des Kurses hat einen positiven Einfluß auf die Ankündigungsreaktion, der Einfluß der Dividendenrendite bleibt aber bestehen. IIa) Kürzungen / R^2 / Erhöhungen / R^2 RStP: pos.* / 1,7% / neg.* / 2,4% RVal: pos.* / 2,7% / neg.* / 1,6% IIb) Bei Dividendenkürzungen haben sowohl der Kurs (RStP) als auch der Marktwert des Eigenkapitals (RVal) einen positiven Einfluß, RVal ist dabei signifikant. Bei Dividendenerhöhungen ist der Einfluß von RStP und RVal signifikant negativ.

Tabelle 12: Überblick über Ereignisstudien zum Zusammenhang zwischen der Größe des Unternehmens und der Kursreaktion bei Dividendenankündigungen.

Untersuchung	Abgrenzung der Stichprobe Ermittlung der Überrenditen	Untersuchungsansatz Untersuchungsergebnisse
Ghosh/ Woolridge (1988) USA	Dividendenkürzung und Dividendenausfall Zeit: 1962-1984 Anz.: 930	In einer multiplen Regressionsanalyse wird der Einfluß von acht Variablen auf die Kursreaktion untersucht. Eine dieser Variablen ist die Unternehmensgröße bestimmt als Marktwert des Eigenkapitals (ln). Die Korrelation unter den erklärenden Variablen wird nicht untersucht.
	tägliche Market Adjusted Returns In: S&P 500-Index	Die Unternehmensgröße hat einen signifikant positiven Einfluß auf die Kursreaktion, d.h. kleine Unternehmen weisen eine stärker negative Kursreaktion auf als große Unternehmen.
Haw/Kim (1991) USA	Dividendenankündigung Zeit: 1975-1984 Anz.: 679 Erhöhungen 63 Kürzungen nur Industrieunternehmen; keine weiteren zeitgleiche Gewinnankündigungen (-5/+3 Tage)	I: Für Dividendenerhöhungen wird durch Gruppenbildung der Einfluß der Unternehmensgröße (Marktwert des Eigenkapitals) auf die Ankündigungsreaktion und den Fehler der Dividendenschätzung durch Analysten (DFE) untersucht. DFE wird als Differenz zwischen Dividendenzahlung und Dividendenschätzung (FD) dividiert durch die Dividendenschätzung [DFE=(FD-D)/FD] bestimmt. II: In einer Regressionsanalyse wird die Kursreaktion durch den Marktwert des Eigenkapital (ln MW EK) und DFE erklärt.
	tägliche Überrenditen: Marktmodell SP: t_{-290} bis t_{-41} In: CRSP-Index (value weighted)	I: Gruppen — AR in t_{-1} bis t_0 — DFE Kleinste Unternehmen — 1,89%* — 13,3% Zweites Quartil — 0,88%* — 10,0% Drittes Quartil — 1,02%* — 6,1% Größte Unternehmen — 0,58%* — 4,9% Analystenvorhersagen sind für große Unternehmen genauer als für kleine Unternehmen. Für die Gruppe der kleinsten Unternehmen läßt sich trotzdem ein Zusammenhang zwischen DFE und der Kursreaktion feststellen. II: — Erhöhungen — Kürzungen ln MW EK — neg* — neg.* — neg+ — neg.# DFE — — pos.* — — pos.* R^2 — 4,6% — 5,2% — 3,4% — 27,1%
Christie (1994) USA	Dividendenkürzung, Dividendenausfall Zeit: 1962-1985 Anz.: 475 Dividendenkürzungen 492 Dividendenausfälle keine Finanzunternehmen; keine weiteren zeitgleichen Ankündigungen (t_{-1} und t_0)	In einer multiplen Regressionsanalyse wird die Kursreaktion durch neun Variablen erklärt. Eine dieser Variablen ist die Unternehmensgröße bestimmt als Marktwert des Eigenkapitals (ln). Die Korrelation unter den erklärenden Variablen wird nicht untersucht.
	tägliche Überrenditen: Marktmodell SP: t_{-305} bis t_{-56} In: S&P 500-Index	Bei Dividendenkürzungen ist der Einfluß der Unternehmensgröße insignifikant positiv. In der tabellarischen Übersicht der Untersuchungsergebnisse wird bei Dividendenausfällen ein signifikant negativer Einfluß ausgewiesen. Im Text dagegen heißt es: „Size is now reliable positive" (S. 470). In der Tabelle fehlen die Koeffizienten für eine Variable, die aber im Text kommentiert wird. Bei der Interpretation der Ergebnisse ist daher Vorsicht geboten. Vgl. Christie (1994), S. 468 - 470 zu den Untersuchungsergebnissen.
Bessler/Nohel (1996) USA	Dividendenkürzung, Dividendenausfall bei Bank Holding Companies Zeit: 1974-1991 Anz.: 137	In einer Regression wird die Kursreaktion (AR in t_{-1} bis t_0) durch die relative Dividendenkürzung (ΔD/P), die Unternehmensgröße (Marktwert des Eigenkapitals, ln) und die Eigenkapitalquote der Bank (E/A) erklärt.
	tägliche Überrenditen: Marktmodell SP: t_{-110} bis t_{-11} In: NYSE Composite Index (value weighted)	Konstante — ΔD/P — E/A — Größe — R^2 pos.* — — — neg.* — 27,8% pos.* — pos.* — — neg.* — 35,6% pos.* — pos.* — pos.* — neg.* — 35,7%

\# - nicht signifikant; * - signifikant auf dem 5%-Niveau (min.), jeweils nach den in der Untersuchung verwendeten Signifikanztests.

IV.1.3.5. Zusammenhang zwischen der Kursreaktion auf Dividendenankündigungen und den Investitionsmöglichkeiten des Unternehmens

Bei der Untersuchung des Einflusses der Investitionsmöglichkeiten des Unternehmens auf die Kursreaktion bei Dividendenankündigungen werden zwei Größen zur Operationalisierung der Investitionsmöglichkeiten verwendet. In den Untersuchungen von Lang/Litzenberger (1989), Howe/He/Kao (1992), Denis/Denis/Sarin (1994) und Yoon/Starks (1995) wird Tobins Q verwendet. Tobins Q wird in diesen drei Untersuchungen als durchschnittliches Q aus dem Verhältnis des Marktwertes des Unternehmens zu seinen Reproduktionskosten ermittelt. Bei Unternehmen mit einem durchschnittlichen Q größer als eins übersteigt der Marktwert des Unternehmens die Reproduktionskosten der Vermögensgegenstände. Lang/Litzenberger (1989) zeigen, daß unter bestimmten Bedingungen ein durchschnittliches Q größer als eins eine notwendige Bedingung dafür ist, daß auch das marginale Q größer als eins ist.[166] Ein durchschnittliches Q kleiner als eins ist dagegen eine hinreichende Bedingung dafür, daß auch das marginale Q des Unternehmens kleiner als eins ist. Das marginale Q gibt dann an, inwieweit dem Unternehmen noch Investitionsprojekte mit positivem Kapitalwert zur Verfügung stehen. Bei einem marginalen Q größer als eins verfügt das Unternehmen noch über Investitionsprojekte mit positivem Kapitalwert, ist das marginale Q kleiner als eins, so hat das Unternehmen keine Investitionsmöglichkeiten mit positivem Kapitalwert mehr und investiert bereits in Investitionsobjekte mit negativem Kapitalwert.

Bei John/Lang (1991) ist die Richtung des Insiderhandels vor der Dividendenankündigung ein Signal der Insider, die im Gegensatz zum Markt die Produktionstechnologie des Unternehmens kennen.[167] Käufe durch Insider bei der Ankündigung von Dividendenerhöhungen zeigen, daß das Unternehmen über Investitionsmöglichkeiten mit positiven Kapitalwert verfügt, Verkäufe durch Insider, daß es über keine Investitionsmöglichkeiten mit positiven Kapitalwert verfügt. Als Insiderhandel werden die Käufe und Verkäufe von bestimmten Gruppen von Aktionären definiert, von denen angenommen wird, daß sie Zugang zu internen Informationen des Unternehmens haben, und die ihre Transaktionen bei der SEC anmelden müssen. Hierzu zählen das Management und Aktionäre, deren Anteil mehr als 10% der Stammaktien beträgt. Es wird für jedes Unternehmen mit einer Dividendenankündigung ein Index der Nettotransaktionen durch diese Insider als Differenz der Anzahl der Käufe abzüglich der Anzahl der Verkäufe ermittelt, der mit der Gesamtzahl der gemeldeten Geschäfte im betrachteten Zeitraum standardisiert

166) Vgl. Lang/Litzenberger (1989), S. 183 - 185.
167) Vgl. John/Lang (1991), S. 1364 - 1369.

wird. Mit einem gleich konstruierten Index auf Basis des Wertes der gehandelten Aktien erzielen die Verfasser gleiche Ergebnisse.

John/Lang (1991) ermitteln für Unternehmen mit Ankündigungen von erstmaligen Dividendenzahlungen einen positiven Zusammenhang zwischen Käufen durch Insider und der Ankündigungsreaktion vor der Dividendenankündigung.

In den Untersuchungen von Lang/Litzenberger (1989), Howe/He/Kao (1992), Denis/ Denis/Sarin (1994) und Yoon/Starks (1995) fällt bei der Ankündigung von Dividendenerhöhungen für Unternehmen mit Q kleiner als eins die Kursreaktion stärker aus als für Unternehmen mit Q größer als eins. Der Unterschied zwischen beiden Gruppen ist in den Untersuchungen von Lang/Litzenberger (1989), Denis/Denis/Sarin (1994) und Yoon/ Starks (1995) auch signifikant, während er in der Untersuchung von Howe/He/Kao (1992) wohl nur deswegen nicht signifikant ist, weil als Dividendenankündigung nur „Specially Designated Dividends“ betrachtet werden. Bei Dividendenkürzungen ermitteln Lang/ Litzenberger (1989), Denis/Denis/Sarin (1994) und Yoon/Starks (1995) jeweils für die Gruppe der Unternehmen mit Q größer als eins eine weniger stark negative Kursreaktion. Der Unterschied zwischen beiden Gruppen ist allerdings nur in der Untersuchung von Lang/Litzenberger (1989) statistisch signifikant. Tobins Q hat also bei Dividendenerhöhungen einen negativen, bei Dividendenkürzungen einen positiven Einfluß auf die Kursreaktion.

Denis/Denis/Sarin (1994) untersuchen weiter den Zusammenhang zwischen der relativen Dividendenänderung (ΔD/P), der Dividendenrendite vor der Ankündigung (D/P), Tobins Q und der Ankündigungsrendite.[168] Danach sind die Dividendenänderung und die Dividendenrendite signifikant negativ mit Tobins Q korreliert, d.h. Unternehmen mit einem hohen Q-Wert weisen eine niedrigere Dividendenrendite und niedrigere Dividendenänderungen auf. Abschnitt IV.1.3.1. hat gezeigt, daß die Dividendenänderung ΔD/P positiv mit der Ankündigungsrendite korreliert, in Abschnitt IV.1.3.7. wird eine positive (negative) Korrelation zwischen der Dividendenrendite und der Ankündigungsrendite für Dividendenerhöhungen (Dividendenkürzungen) zeigen. Denis/Denis/Sarin (1994) unterteilen daher ihre gesamte Untersuchungsgruppe jeweils in vier Quartile nach der Höhe der Dividendenrendite und der relativen Dividendenänderung, wodurch sich 16 Untersuchungsgruppen ergeben. Dividendenerhöhungen und Dividendenkürzungen werden in einer Untersuchungsgruppe gepoolt, wobei das Vorzeichen der Kursreaktion und der Dividendenänderung bei Dividendenkürzungen umgekehrt wird, wodurch ein Leerverkauf der Aktien mit Dividendenkürzungen simuliert wird. Für jede Gruppe wird die Differenz der Kursreaktion zwischen Unternehmen mit Q kleiner und größer als eins berechnet. In

---

[168] Vgl. Denis/Denis/Sarin (1994), S. 574 - 579.

keiner Gruppe ist diese Differenz statistisch signifikant. In einer multiplen Regressionsanalyse mit diesen drei Variablen als erklärende Variablen ist in der gepoolten Gesamtgruppe der Koeffizient für Tobins Q insignifikant, bestätigt also die Ergebnisse der Gruppenbildung. Führt man die Regressionen getrennt für Dividendenerhöhungen und Dividendenkürzungen durch, ergibt sich für Dividendenkürzungen auch ein insignifikanter Koeffizient für Tobins Q, bei Dividendenerhöhungen ist der Koeffezient zwar signifikant, allerdings hat er nun ein positives Vorzeichen, was den Ergebnissen der univariaten Analyse widerspricht. Einen insignifikanten Regressionskoeffizienten für Tobins Q finden auch Yoon/Starks (1995), die damit die Ergebnisse von Denis/Denis/ Sarin (1994) bestätigen können.

Christie (1994) schließlich ermittelt Unternehmen, die eine negative Dividendenänderung mit positiven Investitionsmöglichkeiten begründen. Diese Unternehmen weisen allerdings ebenso wie die übrigen Unternehmen seiner Untersuchungsgruppe eine negative Kursreaktion auf, die sich auch in der Höhe kaum unterscheiden (auf Signifikanztests verzichtet die Untersuchung).[169)]

Tabelle 13: Überblick über Ereignisstudien zum Zusammenhang zwischen den Investitionsmöglichkeiten des Unternehmens und der Kursreaktion bei Dividendenankündigungen.

Untersuchung	Abgrenzung der Stichprobe Ermittlung der Überrenditen	Untersuchungsansatz Untersuchungsergebnisse
Lang/ Litzenberger (1989) USA	Dividendenänderung ≥ 10% Zeit: 1982-1984 Anz.: 76 keine Finanz- und Versorgungsuntern.	Ankündigungsreaktion auf Dividendenerhöhungen und Dividendenkürzungen (negativ) (naives Erwartungsmodell) werden gemeinsam betrachtet. Die Gesamtgruppe wird nach Tobins Q differenziert.
	unadjusted Intraday-Renditen eine Stunde vor Ankündigung bis zwei Stunden nach Ankündigung	Gruppe — (Q > 1) — (Q < 1) — (Q < 1) - (Q > 1) Intraday-Rendite — -0,01%# — 1,78%* — 1,79%*
	Dividendenänderung ≥ 10% Zeit: 1979-1984 Anz.: 429 keine Finanzunternehmen und Versorgungsunternehmen	Es wird die Ankündigungsreaktion differenziert nach Tobins Q auf Dividendenerhöhungen, Dividendenkürzungen und in der gepoolten Gruppe (mit negativen Ankündigungsrenditen für Dividendenkürzungen) betrachtet.
	Marktmodell tägliche Renditen SP: n.a. In: CRSP-Index (equally weighted)	Gruppe — (Q > 1) — (Q < 1) — (Q < 1) - (Q > 1) Gepoolt — 0,3%* — 1,1%* — 0,8%* Erhöhung — 0,3%* — 0,8%* — 0,5%* Kürzung — -0,3%# — -2,7%* — -2,4%*
John/Lang (1991) USA	Dividendeneinführung Zeit: 1975-1985 Anz.: 265	In Regressionsanalysen wird der Einfluß der Intensität von Insidergeschäften in den Quartalen vor der Dividendeneinführung auf die Ankündigungsreaktion untersucht.
	tägliche Überrenditen: Marktmodell SP: t_{200} bis t_{20} In: n.a.	Die Höhe der Netto-Käufe (-Verkäufe) durch Insider vor der Ankündigung der Dividendenaufnahme hat einen positiven (negativen) Einfluß auf die Ankündigungsreaktion.

169) Vgl. Christie (1994), S. 472 - 475.

Tabelle 13: Überblick über Ereignisstudien zum Zusammenhang zwischen den Investitionsmöglichkeiten des Unternehmens und der Kursreaktion bei Dividendenankündigungen.

Untersuchung	Abgrenzung der Stichprobe Ermittlung der Überrenditen	Untersuchungsansatz Untersuchungsergebnisse
Howe/He/Kao (1992) USA	Specially Designated Dividend, Share Repurchase Tender Offer Zeit: 1979-1989 Anz.: 60 SDD 55 Tender Offers keine weiteren zeitgleichen Ankündigungen (±10 Tage)	Es wird die Ankündigungsreaktion differenziert nach Tobins Q für SDD, Share Repurchase Tender Offers und in der Gesamtgruppe bestimmt.
	tägliche Überrenditen: Marktmodell SP: t_{-210} bis t_{-11} In: CRSP-Index (equally weighted)	Gruppe – AR in – Gesamt – (Q > 1) – (Q < 1) SDD – t_{-1} bis t_0 – 3,44%* – 2,84%* – 3,97%* Rep. – t_0 bis t_1 – 7,47%* – 7,64%* – 7,17%* Gesamt – t_{-1} bis t_1 – 3,74%* – 3,60%* – 3,73%* Die Differenzen zwischen Gruppen mit Q > 1 und Q < 1 sind nicht signifikant.
Denis/Denis/ Sarin (1994) USA	Dividendenänderung > 10% Zeit: 1962-1988 Anz.: 6777	I: Es wird die Kursreaktion für Unternehmen mit Tobins Q > 1 und Q < 1 ermittelt. II: In einer Regressionsanalyse wird die Ankündigungsreaktion a) in einer gepoolten Gruppe (Dividendenkürzungen negativ), b) für Dividendenerhöhungen und c) für Dividendenkürzungen durch folgende Variablen erklärt: ΔD/P - relative Dividendenänderung D/P - Dividendenrendite Dummy - 1, wenn Tobins Q > 1.
	tägliche Überrenditen werden vom Daily Excess Return File übernommen	I: AR in t_{-1} bis t_0 – Erhöhungen – Kürzungen – abs. Diff. Gesamt – 1,25%* – -5,71%* – 4,46%* Q < 1 – 1,50%* – -5,81%* – 4,31%* Q > 1 – 0,77%* – -4,99%* – 4,22%* Differenz – 0,73%* – -0,82%# II: Regression – a) gepoolt – b) Erhöhungen – c) Kürzungen ΔD/P – pos.* – pos.* – pos.* D/P – pos.* – pos.* – neg.# Dum. Q > 1 – neg.# – pos.* – pos.# adj. R^2 – 13,9% – 7,8% – 3,4%
Christie (1994) USA	Dividendenkürzung, Dividendenausfall Zeit: 1962-1985 Anz.: 492 Dividendenausfälle 475 Dividendenkürzungen keine Finanzunternehmen; keine weiteren zeitgleichen Ankündigungen (t_{-1} und t_0)	Anhand von Presseberichten werden Unternehmen bestimmt, bei denen die Dividendenkürzung mit positiven Investitionsmöglichkeiten begründet wird.
	tägliche Überrenditen: Marktmodell SP: t_{-305} bis t_{-56} In: S&P 500-Index	Auch diese Unternehmen weisen eine signifikant negative Kursreaktionen in derselben Größenordnung wie die übrigen Unternehmen auf.
Yoon/Starks (1995) USA	Dividendenänderung ≥ 10% Zeit: 1969-1988 Anz.: 4179 keine Aufnahme oder Ausfall der Dividende; nur Industrieunternehmen	I: Es wird die Kursreaktion auf Dividendenerhöhungen und Dividendenkürzungen differenziert nach Tobins Q betrachtet. II: In einer multiplen Regression wird die Kursreaktion auf Dividendenerhöhungen durch die relative Dividendenänderung (ΔD/P), die Dividendenrendite vor der Ankündigung (D/P), die Unternehmensgröße (Size = Marktwert des Unternehmens, ln) und einen Dummy mit dem Wert 1, wenn Tobins Q größer als 1 ist, erklärt.
	tägliche Überrenditen: Marktmodell SP: t_{-100} bis t_{-8} und t_8 bis t_{100} In: CRSP-Index (equally weighted)	I: (AR in t_{-1} bis t_1) – (Q < 1) – (Q > 1) – (Q < 1) - (Q > 1) Erhöhungen – 1,54%* – 0,67%* – 0,87%* Kürzungen – -5,30%* – -4,60%* – -0,70%# absolute Differenz – 3,76%* – 3,93%* II: Konstante – ΔD/P – D/P – Size – Dum – R^2 pos.# – pos.* – pos.* – neg.* – pos.# – 5%

- nicht signifikant; * - signifikant auf dem 5%-Niveau (min.), jeweils nach den in der Untersuchung verwendeten Signifikanztests.

IV.1.3.6. Kursreaktion auf Dividendenankündigungen und weitere Mechanismen zur Lösung des Manager-Eigentümer-Konflikts

Born (1988) untersucht den Einfluß des Anteils der Insider am Unternehmen auf die Höhe der Kursreaktion bei einer Ankündigung der Aufnahme einer Dividendenzahlung. Insider sind in dieser Untersuchung wieder das Management und Aktionäre, deren Anteil mehr als 10% der Stammaktien beträgt, wie sie durch die SEC-Regeln definiert werden. Die Untersuchung zeigt in einer Regressionsanalyse, daß ein höherer Anteil dieser Insider einen positiven Einfluß auf die Ankündigungsrendite hat.

Born/Rimbey (1993) untersuchen Finanzierungsaktivitäten vor der Ankündigung von Dividendeneinführungen. Unternehmen mit Finanzierungsaktivitäten weisen bei der Aufnahme der Dividendenzahlung eine niedrigere Dividende auf als Unternehmen ohne Finanzierungsaktivitäten. Die Kursreaktion ist ebenfalls niedriger (aber immer noch signifikant positiv). In einer multiplen Regression wird dann die Kursreaktion durch die Dividendenänderung und einen Dummy, der Unternehmen mit vorheriger Finanzierungsaktivität ausweist, erklärt. Der Dummy hat in dieser Regression ein signifikant negatives Vorzeichen. Jedoch ist bei getrennten Regressionen der Koeffizient für die Dividendenänderung (D/P) bei Unternehmen mit Finanzierungsaktivität stärker positiv. Bei diesen Unternehmen reagiert die Kursreaktion stärker auf die Höhe der angekündigten Dividende als bei Unternehmen ohne vorherige Finanzierungsaktivitäten.

Handjinicolaou/Kalay (1984) untersuchen den Einfluß des Verschuldungsgrades des Unternehmens auf die Höhe der Kursreaktion bei einer Dividendenankündigung. Dabei hat eine hoher Verschuldungsgrad einen positiven Effekt auf die Kursreaktion. Bei Dividendenerhöhung ist die Kursreaktion in der Gruppe der Unternehmen mit einem hohen Verschuldungsgrad stärker positiv, bei Dividendenkürzungen ist die Kursreaktion bei diesen Unternehmen weniger stark negativ.

Handjinicolaou/Kalay (1984) untersuchen auch den Einfluß des Verschuldungsgrades auf die Höhe der Kursreaktion bei Anleihen (Bonds). Bei Dividendenerhöhungen ergeben sich auch bei einer Differenzierung nach dem Verschuldungsgrad des Unternehmens keine signifikanten Kursreaktionen bei Anleihen. Bei Dividendenkürzungen ergeben sich in der Gruppe der Unternehmen mit einem hohen Verschuldungsgrad signifikant negative Kursreaktionen, bei niedrigem Verschuldungsgrad ist die Kursreaktion insignifikant positiv.

Tabelle 14: Überblick über Ereignisstudien zum Zusammenhang zwischen der Kursreaktion bei Dividendenankündigungen und dem Verschuldungsgrad sowie dem Insideranteil am Unternehmen.

Untersuchung	Abgrenzung der Stichprobe Ermittlung der Überrenditen	Untersuchungsansatz Untersuchungsergebnisse
Handjinicolaou/ Kalay (1984) USA	Dividendenankündigung Zeit: 1975-1976 Anz.: 143 Common Stocks 818 Bonds	Die Kursreaktion auf Dividendenankündigungen werden für Common Stock und Bonds nach dem Verschuldungsgrad des Unternehmens differenziert (H-hoch, L-niedrig).
	tägliche Mean and Interest Rate Adjusted Bond Returns und tägliche Mean Adjusted Stock Returns jeweils mit SP: t_{-60} bis t_{-16}	StAR in t_0 — Bonds: H / L; Stocks: H / L ΔD positiv: -0,11%# / -0,01%#; 0,51%* / 0,30%* ΔD negativ: -0,69%* / 0,12%#; 0,10%# / -1,18%*
Born (1988) USA	Dividendeneinführung Zeit: 1972-1983 Anz.: 127	In einer Regression wird der Einfluß von D/P (=ΔD/P) und des Insideranteils auf die Ankündigungsreaktion bei Dividendeneinführungen untersucht.
	tägliche Überrenditen: Marktmodell SP: t_{-90} bis t_{-30} In: CRSP-Index (equally weighted)	— D/P / Insideranteil / R^2 Einfachregression: — / pos.* / 6,48% multiple Regression: pos.* / pos.* / 9,01%
Born/Rimbey (1993) USA	Dividendeneinführung Zeit: 1962-1989 Anz.: 490 keine weiteren zeitgleichen wichtigen Ankündigung (±10 Tage), Gewinnankündigungen wurden nicht ausgeschlossen	I: Die Kursreaktion wird für Unternehmen a) mit und b) ohne vorheriger Finanzierungsaktivität bestimmt. II: In einer Regressionsanalyse wird die Ankündigungsreaktion durch die Variable Dividendenänderung (D/P) und einen Dummy mit dem Wert 1, wenn ein Unternehmen mit vorheriger Finanzierungaktivität vorliegt, erklärt.
	tägliche Überrenditen: Marktmodell SP: t_{-90} bis t_{-1} In: n.a.	I: Gesamt / a) mit / b) ohne AR in t_{-1} bis t_0: 2,94%* / 1,59%* / 3,30%* II: Konstante / D/P / Dummy / adj. R^2 Gesamt: pos.* / pos.* / neg.* / 8,9% a) mit: neg.# / pos.* / — / 16,0% b) ohne: pos.* / pos.* / — / 5,7% Unternehmen mit Finanzierungsaktivität haben eine niedrigere Dividendenankündigung. Bei gegebener Dividendenankündigung (D/P) ist die Kursreaktion bei diesen Unternehmen jedoch stärker. Der Koeffizient für D/P ist mit 2,8 größer als bei Unternehmen ohne Finanzierungsaktivität (1,75).

- nicht signifikant; * - signifikant auf dem 5%-Niveau (min.), jeweils nach den in der Untersuchung verwendeten Signifikanztests.

IV.1.3.7. Zusammenhang zwischen der Kursreaktion auf Dividendenankündigungen und der Dividendenrendite der Aktie

Tabelle 15 faßt Untersuchungsergebnisse zum Zusammenhang zwischen der Dividendenrendite und der Ankündigungsrendite zusammen. Bajaj/Vijh (1990) definieren die Dividendenrendite als Summe der in den vier Quartalen vor der Dividendenankündigung gezahlten Dividenden dividiert durch den Kurs zu Beginn dieses Zeitraums.[170] Fehrs/Benesh/Peterson (1988) bilden den Durchschnitt aus acht vorangegangenen Quartalen. Denis/Denis/Sarin (1994) und Yoon/Starks (1995) definieren die Dividendenrendite einfach als Dividende des letzten Quartals dividiert durch den Kurs zwei Tage vor der Ankündigung.

In den Untersuchungen zu Dividendenerhöhungen hat die Dividendenrendite stets einen signifikant positiven Einfluß auf die Ankündigungsreaktion.[171] Bei der Ankündigung von Dividendenkürzungen ergibt sich überwiegend ein negativer Zusammenhang zwischen der Dividendenrendite und der Kursreaktion. Ausnahme ist die Untersuchung von Christie (1994), in der die Variable Dividendenrendite allerdings nur im Rahmen einer multiplen Regression mit neun weiteren Variablen untersucht wird.[172]

In den Untersuchungen wird weiter der Zusammenhang zwischen der Dividendenänderung (ΔD/P), der Größe des Unternehmens (gemessen am Unternehmenswert), der Dividendenrendite (D/P) und der Höhe der Kursreaktion bei Dividendenankündigungen untersucht. Dabei zeigt sich, daß die Dividendenrendite positiv mit der relativen Dividendenänderung korreliert.[173] Die Untersuchungen von Fehrs/Benesh/Peterson (1988) und Denis/Denis/Sarin (1994) nehmen daher multiple Regressionen mit der relativen Dividendenänderung (ΔD/P) und der Dividendenrendite (D/P) als erklärenden Variablen vor. Dabei bleibt der Einfluß der Dividendenrendite (D/P) auf die Kursreaktion erhalten. Er ist nur bei Dividendenkürzungen in der Untersuchung von Denis/ Denis/Sarin (1994) insignifikant, ansonsten bleibt er signifikant. Auch der Einfluß der relativen Dividendenänderung (ΔD/P) bleibt mit Ausnahme der Dividendenkürzungen bei Fehrs/Benesh/Peterson (1988) signifikant positiv.

Bajaj/Vijh (1990) ziehen weiter den Kurs der Aktie in diese Betrachtungen mit ein. Dabei zeigt sich, daß die Dividendenrendite negativ mit dem Kurs der Aktie[174]

---

[170] Dieser Kurs wird noch mit der Marktrendite zwischen diesem Zeitpunkt und dem Tag vor Dividendenankündigung korrigiert.

[171] Vgl. die Untersuchungen von Fehrs/Benesh/Peterson (1988); Bajaj/Vijh (1990); Denis/Denis/Sarin (1994); Yoon/Starks (1995).

[172] Vgl. Christie (1994), S. 470.

[173] Vgl. Bajaj/Vijh (1990), S. 210 - 211 und Denis/Denis/Sarin (1994), S. 574.

[174] Vgl. Bajaj/Vijh (1990), S. 204 (Table 3).

korreliert.[175] Die relative Dividendenänderung ($\Delta D/P$) ist positiv mit der Kursreaktion korreliert,[176] der Kurs der Aktie korreliert bei Dividendenerhöhungen (Dividendenkürzungen) negativ (positiv) mit der Kursreaktion,[177] wobei diese Korrelation wahrscheinlich daraus resultiert, daß der Kurs selbst mit dem Marktwert des Unternehmens korreliert ist.[178] Bei Unternehmen mit niedrigen Aktienkursen und hohen relativen Dividendenänderungen lassen sich stärkere positive Kursreaktionen bei Dividendenerhöhungen beobachten, zugleich haben diese Aktien eine höhere Dividendenrendite. Bei Dividendenkürzungen bedeutet ein niedrigerer Kurs eine stärker negative Kursreaktion und auch eine höhere Dividendenrendite der Aktie. Um den Einfluß des Kurses konstant zu halten, unterteilen Bajaj/Vijh (1990) daher ihre Untersuchungsgruppe nicht nur nach der Dividendenrendite, sondern zusätzlich in vier Gruppen nach der Höhe des Kurses. Die Kursreaktion innerhalb der nach der Höhe des Kurses gebildeten Gruppen hängt weiterhin bei Dividendenerhöhungen (Dividendenkürzungen) positiv (negativ) von der Dividendenrendite ab. Der Zusammenhang zwischen dem Kurs der Aktie und Dividendenrendite kann daher nicht die Zusammenhänge zwischen Dividendenrendite und der Kursreaktion erklären. Weiter nehmen Bajaj/Vijh (1990) und Yoon/Starks (1995) eine multiple Regression vor. Der Ankündigungseffekt wird durch die relative Dividendenänderung, den Kurs [nur bei Bajaj/Vijh (1990)], den Marktwert des Unternehmens, einen Dummy für Tobins Q [nur bei Yoon/Starks (1995)] und die Dividendenrendite erklärt. In dieser Regression bleibt der Koeffizient für die Dividendenrendite signifikant, obwohl die anderen Variablen in der Regressionsgleichung enthalten sind.

---

175) Vgl. Bajaj/Vijh (1990), S. 210 - 211 und Denis/Denis/Sarin (1994), S. 574.

176) Vgl. Abschnitt IV.1.3.1.

177) Vgl. Abschnitt IV.1.3.4.; Bajaj/Vijh (1990), S. 203 - 208.

178) Allerdings überprüfen Bajaj/Vijh (1990) diese Korrelation nicht formal.

Tabelle 15: Überblick über Ereignisstudien zum Zusammenhang zwischen der Dividendenrendite und der Kursreaktion bei Dividendenankündigungen.

Untersuchung	Abgrenzung der Stichprobe Ermittlung der Überrenditen	Untersuchungsansatz Untersuchungsergebnisse
Fehrs/Benesh/ Peterson (1988) USA	Dividendenankündigung Zeit: 1980-1984 Anz.: 1080 keine weiteren zeitgleichen Ankündigungen (±7 Tage); mind. 4 Quartale Dividendenzahlungen	I: Durch Gruppenbildung wird für Dividendenerhöhungen der Einfluß der Dividendenrendite (D/P; Durchschnitt über die acht vorausgegangenen Quartale) und die relative Dividendenänderung (ΔD/P) auf die Ankündigungsreaktion untersucht. II: In einer Regressionsanalyse wird der Einfluß von D/P und ΔD/P a) für Dividendenerhöhungen und b) für Dividendenkürzungen auf die Ankündigungsreaktion untersucht.
	tägliche Überrenditen: Marktmodell SP: t_{-120} bis t_{-21} In: CRSP-Index (value weighted)	I: Unternehmen mit höherer Dividendenrendite und höherer Dividendenänderung weisen eine stärker positive Kursreaktion auf. IIa: Erhöhungen — Konstante — D/P — ΔD/P — adj. R^2 Einfachregression — neg.# — pos.* — — 3,1% multiple Regression — neg.* — pos.* — pos.* — 7,2% IIb: Kürzungen — Konstante — D/P — ΔD/P — adj. R^2 Einfachregression — neg.# — neg.* — — 13,3% multiple Regression — pos.# — neg.* — neg.# — 12,4%
Bajaj/Vijh (1990) USA	Dividendenerhöhung, Dividendenkürzung Zeit: 1962-1987 Anz.: 54058	I: Durch Gruppenbildung wird der Einfluß der Dividendenrendite und der Höhe des Kurses auf die Kursreaktion bestimmt. II: In a) Einfachregressionen und b) multiplen Regressionen wird die Ankündigungsreaktion durch folgende Variablen erklärt: ΔD/D prozentuale Dividendenänderung ΔD/P relative Dividendenänderung RStP Rangplatz Kurs RVal Rangplatz Marktwert Eigenkapital RD/P Rangplatz Dividendenrendite [Zur Vergabe der Rangplätze wird die Gesamtgruppe quartalweise in Percentile unterteilt.] III: Untersucht wird die Änderung des Betafaktors.
	tägliche Überrenditen: Marktmodell SP: t_{-250} bis t_{-11} In: CRSP-Index (equally weighted)	I: Die Höhe der Dividendenrendite hat bei Dividendenerhöhungen einen positiven, bei Dividendenkürzungen einen negativen Einfluß auf die Ankündigungsreaktion. Die Höhe des Kurses hat einen positiven Einfluß auf die Ankündigungsreaktion, der Einfluß der Dividendenrendite bleibt aber bestehen. IIa: — Kürzungen — R^2 — Erhöhungen — R^2 RD/P — neg.* — 2,1% — pos.* — 1,2% IIb: — Kürzungen — Erhöhungen ΔD/D — pos.* — neg.* ΔD/P — neg.# — pos.* RStP — pos.# — neg.* RVal — pos.* — neg.* RD/P — neg.* — pos.* R^2 — 7,04% — 6,26% III: Bei Kürzungen erhöht sich Beta, bei Erhöhungen sinkt Beta (jeweils signifikant). Die Veränderung von Beta ist bei Kürzungen unabhängig von der Dividendenrendite, bei Erhöhungen besteht ein signifikant negativer Zusammenhang, der allerdings den positiven Zusammenhang zwischen Ankündigungsreaktion und Dividendenrendite nicht erklären kann.

Tabelle 15: Überblick über Ereignisstudien zum Zusammenhang zwischen der Dividendenrendite und der Kursreaktion bei Dividendenankündigungen.

Untersuchung	Abgrenzung der Stichprobe Ermittlung der Überrenditen	Untersuchungsansatz Untersuchungsergebnisse
Christie (1994) USA	Dividendenkürzung Zeit: 1962-1985 Anz.: 475 keine Finanzunternehmen; keine weiteren zeitgleichen Ankündigungen (t_{-1} und t_0)	In einer multiplen Regression wird die Kursreaktion durch neun Variablen erklärt. Eine der erklärenden Variablen ist die Dividendenrendite vor der Ankündigung der Dividendenkürzung.
	tägliche Überrenditen: Marktmodell SP: t_{-305} bis t_{-56} In: S&P 500-Index	Bei Dividendenkürzungen ist der Einfluß der Dividendenrendite in der multiplen Regression insignifikant positiv. [179)]
Denis/Denis/ Sarin (1994) USA	Dividendenänderung > 10% Zeit: 1962-1988 Anz.: 6777	I: Die Ereignisse werden nach der Höhe der Dividendenrendite vor der Ankündigung (D/P) differenziert. II: In einer Regressionsanalyse wird die Ankündigungsreaktion a) in einer gepoolten Gruppe (Dividendenkürzungen negativ), b) für Dividendenerhöhungen und c) für Dividendenkürzungen durch folgende Variablen erklärt: ΔD/P - relative Dividendenänderung D/P - Dividendenrendite Dummy - 1, wenn Tobins Q > 1.
	tägliche Überrenditen werden vom Daily Excess Return File übernommen	I: AR in t_{-1} bis t_0 — Erhöhungen / Kürzungen / abs. Diff. Gesamt: 1,25%* / -5,71%* / 4,46%* D/P < Median: 0,63%* / -4,71%* / 4,08%* D/P > Median: 1,88%* / -6,60%* / 4,72%* Differenz: -1,25%* / 1,89%* II: Regression — a) gepoolt / b) Erhöhungen / c) Kürzungen ΔD/P: pos.* / pos.* / pos.* D/P: pos.* / pos.* / neg.# Dum. Q > 1: neg.# / pos.* / pos.# adj. R^2: 13,9% / 7,8% / 3,4%
Yoon/Starks (1995) USA	Dividendenerhöhung ≥ 10% Zeit: 1969-1988 Anz.: 4179 nur Industrieunternehmen	In einer multiplen Regression wird die Kursreaktion durch die relative Dividendenänderung (ΔD/P), die Dividendenrendite vor der Ankündigung (D/P), die Unternehmensgröße (Size = Marktwert des Unternehmens, ln) und einen Dummy mit dem Wert 1, wenn Tobins Q größer als 1 ist, erklärt.
	tägliche Überrenditen: Marktmodell SP: t_{-100} bis t_{-8} und t_8 bis t_{100} In: CRSP-Index (equally weighted)	Konstante / ΔD/P / D/P / Size / Dum / R^2 pos.# / pos.* / pos.* / neg.* / pos.# / 5%

- nicht signifikant; * - signifikant auf dem 5%-Niveau (min.), jeweils nach den in der Untersuchung verwendeten Signifikanztests.

179) Vgl. Christie (1994), Table 5 zu den Untersuchungsergebnissen. Hier fehlen die Koeffizienten für die Variable Stock, obwohl sie im Text kommentiert wird. Obwohl die tabellarische Übersicht signifikant negative Koeffizienten für die Variable Size bei Dividendenkürzungen ausweist, heißt es im Text: „Size is now reliable positive" (S. 470). Bei der Interpretation aller Ergebnisse ist daher Vorsicht geboten.

IV.1.3.8. Zusammenhang zwischen der Kursreaktion auf Dividendenankündigungen und dem Risiko der Aktie

In diesem Abschnitt sollen der Einfluß des Gesamtrisikos gemessen durch die Varianz der Aktienrenditen und des im CAPM allein bewertungsrelevanten systematischen Risikos gemessen durch den Betafaktor der Aktie auf die Kursreaktion untersucht werden. Außerdem werden Untersuchungsergebnisse zum Verhältnis von systematischen und unsystematischen Risiko an Tagen mit und ohne Dividendenankündigung vorgestellt. Die Veränderung von systematischen und unsystematischen Risiko nach Dividendenankündigungen wird in Abschnitt IV.2.4. untersucht.

Eades (1982) untersucht für Dividendenerhöhungen den Einfluß der Varianz der Aktienrendite vor der Ankündigung auf die Kursreaktion.[180] Er unterteilt dabei seine Untersuchungsgruppe in Ereignisse mit einer hohen und einer niedrigen Varianz, wobei die Dividendenänderung konstant gehalten wird, indem zusätzlich Gruppen nach der Höhe der relativen Dividendenänderung gebildet werden. Die Varianz der Aktienrendite hat dabei einen negativen Einfluß auf die Höhe der Ankündigungsreaktion, während in einer multiplen Regression zur Erklärung der Ankündigungsreaktion bei Dividendenkürzungen und Dividendenausfällen von Ghosh/Woolridge (1988) der Einfluß signifikant positiv ist. In dieser Regression wird als erklärende Variable auch der Einfluß des systematischen Risikos untersucht. Der Betafaktor aus einer Marktmodellschätzung hat einen insignifikant negativen Einfluß auf die Kursreaktion.[181]

Kalay/Loewenstein (1985) und Jayaraman/Shastri (1993) untersuchen die Veränderung der Varianz der Aktienrenditen bei Dividendenankündigungen.[182] Dazu vergleichen Kalay/Loewenstein (1985) die Varianz während der Ereignisperiode (t_{-1} bis t_2) mit der Varianz einer Periode ohne Dividendenankündigung (t_{-34} bis t_{-15} und t_{15} bis t_{34}). Jayaraman/Shastri (1993) beobachten die Veränderung der Implied Standard Deviation des Optionspreises auf Aktien dieser Unternehmen. Beide Untersuchungen stellen so einen Anstieg der Varianz der Aktienrenditen im Zeitraum der Dividendenankündigungen fest.

Kalay/Loewenstein (1985) und Eades/Hess/Kim (1985) untersuchen weiter die Veränderung des systematischen Risikos an Tagen mit Dividendenankündigungen.[183] Dazu wird der Betafaktor während der Ereignisperiode mit dem Betafaktor an Tagen ohne Dividendenankündigung verglichen. Beide Untersuchungen stellen eine Erhöhung des Betafaktors an Tagen mit Dividendenankündigungen fest, die aber nur in der Untersuchung von Kalay/Loewenstein (1985) signifikant ist. Dieser Anstieg des systematischen

---

[180] Vgl. Eades (1982), S. 492 - 494.

[181] Vgl. Ghosh/Woolridge (1988), S. 291 - 292.

[182] Vgl. Kalay/Loewenstein (1985), S. 440 - 442; Jayaraman/Shastri (1993), S. 675 - 680.

[183] Vgl. Eades/Hess/Kim (1985), S. 598 - 600; Kalay/Loewenstein (1985), S. 442 - 445.

Risikos kann allerdings nicht die in beiden Untersuchungen festgestellten positiven Überrenditen in der Gesamtgruppe aller Dividendenankündigung erklären.

Tabelle 16: Überblick über Ereignisstudien zum Zusammenhang zwischen der Kursreaktion auf Dividendenankündigungen und dem Risiko der Aktie.

Untersuchung	Abgrenzung der Stichprobe Ermittlung der Überrenditen	Untersuchungsansatz Untersuchungsergebnisse
Eades (1982) USA	Dividendenerhöhung Zeit: 1974-1979 Anz.: 2160	Es wird der Einfluß der relativen Dividendenerhöhung und der Standardabweichung der Renditen durch eine Gruppenbildung nach beiden Größen untersucht.
	tägliche Mean Adjusted Returns SP: t_{-117} bis t_{-18}	Es läßt sich ein positiver Einfluß der relativen Dividendenerhöhung ($\Delta D/P$) auf die Ankündigungsrendite zeigen. Weiter besteht eine signifikant negative Differenz zwischen den Kursreaktionen in Gruppen mit hoher Standardabweichung gegenüber Gruppen mit niedriger Standardabweichung, auch wenn für die Dividendenänderung kontrolliert wird.
Eades/Hess/ Kim (1985) USA	Dividendenankündigung Zeit: 1962-1980 Anz.: 73597 Unternehmen hat im Quartal vorher eine Dividende gezahlt	Untersucht wird die Veränderung des systematischen Risikos an Tagen mit Dividendenankündigungen. Dabei wird das systematische Risiko an Tagen mit und ohne Dividendenankündigung verglichen.
	tägliche Mean Adjusted Returns SP: t_{31} bis t_{60}	Es wird ein Anstieg des Betafaktors an Tagen mit Dividendenankündigungen festgestellt, der nicht signifikant ist.
Kalay/ Loewenstein (1985) USA	Dividendenankündigung Zeit: 1962-1980 Anz.: 20451	I: Es wird die Veränderung der Varianz in der Ereignisperiode untersucht. Hierzu wird die Varianz während der Ereignisperiode (t_{-1} bis t_2) mit der Varianz einer Periode ohne Dividendenankündigung (t_{-34} bis t_{-15} und t_{15} bis t_{34}) verglichen. II: Untersucht wird die Veränderung des systematischen Risikos an Tagen mit Dividendenankündigungen, die hierfür mit Tagen ohne Dividendenankündigung verglichen werden.
	tägliche Mean Adjusted Returns SP: t_{-29} bis t_{-15} und t_{15} bis t_{29}	I: Es läßt sich ein Anstieg der Varianz der Aktienrenditen im Zeitraum der Dividendenankündigung feststellen. II: Es wird ein Anstieg des Betafaktors an Tagen mit Dividendenankündigungen festgestellt, der signifikant ist. Allerdings kann dieser Anstieg nicht die Überrenditen bei Dividendenankündigungen erklären.
Ghosh/ Woolridge (1988) USA	Dividendenkürzung, Dividendenausfall Zeit: 1962-1984 Anz.: 930	In einer multiplen Regressionsanalyse wird der Einfluß von acht Variablen auf die Kursreaktion untersucht. Darunter befinden sich als erklärende Variablen das Marktmodell-Beta (t_{-250} bis t_{-1}) und die Residual Variance aus Marktmodellschätzung (t_{-250} bis t_{-1}). Korrelationen unter den erklärenden Variablen wird nicht untersucht.
	tägliche Market Adjusted Returns In: S&P 500-Index	Beta hat einen insignifikant negativen Einfluß auf die Kursreaktion, die Varianz einen signifikant positiven.
Jayaraman/ Shastri (1993) USA	Specially Designated Dividend Zeit: 1975-1988 Anz.: 85 SDD 39 reguläre Dividenden Aktien, auf die Calloptionen gehandelt werden	Untersucht wird die Änderung der in Optionspreisen impliziten Standardabweichung der Aktienrenditen (ISD) bei der Ankündigung einer SDD und einer regulären Dividende.
		Bei Ankündigung einer SDD ist die ISD in der Ankündigungsperiode (t_{-3} bis t_3) signifikant niedriger als im Zeitraum vor der Ankündigung der Dividende (t_{-20} bis t_{-4}). Die niedrigere ISD tritt in der (kleineren) Gruppe mit Ankündigungen regulären Dividendenerhöhungen nicht auf.

- nicht signifikant; * - signifikant auf dem 5%-Niveau (min.), jeweils nach den in der Untersuchung verwendeten Signifikanztests.

IV.1.3.9. Zusammenhang zwischen der Kursreaktion auf Dividendenankündigungen und der (Änderung der) Ausschüttungsquote des Unternehmens

Eddy/Seifert (1988) untersuchen für Dividendenerhöhungen ($\Delta D/D > 20\%$) den Zusammenhang zwischen der Ankündigungreaktion und der Ausschüttungsquote des Unternehmens.[184] In einer multiplen Regressionsanalyse zeigt sich ein signifikant positiver Einfluß der Ausschüttungsquote, die als Quotient der in einem Dreijahreszeitraum gezahlten Dividenden über die in diesem Zeitraum erzielten Gewinne definiert wird, auf die Ankündigungsreaktion.

Divecha/Morse (1983) und Impson/Karafiath (1992) versuchen bei Dividendenerhöhungen den Einfluß der Veränderung der Ausschüttungsquote auf die Ankündigungsreaktion zu messen.[185] Dabei beziehen sich allerdings in der von Divecha/Morse (1983) definierten Ausschüttungsquote Gewinn und Dividende nicht auf dasselbe Quartal, während bei Impson/Karafiath (1992) dieser Punkt unklar bleibt.

Bei der Ankündigung von Dividendenerhöhungen stellen Divecha/Morse (1983) eine signifikant (10%-Niveau) stärker positive Kursreaktion bei den Unternehmen fest, die ihre Ausschüttungsquote vermindern. Impson/Karafiath (1992) stellen bei der univariaten Gruppenbildung eine insignifikant niedrigere Kursreaktion bei den Unternehmen fest, die ihre Ausschüttungsquote vermindern. In der multivariaten Regression hat die Änderung der Ausschüttungsquote dann einen insignifikant negativen Einfluß. Bei der Interpretation dieser Ergebnisse ist außerdem zu beachten, daß sich die Veränderung der Ausschüttungsquote auf Quartalsdaten bezieht. Es ist daher fraglich, ob diese Definition langfristige Veränderungen in der Ausschüttungsquote wiedergeben kann. Vielmehr wird die Veränderung des Ausschüttungsquote vermutlich stärker durch die im Vergleich zur Dividende volatileren Gewinne beeinflußt werden.[186]

---

184) Vgl. Eddy/Seifert (1988), S. 297 - 301.

185) Vgl. Divecha/Morse (1983), S. 169 - 172; Impson/Karafiath (1992), S 268f.

186) Vgl. Impson/Karafiath (1992), S. 259.

Tabelle 17: Überblick über Ereignisstudien zum Zusammenhang zwischen der (Änderung der) Ausschüttungsquote des Unternehmens und der Kursreaktion bei Dividendenankündigungen.

Untersuchung	Abgrenzung der Stichprobe Ermittlung der Überrenditen	Untersuchungsansatz Untersuchungsergebnisse
Divecha/ Morse (1983) USA	Dividendenerhöhung Zeit: 1977-1979 Anz.: 1039	Die Kursreaktion in der Untersuchungsgruppe wird nach der Änderung der Ausschüttungsquote (D_t/E_{t-1} - D_{t-1}/E_{t-2}) differenziert.
	tägliche Market Adjusted Returns SP: einheitlich 60 monatliche Renditen bis 3/1977 In: CRSP-Index (value weighted)	| | AR in t_{-1} bis t_0 | |---|---| | (D_t/E_{t-1} - D_{t-1}/E_{t-2}) > 0 | 0,94%* | | (D_t/E_{t-1} - D_{t-1}/E_{t-2}) < 0 | 1,34%* | | Differenz | signifikant (10%) |
Eddy/Seifert (1988) USA	Dividendenerhöhung > 20% Zeit: 1983-1985 Anz.: 179 keine weiteren zeitgleichen Gewinnankündigungen (±5 Tage)	In multiplen Regressionsanalysen wird der Zusammenhang zwischen der Kursreaktion und der Dividendenänderung (ΔD/D), der Ausschüttungsquote (D/E) sowie der Unternehmensgröße (Marktwert des Eigenkapitals) bestimmt.
	tägliche Mean Adjusted Returns SP: t_{-60} bis t_{-11}	In der Regressionsanalyse haben ΔD/D und D/E einen signifikant positiven, die Unternehmensgröße einen signifikant negativen Einfluß auf die Ankündigungsreaktion.
Impson/ Karafiath (1992) USA	Dividendenerhöhung, Dividendenkürzung jeweils > 25% Zeit: 1970-1986 Anz.: 116 keine weiteren zeitgleichen Ankündigungen (±5 Tage); Gewinnankündigung vor Dividendenankündigung	I: Es wird die Kursreaktion für die Gruppen Dividendenerhöhung und Dividendenkürzung danach unterteilt, ob die Ausschüttungsquote gestiegen oder gesunken ist. II: In einer Regressionsanalyse wird die Kursreaktion (AR in t_{-1} bis t_1) durch die prozentuale Dividendenänderung (ΔD/D) und die Änderung der Ausschüttungsquote (ΔAQ/AQ) erklärt.
	tägliche Überrenditen: Marktmodell SP: t_{-766} bis t_{-16} In: n.a.	| I: StAR in t_{-1} bis t_1 | ΔAQ neg. | ΔAQ pos. | Diff. | |---|---|---|---| | Erhöhung | 0,17%# | 0,38%# | insign. | | Kürzung | -8,57%* | -6,16%* | insign. | | II: | Konstante | ΔD/D | ΔAQ/AQ | R^2 | |---|---|---|---|---| | Erhöhung | n.a. | pos.* | neg.# | 48% | | Kürzung | n.a. | pos.* | neg.# | 48% |

- nicht signifikant; * - signifikant auf dem 5%-Niveau (min.), jeweils nach den in der Untersuchung verwendeten Signifikanztests.

IV.2. Dividendenankündigungen und weitere Einflußfaktoren

IV.2.1. Die Gewinnentwicklung im zeitlichen Zusammenhang mit Dividendenankündigungen

Der erste Schritt in der Analyse des Zusammenhangs zwischen der Gewinnentwicklung im zeitlichen Zusammenhang mit Dividendenankündigungen ist die Beschreibung der Gewinnentwicklung. Dabei stellt sich die Frage, wie die Gewinne der einzelnen Unternehmen zu einer Kennzahl verdichtet werden können. Hierin unterscheiden sich fast alle vorliegenden Untersuchungen, so daß eine Beschreibung der verwendeten Verfahren angebracht erscheint. Die Unterschiede beziehen sich dabei auf vier Aspekte:

- Verwendete Gewinngröße (z.B. Net Income, Net Income before Extraordinary Items),
- Bereinigung der Gewinngröße um branchen- oder gesamtwirtschaftliche Effekte,
- Verwendung eines Gesamtgewinns oder eines Gewinns pro Aktie,
- Standardisierung der Gewinngröße bei der Aggregation.

Als Gewinngröße werden meist „Net Income"[187] oder „Net Income before Extraordinary Items and Discontinued Operations"[188] verwendet. Eine Beurteilung, welche Größe sich besser zur Darstellung der operativen Entwicklung des Unternehmens eignet, muß methodisch auf einer anderen Ebene als der des Zusammenhangs mit der Kursreaktion auf Dividendenankündigungen getroffen werden. DeAngelo/ DeAngelo/Skinner (1992) befassen sich mit der Frage, ob Gewinnbestandteile, die als „Special Items", „Extraordinary Items" und „Discontinued Operations" bezeichnet werden, bei Unternehmen in Verlustsituationen die Prognose einer Dividendenkürzung verbessern helfen.[189] In der von ihnen vorgenommenen Logitanalyse tragen diese Gewinnbestandteile signifikant zur Prognose der Dividendenkürzung bei. Daraus läßt sich eine bessere Eignung einer bereinigten Gewinngröße ableiten. Seltener und dann nur in deskriptiven Studien werden weitere Gewinngrößen, wie z.B. „Operating Income before Depreciation"[190] oder „Net Income abzüglich Preferred Dividends"[191] verwendet.

Unterschiedlich wird auch die Bereinigung der Gewinnentwicklung um branchen- oder gesamtwirtschaftliche Effekte in den Untersuchungen gehandhabt. Überwiegend wird in den Untersuchungen die Gewinnentwicklung nicht bereinigt.[192] Bereinigungen werden

---

187) Z.B. in den Untersuchungen von Brickley (1983) oder Bajaj/Vijh (1990).

188) Z.B. in den Untersuchungen von Healy/Palepu (1988) oder Jensen/Johnson (1995). Benartzi/Michaely/Thaler (1997) verwenden „Earnings before Extraordinary Items".

189) Vgl. DeAngelo/DeAngelo/Skinner (1992), S. 1852 - 1856.

190) Vgl. Jensen/Johnson (1995).

191) Vgl. Manakyan/Caroll (1990).

192) Vgl. z.B. die Untersuchungen von Brickley (1983), Wansley/Lane (1987), DeAngelo/DeAngelo/ Skinner (1992) und Jensen/Johnson (1995). Benartzi/Michaely/Thaler (1997) betrachten neben unbereinigten auch branchenbereinigte Gewinne.

mit einem Branchen- oder Marktindex vorgenommen,[193)] bei Benartzi/Michaely/Thaler (1997) erfolgt die Bereinigung mit dem Median der Gewinnentwicklung der Branche, wobei als Vergleichsunternehmen nur Unternehmen ohne Dividendenänderung herangezogen werden. Da Dividendenkürzungen und Dividendenerhöhungen über den Konjunkturzyklus wahrscheinlich nicht gleich verteilt sind,[194)] fällt die Interpretation der unbereinigten Gewinne als Performancemaß schwer. Konsequenterweise nimmt daher Brickley (1983) ein zeitliches Matching der Ereignisse der Kontrollgruppe mit denen der Untersuchungsgruppe vor.[195)]

Die Frage einer Standardisierung der Gewinngröße hängt eng damit zusammen, ob in der Untersuchung absolute Gewinne oder Gewinne pro Aktie verwendet werden. Ziel der Standardisierung ist es dabei, Unterschiede in den Gewinnen, die allein auf die Größe des Unternehmens zurückzuführen sind, auszugleichen. Als Größenkriterien werden dabei in den vorliegenden Untersuchungen der Marktwert[196)] oder der Buchwert[197)] des Eigenkapitals und des Gesamtkapitals (in Form von Total Assets[198)]) verwendet. Wird die Größe Gewinn pro Aktie betrachtet, ist diese mit einer entsprechenden Größe pro Aktie zu standardisieren, dies ist z.B. in der Untersuchung von Healy/Palepu (1988) der Marktwert der Aktie zwei Tage vor der Dividendenankündigung. Zu beachten ist jedoch, daß dann Veränderungen des Eigenkapitals wie Bezugsrechtsemissionen; Stock Dividends oder Aktiensplits bzw. Nennwertumstellungen im Gewinn pro Aktie zu bereinigen sind, da sich hier die Anzahl der Aktien verändert, ohne daß sich das Eigenkapital im gleichen Maße verändert.[199)] Wird nicht der Gewinn pro Aktie betrachtet, so wird die Standardisierung einfach mit dem Eigenkapital vorgenommen, so z.B. in der Untersuchung von DeAngelo/DeAngelo/Skinner (1992) mit dem Buchwert des Eigenkapitals im Jahr vor der Dividendenankündigung. Dabei sollte dann der Gewinn bereinigt werden, sofern sich Änderungen nur aus Veränderungen des Eigenkapitals (Kapitalerhöhungen oder -herabsetzungen, nicht jedoch Stock Dividends oder Aktiensplits, da sich hier das Eigenkapital nicht ändert) ergeben.[200)]

Bereinigungsprobleme bei der Standardisierung werden zwar bei der Verwendung von Rentabilitäten vermieden, da sich hier Gewinn- und Vermögensgröße auf denselben Zeit-

---

193) Vgl. Healy/Palepu (1988) und Seifert (1997).

194) Vgl. z.B. die zeitliche Verteilung von Dividendenausfällen und Dividendeneinführungen auf dem US-amerikanischen Kapitalmarkt in der Untersuchung von Michaely/Thaler/Womack (1995), S. 578 (Table 1).

195) Vgl. Brickley (1983), S. 191 - 194. Dies ist die einzige Untersuchung in der dies geschieht.

196) In den Untersuchungen von Healy/Palepu (1988) und Benartzi/Michaely/Thaler (1997).

197) In der Untersuchung von DeAngelo/DeAngelo/Skinner (1992).

198) In der Untersuchung von Seifert (1997).

199) Diese Bereinigungen nimmt auch Brickley (1983) vor, Healy/Palepu (1988) machen dazu keine Angaben.

200) Die Untersuchung von DeAngelo/DeAngelo/Skinner (1992) macht dazu allerdings keine Angaben.

punkt beziehen. So betrachtet etwa Seifert (1997) die Änderung des Gewinns pro Aktie standardisiert mit dem Gesamtvermögen (Total Assets) im Betrachtungsjahr. Bei Verwendung einer sich im Zeitablauf ändernden Vermögensgröße kann auf eine Bereinigung der Gewinngröße im Zähler verzichtet werden. Versteht man die Berechnung einer Rentabilitätsgröße als eine Standardisierung zur Aggregation von Gewinnen, so ergibt sich bei deren Betrachtung im Zeitablauf allerdings das Problem, daß Veränderungen der Rentabilitätsgröße nicht nur durch Änderungen des Zählers, sondern auch durch Änderungen des Nenners verursacht sein können. Bei der von Seifert (1997) berechneten Größe ist zusätzlich noch die gleichzeitige Verwendung einer Größe pro Aktie und einer Vermögensgröße, die sich nicht auf einen Wert pro Aktie bezieht, schwer zu interpretieren.

Als weitere Standardisierungsgröße wird bei der Berechnung der relativen Änderung des Gewinns der Gewinn eines Basisjahres verwendet.[201)] Problem bei der Verwendung dieser Größe sind wechselnde Vorzeichen des Gewinns eines Unternehmens im Zeitablauf und niedrige Werte des Gewinns im Basisjahr, wodurch sich hohe Änderungsraten ergeben können.

Gar keine Standardisierung zur Aggregation der Gewinnänderung nehmen in ihrer Untersuchung Bajaj/Vijh (1990) vor. Sie betrachten die US-Dollar-Veränderung des Gewinns pro Aktie bei Dividendenankündigungen und stellen dieser die Änderung der Dividende pro Aktie gegenüber, wodurch sie als Differenz die Änderung der Rücklagen, d.h. die Thesaurierung des Unternehmens erhalten. Bei Dividendenerhöhungen läßt sich eine Erhöhung des Gewinns beobachten, die stärker als die Dividendenerhöhung ist, wodurch die Thesaurierung durch das Unternehmen steigt.

Benartzi/Michaely/Thaler (1997) untersuchen die Gewinnentwicklung bei Dividendenerhöhungen. Im Jahr der Dividendenerhöhung sind noch steigende (unbereinigte oder branchenbereinigte) Gewinne zu beobachten, deren Steigerung stärker ist als bei Unternehmen ohne Dividendenänderung und die auch positiv mit der prozentualen Dividendenänderung korrelieren. In den beiden Jahren nach der Dividendenerhöhung ist keine bessere Gewinnentwicklung im Vergleich zu Unternehmen mit konstanter Dividende mehr feststellbar, teilweise ist eine negativere Gewinnentwicklung zu beobachten. Seifert (1997) beobachtet ebenfalls für den US-amerikanischen Kapitalmarkt im Jahr vor einer Dividendenerhöhung oder Dividendeneinführungen steigende Gewinne, in den drei Jahren danach jedoch eine negative Gewinnentwicklung. In der Untersuchung von Brickley (1983) weist die Gruppe mit regulären Dividendensteigerungen im Jahr nach der Dividendenerhöhung ein niedrigeres Gewinnwachstum auf als im Jahr vor der Dividendenankündigung. Bei Unternehmen, die eine Dividende mit einem Label ankündigen, liegt die

---

201) Vgl. die Untersuchung von Brickley (1983).

Gewinnsteigerung im Jahr nach der Ankündigung signifikant unter der bei regulären Dividendenankündigungen.

Die Untersuchungen von Wansley/Lane (1987), Healy/Palepu (1988) und Seifert (1997) befassen sich mit der Ankündigung von Dividendeneinführungen.[202] Dabei beobachten Healy/Palepu (1988) im Jahr der Einführung und in den beiden folgenden Jahren signifikante Gewinnsteigerungen, Seifert (1997) ermittelt in den Jahren vor der Dividendeneinführung signifikant positive Gewinnänderungen, danach signifikant negative. Wansley/Lane (1987) beobachten einen Anstieg der Rentabilität in den Jahren bis zur Dividendeneinführung, der Zeitraum danach wird nicht betrachtet. Einheitlich lassen sich den Untersuchungen bis zur Dividendeneinführung daher Gewinnsteigerungen entnehmen, im Zeitraum nach der Dividendeneinführung unterscheiden sich die Untersuchungsergebnisse, wobei noch einmal auf die schwer zu interpretierende Gewinngröße von Seifert (1997) hinzuweisen ist.

Vor und im Jahr einer Dividendenkürzung oder eines Dividendenausfalls stellen Healy/Palepu (1988), Seifert (1997) und Benartzi/Michaely/Thaler (1997) sinkende Gewinne fest, Jensen/Johnson (1995) stellen ein Sinken der Rentabilität in diesem Zeitraum fest. DeAngelo/DeAngelo/Skinner (1992) ermitteln außerdem den Anteil der Unternehmen, die ihre Dividende in dem Geschäftsjahr kürzen oder ausfallen lassen, in dem sie einen Gewinn oder einen Verlust ausweisen. Bei einem Verlustausweis ist der Anteil der Unternehmen mit einer negativen Dividendenentwicklung mit 60,9% deutlich größer als bei Unternehmen mit einem Gewinnausweis (1%). Auch dies ist ein Hinweis auf die negative Gewinnentwicklung im Jahr der und vor der Dividendenkürzung.

Im Jahr nach der Dividendenkürzung stellen Benartzi/Michaely/Thaler (1997) einen signifikanten Anstieg der (unbereinigten und branchenbereinigten) Gewinne fest, Seifert (1997) eine insignifikant positive Gewinnentwicklung. Auch bei Dividendenausfällen stellen Healy/Palepu (1988) einen signifikanten Anstieg des Gewinns fest. In der Untersuchung von Jensen/Johnson (1995) steigt die Rentabilität nach der Dividendenkürzung wieder an, allerdings bleibt sie unterhalb der Werte vor der Ankündigung. Allein Baja/Vijh (1990) stellen nach Dividendenkürzungen einen sinkenden Gewinn fest, wobei die Verminderung des Gewinns höher als die Dividendenkürzung ist, so daß die Thesaurierung durch das Unternehmen sinkt.

In der Untersuchung von Seifert (1997) liegen auch Ergebnisse für den deutschen, britischen, französischen, kanadischen und australischen Kapitalmarkt vor. Für den deutschen Kapitalmarkt zeigt sich ebenso wie in Untersuchungen zum US-amerikanischen Kapitalmarkt im Jahr der Dividendenerhöhung oder -einführung eine signifikante

---

[202] Vgl. Wansley/Lane (1987), S. 429 - 431; Healy/Palepu (1988), S. 157 - 160; Seifert (1997), S. 76 - 80.

Gewinnsteigerung. In den Jahren nach der positiven Dividendenankündigung ist eine negative Gewinnentwicklung zu beobachten. Bei Dividendenkürzungen und Ausfällen stellt Seifert (1997) eine insignifikant negative Gewinnentwicklung in den Jahren t_0 und t_1 fest, denen ebenfalls insignifikante Gewinnsteigerungen in den Jahren t_2 und t_3 folgen.

Einen Zusammenhang zwischen der Gewinnentwicklung und der Kursreaktion auf Dividendenankündigungen untersuchen Healy/Palepu (1988) bei Dividendeneinführungen und Dividendenausfällen und Benartzi/Michaely/Thaler (1997) für Dividendenerhöhungen.[203] Dabei regressieren Healy/Palepu (1988) die Ankündigungsrendite auf die Gewinnentwicklung nach der Dividendenankündigung, Benartzi/Michaely/Thaler (1997) bilden für Dividendenerhöhungen Gruppen nach der Höhe der Kursreaktion. Healy/Palepu (1988) stellen dabei einen positiven Zusammenhang zwischen der Ankündigungsreaktion bei Dividendeneinführungen und Dividendenausfällen und der Gewinnentwicklung in den Jahren t_0 und t_1 fest, der mindestens auf dem 10%-Niveau signifikant ist. Benartzi/ Michaely/Thaler (1997) allerdings können für Dividendenerhöhungen keinen positiven Zusammenhang zwischen der Kursreaktion und der Gewinnentwicklung in den folgen zwei Jahren nachweisen.

Alternativ zur Gewinnentwicklung wird der Prognosefehler der Analysten für den Gewinn des laufenden Quartals untersucht. Die Ergebnisse von Manakyan/Caroll (1990) zeigen einen positiven (negativen) Erwartungsfehler bei Dividendenerhöhungen (Dividendenkürzungen), d.h. Analysten unterschätzen (überschätzen) den Gewinn bei diesen Dividendenankündigungen.

Nach der Dividendenankündigung revidieren Analysten ihre Gewinnprognosen in der Richtung der Dividendenänderung.[204] Denis/Denis/Sarin (1994) beobachten signifikant positive (negative) Änderungen der Gewinnprognose nach Dividendenerhöhungen (Dividendenkürzungen), in den Untersuchungen von Lang/Litzenberger (1989) und Yoon/Starks (1995) werden die Untersuchungen zwar jeweils nach Tobins Q unterteilt, für diese Untergruppen ergeben sich aber die gleichen Schlußfolgerungen, wobei die Ergebnisse bei einer allerdings im Vergleich zu den anderen Untersuchungen kleinen Untersuchungsgruppe nicht signifikant sind.[205] Denis/Denis/Sarin (1994) können außer-

---

203) Vgl. Healy/Palepu (1988), S. 157 - 168 und Benartzi/Michaely/Thaler, S. 1025 - 1027.

204) Vgl. Lang/Litzenberger (1989), S. 188 - 190; Denis/Denis/Sarin (1994), S. 580 - 583; Yoon/Starks (1995), S. 1010 - 1013.

205) Lang/Litzenberger (1989) und Yoon/Starks (1995) berechnen die Elastizität der Änderung der Gewinnprognose gegenüber der relativen Dividendenänderung. Lang/Litzenberger (1989) verwenden bei Dividendenkürzungen den Betrag der relativen Dividendenänderung, wodurch sich bei ihnen ein negatives Vorzeichen für die Elastizität bei Dividendenkürzungen ergibt. Bei Yoon/Starks (1995) wird ein positives Vorzeichen ausgewiesen. Denis/Denis/Sarin (1994) verwenden die Änderung der Gewinnprognose standardisiert mit dem Kurs vor der Dividendenänderung, so daß sich auch hier ein negatives Vorzeichen bei Dividendenkürzungen ergibt.

dem zeigen, daß Analysten ihre langfristige Gewinnprognose (Zeitraum: fünf Jahre) nach Dividendensenkungen signifikant nach unten revidieren,[206] was die Ergebnisse der Änderung der Gewinnprognosen bestätigt.

Die Zusammenhänge zwischen der Änderung der Gewinnprognose und der Kursreaktion sowie der relativen Dividendenänderung ($\Delta D/P$) schätzen in ihrer Untersuchung Denis/Denis/Sarin (1994).[207] Dabei erklärt die relative Dividendenänderung in der Gesamtgruppe und bei Dividendenerhöhungen die Änderung der Gewinnprognose. Für die Gesamtgruppe kann außerdem ein signifikant positiver Zusammenhang zwischen der Änderung der Gewinnprognose und der Kursreaktion für die Gesamtgruppe gezeigt werden. Wird dieser Zusammenhang für Dividendenerhöhungen und Dividendenkürzungen separat geschätzt, so ergibt sich jeweils ein insignifikant positiver Zusammenhang (wobei jeweils für die Dividendenrendite der Aktie kontrolliert wird).

Alle drei Untersuchungen differenzieren die Ereignisse nach Tobins Q. Die Untersuchung von Lang/Litzenberger (1989), in der Untersuchung keine signifikanten Prognoseänderungen beobachtet werden, sind auch die Differenzen zwischen den Gruppen der Unternehmen mit $Q > 1$ und $Q < 1$ nicht signifikant. Sowohl Denis/Denis/Sarin (1994) als auch Yoon/Starks (1995) finden allerdings signifikant positivere Prognoseänderungen bei Unternehmen mit $Q < 1$. Da allerdings Unternehmen mit $Q < 1$ eine höhere relative Dividendenänderung aufweisen, trägt Tobins Q in einer multiplen Regression bei Denis/Denis/Sarin (1994) nicht signifikant zur Erklärung der Prognoseänderung bei. Auch Yoon/Starks (1995) erklären mit diesem Zusammenhang die Unterschiede in den Prognoseänderungen nach Tobins Q.

---

206) Vgl. Denis/Denis/Sarin (1994), S. 1013 - 1015.
207) Vgl. Denis/Denis/Sarin (1994), S. 580 - 583.

Tabelle 18: Überblick über Untersuchungen zur Gewinnentwicklung bei Dividendenankündigungen.

<table>
<tr><th>Untersuchung</th><th>Abgrenzung der Stichprobe</th><th>Untersuchungsansatz und Untersuchungsergebnisse</th></tr>
<tr><td>Brickley (1983)
USA</td><td>Specially Designated Dividend
Zeit: 1969-1979
Anz.: 90 Untersuchungsgruppe
40 Kontrollgruppe</td><td>Untersucht wird die Gewinnentwicklung (EPS) im Jahr vor und nach der SDD im Vergleich zu Unternehmen, die eine reguläre Dividendenerhöhung ankündigen.
Gegenüber dem Jahr vor der SDD steigt der Gewinn nicht stärker als in der Kontrollgruppe. Im folgenden Jahr ergibt sich bei Unternehmen mit SDD keine Änderung des Gewinns, Unternehmen der Kontrollgruppe steigern ihren Gewinn weiter. Der Unterschied ist signifikant auf dem 10%-Niveau.</td></tr>
<tr><td>Ofer/Siegel
(1987)
USA</td><td>Dividendenänderungen
Zeit: 1976-1984
Anz.: 781
keine weiteren zeitgleichen Ankündigungen (±6 Tage)</td><td>Untersucht wird der Zusammenhang zwischen dem Fehler der Analystenvorhersage des Gewinns und der Kursänderung bei der Dividendenankündigung.
In der Regression der Kursänderung auf den Fehler der Analystenvorhersage im Monat der Dividendenankündigung ergibt sich ein signifikant positiver Zusammenhang. Die Höhe des Koeffizienten für die Kursänderung nimmt in den Monaten nach der Dividendenankündigung ab.</td></tr>
<tr><td>Wansley/Lane
(1987)
USA</td><td>Dividendenaufnahmen
Zeit: 1970-1982
Anz.: 227</td><td>I: In einer univariaten Analyse werden 21 Kennzahlen der Unternehmen im Jahr der Dividendenaufnahmen mit den Kennzahlen in den vier Jahren vor der Dividendenaufnahme verglichen: Liquiditätskennzahlen, Bewertungskennzahlen (Book-to-Market- und Price-Earning-Verhältnis), Größe (ln Total Assets), Rentabilitätskennzahlen, Verschuldungsgrade, Sonstige Kennzahlen.
II: In einer multivariaten Diskriminanzanalyse werden die Geschäftsjahre der Unternehmen mit Hilfe der oben betrachteten Kennzahlen in solche differenziert, in denen die Aufnahme der Dividendenzahlung erfolgt/ nicht erfolgt ist.
I: Die Liquiditätskennzahlen zeigen eine Verbesserung der Liquiditätslage an. Signifikant sind die Unterschiede schon im Jahr t_{-1} nicht mehr. Das Book-to-Market-Verhältnis und das Price-Earning-Verhältnis sind vor der Dividendenaufnahme (z.T. signifikant) höher. Rentabilitätskennzahlen zeigen einen Anstieg der Rentabilität an, der Verschuldungsgrad sinkt in den Jahren vor der Dividendenaufnahme.
II: Die Klassifikationsergebnisse der MDA verbessern sich mit einem höheren zeitlichen Abstand zur Dividendeneinführung. Es sind fünf Kennzahlen, die signifikant in die Diskriminanzfunktion für eines der vier Jahre vor der Dividendenankündigung aufgenommen werden: Book-to-Market- und Price-Earning-Verhältnis, Größe, Verhältnis langfristiger Verbindlichkeiten zu Eigenkapital, (Net Income - Pref. Dividends)/Buchwert des EK. Diese Kennzahlen gehen mit dem Vorzeichen aus der univariaten Analyse in die Diskriminanzfunktion ein.</td></tr>
<tr><td>Lang/
Litzenberger
(1989)
USA</td><td>Dividendenänderungen ≥ 10%
Zeit: 1982-1984
Anz.: 429
keine Finanz- und Versorgungsunternehmen</td><td>Untersucht wird die relative Änderung der Analystenvorhersage des Gewinns bei Dividendenankündigungen (relativ zum Betrag der relativen Dividendenänderung |ΔD/D|), wobei zwischen Unternehmen mit Q > 1 und Q < 1 unterschieden wird.
<table><tr><th></th><th>Q > 1</th><th>Q < 1</th><th>(Q > 1) - (Q < 1)</th></tr><tr><td>Erhöhungen</td><td>0,0053#</td><td>0,0993#</td><td>insignifikant</td></tr><tr><td>Kürzungen</td><td>-0,0483#</td><td>-0,3685#</td><td>insignifikant</td></tr></table></td></tr>
<tr><td>Bajaj/Vijh
(1990)
USA</td><td>Dividendenankündigungen
Zeit: 1978-1987
Anz.: 17830
keine Dividendeneinführungen und Dividendenausfälle</td><td>Für Dividendenankündigungen wird die Dividendenänderung pro Aktie (D-Diff), die Änderung des Gewinns pro Aktie (E-Diff) gegenüber demselben Quartal des letzten Geschäftsjahrs sowie die Differenz zwischen D-Diff und E-Diff (ED-Diff) untersucht.
<table><tr><th></th><th>D-Diff</th><th>E-Diff</th><th>ED-Diff</th></tr><tr><td>Dividendenerhöhungen</td><td>0,020*</td><td>0,074*</td><td>0,054*</td></tr><tr><td>unveränderte Dividende</td><td>0,0</td><td>-0,041*</td><td>-0,041*</td></tr><tr><td>Dividendenkürzungen</td><td>-0,107*</td><td>-0,699*</td><td>-0,592*</td></tr></table></td></tr>
<tr><td>Manakyan/
Carroll (1990)
USA</td><td>Dividendenänderungen ≥ 10%
Zeit: 1979-1983
Anz.: 731
keine weiteren zeitgleichen Ankündigungen (±10 Tage)</td><td>Untersucht wird der Fehler der Analystenvorhersage des Gewinns für das laufende und das folgende Quartal bei Dividendenankündigungen.
<table><tr><th></th><th>Div.-Erhöhungen</th><th>Div.-Kürzungen</th></tr><tr><td>Prognosefehler</td><td>10,69%*</td><td>-7,43%*</td></tr></table></td></tr>
</table>

Tabelle 18: Überblick über Untersuchungen zur Gewinnentwicklung bei Dividendenankündigungen.

<table>
<tr><th>Untersuchung</th><th>Abgrenzung der Stichprobe</th><th>Untersuchungsansatz und Untersuchungsergebnisse</th></tr>
<tr><td>Healy/Palepu
(1988)
USA</td><td>Dividendeneinführung,
Dividendenausfall
Zeit: 1969-1980
Anz.: 131 Einführungen
172 Ausfälle</td><td>I: Untersucht wird die branchenbereinigte Gewinnänderung (Median EPS standardisiert mit dem Kurs zwei Tage vor Ankündigung in %) fünf Jahre vor bis vier Jahre nach der Dividendenankündigung (t_{-5} bis t_4).
II: Mit folgendem Regressionsansatz wird der Zusammenhang zwischen der Kursreaktion und den Gewinnänderungen nach der Dividendenankündigung untersucht: $\Delta E_t = \alpha + \beta_1 \cdot AR + \beta_2 \cdot \Delta E_{t-1} + \beta_3 \cdot PRET + \varepsilon$
ΔE_t branchenbereinigte Gewinnänderung im Jahr t
AR Überrendite bei Div.-Ankündigung (AR am Tag t_{-1} bis t_0)
ΔE_{t-1} branchenbereinigte Gewinnänderung im Jahr t_{-1}
PRET abnormale Rendite zwischen Gewinnankündigung für t_{-1} bis zur Dividendenankündigung
<table>
<tr><th>I:</th><th>t_{-5}</th><th>t_{-4}</th><th>t_{-3}</th><th>t_{-2}</th><th>t_{-1}</th><th>t_0</th><th>t_1</th><th>t_2</th><th>t_3</th><th>t_4</th></tr>
<tr><td>Einf.</td><td>0,2#</td><td>0,8#</td><td>1,1*</td><td>0,7#</td><td>1,2#</td><td>2,1*</td><td>1,2+</td><td>2,2*</td><td>-0,2#</td><td>0,6#</td></tr>
<tr><td>Ausf.</td><td>0,7#</td><td>0,2#</td><td>1,3#</td><td>-0,3#</td><td>-2,8*</td><td>-7,2*</td><td>4,6*</td><td>3,1*</td><td>2,72*</td><td>0,70#</td></tr>
</table>
<table>
<tr><th>II: Einf.:</th><th>Konst.</th><th>AR</th><th>ΔE_{t-1}</th><th>PRET</th><th>R^2</th></tr>
<tr><td>t = 0</td><td>pos.*</td><td>pos.+</td><td>pos.+</td><td>pos.*</td><td>14,0%</td></tr>
<tr><td>t = 1</td><td>pos.#</td><td>pos.*</td><td>neg.#</td><td>pos.#</td><td>5,3%</td></tr>
<tr><td>t = 2</td><td>pos.*</td><td>neg.#</td><td>neg.*</td><td>pos.#</td><td>17,1%</td></tr>
<tr><td>t = 3</td><td>pos.#</td><td>pos.#</td><td>neg.#</td><td>neg.#</td><td>2,5%</td></tr>
<tr><td>t = 4</td><td>neg.#</td><td>pos.#</td><td>pos.#</td><td>neg.#</td><td>1,2%</td></tr>
<tr><td>II: Ausf.:</td><td></td><td></td><td></td><td></td><td></td></tr>
<tr><td>t = 0</td><td>neg.*</td><td>pos.*</td><td>pos.#</td><td>pos.*</td><td>5,5%</td></tr>
<tr><td>t = 1</td><td>pos.#</td><td>pos.+</td><td>neg.*</td><td>pos.#</td><td>26,1%</td></tr>
<tr><td>t = 2</td><td>pos.*</td><td>neg.#</td><td>neg.*</td><td>neg.#</td><td>17,9%</td></tr>
<tr><td>t = 3</td><td>neg.#</td><td>neg.*</td><td>neg.#</td><td>neg.#</td><td>5,9%</td></tr>
<tr><td>t = 4</td><td>neg.#</td><td>neg.#</td><td>pos.#</td><td>pos.#</td><td>2,3%</td></tr>
</table>
Bei Dividendeneinführungen und Dividendenausfällen besteht ein signifikant positiver Zusammenhang zwischen der Kursreaktion auf deren Ankündigung und der Gewinnentwicklung in den Jahren t_0 und t_1.</td></tr>
<tr><td>DeAngelo/
Deangelo/
Skinner (1992)
USA</td><td>Unternehmen, die Verlust machen
Zeit: 1980-1985
Anz.: 167 Untersuchungsgruppe
440 Kontrollgruppe
Es werden nur Unternehmen einbezogen, die in den zehn vorausgehenden Jahren positive Gewinne und Dividenden aufweisen.</td><td>I: Untersucht wird die Häufigkeit einer Dividendenkürzung, wenn das Unternehmen einen Verlust macht.
II: In einer Logitanalyse werden die Unternehmen in solche mit und ohne Dividendenkürzung klassifiziert. Erklärende Variablen sind das Auftreten eines Verlustes (Dummy) sowie die Höhe und die Veränderung des Jahresüberschusses.
III: Untersucht wird die Gewinnentwicklung (standardisiert mit dem Buchwert des Eigenkapitals im Jahr vor der Verlustankündigung) für Unternehmen mit Verlust, die ihre Dividende kürzen/nicht kürzen.
IV: In einer Logitanalyse werden die Unternehmen in solche mit und ohne Dividendenkürzung klassifiziert. Erklärende Variablen sind die Gewinne (standardisiert mit dem Buchwert des Eigenkapitals) in den Jahren t_{-1} bis t_2 relativ zum Jahr der Dividendenkürzung.
<hr>
I: Unternehmen mit Verlust kürzen in 65,9% der Fälle die Dividende, Unternehmen ohne Verlust in 1% der Fälle, Unternehmen mit abnehmendem (aber positivem) Gewinn in 2,7% der Fälle.
II: Das Auftreten eines Verlustes hat einen signifikanten Erklärungsgehalt für das Auftreten einer Dividendenkürzung, auch wenn man Gewinn und Gewinnentwicklung als erklärende Variablen einbezieht.
III: In den Jahren t_{-10} bis t_{-2} ist die Gewinnentwicklung unabhängig davon, ob es sich um ein Unternehmen handelt, das die Dividende kürzt oder nicht. In den Jahren t_{-1} und t_0 weisen Unternehmen, die ihre Dividende kürzen, eine (signifikant) negativere Gewinnentwicklung auf. In beiden Gruppen steigen die Gewinne in den Jahren t_1 und t_2, signifikant stärker bei Unternehmen, die ihre Dividende nicht kürzen.
IV: Die Höhe des Gewinns in den Jahren t_{-1} bis t_1 erklärt signifikant das Auftreten einer Dividendenkürzung in t_0. Die Einbeziehung des Gewinns in t_2 trägt nicht mehr viel zu dieser Erklärung bei.</td></tr>
</table>

Tabelle 18: Überblick über Untersuchungen zur Gewinnentwicklung bei Dividendenankündigungen.

Untersuchung	Abgrenzung der Stichprobe	Untersuchungsansatz und Untersuchungsergebnisse
Denis/Denis/ Sarin (1994) USA	Dividendenänderungen Zeit: 1962-1988 Anz.: 1865 Dividendenerhöhungen 203 Dividendenkürzungen	I: Untersucht wird die Änderung des Medians der Gewinnprognose durch Analysten in der Gesamtgruppe und für Unternehmen mit Q > 1 und Q < 1 (standardisiert mit dem Kurs vor der Dividendenankündigung). II: In einer Regression wird die Ankündigungsreaktion durch die (standardisierte) Änderung der Gewinnprognose für die Gesamtgruppe und für Dividendenerhöhungen und -Kürzungen getrennt geschätzt (wobei jeweils für die Dividendenrendite der Aktie kontrolliert wird). III: In einer Regression wird die standardisierte Änderung der Gewinnprognose durch die relative Dividendenänderung (ΔD/P) und einen Dummy, der den Wert 1 für Unternehmen mit Q > 1 annimmt, erklärt. I: Gewinne — Erhöhung — Kürzung Gesamtgruppe — 0,014* — -0,121* Q < 1 — 0,015* — -0,128* Q > 1 — 0,011* — -0,041# (Q < 1) - (Q > 1) — 0,004* — -0,087* II: In der Gesamtgruppe ergibt sich ein signifikant positiver Zusammenhang zwischen der Änderung der Gewinnprognose und der Kursreaktion, für Dividendenerhöhungen und -kürzungen getrennt ergibt sich jeweils ein insignifikant positiver Zusammenhang. III: Es besteht ein signifikant positiver Zusammenhang zwischen der relativen Dividendenänderung (ΔD/P) und der Änderung der Gewinnprognosen in der Gesamtgruppe und bei Dividendenerhöhungen. Der Koeffizient für Tobins Q ist in allen Gruppen insignifikant.
Jensen/ Johnson (1995) USA	Dividendenkürzungen (≥20%) und Dividendenausfälle Zeit: 1974-1989 Anz.: 268 Unternehmen hat zwölf Quartale eine nicht-sinkende Dividende gezahlt; keine Finanzunternehmen und regulierten Unternehmen	Betrachtet wird die Entwicklung unbereinigter und branchenbereinigter Kennzahlen drei Jahre vor bis zwei Jahre nach dem Ereignis (t_{-3} bis t_2) von Unternehmen, die eine Dividendenkürzung oder -ausfall ankündigen: a) Performancemaße: RoA (Net Income before Extraordinary Items dividiert durch Total Assets), Kurs der Aktie, Dividende b) Kostenstruktur: Net Sales; Cost of Sales (COGS) und Selling, General and Administration Expenses (dividiert durch Net Sales) c) Liquiditätskennzahlen d) Finanzierungsaktivitäten: Aufnahme langfristigen Fremdkapitals und Finanzierung aus Kapitalerhöhungen (dividiert durch Total Assets) e) Diskretionäre Aufwendungen: Research and Development sowie Advertising Expenses (dividiert durch Total Sales) a) RoA sinkt von t_{-3} bis t_0 und steigt anschließend wieder auf Werte unterhalb von t_{-3} an. Die Dividende fällt auch noch in t_1 um sich in t_2 zu stabilisieren. Der Kurs fällt bis t_0 und steigt in t_2 wieder an. b) Net Sales fallen in t_0. COGS und SGA-Expenses steigen bis t_0 an und sinken in t_1 und t_2 wieder. c) Die Liquiditätskennzahl Cash/Total Assets vermindert sich in t_{-1} und t_0 stark, während sich Total Debt/Total Assets stark erhöht. In t_1 und t_2 kehrt sich die Entwicklung beider Kennzahlen wieder um. d) Die Finanzierung aus Kapitalerhöhungen sinkt in t_0 bis t_2 auf fast null. Die Aufnahme langfristigen FKs sinkt bis t_1 und steigt in t_2 wieder an. e) R&D und Advertising Exp. steigen von t_{-3} bis t_0 und sinken in t_1.

Tabelle 18: Überblick über Untersuchungen zur Gewinnentwicklung bei Dividendenankündigungen.

<table>
<tr><th>Untersuchung</th><th>Abgrenzung der Stichprobe</th><th>Untersuchungsansatz und Untersuchungsergebnisse</th></tr>
<tr><td>Yoon/Starks
(1995)
USA</td><td>Dividendenänderung (≥ 10%)
Zeit: 1969-1988
Anz.: 2710
keine Dividendeneinführungen und Dividendenausfälle;
nur Industrieunternehmen</td><td>I: Untersucht wird die Änderung der Analystenvorhersage des Gewinns des laufenden Jahres bei Dividendenankündigungen, gemessen als Elastizität der relativen Änderung des Medians der Analystenvorhersage [ΔE(E)/E(E)] gegenüber der prozentualen Dividendenänderung [ΔD/D].
II: Untersucht wird die prozentuale Änderung der Wachstumsprognose für den Gewinn (Zeitraum: fünf Jahre) durch Analysten bei Dividendenerhöhungen und Dividendenkürzungen.
<table>
<tr><th>I: Elastizität</th><th>Q < 1</th><th>Q > 1</th><th>(Q < 1) - (Q > 1)</th></tr>
<tr><td>Erhöhung</td><td>0,08*</td><td>0,01#</td><td>0,07*</td></tr>
<tr><td>Kürzung</td><td>0,56*</td><td>0,27*</td><td>0,29*</td></tr>
</table>
Unternehmen mit Q > 1 und mit Q < 1 weisen eine positive Elastizität auf, d.h. bei einer Dividendenerhöhung (-kürzung) revidieren Analysten ihre Gewinnprognose nach oben (unten). Unternehmen mit Q < 1 sind kleiner und weisen größere prozentuale Dividendenänderungen auf, was die höhere Elastizität erklärt.
II: Bei Dividendenerhöhungen kommt es weder für Unternehmen mit Q > 1 noch mit Q < 1 zu einer signifikanten Änderungen der Wachstumsprognosen. Bei Dividendenkürzungen erfolgen signifikante Verminderungen der Wachstumsprognose bei Unternehmen mit Q < 1 (Aussagen über Unternehmen mit Q > 1 sind wegen der geringen Anzahl nicht möglich).</td></tr>
<tr><td>Benartzi/
Michaely/ Thaler
(1997)
USA</td><td>Dividendenerhöhung, unveränderte Dividende, Dividendenkürzung
Zeit: 1979-1991
Anz.: 255 Div.-Kürzungen
2682 unveränderte Div.
4249 Div.-Erhöhungen</td><td>I: Untersucht werden die unbereinigten und branchenbereinigten Gewinnänderungen (Median im Jahr t gegenüber dem Vorjahr t_{-1} standardisiert mit dem Marktwert in t_0) nach Dividendenankündigungen. Dabei wird die Gruppe der Dividendenerhöhungen in fünf Quintile unterteilt.
II: Die Gewinnentwicklung nach Dividendenerhöhungen wird nach der Höhe der Kursreaktion in Quintile unterteilt.
<table>
<tr><th>I: Gewinnänderung</th><th>unbereinigte</th><th></th><th></th><th>branchenbereinigte</th><th></th><th></th></tr>
<tr><th>im Jahr</th><th>0</th><th>1</th><th>2</th><th>0</th><th>1</th><th>2</th></tr>
<tr><td>Kürzungen</td><td>-5,4*</td><td>2,7*</td><td>1,6#</td><td>-3,8*</td><td>0,6#</td><td>1,6#</td></tr>
<tr><td>ΔD=0</td><td>-0,4</td><td>0,6</td><td>1,1</td><td>0,0#</td><td>0,0#</td><td>0,0#</td></tr>
<tr><td>Erhöhungen</td><td></td><td></td><td></td><td></td><td></td><td></td></tr>
<tr><td>1. Quintil</td><td>0,5*</td><td>0,6#</td><td>0,7*</td><td>0,3*</td><td>-0,5*</td><td>-0,2*</td></tr>
<tr><td>2. Quintil</td><td>0,8*</td><td>0,7#</td><td>1,0#</td><td>0,8*</td><td>-0,5*</td><td>-0,5*</td></tr>
<tr><td>3. Quintil</td><td>1,2*</td><td>0,9#</td><td>1,1#</td><td>1,4*</td><td>0,3#</td><td>-0,4*</td></tr>
<tr><td>4. Quintil</td><td>1,4*</td><td>0,9#</td><td>0,9*</td><td>1,7*</td><td>0,3*</td><td>-0,9*</td></tr>
<tr><td>5. Quintil</td><td>2,2*</td><td>1,0#</td><td>0,7*</td><td>2,2*</td><td>-0,1#</td><td>-0,3*</td></tr>
</table>
Der Signifikanztest erfolgt bei unbereinigten Gewinnen gegen die Gruppe der unveränderten Dividende, bei branchenbereinigten Gewinnen gegen 0.
II: Bei Dividendenerhöhungen ist kein positiver Zusammenhang zwischen der Kursreaktion und der Gewinnentwicklung in den folgenden zwei Jahren nachweisen.</td></tr>
</table>

Tabelle 18: Überblick über Untersuchungen zur Gewinnentwicklung bei Dividendenankündigungen.

Untersuchung	Abgrenzung der Stichprobe	Untersuchungsansatz und Untersuchungsergebnisse
Seifert (1997) Deutschland, USA, UK, Frankreich, Kanada, Australien	a) Dividendenänderung $\geq$ 30% von Unternehmen, die in den drei vorangegangenen Jahren eine Dividendenänderung von jeweils weniger als 20% aufweisen. b) Div.-Einführung und Ausfall Zeit: 1984-1993 Anz.: BRD a) 90 b) 87 USA a) 399 b) 365 UK a) 167 b) 208 FRA a) 91 b) 97 CAN a) 73 b) 80 AUS a) 32 b) 42	Untersucht werden die (marktbereinigten) Änderungen der Gewinne für drei Geschäftsjahre vor und nach der Dividendenänderung (t_{-3} bis t_3). Die Gewinne werden mit den Total Assets im Jahr t standardisiert. (Alle Werte der Übersicht sind mit 10^{-6} zu multiplizieren.)[208]

BRD	t_{-3}	t_{-2}	t_{-1}	t_0	t_1	t_2	t_3
Erhöh.	41,6*	74,1*	10,2#	71,4*	-0,65#	-19,3#	-28,1#
Kürz.	32,0*	29,9*	29,9*	-16,3#	-33,6#	9,84#	34,2#
Einf.	39,3+	83,6*	40,6#	42,8*	11,6#	84,3#	-61,8#
Ausf.	10,5#	5,58#	-24,2#	-157#	-425#	1120#	35,3
USA	t_{-3}	t_{-2}	t_{-1}	t_0	t_1	t_2	t_3
Erhöh.	41,6*	1,4#	3,36*	0,44#	-2,65#	-2,14*	-4,60*
Kürz.	-1,82*	-2,43*	-1,93+	-7,29*	1,73#	2,51#	2,63#
Einf.	-0,90#	3,49+	4,38*	0,69#	-3,13#	-3,27*	-5,83*
Ausf.	-1,58#	-0,84#	-14,5*	-4,01#	10,3#	-8,18#	18,0#
UK	t_{-3}	t_{-2}	t_{-1}	t_0	t_1	t_2	t_3
Erhöh.	2,72#	2,92#	0,11#	4,71*	0,07#	-0,64#	-2,02*
Kürz.	12,0+	44,5#	35,7#	-119#	-3,2#	-11,0#	188#
Einf.	10,1#	34,2#	-7,25#	22,5#	-1,36#	-5,75#	-2,89*
Ausf.	20,4*	198#	-23,8#	-92,8#	-10,4#	-0,48	157#
FRA	t_{-3}	t_{-2}	t_{-1}	t_0	t_1	t_2	t_3
Erhöh.	-14,6#	-2,14#	18,0*	18,6*	0,91#	25,4+	2,04#
Kürz.	19,8*	32,1*	-23,0*	-32,0*	-49,1#	74,9#	82,0#
Einf.	17,4#	-4,73#	20,8+	1,78#	30,7#	22,9#	10,4#
Ausf.	13,6*	16,6#	-50,3*	-33,7#	32,6+	56,2#	73,8#
CAN	t_{-3}	t_{-2}	t_{-1}	t_0	t_1	t_2	t_3
Erhöh.	10,0#	-1,82#	-0,75#	-5,32#	-5,79#	7,25#	-16,2+
Kürz.	1,35#	94,0#	-249*	39,6#	11,9#	-2,25#	-6,39+
Einf.	16,6#	-3,30#	0,63#	-10,1#	-15,0#	16,2#	-13,8#
Ausf.	-0,37#	47,8#	-130#	15,1#	-20,4#	39,0#	10,5#
AUS	t_{-3}	t_{-2}	t_{-1}	t_0	t_1	t_2	t_3
Erhöh.	-0,30#	0,24#	0,57#	-0,20#	-0,92#	-0,51#	-0,18#
Kürz.	-0,74#	-0,34#	-0,88#	-0,85#	-0,76#	0,21#	-3,12#
Einf.	-0,29#	-2,17#	3,3#	0,33#	-1,95+	-0,75#	0,87#
Ausf.	-0,19#	0,48#	0,69#	-5,36*	-0,28#	1,75#	-1,70#

- nicht signifikant; * - signifikant auf dem 5%-Niveau (min.), jeweils nach den in der Untersuchung verwendeten Signifikanztests.

208) Zur Signifikanzprüfung wurde der t-Test angewendet. Allerdings stimmt die Kennzeichnung dieser t-Werte als signifikant auf dem 1%-, 5%- oder 10%-Niveau z.T. nicht mit den vertafelten Werten der t-Verteilung überein, vgl. Seifert (1997), S. 77 und S. 79 (Table 2 und 3).

Tabelle 19 gibt Untersuchungsergebnisse wieder, die die Prognosequalität von Dividenden für zukünftige Gewinne betreffen.[209] Alle Untersuchungen schätzen dabei mindestens ein Modell, in dem eine Dividendeninformation (der Periode null) auf den Gewinn oder die Gewinnänderung der folgenden Periode regressiert wird. Watts (1973) verwendet als erklärende Variable für den Gewinn des Folgejahres die unerwartete Dividende, die aus einem Fama/Babiak (1968)-Modell geschätzt wird. Laub (1976) verwendet ein eigenes Modell mit Dividendeninformation und zwei weitere Modelle ohne Dividendeninformation zur Erklärung des Gewinns im folgenden Quartal. Bei Penman (1983) werden als erklärende Variablen für den Gewinn des laufenden Jahres die Dividende des laufenden und die Dividende und der Gewinn des vorangegangenen Jahres verwendet. Außerdem betrachtet er Gewinnprognosen durch das Management und ein Martingalemodell für die Prognose der Gewinne. Green (1993) prognostiziert den Gewinn des Folgejahres in einem Modell mit dem Gewinn und der Dividende des laufenden Jahres sowie einer Reihe von Dummyvariablen, die die Richtung der Gewinn- und Dividendenänderung angeben, als erklärende Variablen. Benartzi/Michaely/Thaler (1997) verwenden außer der prozentualen Dividendenänderung und Variablen zur Gewinnentwicklung auch noch 29 weitere Bilanzkennzahlen. Green (1993) und Benartzi/Michaely/Thaler (1997) schätzen den Zusammenhang für alle Unternehmen gemeinsam, in den übrigen Untersuchungen werden die Modelle für jedes Unternehmen der Untersuchungsgruppe getrennt geschätzt.

Laub (1976) und Penman (1983) vergleichen die von ihnen verwendeten Modelle hinsichtlich der Prognosefähigkeit für den Gewinn, wofür sie unterschiedliche Maßstäbe verwenden.[210] Diese Untersuchungen schätzen daher einen Zusammenhang zwischen Dividendeninformation und zukünftigem Gewinn, diese Untersuchungsergebnisse werden jedoch nicht angegeben. Die Tatsache, daß ein Zusammenhang zwischen beiden Größen besteht, läßt sich daher nur indirekt aus den Untersuchungsergebnissen entnehmen. Gegenüber den Zeitreihenmodellen, die nur die vergangenen Gewinninformationen enthalten, schneiden Dividendenmodelle in beiden Untersuchungen besser ab, gegenüber der Gewinnprognose des Management besitzt das Dividendenmodell einen niedrigeren durchschnittlichen Prognosefehler mit einer geringeren Standardabweichung, der Median des Prognosefehlers ist allerdings bei der Gewinnprognose durch das Management niedriger.

Watts (1973) gibt für die geschätzten Modelle (durchschnittliche) Signifikanzniveaus für die einzelnen Koeffizienten an. Es ergibt sich ein positiver Zusammenhang zwischen

---

[209] Vgl. für den US-amerikanischen Kapitalmarkt Watts (1973), Laub (1976), Penman (1983), Ofer/Siegel (1987), DeAngelo/DeAngelo/Skinner (1992), Benartzi/Michaely/Thaler (1997) und für den britischen Kapitalmarkt Green (1993).

[210] Es handelt sich bei Laub (1976) um den Mean Squared Error, bei Penman (1983) um Median, arithmethisches Mittel und Standardabweichung des Prognosefehlers.

der unerwarteten Dividende und der Gewinnänderung des Folgejahres, der bei den meisten Unternehmen nicht signifikant ist. Dagegen besteht bei Green (1993) und Benartzi/ Michaely/Thaler (1997) ein signifikant positiver Zusammenhang, bei letzteren jedoch nur für das Jahr nach der Dividendenankündigung (nicht für das darauffolgende zweite Jahr nach der Ankündigung). Benartzi/Michaely/Thaler (1997) stellen weiter einen asymmetrischen Einfluß von Dividendenerhöhungen und Dividendenkürzungen fest. Eine Variable, die den zusätzlichen Einfluß der prozentualen Dividendenkürzung mißt, hat ein negatives Vorzeichen (für t_1 signifikant, für t_2 insignifikant), was höhere Gewinne nach Dividendenkürzungen impliziert.

Den positiven Zusammenhang zwischen Dividendenänderung und Gewinn der folgenden Periode können Ofer/Siegel (1987) bestätigen. Sie zeigen, daß die unerwartete Dividendenänderung auch einen signifikant positiven Einfluß auf den Prognosefehler für den Gewinn des laufenden Quartals hat.

Tabelle 19: Überblick über Untersuchungen zur Prognosefähigkeit der Dividende für zukünftige Gewinne.

<table>
<tr><th>Untersuchung</th><th>Abgrenzung der Stichprobe</th><th>Untersuchungsansatz und Untersuchungsergebnisse</th></tr>
<tr><td>Watts (1973)
USA</td><td>Zeit: 1947-1966
Anz.: 310 Unternehmen</td><td>Geschätzt wird folgendes Modell zur Prognose zukünftiger Gewinne:
$\Delta E_{t+1} = \alpha + \beta \cdot UD_t + \varepsilon$
ΔE_{t+1} Gewinnänderung im Jahr t_{+1}
UD_t unerwartete Dividende im Jahr t (geschätzt aus einem Fama/Babiak (1968)-Modell)
Es besteht ein positiver Zusammenhang, der bei den meisten Unternehmen nicht signifikant ist. Geschätzt wurde ein durchschnittliches β von 0,521 mit einem durchschnittlichen t-Wert von 1,05.</td></tr>
<tr><td>Laub (1976)
USA</td><td>Zeit: 1946-1965
Anz.: 30 Unternehmen</td><td>Untersucht wird die Frage, ob die Kenntnis der Dividende die Prognose des Gewinns der nächsten Periode (Jahr/Quartal) verbessert. Drei Modelle (zwei ohne Dividendenvariable, eines unter Einbeziehung der Dividende) werden anhand ihres Mean Squared Errors verglichen.
Das Modell mit Dividende weist die beste Prognosekraft gemessen am Mean Squared Error auf. Die Modelle auf Basis von Quartalsdividenden weisen eine bessere Prognosekraft auf als Modelle auf Basis von jährlichen Daten.</td></tr>
<tr><td>Penman (1983)
USA</td><td>Gewinnprognosen durch Untern.
Zeit: 1968-1973
Anz.: 541</td><td>Drei Möglichkeiten zur Bildung erwarteter Gewinne werden anhand des Erwartungsfehlers des Gewinns (standardisiert mit der Standardabweichung der Zeitreihe der Gewinne des Unternehmens) verglichen:
a) Martingale-Modell mit Drift: $E_t = E_{t-1} + \delta + \varepsilon$
b) Gewinnvorhersage durch das Management
c) Dividendenmodell: $E_t = \alpha + \beta_1 \cdot D_t + \beta_2 \cdot D_{t-1} + \beta_3 \cdot E_{t-1} + \varepsilon$
<table>
<tr><th>Erwartungsfehler</th><th>a)</th><th>b)</th><th>c)</th></tr>
<tr><td>Median</td><td>0,590</td><td>0,009</td><td>-0,101</td></tr>
<tr><td>Durchschnitt</td><td>0,716</td><td>-0,134</td><td>-0,030</td></tr>
<tr><td>Standardabweichung</td><td>1,911</td><td>1,307</td><td>1,067</td></tr>
</table>
</td></tr>
</table>

Tabelle 19: Überblick über Untersuchungen zur Prognosefähigkeit der Dividende für zukünftige Gewinne.

Untersuchung	Abgrenzung der Stichprobe	Untersuchungsansatz und Untersuchungsergebnisse
Ofer/Siegel (1987) USA	Dividendenänderungen Zeit: 1976-1984 Anz.: 781 keine weiteren zeitgleichen Ankündigungen (±6 Tage)	Untersucht wird der Zusammenhang zwischen der unerwarteten Dividendenankündigung und dem Fehler der Analystenvorhersage des Gewinns: $FE = \alpha + \beta \cdot U(D) + \varepsilon$. Verwendet wird ein Instrumentenvariablenansatz, in dem die Kursänderung bei der Dividendenankündigung das Instrument für die unerwartete Dividendenänderung ist. Hierzu wird in einem ersten Schritt die Kursänderung auf die Dividendenänderung regressiert: $\Delta D = \alpha + \beta \cdot (\Delta K) + \varepsilon$ In der Regression der unerwarteten Dividendenänderung auf den Fehler der Analystenvorhersage im Monat der Dividendenankündigung zeigt sich ein signifikant positiver Zusammenhang. Die Höhe des Koeffizienten für die unerwartete Dividendenänderung nimmt in den Monaten nach der Dividendenankündigung ab.
DeAngelo/ DeAngelo/ Skinner (1992) USA	Unternehmen, die Verlust machen Zeit: 1980-1985 Anz.: 167 Untersuchungsgruppe 440 Kontrollgruppe Nur Unternehmen mit positiven Gewinnen und Dividenden in den zehn vorausgehenden Jahren	In einer Regressionsanalyse wird untersucht, ob die Tatsache, daß ein Unternehmen mit einem Verlust die Dividende kürzt, zusätzlich zu den Variablen Jahresüberschuß, Special und Extraordinary Items sowie Discontinued Operations im Jahr t_0 zur Prognose des Jahresüberschusses in t_1 beiträgt. Die Tatsache einer Dividendenkürzung in t_0 trägt auch bei Einbeziehung der Gewinnvariablen signifikant zur Erklärung des Gewinns in t_1 bei.
Green (1993) UK	Zeit: 1979-1990 Anz.: 167	In einer Regressionsanalyse werden die Gewinne in t_1 durch Gewinn und Dividende in t_0 sowie einer Reihe von Dummyvariablen erklärt, die die Richtung der Gewinn- und Dividendenänderung angeben (z.B. Dummy = 1, wenn eine Gewinn- und Dividendenerhöhung vorliegt). Gewinn und Dividende in t_0 sowie die sechs Interaktionsvariablen gemeinsam sind signifikante Erklärungsvariablen für Gewinne in t_1. Einzelne Interaktionsvariablen weisen z.T. keine Signifikanz oder das falsche Vorzeichen auf.
Benartzi/ Michaely/ Thaler (1997) USA	Dividendenerhöhung, unveränderte Dividende, Dividendenkürzung Zeit: 1979-1991 Anz.: 70815	In einer Regressionsanalyse werden die Gewinne in t_0, t_1 und t_2 durch die prozentuale Dividendenänderung in t_0 (wobei der zusätzliche Einfluß einer Dividendenänderung gesondert gemessen wird) sowie eine Reihe weiterer Gewinn- und Bilanzkennzahlen erklärt. Für die Gewinne in t_0 leistet die prozentuale Dividendenänderung einen signifikanten Erklärungsbeitrag. Dabei sind die Koeffizienten signifikant positiv und es gibt eine signifikante Verbesserung des adj. R^2 der Regression. Für den Gewinn in t_1 leistet die Dividendenänderung in t_0 ebenfalls einen signifikant positiven Erklärungsbeitrag, auch hier verbessert sich das adj. R^2 signifikant. Für den Gewinn in t_2 ist das Vorzeichen der Dividendenänderung insignifikant und es ist keine signifikante Verbesserung im adj. R^2 mehr feststellbar. Die Variable, die den zusätzlichen Einfluß der Dividendenkürzung mißt, hat jedoch ein negatives Vorzeichen (für t_1 signifikant, für t_2 insignifikant), was höhere Gewinne nach Dividendenkürzungen impliziert.

IV.2.2. Entwicklung der Investitionen im zeitlichen Zusammenhang mit Dividendenankündigungen

Denis/Denis/Sarin (1994) und Yoon/Starks (1995) untersuchen die Änderung der Investitionen bei Unternehmen, die eine Änderung ihrer Dividende ankündigen.[211)] Beide Untersuchungen differenzieren ihre Untersuchungsgruppen dabei nach Tobins Q. Bei Dividendenerhöhungen ergeben sich für Unternehmen mit $Q > 1$ und $Q < 1$ signifikante Steigerungen der (unbereinigten und branchenbereinigten) Investitionen, die bei Unternehmen mit $Q < 1$ weniger stark ausfallen als bei Unternehmen mit $Q > 1$.[212)] Bei Dividendenkürzungen stellen beide Untersuchungen signifikante Kürzungen der Investitionen fest. In der Untersuchung von Denis/Denis/Sarin (1994) fallen die Investitionskürzungen für Unternehmen mit $Q < 1$ weniger stark negativ, während Yoon/Starks (1995) zum umgekehrten Ergebnis kommen.

Die deskriptive Untersuchung von Jensen/Johnson (1995) bestätigt mit ihrer Betrachtung der (unbereinigten und branchenbereinigten) Entwicklung der Kennzahlen „Anlagekäufe“ und „Anlageverkäufe“ bei Dividendenkürzungen die Ergebnisse der o.g. Untersuchungen. Die (unbereinigten und branchenbereinigten) Anlagenkäufe nehmen im Jahr der Dividendenkürzung und im Folgejahr stark ab, die unbereinigten Anlageverkäufe steigen deutlich an, während die branchenbereinigte Kennzahl keine Veränderung zeigt.

---

211) Vgl. Denis/Denis/Sarin (1994), S. 583 - 585; Yoon/Starks (1995), S. 1007 - 1010.

212) In beiden Untersuchungen erfolgt weder bei Dividendenerhöhungen noch bei Dividendenkürzungen ein Signifikanztest auf den Unterschied zwischen der Änderung der Investitionsausgaben bei Unternehmen mit $Q > 1$ und $Q < 1$.

Tabelle 20: Überblick über Untersuchungen zur Entwicklung der Investitionen im zeitlichen Zusammenhang mit Dividendenankündigungen.

Untersuchung	Abgrenzung der Stichprobe	Untersuchungsansatz und Untersuchungsergebnisse
Denis/Denis/ Sarin (1994) USA	Dividendenänderungen Zeit: 1962-1988 Anz.: 1865 Div.-Erhöhungen 203 Div.-Kürzungen	Untersucht wird die Änderung des Medians der branchenbereinigten Investitionen (Vergleich des Geschäftsjahrs nach der Dividendenankündigung mit dem Geschäftsjahr vor der Ankündigung) für Unternehmen mit Q > 1 und Q < 1 (standardisiert mit Total Assets). Investitionen – Dividendenerhöhung – Dividendenkürzung Unternehmen mit Q < 1 – 0,68%* – -1,58%* Unternehmen mit Q > 1 – 1,66%* – -2,07%*
Jensen/ Johnson (1995) USA	Dividendenkürzungen (≥20%) und Dividendenausfälle Zeit: 1974-1989 Anz.: 268 Unternehmen hat zwölf Quartale eine nicht-sinkende Div. gezahlt; keine Finanzunternehmen und regulierte Unternehmen	Betrachtet wird die Entwicklung unbereinigter und branchenbereinigter Kennzahlen drei Jahre vor bis zwei Jahre nach dem Ereignis (t_{-3} bis t_2): Restrukturierungskennzahlen: Anzahl der Beschäftigten, Käufe und Verkäufe von Anlagevermögen (beide dividiert durch Total Assets) Die Beschäftigtenzahl sinkt von t_{-3} bis t_2, am stärksten in t_0. Die Anlagenkäufe sinken besonders in t_0 und t_1 und erholen sich leicht in t_2. Die unbereinigten Anlagenverkäufe zeigen einen deutlichen Anstieg von t_{-3} bis t_2, die bereinigte Kennzahl zeigt keine Veränderung.
Yoon/Starks (1995) USA	Dividendenänderung (≥ 10%) Zeit: 1969-1988 Anz.: 2710 keine Dividendeneinführungen, keine Dividendenausfälle nur Industrieunternehmen	Untersucht wird die relative Änderung der unbereinigten und branchenbereinigten Investitionsausgaben in den drei Jahren nach einer Dividendenänderung im Vergleich zum letzten Jahr vor der Dividendenänderung. Dabei wird zwischen Dividendenerhöhung und Dividendenkürzungen und zwischen Unternehmen mit einem Q > 1 und Q < 1 unterschieden. Der Median der Änderung der Investitionen von Jahr t_{-1} bis t_1 gibt auch die Tendenz der Ergebnisse für die Jahre t_2 und t_3 wieder: unbereinigt: Q < 1 – Q > 1 – bereinigt: Q < 1 – Q > 1 Erhöhung – 39,68%* – 41,63%* – 8,31%* – 9,82%* Kürzung – -37,76%* – 1,29%# – -24,92%* – -14,53%*

- nicht signifikant; * - signifikant auf dem 5%-Niveau (min.), jeweils nach den in der Untersuchung verwendeten Signifikanztests.

IV.2.3. Dividendenentwicklung nach der Ankündigung von Dividendenänderungen

Christie (1994) untersucht graphisch die weitere Entwicklung der Dividende im Zeitablauf, nachdem ein Unternehmen eine Dividendenkürzung oder einen Ausfall der Dividende angekündigt hat.[213] In den vier Quartalen nach einer Dividendenkürzung sinkt dabei die Dividende dieser Unternehmen weiter. In den folgenden 16 Quartalen bleibt die Dividende sowohl bei Dividendenkürzungen als auch bei Dividendenausfällen unter der vor der negativen Dividendenentscheidung gezahlten Dividende. Nur bei einer ursprünglichen prozentualen Dividendenkürzung von $-20\% > \Delta D/D > -40\%$ und bei Dividendenausfällen zeigt sich ein Wiederanstieg der Dividendenzahlung. Dabei erreicht die von Unternehmen mit Dividendenausfällen gezahlte Dividende ein höheres Niveau als bei Unternehmen mit einer ursprünglichen prozentualen Dividendenkürzung von $-60\% > \Delta D/D > -80\%$. Ergebnisse zum Zusammenhang zwischen der Kursreaktion auf die Ankündigung der Dividendenkürzung liegen nur im Rahmen einer multiplen Regressionsanalyse vor. Hier ist kein signifikanter Zusammenhang zwischen der zukünftigen Dividendenentwicklung und der Kursreaktion feststellbar.

Untersuchungsergebnisse zur Dividendenentwicklung nach der Ankündigung von regulären Dividendenerhöhungen und konstanten Dividenden liegen nur in der Untersuchung von Brickley (1983) vor. Allerdings sind diese beiden Gruppen nur als Kontrollgruppe zur Ankündigung von Dividenden mit einem Label (Specially Designated Dividends) konstruiert und enthalten nur vierzig bzw. neunzig Ereignisse. Nach regulären Dividendenerhöhungen ergeben sich dabei weitere Dividendensteigerungen, die signifikant größer sind als bei Ankündigungen von SDD. Die Kontrollgruppe mit konstanter Dividende weist nach der Dividendenankündigung eine signifikant niedrigere (aber im Durchschnitt immer noch positive) Dividendensteigerung als bei Ankündigungen von SDD auf.

---

[213] Vgl. Christie (1994), S. 475 - 478.

Tabelle 21: Überblick über Untersuchungen zur Dividendenentwicklung nach Dividendenankündigungen.

Untersuchung	Abgrenzung der Stichprobe	Untersuchungsansatz und Untersuchungsergebnisse
Brickley (1983) USA	Specially Designated Dividend Zeit: 1969-1979 Anz.: 90 Untersuchungsgruppe 90 Kontrollgruppe a) 40 Kontrollgruppe b)	Untersucht wird die Entwicklung der Dividende vier Quartale nach der Ankündigung einer SDD im Vergleich zu a) Unternehmen, die keine Dividendenänderung ankündigen, und b) Unternehmen, die eine reguläre Dividendenerhöhung ankündigen.
		Die überwiegende Anzahl der Unternehmen mit einer SDD weist nach der SDD eine Steigerung der Dividende gegenüber der letzten regulären Dividendenzahlung auf. Diese Steigerung ist signifikant höher als bei Unternehmen, die keine Dividendenänderung ankündigen, und signifikant niedriger als bei Unternehmen, die eine reguläre Dividendenerhöhung ankündigen.
Christie (1994) USA	Dividendenkürzung, Dividendenausfall Zeit: 1962-1985 Anz.: 492 Div.-Ausfälle 475 Div.-Kürzungen keine Finanzunternehmen; Unternehmen hat in den fünf vorausgehenden Jahren Dividenden gezahlt	I: Graphisch wird die Dividendenentwicklung nach der Ankündigung einer/s Dividendenkürzung/-ausfalls relativ zur letzten Dividende vor der Ankündigung untersucht. II: Die Dividendenentwicklung nach der Ankündigung wird als erklärende Variable einer multiplen Regression für die Kursreaktion auf die Ankündigung einer Dividendenkürzung verwendet.
		I: Bei Dividendenkürzungen kommt es in den vier Quartalen danach zu weiteren Kürzungen, danach stabilisiert sich das Dividendenniveau. Unternehmen mit Dividendenausfällen weisen nach ca. zwei Jahren eine höhere Dividende auf als Unternehmen, die ihre Dividende um 60% oder mehr gekürzt haben. II: Die Dividendenentwicklung nach der Dividendenkürzung trägt in der Regression nicht signifikant zur Erklärung der Kursreaktion bei.

IV.2.4. Veränderung des Risikos einer Aktie nach Dividendenankündigungen

Tabelle 22 gibt Untersuchungsergebnisse zur Veränderung des systematischen und unsystematischen Risiko nach Dividendenankündigungen wieder.

Sant/Cowan (1994) untersuchen die Veränderung der Varianz der Renditen bei der Ankündigung von Dividendenausfällen.[214)] Sie vergleichen dabei die Varianz der täglichen und wöchentlichen Renditen vor und nach der Ankündigung. Bei Dividendenausfällen stellen sie dabei einen signifikanten Anstieg der Varianz fest, die in keinem signifikanten Zusammenhang zur Kursreaktion bei Ankündigung des Dividendenausfalls steht.

Die Veränderung des Betafaktors bei Dividendenankündigungen untersuchen Bajaj/Vijh (1990) und Sant/Cowan (1994), indem sie die Zeiträume vor und nach einer Dividendenankündigung vergleichen.[215)] Dabei stellen Bajaj/Vijh (1990) eine(n) Verringerung (Anstieg) des Betafaktors nach der Ankündigung von Dividendenerhöhungen (Dividendenkürzungen) fest. Sant/Cowan (1994) stellen nach der Ankündigung von Dividendenausfällen ebenfalls einen Anstieg des Betafaktors fest, der in einem signifikant negativen Zusammenhang zur Ankündigungsreaktion steht.

---

214) Vgl. Sant/Cowan (1994), S. 1118 - 1120.

215) Vgl. Bajaj/Vijh (1990), S. 213 - 214; Sant/Cowan (1994), S. 1120 - 1125.

Bajaj/Vijh (1990) erklären diesen Zusammenhang mit dem in anderen empirischen Untersuchungen beobachteten negativen Zusammenhang zwischen der Dividendenrendite und dem Betafaktor.[216)] Bei einer Ankündigung einer Dividendenerhöhung erhöht sich die Dividendenrendite, was den gesunkenen Betafaktor erklären kann. Sant/Cowan (1994) erklären den Anstieg von Varianz und Beta nach Dividendenausfällen mit Informationseffekten. Nach einer Ankündigung eines Dividendenausfalls steigt die Unsicherheit über die Bewertung des Unternehmens, was auch in einer gestiegenen Varianz der Analystenvorhersagen und der Gewinne zum Ausdruck kommt (und bei anderen Dividendenankündigungen nicht auftritt).[217)] Somit ließe sich die negative Kursreaktion bei Dividendenausfällen (teilweise) mit einem Anstieg des (bewertungsrelevanten) Risikos des Unternehmens erklären.

Tabelle 22: Überblick über Untersuchungen zur Prognosefähigkeit der Dividende für zukünftige Gewinne.

Untersuchung	Abgrenzung der Stichprobe	Untersuchungsansatz und Untersuchungsergebnisse
Bajaj/Vijh (1990) USA	Dividendenankündigung Zeit: 1978-1987 Anz.: 17830 keine Dividendeneinführungen und Dividendenausfälle	Untersucht wird die Veränderung des Betafaktors bei Dividendenankündigungen für Unternehmen mit einer hohen / niedrigen Dividendenrendite. Bei Dividendenkürzungen erhöht sich Beta (0,077*), bei Dividendenerhöhungen sinkt Beta (-0,014*). Bei Kürzungen ist die Veränderung von Beta unabhängig von der Dividendenrendite, bei Erhöhung besteht ein signifikant negativer Zusammenhang.
Sant/Cowan (1994) USA	Dividendenausfall Zeit: 1962-1987 Anz.: 286 Untersuchungsgruppe 245 Kontrollgruppe	I: Untersucht wird die Änderung der Varianz und des Betafaktors vor und nach dem Ausfall der Dividende gemessen auf Basis von täglichen (t_{-160} bis t_{-61} versus t_{61} bis t_{160}) und wöchentlichen (t_{-113} bis t_{-14} versus t_{14} bis t_{113}) Renditen und in einer Kontrollgruppe. II: Untersucht wird die Varianz a) der Analystenvorhersagen für Gewinne und b) der Gewinne vor und nach der Ankündigung eines Dividendenausfalls im Vergleich zu einer Kontrollgruppe, die keinen Dividendenausfall ankündigt. III: In einer Regressionsanalyse wird die Ankündigungsreaktion durch die Änderung der Varianz und des Betafaktors im Vergleich der Zeiträume vor und nach der Ankündigung des Dividendenausfalls erklärt. I: Die Varianz täglicher und wöchentlicher Renditen steigt bei Unternehmen mit Dividendenausfall signifikant. Ein signifikanter Anstieg von Beta wird nur auf Basis wöchentlicher Renditen festgestellt. IIa: Die Varianz der Analystenvorhersagen für den Gewinn eines Unternehmens steigt nur in der Gruppe Dividendenausfall signifikant an. IIb: Die Varianz der Gewinne (cross-sectionally) ist nur in der Gruppe der Unternehmen mit einem Dividendenausfall nach dem Dividendenausfall signifikant angestiegen. III: Einfachregressionen / multiple Regression Konstante: neg.* / neg.* / neg.* Änderung Varianz: neg.# / – / pos.# Änderung Beta: – / neg.* / neg.* R^2: 0% / 5,4% / 5,6%

- nicht signifikant; * - signifikant auf dem 5%-Niveau (min.), jeweils nach den in der Untersuchung verwendeten Signifikanztests.

216) Vgl. Beaver/Kettler/Scholes (1970).

217) Vgl. Sant/Cowan (1994), S. 1122 - 1125.

IV.3. Die empirische Evidenz der Hypothesen zur Erklärung der Kursreaktion bei Dividendenankündigungen

Die vorliegenden Untersuchungsergebnisse ergeben positive (negative) Kursreaktionen bei der Ankündigung einer positiven (negativen) unerwarteten Dividendenänderung.[218] Dieses Muster der Kursreaktion ist konsistent mit den Erklärungsansätzen der Dividendensignalhypothese und der Free Cash Flow-Hypothese. Zur Bestätigung bzw. Differenzierung zwischen beiden Erklärungsansätzen müssen zusätzliche Ergebnisse empirischer Tests herangezogen werden.

Zur Bestätigung der Dividendensignalhypothese wird daher in empirischen Arbeiten der Zusammenhang der unerwarteten Dividendenankündigung mit der Kursreaktion mit der zukünftigen Gewinnentwicklung untersucht.[219] Die Ergebnisse zum Zusammenhang zwischen unerwarteter Dividendenankündigung und folgender Gewinnentwicklung sind dabei gespalten. Yoon/Starks (1995) beobachten positive (negative) Gewinnerwartungsrevisionen der Analysten auf Dividendenerhöhungen (Dividendenkürzungen). Dagegen beobachten Benartzi/Michaely/Thaler (1997) keine unterschiedlichen Gewinnentwicklungen in Abhängigkeit vom Ausmaß der Dividendenerhöhung. Bei Dividendenkürzungen ergeben sich entgegen den Erwartungen nach der Dividendensignalhypothese besonders stark positive Gewinnsteigerungen.

Den Zusammenhang zwischen der Kursreaktion und der zukünftigen Gewinnentwicklung untersuchen nur Benartzi/Michaely/Thaler (1997). Sie finden keine signifikanten Unterschiede in Abhängigkeit von der Kursreaktion. Auch dieses Untersuchungsergebnis widerspricht der Dividendensignalhypothese. Für die in der Kursreaktion zum Ausdruck kommende Wertsteigerung des Unternehmens läßt sich nicht durch höhere zukünftige Gewinne empirisch bestätigen.

Da sich aus diesen beiden weiteren Untersuchungsansätzen keine empirischen Ergebnisse ergeben, die mit den Aussagen der Dividendensignalhypothese in Übereinstimmung stehen, schließen Benartzi/Michaely/Thaler (1997), daß sich diese Hypothese trotz ihrer Attraktivität in der theoretischen Ableitung empirisch nicht stützen läßt.[220]

Zur zusätzlichen Validierung der Free Cash Flow-Hypothese wird in den vorliegenden Untersuchungen zum einen die Kursreaktion in Abhängigkeit von Tobins Q untersucht. Es wird erwartet, daß Unternehmen mit $Q > 1$, d.h. guten Investitionsmöglichkeiten, bei einer Dividendenerhöhung weniger stark positiv reagieren als Unternehmen mit $Q < 1$, d.h.

---

[218] Vgl. Abschnitt IV.1.1.1.

[219] Vgl. Abschnitt IV.2.1.

[220] Vgl. Benartzi/Michaely/Thaler (1997), S. 1031f.

schlechten Investitionsmöglichkeiten. Bei Dividendenkürzungen sollte sich dieser Zusammenhang umkehren. Der Grund für die stärker positive Kursreaktion bei Unternehmen mit Q < 1 liegt in der Erwartung, daß dem Unternehmen durch die Dividendenerhöhung Mittel entzogen werden, die es nicht mehr in Investitionsprojekte mit negativem Kapitalwert investieren kann. Dies bewirkt eine Marktwertsteigerung des Unternehmens.

In der univariaten Analyse bestätigen vorliegende Untersuchungen diese Zusammenhänge. Allerdings zeigt sich in der multivariaten Analyse, daß die Variable Tobins Q ihren Einfluß auf die Kursreaktion verliert, wenn weitere Erklärungsfaktoren in die Analyse einbezogen werden. Der Einfluß des Ausmaßes der Dividendenänderung, der Dividendenrendite und der Unternehmensgröße auf die Kursreaktion lassen aufgrund ihrer Korrelation mit Tobins Q keinen eigenständigen Einfluß dieser Größe auf die Kursreaktion mehr erkennen.

Als zweiter Ansatz zur Validierung der Free Cash Flow-Hypothese wird die Entwicklung der Investitionen nach der Dividendenankündigung beobachtet. Nach der Free Cash Flow-Hypothese sind bei Unternehmen mit Q < 1 geringer Investitionen nach einer Dividendenerhöhung zu erwarten, bei Dividendenkürzungen sollte die Entwicklung der Investitionen bei Unternehmen mit Q > 1 stärker positiv (weniger stark negativ) sein als bei Unternehmen mit Q < 1, da man bei diesen Unternehmen annimmt, daß sie noch Investitionsprojekte mit positivem Kapitalwert haben.

Vorliegende Untersuchungsergebnisse können diese Hypothese für Dividendenerhöhungen bestätigen. Zwar kommt es bei Unternehmen mit Q < 1 nicht zu einer Kürzung der Investitionen, jedoch fällt die Steigerung der Investitionen dieser Unternehmen geringer aus als bei Unternehmen mit guten Investitionsmöglichkeiten (Q > 1). Bei Dividendenkürzungen widersprechen sich die vorliegenden Untersuchungsergebnisse, so daß sich hier kein einheitliches Bild ergibt.

Für die Free Cash Flow-Hypothese liegen somit einige bestätigende Untersuchungsergebnisse vor, die allerdings in detaillierteren Untersuchungen relativiert werden. Problembehaftet ist die Untersuchung der Zusammenhänge anhand der Größe Tobins Q, die in empirischen Untersuchungen verwendeten Definition stark von ihrem theoretischen Ideal abweicht (Vernachlässigung nichtbilanzierter immaterieller Vermögenswerte in der Bewertung).

Bei der Untersuchung des Ankündigungseffektes von Dividenden nimmt die Betrachtung des Zusammenhanges zwischen der Kursreaktion und der Dividendenrendite einen breiten Raum ein. Trotz der häufen Verwendung dieser Größe in Ereignisstudien zum Ankündigungseffekt müssen zur Beurteilung der des Steuerklientelmodells jedoch noch die Ergebnisse anderer Untersuchungsansätze herangezogen werden. Hierzu gehören auf jeden Fall auch die Ergebnisse zum Extag-Effekt von Dividendenzahlungen und der Tests des CAPM nach Steuern,[221] die in dieser Arbeit nicht in der Ausführlichkeit wie die Ergebnisse zu Dividendenankündigungen wiedergegeben werden.

Nach dem Steuerklientelmodell sollte der Ankündigungseffekt auf Dividendenerhöhungen (Dividendenkürzungen) bei Unternehmen mit einer hohen (niedrigen) Dividendenrendite stärker positiv (weniger stark negativ) ausfallen als bei Unternehmen mit einer niedrigen (hohen) Dividendenrendite. Die Aktien von Unternehmen mit einer hohen Dividendenrendite werden bevorzugt von solchen Investoren gehalten, für die aus steuerlicher Sicht eine Präferenz für Dividendeneinkommen haben. Hier bewirkt eine Dividendenerhöhung eine stärkere Kursreaktion als bei Unternehmen mit niedriger Dividendenrendite, die bevorzugt von Investoren mit einem höheren Steuersatz auf Dividendeneinkommen als auf Kursgewinnen gehalten werden.

Die empirischen Untersuchungen zum Zusammenhang zwischen der Kursreaktion und der Dividendenrendite bestätigen die nach dem Steuerklientelmodell zu erwartenden Zusammenhänge. Zudem zeigt sich, daß auch bei der Aufnahmen weiterer Erklärungsfaktoren in die Analyse die Dividendenrendite ein signifikanter Erklärungsfaktor für die Kursreaktion bleibt.

Auch für die Bedeutung von Informationseffekten zur Erklärung der Kursreaktion auf Dividendenankündigungen liegen in den Untersuchungen bestätigende Untersuchungsergebnisse vor.[222] Informationseffekte werden dabei in den vorliegenden Untersuchungen anhand der Unternehmensgröße operationalisiert. Wenn Informationseffekte einen Einfluß auf die Kursreaktion auf Dividendenankündigungen haben, so ist bei Dividendenerhöhungen ein negativer, bei Dividendenkürzungen ein positiver Zusammenhang mit der Unternehmensgröße zu beobachten. Die Kursreaktion ist bei kleineren Unternehmen, über die wenig Information verfügbar ist, absolut größer.

Vorliegende Untersuchungsergebnisse können diese Hypothese bestätigen. Dies gilt sowohl für die häufiger untersuchten Industrieunternehmen, aber auch für die Untersuchungsgruppe mit Banken in der Untersuchung von Bessler/Nohel (1996), die einen negativen Einfluß der Unternehmensgröße auf die (negative) Kursreaktion bei Dividendenkürzungen und Dividendenausfällen finden.

Über den Einfluss der Kontrollstruktur eines Unternehmens auf die Ankündigungsreaktion bei Dividenden liegt mit Born (1988) nur eine Untersuchung vor. Sie zeigt, daß

[221] Vgl. Abschnitt III.5.1.
[222] Vgl. Abschnitt VI.5.

kontrollierte Unternehmen mit einem höheren Anteil von Unternehmensinsider eine stärker positive Kursreaktion auf die Ankündigung von Dividendenerhöhungen haben. Dies deutet darauf hin, daß die Dividendenpolitik bei der Existenz von Großaktionären nicht ihre Funktion als Informationsinstrument verliert. Die stärker positive Kursreaktion bei eigentümerkontrollierten Unternehmen läßt sich so interpretieren, daß die Dividende zur Lösung eines Konflikts zwischen Großaktionär und Kleininvestoren beiträgt, indem sie die Erträge des Unternehmens auf einer pro rata Basis an alle Anteilseigner verteilt.

Die Bedeutung von Vermögensverschiebungseffekte im Zusammenhang mit Dividendenankündigungen läßt sich anhand der Kursreaktion bei Anleihen bzw. Genußscheinen beurteilen. Eine Dividendenerhöhung entzieht dem Unternehmen finanzielle Mittel, wodurch sich die Vermögensposition der Gläubiger des Unternehmens verschlechtert. Eine positive Kursreaktion bei den Aktien ließe sich dann auch auf eine Vermögensverschiebung zu Lasten der Gläubiger erklären. Dividendenerhöhungen lösen jedoch insignifikante Kursreaktionen bei Anleihen dieser Unternehmen aus. Bei Genußscheinen liegen widersprüchliche Ergebnisse zu den Kursreaktionen vor. Bei einer Dividendenkürzungen werden überwiegend negative Überrenditen beobachtet.

V. Aufbau der empirischen Untersuchung

Vor der empirischen Untersuchung sind die Hypothesen und deren Operationalisierung für die Untersuchung zu erläutern. Dies erfolgt im ersten Abschnitt dieses Kapitels. Weiter dient dieses Kapitel dazu, die Methodik der im folgenden Kapitel durchgeführten Ereignisstudie vorzustellen. Hierbei ist zunächst auf die sachliche und zeitliche Abgrenzung der Untersuchungsgruppe einzugehen (Abschnitt 2.). Die Auswahl der in die Ereignisstudie einzubeziehenden Ereignisse bestimmt die Aussagefähigkeit und -grenzen der empirischen Ergebnisse. Die Technik der Bestimmung eines „Ankündigungseffektes" auf Dividendenankündigungen und die Bestimmung der Signifikanz dieses „Ankündigungseffektes" wird in Abschnitt 3. vorgestellt. Bei dem hier beschriebenen Verfahren handelt es sich i.w. um den Standardaufbau einer Ereignisstudie. In dieser Untersuchung werden die Kursreaktionen nicht nur für die Gesamtgruppe, sondern auch für nach ökonomischen Kriterien gebildete Teilgruppen untersucht. Die Definition dieser Variablen und die Testverfahren, die Zusammenhänge zwischen diesen ökonomischen Variablen und den Kursreaktionen untersuchen, werden in den Abschnitten 4. und 5. dargestellt.

V.1. Hypothesenbildung und Operationalisierung

1) Signalhypothese

Ziel der empirischen Untersuchung ist die Überprüfung des Signalgehalts von Dividendenankündigungen. Um den Signalgehalt der Dividendenänderung bestimmen zu können, sollen folgende Beziehungen untersucht werden:

1a) Zusammenhang zwischen dem Dividendensignal und der Kapitalmarktreaktion

Aus den in Abschnitt III.2. diskutierten Signalansätzen ergibt sich ein positiver Zusammenhang zwischen dem Dividendensignal und dem Marktwert des Unternehmens. Dieser Zusammenhang läßt sich in einer Ereignisstudie empirisch überprüfen. Hierfür muß definiert werden, wie Marktwertänderung und Dividendensignal zu messen sind. Die Marktwertänderung wird als Rendite der Aktie des Unternehmens gemessen, die um andere Einflüsse bereinigt wird (Abschnitt V.3.1.).

Auf einem im halbstrengen Sinne informationseffizienten Kapitalmarkt[223] ist die Veröffentlichung einer unerwarteten Dividendenankündigung als Differenz zwischen erwarteter und angekündigter Dividende als Signal anzusehen. Die angekündigte Dividende läßt sich der Veröffentlichung entnehmen, so daß für die empirische Unter-

---

[223] Zur Definition vgl. Fama (1970), (1991).

suchung noch die erwartete Dividende zu operationalisieren ist. In vorliegenden empirischen Untersuchungen geschieht dies mit Hilfe von naiver Erwartungsbildung, Analystenvorhersagen, Zeitreihenmodellen, dem Lintner-Modell oder durch Ableitung aus Optionspreisen. In dieser Untersuchung soll das naive Erwartungsmodell zur Bestimmung der erwarteten Rendite verwendet werden. Danach ist die für das letzte Geschäftsjahr gezahlte Dividende die erwartete Dividende.

Das naive Erwartungsbildungsmodell bildet die Erwartungen des Marktes offenbar nur unvollkommen ab. Man wird nicht davon ausgehen können, daß die Kapitalmarktteilnehmer stets „naiv" die Zahlung einer Dividende in Vorjahreshöhe erwarten. Eine Verbesserung ließe sich daher erwarten, indem man die Erwartungen der Kapitalmarktteilnehmer durch Analystenvorhersagen über die Dividendenhöhe des Unternehmens mißt. Da für die Untersuchungsgruppe im Untersuchungszeitraum Analystenvorhersagen nicht systematisch gesammelt vorliegen, wäre ihre Verwendung nur durch eine Erhebung dieser Daten zu gewährleisten.

Aus Zeitreihenmodellen ließe sich ebenfalls eine erwartete Dividende bestimmen. Jedoch fällt die ökonomische Interpretation rein statistischer Zeitreihenmodell, die die erwartete Dividende nur aus der Höhe der vergangenen Dividendenzahlungen bestimmen, schwer. Ihre Schätzung setzt zudem längere Zeitreihen mit Daten über Dividendenzahlungen voraus, die für den deutschen Kapitalmarkt nicht vorliegen.

Dem Einwand einer fehlenden ökonomischen Interpretierbarkeit ließe sich durch die Bestimmung der erwarteten Dividende aus einem Lintner-Modell begegnen, welches sich in empirischen Untersuchungen als gut geeignet erwiesen hat, die Dividendenpolitik von Unternehmen zu beschreiben. Gegen eine Verwendung dieses Modells sprechen jedoch gewichtige Argumente. Zum einen ist zu vermuten, daß die gute Erklärungskraft dieser Modelle auch darauf beruht, daß als erklärende Variable für die Dividende der laufenden Periode der Gewinn der laufenden Periode verwendet wird. Die Verwendung eines Lintner-Modells setzt also voraus, daß diese Größe bereits bekannt ist, wovon man allerdings generell nicht ausgehen kann.

Weiterhin unterstellen Dividendensignalmodelle, daß die tatsächlich beobachtbaren Dividendenzahlungen nicht nur in Abhängigkeit von der vergangenen Dividendenentwicklung sowie der (vergangenen und aktuellen) Gewinnentwicklung festgelegt werden, sondern darüber hinaus einen Erklärungsgehalt für den „wahren" Wert des Unternehmens haben. Aus den beobachtbaren Dividenden kann daher nicht der vom Lintner-Modell postulierte Zusammenhang geschätzt werden (Errors-in-Variables-Problem). Statistisch stellt sich dieses Problem in der Auswahl des am besten geeigneten Lintner-Modells: Bei der Regressionsschätzung eines Modells werden die Residuen minimiert, die im nächsten Schritt der Untersuchung als abhängige Variable „unerwarteten Dividendenankündigung" in die Analyse eingehen sollen. Als optimales Modell würde das

Modell ausgewählt werden, bei dem die für die folgende Untersuchung benötigten Residuen minimiert wurden.

Weiterhin unterscheiden sich das Lintner-Modell und die zu untersuchende Hypothese in ihren Annahmen. Das Lintner-Modell beschreibt die Festlegung der Dividende in Abhängigkeit vom (laufenden und vergangenem) Gewinn und der Dividende der Vorperiode. Die Signalhypothese geht davon aus, daß bei der Festlegung der Dividende darüber hinaus auch die zukünftige Entwicklung des Unternehmens berücksichtigt wird. Ein möglicher Signalgehalt entsteht aus der Berücksichtigung dieser Faktoren, während sich die (verzögerte) Anpassung an einen gestiegenen Gewinn als „erwartet" bezeichnen ließe. Folgt man der Signalhypothese, so läßt sich am Kapitalmarkt nur diese durch die Signaleigenschaft verzerrte Dividende beobachten, aus der sich der „mechanische" Zusammenhang, wie ihn das Lintner-Modell unterstellt, nicht mehr schätzen läßt („Errors-in-Variables"-Problem).

Die Alternative einer Schätzung der Dividendenerwartungen aus den Optionspreisen dieser Aktien würde die Stichprobe so stark begrenzen, daß auf dieses Vorgehen ebenfalls verzichtet wird.

Das in dieser Untersuchung verwendete naive Erwartungsmodell berücksichtigt bei der Bestimmung der erwarteten Dividende weniger Informationen, als tatsächlich in die Bestimmung einer erwarteten Dividende eingehen könnten. In vorliegenden Untersuchungen hat es sich jedoch als hinreichend und nicht gravierend schlechter als die oben angesprochenen Modelle erwiesen, positive und negative unerwartete Dividenden zu bestimmen. Jedoch bleibt bei einer Verwendung dieses Modells das Problem des Tests verbundener Hypothesen bestehen, der allerdings auch nicht durch die Verwendung eines anderen Modells gelöst würde.

H 1a)	Es besteht ein positiver Zusammenhang zwischen der Kursreaktion auf Dividendenankündigungen und der „unerwarteten" Dividendenänderung.

1b) Zusammenhang zwischen der Kapitalmarktreaktion und der signalisierten Eigenschaft

In den Signalmodellen in Abschnitt III.2. signalisiert das Management stets den höheren Unternehmenswert. Eine Voraussetzung für glaubwürdiges Signalisieren ist die ex-post-Überprüfbarkeit des Signals, die in den theoretischen Modellen durch die Aufdeckung des „wahren" Unternehmenswertes erreicht wird. Jedoch ermöglicht die Beobachtung der Renditeentwicklung des Unternehmens am Kapitalmarkt nach einer Dividendenankündigung nicht eine entsprechende Überprüfung dieses Zusammenhanges. Der „wahre" Unternehmenswert stellt sich in den Signalmodellen bereits mit der Dividendenankündigung ein, ein Aufdecken des „wahren" Unternehmenswertes wie in den zweiperiodigen Modellen gibt es am realen Kapitalmarkt nicht. Selbst wenn man die folgende Renditeentwicklung der Aktie als Aufdeckung des Unternehmenswertes interpretierte, so wäre die zu testende Hypothese, daß sich bei einem glaubhaften Signalisieren keine systematische Renditeentwicklung mehr ergibt. Eine so formulierte Hypothese ist nicht nur statistisch schwer zu testen,[224)] sondern auch angesichts neuer Informationen, die ständig von den Kapitalmarktteilnehmern in den Kursen verarbeitet werden, problematisch.

Ein höherer Unternehmenswert kann sich aus höheren künftigen operativen Erträgen des Unternehmens ergeben. Ein glaubhaftes Signalisieren läßt sich in diesem Fall durch die Beobachtung der zukünftigen Gewinnentwicklung bestätigen. Die Signalhypothese sagt hier einen positiven Zusammenhang zwischen beiden Größen voraus.

Theoretisch kann eine Marktwertsteigerung aus höheren Erträgen zu irgendeinem Zeitpunkt in der Zukunft erfolgen. Es erscheint jedoch plausibel, höhere Erträge überwiegend in zeitlicher Nähe zur Dividendenentscheidung zu vermuten. Die Untersuchung zu diesem Zusammenhang wird sich auf drei Geschäftsjahre nach der Dividendenankündigung beschränken.[225)]

Da es um die Überprüfung der Glaubwürdigkeit des Signalisierens geht, wird die unerwartete Änderung der Erträge und nicht die Revision der Ertragserwartungen untersucht. Zwar sagt die Signalhypothese auch für diese Beziehung einen positiven Zusammenhang voraus, jedoch wird wegen einer fehlenden Datenbasis auf die Überprüfung dieses Zusammenhanges verzichtet. Auch für diese Untersuchung wird die erwartete Komponente aus einem naiven Erwartungsbildungsmodell abgeleitet, so daß in der Untersuchung die Änderungen der Erträge des Unternehmens betrachtet werden. Die betrachtete Ertragsgröße selbst wird durch den Gewinn des Unternehmens und einen vereinfachten Cash Flow operationalisiert.

H 1b)	Es besteht ein positiver Zusammenhang zwischen der Kursreaktion auf Dividendenankündigungen und der „unerwarteten" Gewinnentwicklung nach der Ankündigung.

---

224) Um diese Hypothese zu testen, müßte man zeigen, daß die Renditeentwicklung weder systematisch positiv noch systematisch negativ ist (Nullhypothese). Selbst wenn eine systematische Kursentwicklung nach der Dividendenankündigung vorliegt, wären die Ablehnungsraten dieser Nullhypothese sehr hoch, d.h. es ist mit einem hohen Fehler 2. Art zu rechnen. Dies erschwert die Überprüfung dieser Hypothese.

225) Die Beschränkung auf diesen Zeitraum ist im Prinzip willkürlich. Jedoch wird mit einem größeren zeitlichen Abstand von der Dividendenentscheidung auch die Varianz der Gewinnänderungen zunehmen, so daß es immer schwieriger wird, signifikante Unterschiede zwischen Gruppen von Unternehmen festzustellen. Dies rechtfertigt ebenfalls eine Beschränkung auf einen relativ kurzen Zeitraum.

1c) Zusammenhang zwischen dem Signal und der signalisierten Eigenschaft

Signal und signalisierte Eigenschaft wurden bereits im Zusammenhang mit den beiden vorangegangenen Untersuchungsschritten operationalisiert. Diese Operationalisierungen können demnach auf die Überprüfung dieses Zusammenhanges übertragen werden. Ein glaubhaftes Signalisieren impliziert dabei auf der Seite der Unternehmen diesen Zusammenhang.

Als Signal wird bei der Überprüfung des Zusammenhangs mit der Kursreaktion die unerwartete Dividendenänderung angesehen. In diesem Zusammenhang wurde argumentiert, daß die Operationalisierung der unerwarteten Dividendenänderung durch die einfache Änderung der Dividende unzureichend ist, da die Erwartungen der Kapitalmarktteilnehmer nur unzureichend in der Vorjahresdividende ausgedrückt werden. Bei der Überprüfung der hier betrachteten Beziehung ließe sich die unerwartete Dividendenänderung auch durch die Kursreaktion selbst operationalisieren. In diesem Sinne ließe sich dann auch der vorangegangene Schritt als Überprüfung der hier gebildeten Hypothese verstehen. Problematisch an dieser Operationalisierung ist aber, daß damit eine Reaktion der Kapitalmarktteilnehmer im Sinne der Signalhypothese unterstellt wird, was ja durch die Überprüfung der hier gebildeten Hypothesen erst bestätigt werden soll.

H 1c)	Es besteht ein positiver Zusammenhang zwischen der „unerwarteten" Dividendenänderung und der „unerwarteten" Gewinnentwicklung nach der Ankündigung.

2) Free Cash Flow-Hypothese

Als konkurrierendes Argument für eine positive Kursreaktion auf Dividendenankündigungen können die Überlegungen der Free Cash Flow-Hypothese in Abschnitt III.3.2 angesehen werden. Neben der Signalhypothese soll diese Hypothese in der empirischen Untersuchung überprüft werden. Auch bei dieser Hypothese soll die Überprüfung in mehrere Schritte zerlegt werden:

2a) Zusammenhang zwischen der unerwarteten Dividendenänderung und der Kursreaktion wird in Abhängigkeit von den Investitionsmöglichkeiten

Die Free Cash Flow-Erklärung für die Kursreaktion prognostiziert insbesondere dann eine positive Kursreaktion auf die Ankündigung einer Dividendenerhöhung, wenn das Unternehmen keine Investitionsmöglichkeiten mit positivem Kapitalwert hat. Dividendenankündigungen sind daher nicht nur nach ihrer Richtung, sondern zusätzlich nach den Investitionsmöglichkeiten zu differenzieren.

Die Beurteilung der Investitionsmöglichkeiten erfolgt in dieser Untersuchung anhand des Marktwert/Buchwert-Verhältnisses. In US-amerikanischen Untersuchungen wird hier die Größe Tobins Q verwendet, die sich vom Marktwert/Buchwert-Verhältnis durch die Anpassung der Buchwerte an Reproduktionswerte unterscheidet. Es wird angenommen, daß Tobins Q die Investitionsmöglichkeiten des Unternehmens wiedergibt. Dagegen spricht, daß sich aus Bilanzen - wenn überhaupt - nur die Reproduktionswerte bilanzierter Aktiva ableiten lassen. Um den Reproduktionswert des gesamten Unternehmens zu ermitteln, müßten auch der Reproduktionswert nicht-bilanzierter Vermögensgegenstände, insbesondere der nicht bilanzierten immateriellen Vermögensgegenstände, bestimmt werden. Die Größe Marktwert/Buchwert-Verhältnis hat zusätzlich den Nachteil, daß keine Anpassungen an den Reproduktionswert vorgenommen wird, da für eine solche Anpassung in Deutschland keine Daten zu erhalten sind. Darüber hinaus wird die in Deutschland einfachere Bildung stiller Reserven die Aussagefähigkeit des Marktwert/Buchwert-Verhältnisses begrenzen.

H 2a)	Bei Dividendenerhöhungen besteht ein negativer Zusammenhang zwischen den Investitionsmöglichkeiten des Unternehmens (Marktwert/Buchwert-Verhältnis) und der Kursreaktion. Bei Dividendenkürzungen ist dieser Zusammenhang positiv.

2b) Zusammenhang zwischen der unerwarteten Dividendenänderung und der Entwicklung der Investitionen

Für die Free Cash Flow-Erklärung der Kursreaktion auf Dividendenankündigung wird eine Bestätigung durch die Analyse des Investitionsverhaltens des Unternehmens gesucht. Die positive Kursreaktion auf Dividendenerhöhungen läßt sich damit erklären, daß das Unternehmen auf Investitionsprojekte mit negativem Kapitalwert verzichtet. Bei Unternehmen, die eine Dividendenerhöhung ankündigen und die keine guten Investitionsmöglichkeiten mehr haben, sollten sich die Investitionen nach der Dividendenankündigung vermindern. Die Investitionsmöglichkeiten werden wiederum anhand der Größe Marktwert/Buchwert-Verhältnis gemessen. Die Entwicklung der Investitionen wird aus der Bilanz bestimmt. Die Hypothese läßt sich auch für Dividendenkürzungen formulieren, da diese jedoch in der empirischen Untersuchung aufgrund der kleinen Gruppengröße nicht betrachtet werden, wird die Formulierung auf Dividendenerhöhungen beschränkt.

H 2b)	Bei Dividendenerhöhungen besteht ein positiver Zusammenhang zwischen den Investitionsmöglichkeiten des Unternehmens (Marktwert/Buchwert-Verhältnis) und der Entwicklung der Investitionen.

3) Steuerhypothese

Während Signalhypothese und Free Cash Flow-Erklärung der Dividendenpolitik jeweils von einem Informationsgehalt der Dividendenpolitik ausgehen, setzt das Steuerklientelmodell keinen Informationsgehalt der Dividendenpolitik voraus. Dieses Modell soll deshalb als alternativer Erklärungsansatz für die Kursreaktionen auf Dividendenankündigungen in dieser Arbeit getestet werden.

Bilden sich aus einer unterschiedlichen steuerlichen Belastung von Dividenden gegenüber Kursgewinnen bei Unternehmen von der steuerlichen Belastung abhängige Anlegerklientele, so sagt das Steuerklientelmodell einen Zusammenhang zwischen der Dividendenrendite und der Kursreaktion auf die Ankündigung einer Dividendenänderung voraus. Die Kursreaktion ist abhängig von der Abweichung von der erwarteten Dividendenrendite. Die erwartete Dividendenrendite wird als Dividendenrendite vor der Ankündigung der neuen Dividende operationalisiert, d.h. als Quotient der letztjährigen Dividende und des Kurses vor der Ankündigung.

H 3)	Nach dem Steuerklientelmodell besteht bei Dividendenerhöhungen ein positiver Zusammenhang zwischen der Dividendenrendite und der Kursreaktion. Bei Dividendenkürzungen ergibt sich ein negativer Zusammenhang.

4) Informationshypothesen

4a) Unterschiedliche Kursreaktionen bei Dividendenankündigungen durch Finanzunternehmen.

Drei Hypothesen beschäftigen sich mit einem differenzierten Informationsgehalt von Dividendenankündigungen bei unterschiedlichen Unternehmen. Zunächst wird in der Literatur von einem differenzierten Informationsgehalt von Ankündigungen durch regulierte Unternehmen ausgegangen. Die Ankündigung einer Eigenkapitalemission hat dann einen geringeren Informationsgehalt, wenn das Management durch die Regulierung zu einer Emission gezwungen werden kann und daher die Ankündigung keine privaten Informationen des Management widerspiegelt.[226)]

Diese Überlegungen lassen sich auf Dividendenankündigungen regulierter Finanzunternehmen übertragen. Die Regulierung durch eine Aufsichtsbehörde kann als Zertifizierung verstanden werden, wenn man davon ausgeht, daß eine Dividendenerhöhung, die nicht

226) Vgl. Polonchek/Slovin/Sushka (1989); Slovin/Sushka/Polonchek (1992).

durch höhere Erträge „verdient" worden ist, durch den Regulierungsprozeß verhindert würde. Für Dividendenkürzungen regulierter Unternehmen läßt sich argumentiert, daß die Bekanntgabe dieser Entscheidung Informationen aus dem Regulierungsprozeß, die bisher nicht dem Kapitalmarkt bekannt waren, widerspiegelt. „Zwingen" Regulierungsauflagen das Unternehmen seine Dividende zu kürzen, so kommen in dieser Entscheidung auch die negativen Einschätzungen der Regulierungsbehörde über die Qualität des Unternehmens zum Ausdruck.

H 4a) Dividendenankündigungen regulierter Finanzunternehmen weisen gegenüber Dividendenankündigungen von Industrieunternehmen einen höheren Informationsgehalt auf. Bei Finanzunternehmen ist daher eine stärker positive (negative) Kursreaktion auf die Ankündigung einer Dividendenerhöhung (-kürzungen) zu erwarten als bei Industrieunternehmen.

4b) Unterschiedliche Kursreaktionen in Abhängigkeit von der über ein Unternehmen verfügbaren Informationsmenge

Informationseffekte lassen eine differenzierte Kapitalmarktreaktion in Abhängigkeit der über ein Unternehmen am Kapitalmarkt verfügbaren Information erwarten. Bei Unternehmen mit einer hohen Publizität, die auch regelmäßig von Analysten ausgewertet und in Prognosen umgesetzt wird, ist eine weniger starke Kursreaktion zu erwarten als bei Unternehmen, über die am Kapitalmarkt relativ wenig beachtet werden. Daher sollte die Überrendite am Ereignistag von der am Kapitalmarkt zur Verfügung stehenden Information über das Unternehmen abhängen. Diese läßt sich durch die Zahl der ein Unternehmen beobachtenden Analysten beschreiben. Je höher die Anzahl der Analysten ist, desto geringer sollte die Kursreaktion ausfallen, da hier der Effekt zusätzlicher Informationen am geringsten ist.

Angaben über die Zahl der ein Unternehmen beobachtenden Analysten stehen in Deutschland insbesondere für kleinere Unternehmen in dem in dieser Untersuchung gewählten Untersuchungszeitraum nicht zur Verfügung. Es ist allerdings für den amerikanischen Markt gezeigt worden, daß die Zahl der Analysten stark mit der Unternehmensgröße korreliert,[227)] so daß man die Unternehmensgröße als einen Schätzer für Information verwenden kann, die dem Markt zur Verfügung steht. Unternehmensgröße soll dabei durch den Marktwert des Eigenkapitals des Unternehmens gemessen werden. Gerade bei kleinen Unternehmen könnte die Publizität, die die Ankündigung einer Dividendenänderung erzeugt, eine höhere Überrendite erzeugen als bei großen

---

227) Vgl. Carvell/Strebel (1987), S. 290; Brennan/Hughes (1991), S. 1683.

Unternehmen, die auch schon vor diesem Ereignis regelmäßig von zahlreichen Analysten beobachtet wurden.

H 4b)	Dividendenankündigungen kleiner Unternehmen haben einen höheren Informationsgehalt als Dividendenankündigungen großer Unternehmen. Dies wirkt sich in einer stärker positiven (negativen) Kursreaktion auf die Ankündigung einer Dividendenerhöhungen (-kürzung) aus.

4c) Unterschiedliche Kursreaktionen in Abhängigkeit von der Eigentümerstruktur des Unternehmens.

Als dritter Aspekt soll die Bedeutung der Eigentümerstruktur des Unternehmens untersucht werden. Die in Abschnitt III.2. diskutierten Signalerklärungen für die Kursreaktionen auf Dividendenankündigungen gehen von einer Trennung von Eigentum und Kontrolle des Unternehmens aus. Die dort diskutierten Signalansätze verlieren bei Unternehmen an Erklärungskraft, bei denen Großaktionäre Einfluß auf Entscheidungen des Management nehmen. Durch den geringeren Handlungsspielraum des Management verliert die Dividendenpolitik den Charakter eines Informationsinstruments.

Jedoch kann die Dividendenpolitik zur Lösung eines Konflikt zwischen Großaktionär und Kleininvestoren beitragen. Dividendenausschüttungen verteilen finanzielle Überschüsse des Unternehmens auf einer pro rata-Basis und können so dazu beitragen, daß Großaktionäre in einem geringeren Maße Vorteile zu ihrem eigenen Gunsten entziehen können.

Diese Zusammenhänge sollten durch eine getrennte Untersuchung eigentümerkontrollierter und managerkontrollierter Unternehmen untersucht werden. Die Unterscheidung beider Gruppen erfolgt anhand des Anteils des stimmberechtigten Kapitals, welches durch Großaktionäre gehalten wird (Blockbesitz).

H 4c)	Dividendenankündigungen weisen bei managerkontrollierten Unternehmen einen anderen Informationsgehalt auf als bei eigentümerkontrollierten Unternehmen. Verliert die Dividendenpolitik bei einer Existenz eines Großaktionärs ihre Funktion als Informationsinstrument, so weisen Dividendenankündigungen eigentümerkontrollierten Unternehmen eine weniger starke Kursreaktion auf als Dividendenankündigungen managerkontrollierter Unternehmen. Trägt die Dividendenpolitik zur Lösung eines Konflikts zwischen Großaktionär und Kleininvestoren bei, so ist auch bei eigentümerkontrollierten Unternehmen eine positive (negative) Kursreaktion bei der Ankündigung einer Dividendenerhöhungen (-kürzung) zu erwarten.

V.2. Auswahl der Ereignisse und Datengewinnung

V.2.1. Sachliche und zeitliche Abgrenzung der Untersuchungsgruppe

Die Abgrenzung der Untersuchungsgruppe in dieser Untersuchung ist ein Kompromiß zwischen einer wünschenswerten möglichst vollständigen Erfassung von Dividendenankündigungen über einen langen Zeitraum und den praktischen Problemen der tatsächlichen Datengewinnung. Ein „Selection Bias“ in den Untersuchungsergebnissen entsteht, wenn nur Ereignisse, die ein bestimmtes Kriterium erfüllen, erfaßt werden. Soll dieser „Selection Bias“ vermieden werden, so ist eine Erfassung möglichst aller Dividendenankündigungen oder zumindest eine zufällige Auswahl aus diesen vorzunehmen. Ein möglichst langer Untersuchungszeitraum ist deshalb anzustreben, damit die Ergebnisse der Untersuchung nicht durch die Verhältnisse in einem bestimmten Jahr geprägt werden. Denkbar ist hier, daß die Kursreaktionen in einem bestimmten Jahr z.B. von der Konjunkturentwicklung oder von besonderen Umständen wie der Wiedervereinigung Deutschlands geprägt sind. Über einen längeren Untersuchungszeitraum gleichen sich solche Einflüsse entweder aus oder verlieren in der dann größeren Untersuchungsgruppe an Gewicht.

Praktische Erwägungen sprechen jedoch gegen eine so weitgehende Erfassung. Der Zeitraum der Untersuchung wird zunächst durch die Verfügbarkeit der in dieser Untersuchung verwendeten Daten der Jahresabschlußdatenbank begrenzt. Hier lagen zum Zeitpunkt der Untersuchungskonzeption 1996 Jahresabschlüsse für die Jahre bis einschließlich 1993 vor. Da in einem Untersuchungsschritt die Entwicklung der Gewinne nach einer Dividendenankündigung erfolgt, können somit nur Dividendenankündigungen bis zum Geschäftsjahr 1990 (Geschäftsjahresende bis 31.12.1990) in die Untersuchung einbezogen werden.

Weiter liegen Ereignisdaten für Ankündigungen deutscher Unternehmen nicht in einer Datenbank vor. Für die Bestimmung des Ereigniszeitpunktes besteht daher die Möglichkeit, aus der Handelsblatt-Datenbank Genios Ereignisdaten zu bestimmen.[228] Zum Zeitpunkt der Erhebung der Ereignisdaten lagen hier allerdings nur Meldungen ab 1988 vor, wodurch sich der Untersuchungszeitraum auf lediglich vier Jahre (Geschäftsjahre 1987 bis 1990) verkürzt hätte. Die Bestimmung der Ereignisdaten erfolgte daher aus den Firmenarchiven der Dresdner Bank AG (Frankfurt) und des HWWA Hanseatischen Instituts für Weltwirtschaft (Kiel), in denen jeweils Zeitungsmeldungen zu Unternehmen chronologisch gesammelt werden. Neben der Verfügbarkeit von Artikeln für Zeiträume vor 1988 haben diese Archive den Vorteil, daß hier nicht nur die Meldungen

---

[228] So das Vorgehen von Amihud/Murgia (1997), S. 402.

einer Quelle (Handelsblatt), sondern aller wichtigeren deutschen und z.T. auch ausländischen Zeitungen ausgewertet werden und somit eine exaktere Bestimmung des Ereigniszeitpunktes möglich ist.[229)]

Da die Erhebung von Ereignisdaten aus diesen Archiven sehr zeitaufwendig ist, mußte die Untersuchungsgruppe in zeitlicher und sachlicher Hinsicht eingegrenzt werden. Als Beginn des Untersuchungszeitraums wird das Jahr 1981 (Geschäftsjahresende nach dem 31.12.1980) festgelegt. Ein weiterer Grund hierfür ist der Einfluß der Körperschaftsteuerreform 1977. Durch die Wahl dieses Untersuchungszeitraums von 1981 bis 1990 entfallen Einflüsse grundsätzlich unterschiedlicher Steuersysteme auf die Kursreaktion auf Dividendenankündigungen.[230)] Allerdings sind in diesem Zeitraum die steuerlichen Bedingungen für die Besteuerung von Dividenden nicht konstant geblieben. So gab es Änderungen im Bereich der Gewerbesteuer sowie im Einkommen- und Körperschaftsteuersatz. Der Beginn des Untersuchungszeitraums ist so gewählt worden, daß für die Untersuchung auch noch zwei Geschäftsjahre mit Jahresabschlußdaten zur Verfügung zu stehen, die ebenfalls nicht durch die Körperschaftsteuerreform 1977 beeinflußt sind.

Bei einer für diese Untersuchung gewünschten Erhebung aller Dividendenankündigungen (nicht nur von Dividendenankündigungen bei einer Änderung der Stückdividende) mußte die Untersuchungsgruppe auch in sachlicher Hinsicht eingeschränkt werden.[231)] Für diese Untersuchung werden alle Unternehmen ausgewählt, die im FAZ-Index enthalten sind. Dabei werden alle Unternehmen, die bei den Indexneuordnungen (1988/89 und 1993/94) heraus- bzw. hereingenommen wurden, berücksichtigt. Ziel bei der Verwendung der Unternehmen, die in diesem Index enthalten sind, ist es, eine Auswahl von Unternehmen zu finden, die für das Geschehen am Aktienmarkt besonders repräsentativ sind. Allerdings unterscheiden sich die in einen Index einbezogenen Unternehmen von der Gruppe aller an deutschen Börsen notierter Unternehmen. Zum einen ist zu vermuten, daß größere Unternehmen eher Eingang in den Index und damit in diese Untersuchungsgruppe finden. Weiter werden eher Unternehmen aufgenommen, bei denen sich ein größerer Anteil der ausstehenden Aktien im freien Umlauf, d.h. nicht in den Händen von Großaktionären befindet. Sofern die Kriterien Einfluß auf die Kursreaktion auf Dividendenankündigungen haben, ist die Kursreaktion in der Gesamtgruppe verzerrt. In

229) Allerdings ist für die meisten Dividendenankündigungen die erste Meldung auch im Handelsblatt verfügbar.

230) Die Frage nach dem Einfluß der Besteuerung von Unternehmensgewinnen und Dividenden auf die Kursreaktion stellt einen interessanten Untersuchungsansatz dar, der in der Literatur auch verfolgt wird, vgl. z.B. Bernheim/Wantz (1995). Um diese Fragestellung zu untersuchen, hätte der Untersuchungszeitraum auch einige Jahre vor 1978 umfassen müssen, wodurch sich der Erhebungsaufwand für die Untersuchungsgruppe zu stark vergrößert hätte.

231) Auch Gerke/Oerke/Sentner (1997), S. 811 beschränken ihre Untersuchungsgruppe auf 89 Unternehmen, wobei die Kriterien für die Auswahl dieser Unternehmen nicht genannt werden.

der empirischen Untersuchung des folgenden Kapitels wird allerdings der Einfluß dieser beiden Kriterien untersucht, so daß auch bei der Verzerrung der Gesamtgruppe Erkenntnisse über den Einfluß dieser Faktoren gewonnen werden können.

In der Untersuchungsgruppe werden somit zunächst 145 Unternehmen berücksichtigt. Für den ausgewählten Untersuchungszeitraum von zehn Jahren (1.1.1981 bis zum 31.12.1990) ergeben sich unter Beachtung der Tatsache, daß zwei Unternehmen[232] aufgrund von Rumpfgeschäftsjahren elf Geschäftsjahre im Untersuchungszeitraum hatten, insgesamt 1452 mögliche Dividendenankündigungen.

Dividendenankündigungen von Unternehmen, die im Untersuchungszeitraum erstmals an einer deutschen Börse notieren, werden erst mit der Dividendenankündigung in die Untersuchungsgruppe aufgenommen, die das zweite Geschäftsjahr nach der Börseneinführung betrifft. Grund für diese Einschränkung ist zum einen die Verfügbarkeit von Jahresabschlußdaten für Geschäftsjahre vor der Dividendenankündigung. Zum anderen legt die besondere „Informationssituation" eines neu notierten Unternehmens, welches einerseits im Börseneinführungsprospekt weitreichendere Informationen als durch die normale Regelpublizität zur Verfügung stellen muß, andererseits durch die erst kurze Notiz den Anlegern und Analysten noch relativ unbekannt ist, einen Ausschluß dieser Ereignisse nahe. 252 Geschäftsjahre von 35 Unternehmen fallen somit aus der Untersuchungsgruppe heraus.[233] 26 Geschäftsjahre von drei Unternehmen, deren Notierung an der Börse während des Untersuchungszeitraumes eingestellt wurde, können ebenfalls nicht in der Untersuchungsgruppe berücksichtigt werden.

Dividendenankündigungen für Rumpfgeschäftsjahre, für ein Rumpfgeschäftsjahr und ein volles Geschäftsjahr werden nicht berücksichtigt. Dies betrifft neun Dividendenankündigungen von acht Unternehmen.

Im Falle der Mercedes Holding AG und der Chemie Verwaltungs AG stellt das einzige bzw. wichtigste Aktivum dieser Unternehmen die Anteile an einem anderen Unternehmen (Daimler Benz AG bzw. Hüls AG) dar, die ihrerseits börsennotiert sind. Die Dividendenankündigungen dieser Unternehmen werden ebenfalls nicht berücksichtigt, wodurch sich die Untersuchungsgruppe um weitere 20 Ereignisse vermindert.

Ankündigungen von Garantiedividenden werden nicht berücksichtigt. Garantiedividenden werden aufgrund von Unternehmensverträgen (Beherrschungs- oder Gewinnabführungsverträge nach § 291 AktG) zwischen einem herrschenden Unternehmen und der Aktiengesellschaft gezahlt. Das herrschende Unternehmen muß bei Abschluß eines solchen Vertrags die Zahlung einer Dividende an die außenstehenden Aktionäre der

---

[232] Es handelt sich um die Horten AG und die Schubert & Salzer Maschinenfabrik AG.

[233] Davon sechs Unternehmen, die damit gar nicht mehr in der Untersuchungsgruppe vertreten sind.

Gesellschaft garantieren (§ 304 AktG). Die Höhe der Garantiedividende kann fix sein,[234] von der Dividende des leitenden Unternehmens[235] oder von einer anderen Größe abhängig sein[236]. In allen Fällen kann die Ankündigung der Dividende keinen Informationsgehalt für die Ertragslage des Unternehmens haben, da ihre Höhe vorher bestimmt werden kann. Deshalb werden ebenso Dividendenankündigungen nicht berücksichtigt, bei denen ein herrschendes Unternehmen den Abschluß eines Unternehmensvertrages mit einem Übernahmeangebot und einer Garantiedividende angeboten hat. 76 Geschäftsjahre bei 14 Unternehmen werden deswegen nicht in die Untersuchungsgruppe aufgenommen.

Ereignisse, bei denen an einen oder mehrere Großaktionäre eine andere Dividende als an außenstehende andere Aktionäre gezahlt wird, z.B. weil ein Großaktionär freiwillig auf die Zahlung einer Dividende ganz oder teilweise verzichtet, werden nicht in die Untersuchungsgruppe aufgenommen. Die Untersuchungsgruppe reduziert sich deshalb um 21 Geschäftsjahre von zehn Unternehmen.

In die Untersuchung werden grundsätzlich auch Unternehmen mit Vorzugsaktien einbezogen. Die Ausgestaltung dieser Vorzugsaktien kann eine nachzahlbare Vorzugsdividende vorsehen. In drei Fällen bei drei Unternehmen kommt es in der Untersuchungsgruppe zur Nachzahlung einer Vorzugsdividende.[237] Diese Fälle werden aus der Untersuchungsgruppe ausgeschlossen.

Zehn Ereignisse von vier Unternehmen, die sich im Untersuchungszeitraum in einer Sanierungssituation befanden, fallen ebenfalls aus der Untersuchungsgruppe heraus, da eine zuverlässige Bestimmung eines Ankündigungsdatums in diesen Fällen nicht möglich ist.

Nach diesen Bereinigungen steht bei zwei Ereignissen keine Vorjahresdividende als Vergleichswert zur Verfügung, da im Vorjahr ein Großaktionär auf eine Dividendenzahlung verzichtet hat.[238] Diese Ereignisse können somit nicht in die Untersuchungsgruppe aufgenommen werden.

---

234) So erhielten z.B. die außenstehenden Aktionäre der Asea Brown Boveri AG für die Geschäftsjahre 1986 bis 1990 eine fixe Garantiedividende in Höhe von DM 24% des Nennwertes ihrer Aktien.

235) So erhielten z.B. die außenstehenden Aktionäre der AEG AG für die Geschäftsjahre 1988 bis 1990 eine Garantiedividende in Höhe von 20% der Stückdividende der Daimler Benz AG.

236) So erhielten z.B. die außenstehenden Aktionäre der Buderus AG für die Geschäftsjahre 1981 bis 1990 eine Garantiedividende 'in Höhe des arithmetischen Mittels der vom Statistischen Bundesamt zum Ende eines Kalenderjahres für die Hauptwirtschaftsgruppen „Energie- und Wasserversorgung, Bergbau" und „Verarbeitende Industrie" bekanntgegebenen Durchschnittsdividenden, mindestens jedoch 12%.' Vgl. Bundesanzeiger vom 7. Juni 1991, Nr. 29 217.

237) Zum Beispiel zahlte die Deutsche Babcock AG für das Geschäftsjahr 1982/83 (30.09.) die im Vorjahr ausgefallene Vorzugsdividende in Höhe von 3,00 DM je Vorzugsaktie zusammen mit einer Dividende für das Geschäftsjahr in der gleichen Höhe nach.

238) Dies betrifft die Ereignisse Asko AG 1990 und Stollwerck AG 1989.

Bei 1030 der verbleibenden 1033 Ereignisse konnte das Datum der Dividendenankündigung aus den Quellen der beiden Archive bestimmt werden. Für 1017 Ereignisse lagen verwendbare Kursdaten aus der Karlsruher Kapitalmarktdatenbank vor, die somit die (vorläufige) Untersuchungsgruppe bilden. Von diesen 1017 Ereignissen werden in einem weiteren, in Abschnitt V.3. beschriebenen Schritt 20 Ereignisse eliminiert, so daß die endgültige Untersuchungsgruppe noch 997 Ereignisse umfaßt.

Tabelle 23: Ableitung der Untersuchungsgruppe

Anzahl	
1.452	mögliche Ereignisse
-252	Neuemission während des Untersuchungszeitraums
-9	Rumpfgeschäftsjahren
-76	Garantiedividenden
-21	Verzicht der/s Großaktionäre(s)
-3	Nachzahlung eines Dividendenvorzugs
-20	Unternehmen hält nur Aktien eines anderen Unternehmens
-10	Sanierung kein Ereignisdatum feststellbar
-2	keine Vergleichsdividende aus Vorjahr
1.033	Ereignisse
-3	kein Ereignisdatum feststellbar
-13	keine Kursdaten
1.017	Untersuchungsgruppe (vorläufig)
-20	kein Handel in der Ereignisperiode
997	Untersuchungsgruppe

In diese Untersuchung werden Kurse sowohl von Stamm- als auch von Vorzugsaktien einbezogen, wobei für ein Ereignis jeweils nur die Kurse einer Aktienkategorie einbezogen werden. Notiert ein Unternehmen mit seinen Stammaktien an einer Börse, so wurden diese Kurse verwendet. Bei neun Unternehmen mit 27 Ereignissen in der Untersuchungsgruppe notieren nur die Vorzugsaktien an der Börse, so daß die Kursreaktionen aus den Kursen dieser Aktien bestimmt werden.[239)]

Als erstes Ereignis geht die Dividendenankündigung der Süddeutschen Zucker AG am 07.07.1981 in die Untersuchung ein; das letzte betrachtete Ereignis ist die Dividendenankündigung der Allianz AG Holding am 25.07.1991. Während dieses Zeitraums ist der DAFOX-Index von 178,117 auf 622,607 Punkte gestiegen. Dies entspricht einer durchschnittlichen geometrischen Rendite des DAFOX in Höhe von 12,66%. Der Anstieg des Indexes über diesen Zeitraum hat sich allerdings nicht monoton vollzogen. Starken Kurssteigerungen 1985, 1986 und 1990 stehen die Kurseinbrüche 1987 und 1989 sowie eine verhaltene Kursentwicklung zu Beginn des Untersuchungszeitraum gegenüber.

---

239) Hierbei handelt es sich um die Dividendenankündigungen der Fresenius AG; GLUNZ AG; Hornbach Holding AG; Nixdorf Computer AG; Porsche; Dr. Ing. h.c. F., AG; PUMA AG; Rudolf Dassler Sport AG; SPAR Handels-AG; VDO Adolf Schindling AG und der Wella AG.

V.2.2. Bestimmung des Ereigniszeitpunktes

In der Ereignisstudie soll die Kursreaktion auf die Information „Dividende“ untersucht werden. Aus den Zeitungsmeldungen wird das Datum ermittelt, an dem zum ersten Mal die offizielle Absicht des Unternehmens bekannt wurde, eine Dividende in einer betragsmäßig feststehenden Höhe zu zahlen. Nicht erfaßt werden somit Spekulationen in der Presse über die Höhe der möglichen Dividende, auch wenn sie sich später als zutreffend herausstellen sollten. Weiterhin werden auch unspezifische Aussagen über die Höhe der Dividende nicht berücksichtigt, wie z.B., daß das Ergebnis es erlaube, eine „angemessene“ Dividende zu zahlen oder daß das Ergebnis eine an das Vorjahr anknüpfende Dividende und eine Stärkung der Rücklagen erlaube. Ereignistag t_0 ist in dieser Untersuchung das Erscheinungsdatum der Zeitungsmeldung.

Mit der Dividendenankündigung werden häufig weitere Unternehmensmeldungen bekannt. Diese weiteren Ankündigungen werden erfaßt, wenn sie im Zeitfenster t_{-3} bis t_2 relativ zum Ereignistag liegen. Dabei werden folgende Unternehmensmeldungen erfaßt:

Tabelle 24: Zeitgleiche Ereignisse mit Dividendenankündigungen.

Anzahl	
417	Ereignisse ohne zeitgleiche andere Ankündigungen
562	Ereignisse mit zeitgleichen anderen Ankündigungen
501	Zeitgleiche, erstmalige Bekanntgabe des Gewinns. Hier wurden Ereignisse erfaßt, bei denen zeitgleich die erste Veröffentlichung des Gewinns des Geschäftsjahres erfolgt ist. Als Gewinnveröffentlichung wurden dabei die Veröffentlichung eines Konzerngewinns, eines Einzelabschlußgewinns oder eines bereinigten Gewinns z.B. nach DVFA, die Angabe eines Gesamtgewinns oder eines Gewinns pro Aktie sowohl vor Steuern als auch nach Steuern verstanden.
46	Zeitgleiche, erstmalige Bekanntgabe einer Kapitalerhöhung.
15	Zeitgleiche, sonstige wichtige Veröffentlichungen. Hier wurden Ereignisse erfaßt, bei denen zeitgleich die erste Ankündigung der Emission einer Optionsanleihe oder einer Wandelanleihe, der Einführung der Stammaktien an der Börse, der Ausgabe von Vorzugsaktien verbunden mit einer Kapitalerhöhung, eines Großaktionärs, Anteile des Unternehmens veräußern zu wollen, einer Kapitalherabsetzung mit Rückzahlung an die Anteilseigner, eines Abfindungsangebots für Aktionäre eines börsennotierten Tochterunternehmens, einer Schütt-aus-Hol-zurück-Dividende erfolgt ist.
28	Zeitgleiche, erstmalige Bekanntgabe einer Kapitalerhöhung aus Gesellschaftsmitteln.

Bei 562 von 997 Ereignissen kann eine zeitgleiche Ankündigung des Gewinns, einer Kapitalerhöhung oder eines sonstigen Ereignisses identifiziert werden.[240] Hierbei wird die zeitgleiche Ankündigung einer Kapitalerhöhung aus Gesellschaftsmitteln nicht miterfaßt, so daß diese 28 Ereignisse in der verbleibenden Gruppe der 417 Ereignisse ohne zeitgleiche andere Ankündigung enthalten sind. Grund für diese Behandlung der Kapitalerhöhungen aus Gesellschaftsmitteln ist die Annahme, daß der Haupteffekt einer Kapitalerhöhung aus Gesellschaftsmitteln, insbesondere bei einer zeitgleichen Ankündigung mit der Dividende, die Erhöhung der Ausschüttung ist und somit wie eine Erhöhung der Stückdividende wirkt. Die Gruppe der 417 Ereignisse ohne zeitgleiche Ankündigung ergibt sich aus der Negativabgrenzung zu der Gruppe der Ereignisse mit anderen zeitgleichen Ankündigungen. Ein Ereignis ist in dieser Gruppe enthalten, wenn keine der erfaßten weiteren Informationen zeitgleich veröffentlicht werden oder zwar zeitgleich andere Informationen gegeben werden, diese aber bereits vorher veröffentlicht wurden und damit dem Kapitalmarkt bekannt gewesen sind. Auch in diesem Fall sollte die Kursreaktion auf die Informationen zur Dividende und nicht auf anderen Informationen beruhen. Abschnitt VI.1.2. wird zudem untersuchen, ob ein Unterschied zwischen Kursreaktionen mit weiteren zeitgleichen Ankündigungen und ohne diese weiteren zeitgleichen Ankündigungen feststellbar ist.

[240] Die drei entsprechenden Kategorien in Tabelle 23 summieren sich nicht zu 562, da mehrere andere zeitgleiche Ankündigungen auftreten können.

V.3. Aufbau der Ereignisstudie

V.3.1. Bestimmung der Überrenditen und der Untersuchungszeiträume

Ziel einer Ereignisstudie ist die Bestimmung der „Ankündigungsreaktion" auf ein Ereignis,[241)] in dieser Untersuchung also auf das Ereignis „Dividendenankündigung". Da die Rendite zum Zeitpunkt der Ankündigung eines Ereignisses nicht nur von diesem Ereignis selbst beeinflußt wird, sondern auch von weiteren Einflußgrößen, ist in einer Ereignisstudie zunächst ein Modell zu formulieren, mit dessen Hilfe für den Zeitpunkt des Ereignisses eine „normale" Rendite geschätzt wird. Die „normale" Rendite ergibt sich unter der Prämisse, daß mit dem Ereignis keine Kursreaktion verbunden ist. Die Differenz zwischen der erwarteten „normalen" Rendite und der realisierten Rendite zum Zeitpunkt der Ankündigung wird auf das Ereignis selbst zurückgeführt und als Überrendite (abnormale Rendite, abnormal Return) bezeichnet. Mittels parametrischer und nicht-parametrischer Testverfahren wird dann die statistische Signifikanz dieser Überrenditen bestimmt.

In dieser Untersuchung werden diskrete tägliche Renditen nach Gleichung (G-27) berechnet. Die zugrundeliegenden Kursdaten (Kassakurse) wurden von der Karlsruher Kapitalmarktdatenbank bezogen. Bei 920 Ereignissen werden Kursdaten der Frankfurter Wertpapierbörse verwendet, bei 38 Ereignissen Düsseldorfer, bei 16 Ereignissen Hamburger, bei neun Ereignissen Münchner und bei sechs Ereignissen Stuttgarter Kurse.

(G-27) $$R_{it} = (P_{it} - P_{it-1})/P_{it-1},$$

mit: R_{it} = Rendite der Aktie i zum Zeitpunkt t,

P_{it} = um Dividenden und Kapitalmaßnahmen bereinigter Kurs des Wertpapiers i zum Zeitpunkt t.

Die Verwendung täglicher Renditen führt bei bekanntem Ereignistag im Vergleich zu wöchentlichen und monatlichen Renditen zu einer Erhöhung der Fähigkeit der Teststatistiken, abnormale Renditen in der Untersuchungsgruppe zu erkennen.[242)]

Ein Ereignis kann bei Verwendung täglicher Renditen nur dann sinnvoll in die Untersuchung einbezogen werden, wenn tatsächlich Handel stattfindet. Bei Kursen ohne Handel kann nicht angenommen werden, daß sie tatsächlich alle zu diesem Zeitpunkt vorliegenden Informationen über das Unternehmen widerspiegeln. Ein Ereignis wird

---

241) Für einen Überblick über die Methodik der Ereignisstudie vgl. u.a. Bowman (1983); Peterson (1989); Entrup (1995), Kapitel 5; Thompson (1995) und MacKinlay (1997).

242) Vgl. MacKinlay (1997), S. 34f.

daher eliminiert, wenn aus den Kurszusätzen[243)] für die Tage t_0 und t_{-1}[244)] darauf geschlossen werden kann, daß kein Handel in diesen Werten stattgefunden hat. 20 Ereignisse werden daher aus der Untersuchungsgruppe entfernt (vgl. Tabelle 23). Bei den verbleibenden 997 Ereignissen deutet bei weiteren 57 Ereignissen entweder am Tag t_{-1} oder t_0 ein Kurszusatz auf einen Tag ohne Handel hin.

Zur Bestimmung der erwarteten Rendite wird in dieser Untersuchung das Marktmodell verwendet. Dem Marktmodell liegt die Annahme zugrunde, daß die Aktienrenditen unabhängig, identisch, multivariat normalverteilt sind. Zwischen der Aktienrendite und der Marktrendite ergibt sich dann eine stationäre lineare Beziehung.[245)]

(G-28) $R_{it} = \alpha_i + \beta_i \cdot R_{mt} + \varepsilon_{it}$,

mit: R_{mt} = Rendite des Marktes zum Zeitpunkt t,

α_i = von der Marktrendite unabhängige konstante Renditekomponente,

β_i = Parameter für die Sensitivität der Rendite der Aktie i von der Marktrendite (Maß für das systematische Risiko),

ε_{it} = Zufallsterm der Aktie i.

Die Parameter $\hat{\alpha}_i$ und $\hat{\beta}_i$ werden mit Hilfe der Methode der kleinsten Quadrate (OLS-Methode) unter der oben getroffenen Annahme effizient und erwartungstreu geschätzt.[246)] Zur Schätzung der Regressionskoeffizienten $\hat{\alpha}_i$ und $\hat{\beta}_i$ wird ein Zeitraum von 230 Tagen (t_{-260} bis t_{-31}) verwendet. Der Regressionszeitraum umfaßt nicht den Ereigniszeitraum, um mögliche Einflüsse des Ereignisses auf den Renditeprozeß ausschließen zu können. Als Schätzer für die Marktrendite dient dabei der DAFOX-Index. Auf der Annahme unabhängig, identisch, multivariat normalverteilter Renditen basiert der im folgenden dargestellte einfache t-Test, der allerdings gegen geringe Abweichungen von diesen Annahmen robust ist.[247)] Im nächsten Abschnitt werden daher kurz die Annahmen bezüglich Normalverteilung, Heteroskedastizität und Unabhängigkeit der Überrenditen überprüft.

Der potentielle Vorteil des Marktmodells insbesondere gegenüber Mean Adjusted Returns liegt in seiner Fähigkeit, die Varianz der Überrenditen zu reduzieren, indem der

---

243) Es handelt sich dabei um die Kurszusätze „3", „4", „5", „6", „7", „L"; „M", „N" und „T" in der Kodierung der Karlsruher Kapitalmarktdatenbank, vgl. Deutsche Finanzdatenbank (1991), S. 9f.

244) Dies ist der unten definierte Ereigniszeitraum.

245) Vgl. MacKinlay (1997), S. 18; Sharpe (1963), S. 281.

246) Zu einer Darstellung der Ordinary Least Squares (OLS)-Methode vgl. Gujarati (1995), S. 52-59.

247) Vgl. MacKinlay (1997), S. 17.

Teil der Varianz, der auf Markteinflüsse zurückzuführen ist, reduziert wird. Dies soll insbesondere bei kleineren Gruppen die Möglichkeit verbessern, anhand statistischer Testverfahren eine signifikante Ankündigungsreaktion festzustellen. Dieser Vorteil des Marktmodells hängt daher stark vom R^2 der Regression ab, wobei der Vorteil um so größer ist, je höher R^2 ist.[248)] Im folgenden Abschnitt werden daher auch Angaben zu den geschätzten Parametern der Regression, deren Signifikanz und R^2 gemacht.
Die Überrenditen nach dem Marktmodell ergeben sich dann zu:

(G-29) $$AR_{it} = R_{it} - \left(\hat{\alpha}_i + \hat{\beta}_i \cdot R_{mt}\right),$$

mit: AR_{it} = Überrendite der Aktie i am Tag t,

$\hat{\alpha}_i$, $\hat{\beta}_i$ = geschätzte Regressionskoeffizienten.

Als Ereigniszeitpunkt wird der Tag der Dividendenveröffentlichung in der Presse erfaßt. Damit steht die genaue Uhrzeit der Veröffentlichung am Vortag für diese Untersuchung nicht zur Verfügung. In dieser Untersuchung werden Kassakurse verwendet, die an der Börse ab 12.00 Uhr festgestellt werden. Bei einer Veröffentlichung der Meldung am Vortag vor 12.00 Uhr sollte sich die Kursreaktion bereits in der Rendite am Tag t_{-1} niederschlagen, bei einer späteren Veröffentlichung in der Rendite des Tages t_0. In der Ereignisstudie werden daher die Renditen im Intervall t_{-1} bis t_0 zur Rendite des Ereigniszeitraums kumuliert, um den vollständigen Renditeeffekt der Dividendenankündigung erfassen zu können. In anderen Untersuchungen zum deutschen Kapitalmarkt hat sich gezeigt, daß dieses Intervall u.U. nicht den vollständigen Renditeeffekt am deutschen Kapitalmarkt erfaßt.[249)] Daher wird auch die Kursreaktion im erweiterten Ereigniszeitraum t_{-2} bis t_1 ausgewertet.

Zusätzlich soll die Renditeentwicklung vor und nach der Dividendenankündigung beobachtet werden. Auf einem informationseffizienten Kapitalmarkt sollte die Kursreaktion bei Bekanntgabe der Dividendenankündigung erfolgen. Systematische Kursentwicklungen vor der Ankündigung können durch die Ausnutzung von Insiderwissen, die Reaktion auf Gerüchte oder durch eine falsche Erfassung des Ereignisdatums ausgelöst werden. Systematische Kursbewegungen nach der Dividendenankündigung deuten darauf hin, daß die Kursreaktion auf das Ereignis auch in der erweiterten Ereignisperiode noch nicht abgeschlossen ist. Weiter besteht allerdings die Möglichkeit, daß vor oder nach einer Dividendenankündigung systematisch andere Informationen bekannt werden, die einen ähnlichen Informationsgehalt wie die Dividendenankündigung, wie etwa die Bekanntgabe

248) Vgl. MacKinlay (1997), S. 18; Thompson (1995), S. 971f.
249) Vgl. Entrup (1995), S. 170.

des Gewinns des Unternehmens, aufweisen. Auch so ließen sich systematische Kursbewegungen vor oder nach dem Ereignis begründen. Deshalb werden in dieser Untersuchung zusätzlich die Tage t_{-4} und t_{-3} vor der Ankündigung, t_2 und t_3 nach der Ankündigung untersucht. Außerdem werden die kumulierten Überrenditen vor und nach dem Ereignis beobachtet, wobei der Betrachtungszeitraum ausgehend vom Ereigniszeitraum jeweils um zehn Handelstage erweitert wird. Betrachtet werden so die kumulierten durchschnittlichen Überrenditen in den Zeiträumen t_{-3} bis t_{-10}, t_{-3} bis t_{-20} und t_{-3} bis t_{-30} sowie t_2 bis t_{10}, t_2 bis t_{20} und t_2 bis t_{30}. Eine Trennung der oben beschriebenen möglichen Effekte ist allerdings mit den hier zur Verfügung stehenden Daten nicht möglich, so daß die Untersuchung lediglich Anhaltspunkte für den Aussagegehalt der Überrenditen im Ereigniszeitraum, auf die sich die Untersuchung i.W. stützen wird, liefern kann. Der sich aus den gemachten Ausführungen ergebende Untersuchungsaufbau mit den relevanten Untersuchungszeiträumen ist in Abbildung 1 dargestellt.

Abbildung 1: Untersuchungsaufbau und Untersuchungszeiträume.

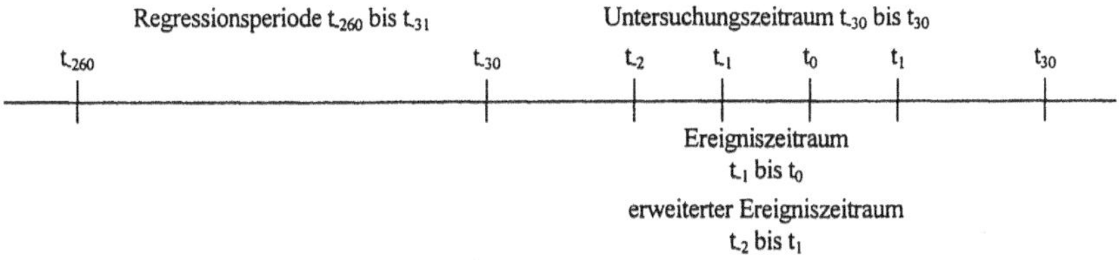

Mathematisch erfolgt die Kumulation der Überrenditen eines Wertpapiers i im Zeitraum t_a bis t_b durch einfache Addition.

(G-30) $$CAR_{i[a,b]} = \sum_{t=a}^{b} AR_{it},$$

mit: $CAR_{i[a,b]}$ = kumulierte Überrendite des Wertpapiers i im Zeitraum t_a bis t_b

In einer Untersuchungsgruppe werden die Überrenditen zur durchschnittlichen Überrendite aggregiert.

(G-31) $$\overline{AR}_t = \frac{1}{N}\sum_{i=1}^{N} AR_{it},$$

mit: $\overline{AR}_t$ = durchschnittliche Überrendite zum Zeitpunkt t,

N = Anzahl der Aktien in der Untersuchungsgruppe.

Für Zeiträume werden die durchschnittlichen kumulierten Überrenditen wie folgt berechnet:

(G-32) $$\overline{CAR}_{[a,b]} = \sum_{t=a}^{b} \overline{AR}_t = \frac{1}{N}\sum_{i=1}^{N} \overline{CAR}_{i[a,b]} = \frac{1}{N}\sum_{i=1}^{N}\sum_{t=a}^{b} AR_{it},$$

mit: $\overline{CAR}_{[a,b]}$ = durchschnittliche kumulierte Überrendite im Zeitraum t_a bis t_b.

Die Kumulierung der Renditen durch einfache Addition unterstellt, daß der Investitionsbetrag nach einer gleichmäßigen Aufteilung eines Investitionsbetrages auf das Portfolio zu Beginn des Betrachtungszeitraums nach jeder Periode wieder so umgeschichtet wird, daß erneut eine gleichmäßige Aufteilung des Vermögens auf die N Aktien erreicht wird. Sie läßt sich daher nicht als Buy-and-hold-Rendite interpretieren, die sich bei einem Verzicht auf die periodischen Umschichten erzielen ließe.[250] Die Verzerrungen sind jedoch bei Betrachtung von täglichen Renditen über kurze Zeiträume gering, so daß selbst in jüngsten Ereignisstudien Überrenditen nach Gleichung (G-32) berechnet werden.[251]

---

250) Vgl. Ritter (1991) und Michaely/Thaler/Womack (1995), S. 582 zur Berechnung einer Buy-and-hold-Rendite.

251) Vgl. Amihud/Murgia (1997), S. 403 - 404.

V.3.2. Ergebnisse der Marktmodellregression und Verteilungseigenschaften der Renditen

Tabelle 25 gibt die Ergebnisse der Schätzungen des Marktmodells für die Gesamtgruppe der in dieser Untersuchung einbezogenen 997 Ereignisse wieder.[252] Im Mittel der 997 Ereignisse wird ein R^2-Wert von 28,48% erreicht. Auf dem 10%-Niveau sind 940 von 997 durchgeführten Regressionen signifikant, wobei i.d.R. positive Werte für $\hat{\beta}_i$ zu beobachten sind (nur 17 Koeffizienten sind negativ). Für den Achsenabschnitt $\hat{\alpha}_i$ ist es bei 917 Ereignissen nicht möglich, die Nullhypothese auf dem 10%-Niveau abzulehnen. Ausreißer sind weder für $\hat{\alpha}_i$ noch für $\hat{\beta}_i$ zu beobachten.

Tabelle 25: R^2, $\hat{\alpha}_i$ und $\hat{\beta}_i$ der Marktmodellregressionen.

	R^2	$\hat{\alpha}_i$	$\hat{\beta}_i$
Mittelwert	28,48%	$0{,}23*10^{-03}$	0,83
Maximum	88,77%	$4{,}89*10^{-03}$	1,93
Minimum	<0,01%	$-3{,}78*10^{-03}$	-0,54
Quantilswerte für			
99,5%	84,11%	$3{,}19*10^{-03}$	1,84
97,5%	76,72%	$2{,}35*10^{-03}$	1,62
95,0%	71,69%	$1{,}83*10^{-03}$	1,48
75,0%	44,92%	$0{,}75*10^{-03}$	1,12
50,0%	23,30%	$0{,}14*10^{-03}$	0,86
25,0%	8,19%	$-0{,}38*10^{-03}$	0,53
5,0%	0,93%	$-1{,}15*10^{-03}$	0,18
2,5%	0,22%	$-1{,}45*10^{-03}$	0,04
0,5%	0,01%	$-1{,}92*10^{-03}$	-0,07

Anzahl signifikanter Koeffizienten auf einem Niveau von	$\hat{\alpha}_i$	$\hat{\beta}_i$
1,0%	11	896
5,0%	44	926
10,0%	80	940

Ergebnisse aus 997 Schätzungen des Marktmodells (G-28) mit Hilfe von OLS. Als Regressionsperiode wird der Zeitraum t_{-260} bis t_{-30} relativ zum Zeitpunkt der Dividendenankündigung gewählt. Schätzer für die Marktrendite ist der DAFOX.

Ein Vorteil des Marktmodells insbesondere gegenüber dem Mean Adjusted Return Modell hängt von der Höhe des R^2 der Marktmodellregression ab. Der geringe Anteil insignifikanter Regressionen und ein mittleres R^2 von 28,48% lassen somit einen Vorteil des Marktmodells erwarten.

---

[252] Die Aussagen des F-Test entsprechen bei einer Einfachregression mit Hilfe von OLS denen des t-Test für ß [vgl. Gujarati (1995), S. 134 - 136] und werden deshalb nicht angegeben.

Die Marktmodellschätzungen ließen sich durch die Verwendung des Scholes/Williams-Verfahrens[253] oder des Trade-to-Trade-Verfahrens[254] verbessern. Die Anwendung dieser Verfahren wird insbesondere bei geringem Handel bei den betrachteten Wertpapieren empfohlen. In der Untersuchungsgruppe weisen acht (46) Ereignisse an mehr als 115 (57) Tagen in der 230 tägigen Regressionsperiode keinen Handel auf.[255] Von den 57 auf dem 10%-Niveau nicht signifikanten Regressionen werden vier (26) Ereignisse an mehr als 115 (57) Tagen nicht gehandelt. Eine wichtige Ursache insignifikanter Regressionen dürfte also auch in dieser Untersuchung geringer bzw. kein Handel sein.

Die Auswirkungen einer Anwendung des Scholes/Williams-Verfahrens auf die Ergebnisse von Signifikanztests haben Brown/Warner (1985) und in einer Simulationsstudie Atchison (1986) untersucht. Beide Untersuchungen kommen zu dem Ergebnis, daß die Verwendung des Scholes/Williams-Verfahrens zu keiner Verbesserung der Ergebnisse der Signifikanztests führt.[256] Grund hierfür dürfte sein, daß die Anwendung dieses Verfahrens die Verteilungseigenschaften der Überrenditen nur geringfügig ändert.[257]

Die Anwendung des Trade-to-Trade-Verfahrens würde dazu führen, daß man das nichtparametrische Rangplatztestverfahren nach Corrado (1989) nicht mehr verwenden könnte, das eine gleich große Anzahl von Überrenditen für alle Ereignisse voraussetzt. Diese Bedingung wäre beim Trade-to-Trade-Verfahren nicht mehr erfüllt.

Insignifikante Regressionskoeffizienten für $\hat{\beta}_i$ liegen i.d.R. nahe bei null, was dazu führt, daß $\hat{\alpha}_i$ dem Durchschnitt der Rendite in der Regressionsperiode entspricht. Somit wird faktisch eine Bereinigung nach dem Mean Adjusted Return Modell durchgeführt, welches sich empirisch auch als geeignet erwiesen hat, Überrenditen als signifikant auszuweisen.[258] Mit der Schätzung des Marktmodells wird dann allerdings keine Verbesserung gegenüber diesem Modell erreicht. Aus diesen Gründen wird sowohl auf eine Eliminierung von Ereignissen, bei denen nur an wenigen Tagen Handel in der Regressionsperiode stattfindet, wie auch auf eine Anwendung des Scholes/Williams-Verfahrens oder des Trade-to-Trade-Verfahrens verzichtet.

Die Marktmodellregressionen sollen weiter daraufhin untersucht werden, ob sie die Annahmen des Marktmodells erfüllen. Als Test auf Normalverteilung wird dabei der Test nach Jarque/Bera (1987) verwendet.[259] Der Test überprüft, ob Schiefe und Kurtosis in der

---

253) Vgl. Scholes/Williams (1977), S. 317.

254) Vgl. Dimson/Marsh (1983), S. 756.

255) Zur Definition eines Tages ohne Handel vgl. Abschnitt V.3.1.

256) Vgl. Brown/Warner (1985), S. 16 - 18; Atchison (1986), S. 347f.

257) Vgl. Jain (1986), S. 76 - 77.

258) Vgl. Brown/Warner (1980), S. 214 - 218.

259) Vgl. Gujarati (1995), S. 143f. und S. 769 - 774, Jarque/Bera (1980) und (1987). Vgl. zu anderen Testverfahren Hartung (1993), S. 182 - 191.

Verteilung der Residuen den Werten der Normalverteilung (Schiefe: 0; Kurtosis: 3) entsprechen. Die verwendete Teststatistik ist χ^2-verteilt mit zwei Freiheitsgraden und lautet:

$$\text{(G-33)} \quad T^{JB} = L\left[\frac{S^2}{6} + \frac{(K-3)^2}{24}\right],$$

mit: T^{JB} = Teststatistik des Jarque/Bera (1987)-Tests auf Normalverteilung,
L = Anzahl der Tage in der Regressionsperiode,
S = Schiefe der Verteilung,
K = Kurtosis der Verteilung.

Bei 944 (934) von 997 Regressionsschätzungen muß die Hypothese einer Normalverteilung der Residuen auf dem 10%- (5%-) Niveau eines einseitigen Tests abgelehnt werden. Auch wenn keine Normalverteilung vorliegt, bleiben die Schätzer für $\hat{\alpha}_i$ und $\hat{\beta}_i$ effizient und unverzerrt. Aufgrund der großen Stichprobe (230 Tage in der Regressionsperiode) sind die Ergebnisse des t-Tests für diese Koeffizienten (und auch des F-Tests) asymptotisch richtig.[260)] Die hohe Ablehnungsquote der Normalverteilung hat aber Einfluß auf die Anwendbarkeit des parametrischen t-Tests zur Signifikanz der Kursreaktion, die in Abschnitt 4 diskutiert werden.

Tabelle 26: Ergebnisse der Tests auf Normalverteilung, Homoskedastizität, Autokorrelation der Marktmodellregressionen.

Test auf ⇒	Normalverteilung			Homoskedastizität			Autokorrelation	
auf einem Niveau von ⇒	1%	5%	10%	1%	5%	10%	2%	10%
Ablehnung der Nullhypothese	911	934	944	112	161	203	248	385
Keine Ablehnung der Nullhypothese	86	63	53	885	836	794	730	579
Keine Aussage möglich	-	-	-	-	-	-	19	33
Insgesamt	997	997	997	997	997	997	997	997

Ergebnisse aus 997 Schätzungen des Marktmodells (G-28) mit Hilfe von OLS. Als Regressionsperiode dient der Zeitraum t_{-260} bis t_{-31} relativ zum Zeitpunkt der Dividendenankündigung. Schätzer für die Marktrendite ist der DAFOX.
Test auf Normalverteilung nach Jarque/Bera (1987). Die Teststatistik ist χ^2-verteilt mit zwei Freiheitsgraden (einseitiger Test). Test auf Homoskedastizität mit Hilfe des Rangkorrelationskoeffizienten von Spearman zwischen den Residuen der Regression und der Indexrendite. Durbin/Watson-Test auf Autokorrelation erster Ordnung. Kritische Werte für die Ablehnung der Nullhypothese keiner Autokorrelation auf dem 10%-Niveau: $T^{DW}<1{,}7808$ oder $T^{DW}<2{,}2192$ (2%-Niveau: $T^{DW}<1{,}6860$ oder $T^{DW}<2{,}3140$). Keine Ablehnung der Nullhypothese erfolgt bei Testwerten von $1{,}7972<T^{DW}<2{,}2028$ ($1{,}7182<T^{DW}<2{,}2818$) bei einem Signifikanzniveau von 10% (2%). Im verbleibenden Intervall $1{,}7808\leq T^{DW}\leq 1{,}7972$ bzw. $2{,}2028\leq T^{DW}\leq 2{,}2192$ ($1{,}6860\leq T^{DW}\leq 1{,}7182$ bzw. $2{,}2818\leq T^{DW}\leq 2{,}3140$) ist keine Aussage über die Signifikanz auf dem 10%- (2%-) Niveau möglich. Die kritischen Testwerte wurden aus den Angaben bei Savin/White (1977) extrapoliert. Kritischen Werte der Durbin/Watson-Statistik sind hier nur für das 1%- und das 5%-Intervall eines einseitigen Tests vertafelt. Den Signifikanzangaben zu Homoskedastizität und Autokorrelation liegt eine zweiseitige Fragestellung zugrunde.

260) Vgl. Gujarati (1995), S. 316f.

Die Annahme von Homoskedastizität wird anhand von Spearmans Rangkorrelationskoeffizienten zwischen den Residuen der Regression und der Indexrendite überprüft.[261] Die Teststatistik ist t-verteilt mit L-2 Freiheitsgraden.

$$\text{(G-34)} \quad T^{Sp} = \frac{r_{Sp}\sqrt{L-2}}{\sqrt{1-r_{Sp}^2}},$$

mit: T^{Sp} = Teststatistik des Rangkorrelationstests nach Spearman,
r_{Sp} = Rangkorrelationskoeffizient,
L = Anzahl der Tage in der Regressionsperiode.

Für 203 (161) von 977 Ereignissen muß die Nullhypothese keiner Heteroskedastizität auf dem 10%- (5%-) Niveau abgelehnt werden. Für diese Fälle sind die geschätzten Regressionskoeffizienten $\hat{\beta}_i$ zwar weiter unverzerrt, aber nicht mehr effizient. Weiter liefert der t-Test (und auch der F-Test) bei Heteroskedastizität falsche Aussagen, da die Varianz von $\hat{\beta}_i$ falsch geschätzt wird. Das Problem ist insbesondere bei hohen Werten von α_i relevant, die bei den durchgeführten Regressionen allerdings selten sind. Da die geschätzten Regressionskoeffizienten unverzerrt sind, können sie auch weiter für die Berechnung der Überrenditen herangezogen werden.[262]

Zur Überprüfung, ob die Residuen der Marktmodellschätzungen autokorreliert sind, wird der Durbin/Watson-Test verwendet.[263] Dieser Test überprüft die Residuen auf Autokorrelation erster Ordnung.

Bei 385 (248) von 964 (978) Ereignissen, in denen die Durbin/Watson-Statistik eine Aussage erlaubt, liegt ein auf dem 10%- (2%-) Niveau signifikanter Testwert vor. Dabei handelt es sich in 202 (144) Fällen um negative Autokorrelation, in 183 (104) Fällen um positive Autokorrelation. Wie bei Vorliegen von Heteroskedastizität sind auch im Fall von Autokorrelation die geschätzten Regressionskoeffizienten unverzerrt und können daher für die Berechnung der Überrenditen herangezogen werden. Bei Vorliegen positiver Autokorrelation wird in der OLS-Regression die Varianz der Residuen unterschätzt, d.h. die Signifikanz von $\hat{\beta}_i$ und in der Folge auch R^2 wird überschätzt. Umgekehrt verhält es sich allerdings bei der in dieser Untersuchung häufiger auftretenden negativen Autokorrelation. In diesem Fall wird die Varianz der mit OLS geschätzten Residuen unterschätzt.[264]

---

[261] Zu Testverfahren auf Heteroskedastizität vgl. Gujarati (1995), S. 367 - 380. Vgl. Entrup (1995), S. 157f.
[262] Vgl. Gujarati (1995), S. 355 - 367 zum Problem der Heteroskedastizität.
[263] Zur Überprüfung von Autokorrelation vgl. Gujarati (1995), S. 415 - 436. Vgl. Entrup (1995), S. 158f.
[264] Vgl. Gujarati (1995), S. 400 - 415 zum Problem der Autokorrelation.

V.3.3. Signifikanztestverfahren für Überrenditen

Durch die Bereinigung der Renditen mit Hilfe des Marktmodells liegen durchschnittliche Überrenditen für den Untersuchungszeitraum t_{-30} bis t_{30} vor. In einer Ereignisstudie werden Testverfahren zur Bestimmung der Signifikanz dieser durchschnittlichen Überrendite angewendet. Ist mit dem betrachteten Ereignis (hier: der Dividendenankündigung) keine Kursreaktion verbunden, sollte die durchschnittliche Überrendite im Ereigniszeitraum nicht „wesentlich" von null abweichen. Weicht die durchschnittliche Überrendite dagegen „erheblich" von null ab, so spricht man davon, daß mit dem Ereignis eine Kursreaktion verbunden ist. Statistische Testverfahren bestimmen, ab wann eine durchschnittliche Überrendite als „wesentlich" bzw. „erheblich" anzusehen ist.

In der Literatur sind verschiedene parametrische und nicht-parametrische Testverfahren zur Bestimmung der Signifikanz der Überrenditen entwickelt worden. In dieser Untersuchung werden zwei Testverfahren, der parametrische, „einfache" t-Test und der nicht-parametrische Rangplatztest, verwendet.

Der „einfache t-Test" geht auf Brown/Warner (1980) zurück[265)] und überprüft folgende Hypothese:

H_0: Die durchschnittliche Überrendite entspricht ihrem Erwartungswert und ist somit gleich null.

H_A: Die durchschnittliche Überrendite ist ungleich null.

Unter der Voraussetzung, daß die Überrenditen unabhängig, identisch und gleichverteilt sind, ist die Teststatistik[266)]

---

265) Vgl. Brown/Warner (1980), S. 251; Brown/Warner (1985), S. 7f.

266) Vgl. Brown/Warner (1980), S. 251f.; Entrup (1995), S. 159f.

(G-35) $T_t^{t-T} = \overline{AR}_t / \hat{S}\left(\overline{AR}_t\right)$,

mit: $\hat{S}\left(\overline{AR}_t\right) = \sqrt{\sum_{t_{-260}}^{t_{-31}} \left(\overline{AR}_t - \overline{\overline{AR}}\right)^2 / 229}$,

$\overline{\overline{AR}} = \frac{1}{230} \cdot \sum_{t_{-260}}^{t_{-31}} \overline{AR}_t$,

T_t^{t-T} = Testwert am Tag t des einfachen t-Tests,

$\hat{S}\left(\overline{AR}_t\right)$ = Standardabweichung der durchschnittlichen Überrenditen in der Regressionsperiode t_{-260} bis t_{-31},

$\overline{\overline{AR}}$ = Mittelwert der durchschnittlichen Überrenditen in der Regressionsperiode t_{-260} bis t_{-31}.

studentverteilt mit L-1 = 229 Freiheitsgraden, die sich aufgrund der hohen Zahl der Tage in der Regressionsperiode durch die Normalverteilung aproximieren läßt. Bei der Betrachtung von Zeiträumen läßt sich die Standardabweichung im Nenner der Teststatistik mit Hilfe der Square-Root-of-Time-Rule bestimmen:

(G-36) $T_{[a,b]}^{t-T} = \overline{CAR}_{[a,b]} / \sqrt{(b-a+1) \cdot \hat{S}^2\left(\overline{A}_t\right)}$.

Die Betrachtung im vorherigen Abschnitt hat ergeben, daß die individuellen Überrenditen i.d.R. nicht als normalverteilt angesehen werden können. Die Teststatistik gilt dann nur noch asymptotisch. Je besser die durchschnittlichen Überrenditen normalverteilt sind, desto besser ist die Annäherung an die theoretische Verteilung der Teststatistik.[267]

Die Verteilungseigenschaften durchschnittlicher Überrenditen untersuchen Brown/ Warner (1985). Obwohl auch sie für Überrenditen, die als Residuen des Marktmodells berechnet werden, Werte für Schiefe und Kurtosis finden, die nicht mit der Normalverteilung zu vereinbaren sind, ergeben sich für Portfolios von 50 Ereignissen durchschnittliche Überrenditen, die nur noch eine geringe Schiefe und Kurtosis aufweisen.[268] Weitere Ergebnisse zeigen, daß die Teststatistik für Portfolios ab 50 Ereignissen gut definiert ist.[269] Untersuchungsergebnisse von Simulationsstudien zum deutschen Kapitalmarkt liegen nicht vor. Jedoch lassen sich die Verteilungseigenschaften der Marktmodellresiduen in dieser Untersuchung mit den Werten aus Brown/Warner (1985) vergleichen.

---

267) Vgl. MacKinlay (1997), S. 35.
268) Vgl. Brown/Warner (1985), S. 9f.
269) Vgl. Brown/Warner (1985), S. 8 - 14.

Hierbei liegt der durchschnittliche Wert der Schiefe bei 997 Marktmodellschätzungen mit 0,46 deutlich unter dem von Brown/Warner (1985) angegebenen Wert von 1,01, der Wert für Kurtosis liegt mit 6,98 nur geringfügig über dem Brown/Warner (1985)-Wert von 6,80. Diese Ergebnisse sprechen nicht dagegen, daß die Untersuchungsergebnisse der Untersuchung von Brown/Warner (1985) nicht auf den deutschen Kapitalmarkt übertragbar sind.

Eine weitere Voraussetzung der Anwendbarkeit der Teststatistik (G-36) ist die Unabhängigkeit der Überrenditen. Im vorhergehenden Abschnitt wurde dabei festgestellt, daß die Überrenditen z.T. Autokorrelation erster Ordnung aufweisen. Brown/Warner (1985) zeigen, daß Autokorrelation dann auch in durchschnittlichen Überrenditen feststellbar ist.[270)] Relevant wird das Problem von Autokorrelation, wenn Überrenditen über einen längeren Zeitraum nach Gleichung (G-32) kumuliert werden, da besonders in diesem Falle die Standardabweichung unterschätzt wird. Alle Untersuchungsergebnisse zur Teststatistik des t-Tests in Brown/Warner (1985) werden erzielt, ohne Autokorrelation besonders zu berücksichtigen. Da sich die Teststatistik dabei als gut definiert erweist, ist demnach Autokorrelation kein die Teststatistik berührendes Problem.[271)]

Unter der Voraussetzung der Unabhängigkeit der Überrenditen ist weiter das Problem des „Clusterings", d.h. der Häufung von Ereignisdaten zu untersuchen. Clustering von Ereignistagen führt dazu, daß sich die Standardabweichung der Überrenditen nicht mehr wie in Gleichung (G-35) angegeben berechnen läßt, da die Kovarianzen zwischen den Überrenditen in der Schätzperiode nicht mehr null sind.[272)] Gerade bei Dividendenankündigungen, die typischerweise in der ersten Jahreshälfte erfolgen, ist dieses Problem potentiell relevant. Formale Tests zur Überprüfung von Clustering werden in der Literatur nicht vorgeschlagen. Als Beispiele werden aber Situationen genannt, in denen ein Ereignis verschiedene Unternehmen an einem Tag betreffen, wie dies z.B. bei der Ankündigung von Gesetzesmaßnahmen der Falle ist.[273)]

Tabelle 27 zeigt das Clustering in der Untersuchungsgruppe von 997 Ereignissen. Maximal fünf Ereignisse haben den gleichen Ereignistag. Legt man den Ereigniszeitraum t_{-1} bis t_0 zugrunde,[274)] so überschneiden sich 766 Ereignisse mit maximal fünf anderen Ereignissen und 991 mit bis zu zehn anderen Ereignissen. Bei Betrachtung des erweiterten Ereigniszeitraums t_{-2} bis t_1 lassen sich nur noch 85 Ereignisse finden, die sich nicht mit dem erweiterten Ereigniszeitraum eines anderen Ereignisses überschneiden. Immerhin 339

---

270) Vgl. Brown/Warner (1985), S. 19.
271) Vgl. Brown/Warner (1985), S. 19f.
272) Vgl. MacKinlay (1997), S. 27.
273) Vgl. Thompson (1995), S. 985.

Ereignisse überschneiden sich mit mehr als zehn anderen Ereignissen. Das in der Untersuchungsgruppe beobachtbare Clustering ist somit eher mit dem Untersuchungsaufbau von Brown/Warner (1985) vergleichbar. Sie bilden Untersuchungsgruppen, bei denen alle Ereignistage in einem Intervall t_{-5} bis t_5 liegen. Ihre empirischen Ergebnisse zeigen, daß auch dann die hier verwendete Teststatistik des t-Tests gut spezifiziert ist.[275)]

Tabelle 27: Clustering in der Untersuchungsgruppe.

Anzahl der Ereignisse mit	I: t_0	I: t_{-1} bis t_1	I: t_{-3} bis t_3
keinem weiteren Ereignistag im Intervall I	398	192	85
einem weiteren Ereignistag im Intervall I	268	131	89
zwei weiteren Ereignistagen im Intervall I	189	138	65
drei weiteren Ereignistagen im Intervall I	88	103	35
vier weiteren Ereignistagen im Intervall I	30	105	65
fünf weiteren Ereignistagen im Intervall I	24	97	62
1 bis 5 weiteren Ereignistagen im Intervall I	599	574	316
6 bis 10 weiteren Ereignistagen im Intervall I	0	225	257
11 bis 15 weiteren Ereignistagen im Intervall I	0	6	242
16 bis 20 weiteren Ereignistagen im Intervall I	0	0	94
21 weiteren Ereignistagen im Intervall I	0	0	3
Insgesamt	997	997	997

Der parametrische t-Test ist demnach trotz fehlender Normalverteilung der Überrenditen und der fehlenden strengen Unabhängigkeit der Ereignisse insbesondere für größere Untersuchungsgruppen ($n \geq 50$) gut spezifiziert.

Als weiteres Testverfahren, besonders für kleinere Untersuchungsgruppen, wird zusätzlich der nicht-parametrische sogenannte „Rangplatztest" nach Corrado (1989) verwendet, der im Gegensatz zum einfachen t-Test keine Annahmen über die Verteilung der zugrundeliegenden Überrenditen macht.[276)] Die Überrenditen der einzelnen Aktien in der Regressionsperiode t_{-260} bis t_{-31} und im Untersuchungszeitraum t_{-30} bis t_{+30} werden der Größe nach absteigend sortiert und erhalten die Rangplätze 1 bis 291. Überprüft wird folgende Hypothese:

H_0: Der durchschnittliche Rangplatz einer Untersuchungsgruppe entspricht dem Erwartungswert und ist somit gleich 146.

H_A: Der durchschnittliche Rangplatz einer Untersuchungsgruppe ist ungleich 146.

Um den Testwert für den Tag t zu erhalten, wird der durchschnittliche Rangplatz am Tag t in dieser Untersuchung durch die Standardabweichung der durchschnittlichen

274) Zwei Ereignisse überschneiden sich nicht, wenn der Ereignistag des zweiten Ereignisses nicht im Intervall t_{-1} bis t_1 (vgl. Tabelle 27) liegt.

275) Vgl. Brown/Warner (1985), S. 15 - 16.

276) Vgl. Corrado (1989), S. 388 - 392.

Rangplätze in der kombinierten Regressionsperiode und Untersuchungszeitraum (t_{-260} bis t_{30}) geteilt.[277)]

$$\text{(G-37)}\quad T_t^{RPT} = \frac{1}{N} \cdot \sum_{i=1}^{N} (K_{it} - 146) \Big/ \sqrt{Var(\overline{K}_t)},$$

$$\text{mit:}\quad Var(\overline{K}_t) = \frac{1}{k} \cdot \sum_{t=1}^{k} \left(\frac{1}{N} \sum_{i=1}^{N} K_{it} - \frac{k+2}{2} \right) \text{ und}$$

T_t^{RPT} = Testwert nach dem Rangplatztest,

K_{it} = Rangplatz der Überrendite des Wertpapiers i am Tag t,

N = Anzahl der betrachteten Ereignisse,

k = Anzahl der Tage, für die Rangplätze vergeben werden,

$Var(\overline{K}_t)$ = Varianz der durchschnittlichen Rangplätze der jeweiligen Untersuchungsgruppe.

Die Teststatistik ist studentverteilt und kann aufgrund der hohen Zahl von Freiheitsgraden wieder durch die Normalverteilung approximiert werden. In dieser Untersuchung wird nicht die bei Entrup (1995) angewendete theoretische Berechnung der Standardabweichung verwendet,[278)] da bei einer theoretischen Ableitung der Standardabweichung Korrelationen der Überrenditen nicht berücksichtigt werden.[279)] Werden über mehrere Tage kumulierte Überrenditen betrachtet, ergibt sich die Berechnung des Rangplatztests wie folgt:

$$\text{(G-38)}\quad T_{[a,b]}^{RPT} = \frac{1}{N} \cdot \sum_{i=1}^{N} \sum_{t=a}^{b} (K_{it} - 146) \Big/ \sqrt{(b-a+1) \cdot \frac{1}{N} \cdot Var(K_{it})}.$$

Die Ergebnisse von Simulationsstudien zeigen, daß der Rangplatztest bei künstlich erzeugten Überrenditen in Höhe von 0,5% bzw. 1,0% höhere Ablehnungsquoten als der einfache t-Test aufweist. Dies gilt insbesondere auch für kleinere Untersuchungsgruppen mit 10 oder 30 Ereignissen.[280)] Die Teststatistik ist unabhängig von der Verteilung der Überrenditen und damit auch bei Verletzung der Normalverteilungsannahme korrekt spezifiziert. Allerdings setzt der Rangplatztest ebenfalls die Unabhängigkeit der Überrenditen voraus,[281)] d.h. Autokorrelation und Clustering können auch hier zu einer Fehlspezifikation der Teststatistik führen. Die Ergebnisse von Simulationsstudien haben jedoch für den t-Test ergeben, daß nur extreme Verletzungen dieser Annahmen zu einer Fehlspezifikation der Teststatistik führen.

---

277) Vgl. Corrado (1989), S. 385-388.
278) Vgl. Entrup (1995), S. 163.
279) Vgl. die ähnliche Argumentation zum t-Test bei Brown/Warner (1980), S. 215.
280) Vgl. Corrado (1989), S. 391f.; Corrado/Zivney (1992), S. 472 - 474.
281) Vgl. Corrado (1989a), S. 2.

V.4. Ökonomische Variablen, von denen ein Zusammenhang mit der Kursreaktion auf Dividendenankündigungen vermutet wird

In der empirischen Untersuchung wird der Zusammenhang zwischen der Kursreaktion im (erweiterten) Ereigniszeitraum und verschiedenen ökonomischen Variablen untersucht, deren Konstruktion in diesem Abschnitt erläutert werden soll. Dafür sollen jeweils die Definition der Variablen angegeben werden, deren Verteilungseigenschaften beschrieben werden und deren Konstruktion von Teilgruppen anhand dieser Variablen erläutert werden.

V.4.1. Dividendenänderung und Dividendenrendite

Betrachtet wird die Änderung der Dividende gegenüber dem Vorjahr. Die in dieser Untersuchung verwendete Dividendenänderung ist als Änderung der Stückdividende (ohne Körperschaftsteuergutschrift) definiert.[282] Betrachtet wird die Dividende der (Stamm- oder Vorzugs-) Aktie, für die auch die Kursreaktion bestimmt wird. Die Stückdividende wird gewählt, weil diese regelmäßig Hauptgegenstand in den Dividendenankündigungen ist. Proportional zur Änderung der Stückdividende steigt auch die Dividendensumme. Die Dividendensumme ändert sich auch bei Änderungen der Anzahl bei Aktien, z.B. bei Kapitalerhöhungen, Kapitalerhöhungen aus Gesellschaftsmitteln oder der Umstellung der Stücknotiz. Sofern Kapitalerhöhungen und Kapitalerhöhungen aus Gesellschaftsmitteln bereits vorher angekündigt worden sind, ist die Erhöhung der Anzahl der Aktien dem Markt schon bekannt. Die Betrachtung der Stückdividende unterstellt, daß der Markt bei der Ankündigung einer Kapitalerhöhung oder Kapitalerhöhungen aus Gesellschaftsmitteln von einer konstanten Stückdividende ausgeht. Bei Umstellungen der Stücknotiz wird die Dividende des Vorjahres angepaßt. Als Vergleichsdividende des Vorjahrs dient die Stückdividende einschließlich Bonus. Nur wenn die Bonuszahlung ausdrücklich als „Jubiläumsbonus“ bezeichnet worden ist, wird dieser Bonus als einmalig angesehen und nicht in die Dividende des Vorjahres einbezogen.[283] In die angekündigte Dividende wird der Bonus in jedem Fall einbezogen. Wird zeitgleich mit der Dividendenankündigung eine Kapitalerhöhung aus Gesellschaftsmitteln angekündigt, bei der die neuen Aktien auch für das vergangene Geschäftsjahr dividendenberechtigt sind, so

---

[282] Die Angaben zu Stückdividende und Steuergutschrift der Dividende wurden den Dividendenankündigungen selbst und den Veröffentlichungen zur Dividendenzahlung im Bundesanzeiger entnommen. Stets stimmen angekündigte und gezahlte Dividende überein. Die Angaben wurden nochmals mit den Angaben der Börsenzeitung (1980-1994) abgeglichen.

[283] Insgesamt betrifft dies 20 Dividendenankündigungen in der Untersuchungsgruppe.

dient die mit dem Bezugsverhältnis korrigierte Stückdividende als Dividende laufenden Jahres.[284)]

Betrachtet wird die Stückdividende ohne Steuergutschrift. Während des Untersuchungszeitraums beträgt der Ausschüttungssteuersatz der Körperschaftsteuer konstant 36%. Unterschiede in der Betrachtung mit bzw. ohne Einbeziehung des Körperschaftsteuersatzes können sich also nur dann ergeben, wenn das Unternehmen nicht mit Körperschaftsteuer belastete Beträge (sog. EK 0) ausschüttet. In neun Fällen ist eine Ausschüttung nicht mit der vollen Körperschaftsteuergutschrift versehen, bei zehn Ereignissen ist die Dividende des Vorjahres nicht mit dem vollen Körperschaftsteuersatz belastet. Nur bei sieben Fällen hat sich die Belastung mit Körperschaftsteuer gegenüber dem Vorjahr geändert. In keinem Fall ändert sich durch die Einbeziehung der Körperschaftsteuer das Vorzeichen der Dividendenänderung.

Um für verschiedene Ereignisse eine Vergleichbarkeit herzustellen, ist die Dividendenänderung zu standardisieren. Hierfür kann die Dividende des Vorjahrs oder der Kurs der Aktie herangezogen werden, wobei amerikanische Untersuchungen i.d.R. einen Kurs in unmittelbarer zeitlicher Nähe zur Dividendenankündigung verwenden.[285)] In dieser Untersuchung wird neben der prozentualen Dividendenänderung ($\Delta D/D$)

(G-39) $$\Delta D/D = \frac{D_t - D_{t-1}}{D_{t-1}},$$

mit: D_t = angekündigte Stückdividende,

D_{t-1} = Stückdividende des Vorjahres,

die relative Dividendenänderungen ($\Delta D/P$) betrachtet, wobei zur Standardisierung der Kurs P_{-30} verwendet wird.

(G-40) $$\Delta D/P = \frac{D_t - D_{t-1}}{P_{-30}},$$

mit: P_{-30} = Kurs zum Zeitpunkt t_{-30}.

---

284) In diesem Fall wird tatsächlich auch diese Stückdividende gezahlt und die jungen Aktien aus der Kapitalerhöhung aus Gesellschaftsmitteln erhalten keine Dividende für das vergangene Jahr. Ein Beispiel hierfür ist die Dividendenzahlung der Deutsche Centralbodenkredit AG für das Geschäftsjahr 01.01.-31.12.1985. Extag der Dividendenzahlung war am 13.05.1986, zu dem DM 13,09 gezahlt wurden. Dies entspricht der angekündigten Stückdividende in Höhe von DM 12,00 multipliziert mit eins plus dem Kehrwert des Bezugsverhältnis aus der Kapitalerhöhung aus Gesellschaftsmitteln (11:1), vgl. Börsen-Zeitung (1988), S. 28. Insgesamt betrifft dies 14 Dividendenankündigungen in der Untersuchungsgruppe.

285) Beispielsweise verwenden Denis/Denis/Sarin (1994) den Kurs an t_{-2}.

Tabelle 28: Verteilung der Ereignisse in der Untersuchungsgruppe.

		1981	1982	1983	1984	1985	1986	1987	1988	1989	1990
Alle Dividendenankündigungen	997 100%	94 9,4%	92 9,2%	89 8,9%	93 9,3%	96 9,6%	101 10,1%	99 9,9%	112 11,2%	112 11,2%	109 10,9%
Keine Dividendenänderung	513 51,5%	55 +13,7%	54 +14,1%	34 -25,8%	45 -6,0%	35 -29,1%	62 +19,3%	64 +25,6%	62 +7,6%	48 -16,7%	54 -3,7%
Positive Dividendenänderung	367 36,8%	20 -42,2%	18 -46,8%	46 +40,4%	38 +11,0%	49 +38,7%	29 -22,0%	25 -31,4%	41 -0,6%	59 +43,1%	42 +4,7%
Negative Dividendenänderung	117 11,7%	19 +72,2%	20 +85,2%	9 -13,8%	10 -8,4%	12 +6,5%	10 -15,6%	10 -13,9%	9 -31,5%	5 -62,0%	13 +1,6%
Industrieunternehmen											
Dividende unverändert	363	36	37	19	27	29	48	49	44	36	38
Dividendenerhöhung	293	17	11	34	29	32	23	22	39	49	37
Dividendenkürzung	75	13	12	7	8	9	7	5	5	1	8
Wiederholter Dividendenausfall	76	10	8	11	9	4	6	6	8	7	7
Dividendeneinführung	30	2	3	4	6	7	1	1	1	2	3
Dividendenausfall	33	3	8	1	1	3	3	3	2	4	5
Finanzunternehmen											
Dividende unverändert	73	9	8	4	9	2	8	9	10	5	9
Dividendenerhöhung	43	1	4	7	3	10	5	2	1	8	2
Dividendenkürzung	8	2		1	1			2	2		
Wiederholter Dividendenausfall	1		1								
Dividendeneinführung	1			1							
Dividendenausfall	1	1									

Angegeben werden die absoluten Häufigkeiten der Ereignisse in den Untersuchungsgruppen, differenziert nach Geschäftsjahren, für die die Dividendenankündigungen erfolgen. Die mit +/- gekennzeichneten Prozentzahlen geben die prozentualen Abweichungen der beobachteten Häufigkeiten von den erwarteten Häufigkeiten an (beobachtete Häufigkeit dividiert durch erwartete Häufigkeit minus eins). Die erwarteten Häufigkeiten ergeben sich aus der Gesamtzahl der Dividendenankündigungen mit positiver, negativer oder keiner Dividendenänderung multipliziert mit der relativen Häufigkeit der Ereignisse des betrachteten Geschäftsjahres.

Tabelle 28 zeigt zunächst die zeitliche Verteilung der Ereignisse in der Untersuchungsgruppe von 997 Ereignissen. In der Untersuchungsgruppe befinden sich 367 positive Dividendenänderungen, davon 31 Dividendeneinführungen und 336 Dividendenerhöhungen, wenn bereits im Vorjahr eine Dividende gezahlt worden ist. 117 Ankündigungen mit negativen Dividendenänderungen setzen sich aus 34 Dividendenausfällen und 83 Dividendenkürzungen, wenn weiterhin eine Dividende gezahlt wird, zusammen. In 77 Fällen kommt es zu einem wiederholten Ausfall der Dividende. Zusammen mit 436 Fälle, in denen eine unveränderte Dividende gezahlt wird, ergeben sich 513 Ereignisse mit keiner Dividendenänderung.[286)] Von den 997 Ereignissen erfolgen 870 Ankündigungen durch Industrieunternehmen, 127 Ankündigungen erfolgen durch Finanzunternehmen. In der Gruppe der Finanzunternehmen werden die Gruppen mit Dividendeneinführungen, Dividendenausfällen, wiederholtem Dividendenausfall (jeweils ein

---

[286)] Um Verwechslungen zu vermeiden, soll diese Bezeichnung der Gruppen beibehalten werden. In der Gruppe der Dividendenerhöhungen befinden sich nur solche Ereignisse, in denen bereits zuvor eine Dividende gezahlt wurde. Wurde keine Dividende gezahlt, wird das Ereignis als Dividendeneinführung bezeichnet. Beide Gruppen zusammen bilden die Gruppe der positiven Dividendenänderungen. Bei Dividendenkürzungen wird weiter eine Dividende gezahlt. Wird die Dividende auf null gekürzt, so wird das Ereignis als Dividendenausfall bezeichnet. Beide Gruppen zusammen bilden die Gruppe der negativen Dividendenänderungen. Bei einer unveränderten Dividendenzahlung wird tatsächlich eine Dividende gezahlt. Ereignisse, bei denen wiederholt keine Dividende gezahlt wird, bilden die Gruppe der wiederholten Dividendenausfälle.

Ereignis) und Dividendenkürzungen (acht Ereignisse) so klein, daß sie in der Folge nicht weiter untersucht werden.[287)]

Die zeitliche Verteilung von positiven und negativen Dividendenänderungen in Tabelle 28 scheint nicht zufällig zu sein. Zu erkennen sind relativ häufigere negative Dividendenänderungen für die Geschäftsjahre 1981 und 1982, während positive Dividendenänderungen in den Geschäftsjahren 1983 bis 1985 und 1989 relativ häufig sind. Hierin spiegelt sich vermutlich die Konjunkturentwicklung mit ihren Auswirkungen auf die Gewinnsituation der Unternehmen wider.

Als weitere Einflußgröße wird in dieser Untersuchung die Dividendenrendite vor dem Ereignis betrachtet, die ebenfalls unter Verwendung des Kurses P_{-30} bestimmt wird.

$$\text{(G-41)} \quad D/P = \frac{D_{t-1}}{P_{-30}}.$$

Tabelle 29 und Tabelle 30 zeigen Kennzahlen der Verteilung der prozentualen und relativen Dividendenänderung sowie der Dividendenrendite in der Untersuchungsgruppe.

Tabelle 29: Kennzahlen der Verteilung der prozentualen und relativen Dividendenänderung.

		prozentuale Dividendenänderung (ΔD/D)				relative Dividendenänderung (ΔD/P mit P_{-30})				relative Dividendenänderung (ΔD/P mit P_{-260})			
	N	Ø	Median	Q10	Q90	Ø	Median	Q10	Q90	Ø	Median	Q10	Q90
Gesamtgruppe													
Dividendenerhöhung	336	22,11%	14,29%	6,67%	50,00%	0,46%	0,33%	0,12%	0,94%	0,56%	0,39%	0,13%	1,19%
Dividendenkürzung	83	-27,14%	-23,08%	-50,00%	-9,09%	-1,04%	-0,75%	-2,23%	-0,24%	-0,92%	-0,63%	-1,85%	-0,23%
Dividendeneinführung	31	-	-	-	-	2,23%	2,27%	1,09%	3,51%	2,80%	2,52%	1,16%	4,73%
Dividendenausfall	34	-	-	-	-	-2,84%	-2,66%	-5,31%	-0,94%	-2,60%	-2,53%	-3,76%	-1,08%
Industrieunternehmen													
Dividendenerhöhung	293	22,67%	14,29%	6,25%	50,00%	0,47%	0,34%	0,13%	0,98%	0,58%	0,40%	0,13%	1,21%
Dividendenkürzung	75	-28,19%	-25,00%	-50,00%	-9,09%	-1,09%	-0,82%	-2,33%	-0,25%	-0,96%	-0,66%	-1,98%	-0,23%
Dividendeneinführung	30	-	-	-	-	2,19%	2,19%	1,09%	3,19%	2,74%	2,47%	1,15%	4,50%
Dividendenausfall	33	-	-	-	-	-2,72%	-2,64%	-5,21%	-0,91%	-2,51%	-2,51%	-3,59%	-1,06%
Finanzunternehmen													
Dividendenerhöhung	43	18,26%	16,67%	8,63%	33,33%	0,34%	0,27%	0,09%	0,75%	0,42%	0,33%	0,11%	1,04%
Dividendenkürzung	8	-17,33%	-14,29%	-	-	-0,59%	-0,42%	-	-	-0,51%	-0,40%	-	-

Prozentuale Dividendenänderung nach Gleichung (G-39). Relative Dividendenänderung nach Gleichung (G-40) und alternativ unter Verwendung von P_{-260}. N = Anzahl der Ereignisse in der Untersuchungsgruppe; Ø bezeichnet das arithmetische Mittel und Q10 (Q90) das 10%- (90%-) Quantil der Verteilung.

Der Median der prozentualen Dividendenerhöhung liegt bei Industrieunternehmen mit 14,3% geringfügig unter dem Wert für Finanzunternehmen mit 16,7%. Bei Industrieunternehmen erfolgen allerdings häufiger besonders starke Dividendenerhöhungen (90%-Quantil: 50,0% gegenüber 33,3% bei Finanzunternehmen), so daß das arithmetische Mittel für Industrieunternehmen (22,7%) über dem Wert bei Finanzunternehmen (18,3%) liegt. Die relative Dividendenerhöhung ist bei Industrieunternehmen stärker als bei

[287)] Dividendenausfall, wiederholter Ausfall und (Wieder-) Einführung der Dividende in der Gruppe der Finanzunternehmen betreffen nur ein Unternehmen, die Commerzbank AG.

Finanzunternehmen. Erklärt werden kann dies mit der höheren Dividendenrendite bei Industrieunternehmen. Höhere Kurse bei Finanzunternehmen (Median: DM 550,00) als bei Industrieunternehmen (Median: DM 324,00) bedingen eine niedrigere relative Dividendenerhöhung, auch wenn der DM-Betrag der Dividendenerhöhung gleich ist. Dividendenkürzungen bei Industrieunternehmen fallen sowohl bei Betrachtung des Medians als auch des arithmetischen Mittels der prozentualen oder der relativen Dividendenänderung stärker aus als bei Finanzunternehmen. Dagegen liegt die Dividendenrendite vor einer Dividendenkürzung (Median: 3,65% bei Industrieunternehmen) deutlich über der Dividendenrendite bei einer Dividendenerhöhung (Median: 2,32% bei Industrieunternehmen).

Tabelle 30: Kennzahlen der Verteilung der Dividendenrendite.

		Dividendenrendite (mit P_{-30})				Dividendenrendite (mit P_{-260})			
	N	Ø	Median	Q10	Q90	Ø	Median	Q10	Q90
Gesamtgruppe									
Dividende unverändert	436	2,69%	2,63%	1,15%	4,26%	2,72%	2,65%	1,27%	4,17%
Dividendenerhöhung	336	2,28%	2,22%	1,19%	3,41%	2,68%	2,62%	1,39%	4,05%
Dividendenkürzung	83	3,61%	3,57%	1,79%	5,43%	3,31%	3,15%	1,65%	5,12%
Dividendenausfall	34	2,84%	2,66%	0,94%	5,31%	2,60%	2,53%	1,08%	3,76%
Industrieunternehmen									
Dividende unverändert	363	2,77%	2,65%	1,33%	4,43%	2,81%	2,68%	1,37%	4,25%
Dividendenerhöhung	293	2,32%	2,26%	1,27%	3,45%	2,72%	2,63%	1,48%	4,08%
Dividendenkürzung	75	3,65%	3,55%	1,81%	5,50%	3,35%	3,15%	1,67%	5,25%
Dividendenausfall	33	2,72%	2,64%	0,91%	5,21%	2,51%	2,51%	1,06%	3,59%
Finanzunternehmen									
Dividende unverändert	73	2,31%	2,46%	0,46%	3,93%	2,26%	2,38%	0,49%	3,74%
Dividendenerhöhung	43	1,98%	2,00%	0,51%	3,29%	2,38%	2,37%	0,91%	3,82%
Dividendenkürzung	8	3,23%	3,79%	-	-	2,90%	3,08%	-	-

Dividendenrendite nach Gleichung (G-41) und alternativ mit P_{-260}. N = Anzahl der Ereignisse in der Untersuchungsgruppe; Ø bezeichnet das arithmetische Mittel der Verteilung; Q10 (Q90) das 10%-(90%-) Quantil.

Alternativ werden relative Dividendenänderung und Dividendenrendite vor der Dividendenankündigung auch mit dem Kurs zum Zeitpunkt t_{-260}, also mit einem etwa einem Jahr früheren Kurs, ermittelt. Grund hierfür ist, daß der Kurs zum Zeitpunkt t_{-30} verzerrt sein könnte, da seit der letzten Dividendenzahlung weitere Informationen den Kurs in den verschiedenen Gruppen systematisch unterschiedlich beeinflußt haben kann. Durch die Verwendung des Kurses P_{-260} beziehen sich Kurs und gezahlte Dividende bei der Berechnung der Dividendenrendite auch ungefähr auf den gleichen Zeitpunkt.

Vergleicht man die Kennzahlen der Verteilungen der relativen Dividendenänderungen (Tabelle 29) und der Dividendenrendite (Tabelle 30), so ergeben sich bei Verwendung des Kurses P_{-260} bei Dividendenerhöhungen (Dividendenkürzungen) stets niedrigere (höhere) Werte als bei Verwendung des Kurses P_{-30}, was dafür spricht, daß es im Jahr vor der Dividendenerhöhung (Dividendenkürzung) bereits zu positiven (negativen) Kursänderungen kommt. Bei Dividendenausfällen liegt die Dividendenrendite (berechnet mit P_{-260}) bereits unter der Dividendenrendite bei Unternehmen mit unveränderter Dividende, bei Dividendenkürzungen noch darüber.

In der folgenden empirischen Untersuchung werden auf Basis der Variablen Dividendenänderung und Dividendenrendite Gruppen gebildet, um zu überprüfen, ob es Unterschiede zwischen den Kursreaktionen in diesen Gruppen gibt. Tabelle 31, Tabelle 32 und Tabelle 33 geben die Grenzen für diese Gruppenbildungen an. Gebildet werden jeweils vier Gruppen in Abhängigkeit von der prozentualen und relativen Dividendenänderung (getrennt nach Dividendenerhöhungen und Dividendenkürzungen) sowie in Abhängigkeit von der Dividendenrendite. Die Gruppeneinteilung erfolgt dabei jeweils getrennt für Industrie- und Finanzunternehmen. Bei den Industrieunternehmen ist zu beachten, daß die Quartilsgrenzen aus einer Teilstichprobe aller Industrieunternehmen ermittelt werden, und zwar aus den Ereignissen der Industrieunternehmen, die in die Untersuchung auf Basis von Jahresabschlußdaten einbezogen werden. Grund hierfür ist, daß für diese kleinere Teilstichprobe ausgeglichene Gruppengrößen erzielt werden sollen. Die Ereignisse der Industrieunternehmen, die nicht in die Untersuchung mit Jahresabschlußdaten einbezogen werden, werden anhand der so ermittelten Quartilsgrenzen in die Gruppen einsortiert, wodurch sich die unterschiedlichen Gruppengrößen in Tabelle 31 und Tabelle 32 ergeben.

Tabelle 31: Gruppenbildung anhand der Variablen prozentuale und relative Dividendenerhöhung.

	prozentuale Dividendenerhöhung		relative Dividendenerhöhung	
	Quartilsgrenzen	N	Quartilsgrenzen	N
Industrieunternehmen				
niedrigste Dividendenerhöhungen	$\Delta D/D<9{,}09\%$	72	$\Delta D/P<0{,}1961\%$	71
2. Quartil	$9{,}09\%\leq\Delta D/D<13{,}33\%$	58	$0{,}1961\%\leq\Delta D/P<0{,}3367\%$	71
3. Quartil	$13{,}33\%\leq\Delta D/D<22{,}88\%$	84	$0{,}3367\%\leq\Delta D/P<0{,}5384\%$	76
stärkste Dividendenerhöhungen	$28{,}88\%\leq\Delta D/D$	79	$0{,}5384\%\leq\Delta D/P$	75
Finanzunternehmen				
niedrigste Dividendenerhöhungen	$\Delta D/D<10{,}00\%$	10	$\Delta D/P<0{,}1300\%$	10
2. Quartil	$10{,}00\%<\Delta D/D<16{,}67\%$	11	$0{,}1300\%\leq\Delta D/P<0{,}2692\%$	12
3. Quartil	$16{,}67\%<\Delta D/D<25{,}00\%$	10	$0{,}2692\%\leq\Delta D/P<0{,}4546\%$	11
stärkste Dividendenerhöhungen	$25{,}00\%<\Delta D/D$	12	$0{,}4546\%\leq\Delta D/P$	10

Prozentuale Dividendenerhöhung nach Gleichung (G-39) und relative Dividendenerhöhung nach Gleichung (G-40). Die Quartilsgrenzen werden aus den Daten für Unternehmen, für die auch Jahresabschlußdaten vorliegen, getrennt für Industrie- und Finanzunternehmen ermittelt. N = Anzahl der Ereignisse in der Untersuchungsgruppe.

Tabelle 32: Gruppenbildung anhand der Variablen prozentuale und relative Dividendenkürzung.

Industrieunternehmen	prozentuale Dividendenkürzung		relative Dividendenkürzung	
	Quartilsgrenzen	N	Quartilsgrenzen	N
stärkste Dividendenkürzungen	$\Delta D/D<-38{,}75\%$	21	$\Delta D/P<-1{,}4496\%$	19
2. Quartil	$-38{,}75\%\leq\Delta D/D<-22{,}22\%$	22	$-1{,}4496\%\leq\Delta D/P<-0{,}6120\%$	23
3. Quartil	$-22{,}22\%\leq\Delta D/D<-12{,}50\%$	15	$-0{,}6120\%\leq\Delta D/P<-0{,}4013\%$	16
schwächste Dividendenkürzungen	$-12{,}50\%\leq\Delta D/D$	17	$-0{,}4013\%\leq\Delta D/P$	17

Prozentuale Dividendenkürzung nach Gleichung (G-39) und relative Dividendenkürzung nach Gleichung (G-40). Die Quartilsgrenzen werden aus den Daten für Unternehmen, für die auch Jahresabschlußdaten vorliegen, ermittelt. N = Anzahl der Ereignisse in der Untersuchungsgruppe.

Zur Bestimmung der Quartilsgrenzen für die Dividendenrendite werden nur Unternehmen aus den Gruppen Dividendenerhöhung, Dividendenkürzung und unveränderte Dividendenzahlung einbezogen. Außerdem werden die Quartilsgrenzen der Dividendenrendite jährlich neu bestimmt. Dadurch wird verhindert, daß sich zeitliche Schwankungen in der durchschnittlichen Dividendenrendite auf die Gruppeneinteilung auswirkt. Eine Veränderung der Dividendenrendite im Zeitablauf läßt sich aus den Quartilsgrenzen in Tabelle 33 ablesen.[288] Bliebe somit die Rangfolge der Dividendenrendite in der Untersuchungsgruppe während des Untersuchungszeitraums konstant und schwankt nur das Niveau der Dividendenrendite im Zeitablauf, werden alle Unternehmen stets in die gleiche Gruppe eingeordnet.

Tabelle 33: Gruppenbildung anhand der Variablen Dividendenrendite.

	Industrieunternehmen				Finanzunternehmen			
	niedrigste Dividendenrendite	2. Quartil	3. Quartil	höchste Dividendenrendite	niedrigste Dividendenrendite	2. Quartil	3. Quartil	höchste Dividendenrendite
N	192	182	189	168	29	30	35	30
Quartilsgrenzen								
1990	<1,59817	<2,06349	<2,93255	≥2,93255	<0,6723	<2,1689	<3,3708	≥3,3708
1989	<1,26984	<1,72043	<2,38095	≥2,38095	<0,8524	<1,6915	<2,7784	≥2,7784
1988	<1,83987	<2,33236	<3,00045	≥3,00045	<1,2991	<2,2565	<3,3395	≥3,3395
1987	<2,33577	<3,05864	<3,76615	≥3,76615	<1,4477	<3,1634	<4,0355	≥4,0355
1986	<1,85872	<2,50209	<3,46034	≥3,46034	<0,8745	<1,8086	<2,9207	≥2,9207
1985	<1,62559	<2,28659	<3,03054	≥3,03054	<0,5293	<1,7310	<2,2116	≥2,2116
1984	<2,36600	<2,92591	<3,41954	≥3,41954	<1,2652	<2,8391	<3,4573	≥3,4573
1983	<2,22686	<2,90322	<3,40652	≥3,40652	<1,3904	<2,1396	<3,1087	≥3,1087
1982	<2,50000	<3,04183	<3,89105	≥3,89105	<1,7792	<2,5152	<3,3170	≥3,3170
1981	<2,88087	<3,77358	<4,66623	≥4,66623	<2,3915	<3,2016	<4,1783	≥4,1783

Dividendenrendite nach Gleichung (G-41). Für das zweite und dritte Quartil werden nur die oberen Quartilsgrenzen angegeben, die unteren Quartilsgrenzen ergeben sich aus den oberen Quartilsgrenzen des darunterliegenden Quartils. Die Quartilsgrenzen werden für die Dividendenankündigungen jedes Geschäftsjahres getrennt für Industrie- und Finanzunternehmen ermittelt. Bei Industrieunternehmen werden die Quartilsgrenzen aus den Daten der Unternehmen, für die auch Jahresabschlußdaten vorliegen, ermittelt. N = Anzahl der Ereignisse. Nicht in der Tabelle enthalten sind die Gruppen Dividendenausfall (34 Ereignisse), Dividendeneinführung (31 Ereignisse) und wiederholter Dividendenausfall (77 Ereignisse).

Alternativ wäre es möglich, die Gruppeneinteilung anhand der Variablen vorzunehmen, die, wie oben beschrieben, unter Verwendung des Kurses P_{-260} zur Standardisierung berechnet worden sind. Tabelle 34 zeigt jedoch, daß die entsprechenden Größen stark miteinander korrelieren. Alle Korrelationskoeffizienten liegen über 0,7 und sind statistisch signifikant auf einem Niveau unter 0,1%. Aufgrund dieser hohen Korrelation sollten sich bei Verwendung dieser unterschiedlich normierten Variablen keine wesentlich anderen Zusammenhänge zu anderen Variablen, insbesondere zur Kursreaktion ergeben. Auch unterscheiden sich bei einem hohen Rangkorrelationskoeffizienten die Gruppenein-

[288] In der Gruppe der Industrieunternehmen werden zur Bildung der Quartilsgrenzen die Ereignisse der Industrieunternehmen herangezogen, die in die Untersuchung mit Bilanzdaten einbezogen werden. Die Anzahl der Ereignisse schwankt daher während des Untersuchungszeitraums nicht stark, so daß die beobachteten Veränderungen der Quartilsgrenzen bei Industrieunternehmen nicht durch die Anzahl der einbezogenen Unternehmen zurückzuführen sein dürften.

teilungen nur geringfügig voneinander, so daß sich auch hier keine anderen Erkenntnisse unter Verwendung der alternativen Normierung ergeben.[289] Auf eine Verwendung der relativen Dividendenänderung und der Dividendenrendite, die mit dem Kurs P_{-260} berechnet werden, wird daher verzichtet.

Tabelle 34: Korrelationen zwischen unterschiedlichen Berechnungen der relativen Dividendenänderung und der Dividendenrendite.

	N	Zusammenhang zwischen relativer Dividendenänderung berechnet mit P_{-30} und P_{-260} Korrelationskoeffizient r_{Sp}	Zusammenhang zwischen Dividendenrendite berechnet mit P_{-30} und P_{-260} Korrelationskoeffizient r_{Sp}
Gesamtgruppe			
Dividende unverändert	436	-	0,8325
Dividendenerhöhung	336	0,9289	0,7762
Dividendenkürzung	83	0,9310	0,7353
Industrieunternehmen			
Dividende unverändert	363	-	0,8156
Dividendenerhöhung	293	0,9277	0,7609
Dividendenkürzung	75	0,9256	0,7151
Finanzunternehmen			
Dividende unverändert	73	-	0,9065
Dividendenerhöhung	43	0,9325	0,8408

Angegeben wird der Rangkorrelationskoeffizient nach Spearman (r_{Sp}) zwischen den beiden relativen Dividendenänderungen [Gleichung (G-40) und alternativ mit P_{-260} berechnet] und den beiden Dividendenrenditen [Gleichung (G-41) und alternativ mit P_{-260} berechnet]. N = Anzahl der Ereignisse in der Untersuchungsgruppe. Alle Korrelationskoeffizienten sind signifikant auf einem Niveau <0,1% (zweiseitiger Test).

289) Auch die Verschiebungen in der Dividendenrendite, die sich zwischen Dividendenerhöhungen und Dividendenkürzungen ergeben, können die Ergebnisse der empirischen Untersuchung nicht beeinflussen, da Dividendenerhöhungen und Dividendenkürzungen nur als getrennte Gruppen untersucht werden.

V.4.2. Größe und Marktwert/Buchwert-Verhältnis des Unternehmens

Die Größe eines Unternehmens wird in dieser Untersuchung als Marktwert des Eigenkapitals operationalisiert. Der Marktwert des Eigenkapitals wird für alle Unternehmen für jedes Jahr im Untersuchungszeitraum zu einem einheitlichen Stichtag (jeweils der letzte Börsentag des Jahres) berechnet. Die Kurse nicht notierter Aktien werden durch Kurse börsennotierter Aktienkategorien approximiert.

Während des Untersuchungszeitraums sind die Marktwerte der Unternehmen stark gestiegen. Zum Ausdruck kommt dies auch im Anstieg des DAFOX-Index, der von 163,014 Indexpunkten (30.12.1981) auf 557,355 (28.12.1990) angestiegen ist. Gemessen werden soll aber nicht die allgemeine Veränderung der Unternehmensgröße, sondern die relative Größe eines Unternehmens zu einem Beobachtungszeitpunkt. Um allgemeine Veränderungen in der Unternehmensbewertung bereinigen zu können, wird deshalb der Marktwert des Eigenkapitals eines Unternehmens durch den Stand des Index geteilt. In einem zweiten Schritt wird der mit dem Index normierte Marktwert des Eigenkapitals noch logarithmisch transformiert. Hierdurch wird erreicht, daß gleiche Markwertverhältnisse bei einem unterschiedlichen Niveau der Marktwerte in die Analyse mit den gleichen Differenzen der logarithmierten Werte eingehen.[290)]

Tabelle 35: Kennzahlen der Verteilung der Kriterien für Unternehmensgröße.

		Marktwert des Eigenkapitals (in Mio. DM)				Marktwert des Eigenkapitals (normiert mit Stand des DAFOX, ln)			
	N	Ø	Median	Q10	Q90	Ø	Median	Q10	Q90
Industrieunternehmen									
Dividende unverändert	363	2.937,6	991,7	213,8	8.244,0	14,862	14,714	13,329	16,883
Dividendenerhöhung	293	2.995,9	928,3	195,0	8.462,2	14,761	14,702	13,115	16,868
Dividendenkürzung	75	1.744,5	723,7	149,0	4.208,5	14,636	14,558	12,925	16,517
wiederholter Ausfall der D.	76	643,3	266,5	39,5	1.080,2	13,591	13,598	11,957	15,232
Dividendeneinführung	30	883,2	397,3	62,6	1.794,8	13,905	13,950	12,320	15,828
Dividendenausfall	33	884,0	314,2	39,8	2.995,6	13,893	14,197	11,574	15,577
Finanzunternehmen									
Dividende unverändert	73	5.256,1	3.083,0	462,5	12.950,7	15,777	15,987	14,607	17,430
Dividendenerhöhung	43	7.183,4	3.078,8	765,4	25.737,9	15,982	16,198	14,608	17,675
Dividendenkürzung	8	2.762,7	1.362,9	-	-	15,141	15,196	-	-

Ln = natürlicher Logarithmus. N = Anzahl der Ereignisse in der Untersuchungsgruppe. Ø bezeichnet das arithmetische Mittel der Verteilung und Q10 (Q90) das 10%- (90%-) Quantil.

Tabelle 35 zeigt Kennzahlen der Verteilung der einfachen und der normierten, logarithmierten Marktwerte. Die Verteilung der einfachen Marktwerte weist eine starke Rechtsschiefe auf, die durch die Logarithmierung (weitgehend) beseitigt wird. Auffällig

290) Bei einer Analyse mit einem nichtparametrischen Verfahren, wie z.B. bei dem in dieser Untersuchung verwendeten Rangkorrelationstest von Spearman, ergeben sich keine unterschiedlichen Ergebnisse zur Verwendung nicht-logarithmierter Marktwerte. Die Logarithmierung stört aber bei der Anwendung nichtparametrischer Verfahren nicht.

ist, daß die Ereignisse Dividendenausfall und wiederholter Dividendenausfall und in der Folge auch Dividendeneinführungen hauptsächlich bei den kleineren Unternehmen in der Untersuchungsgruppe auftreten. Bereits die Gruppen mit Dividendenkürzungen weisen geringere Marktwerte auf als die Gruppen mit unveränderter Dividendenzahlung und Dividendenerhöhung. Die in diese Untersuchung einbezogenen Finanzunternehmen sind im Vergleich zu Industrieunternehmen im Schnitt deutlich größer. Dies rechtfertigt eine getrennte Festlegung von Größenkriterien für Industrie- und Finanzwerte, da sonst die geringe Anzahl der Finanzunternehmen hauptsächlich als große Unternehmen klassifiziert werden würde. Betrachtet man weiter die Quartilsgrenzen in Tabelle 36, so bestätigen sich die im Zeitablauf schwankenden, über den gesamten Untersuchungszeitraum ansteigenden Marktwerte. Ein Industrieunternehmen, das mit einem Marktwert des Eigenkapitals in Höhe von DM 1,5 Mrd. 1981 zu den größten Unternehmen gezählt hat, liegt 1990 unter dem Median der Marktwerte für Industrieunternehmen. Erkennbar ist auch der Einbruch der Markwerte nach dem Rückgang der Aktienkurse im Oktober 1987.

Auf Basis der (nicht logarithmierten und nicht normierten) Marktwerte werden die Unternehmen weiter in vier Gruppen eingeteilt. Zur Einteilung werden die jährlich neu bestimmten Quartilsgrenzen getrennt für Industrie- und Finanzunternehmen bestimmt. Durch die jährliche Neubestimmung der Quartilsgrenzen wird ein Unternehmen zu jedem Stichtag in seiner relativen Größe zu den anderen Unternehmen gemessen. Bei der Betimmung der Quartilsgrenzen werden nur Marktwerte der Ereignisse der Gruppen unveränderte Dividendenzahlung, Dividendenerhöhung und Dividendenkürzung verendet. Bei Industrieunternehmen wird wieder auf die Teilstichprobe der Industrienternehmen zurückgegriffen, für die in der Untersuchung Jahresabschlußdaten vorliegen. Tabelle 36 gibt die Quartilsgrenzen für die Ereignisse der einzelnen Geschäftsjahre wieder.

Tabelle 36: Gruppenbildung anhand der Variable Marktwert des Unternehmens.

	Industrieunternehmen				Finanzunternehmen			
	kleinste Unternehmen	2. Quartil	3. Quartil	größte Unternehmen	kleinste Unternehmen	2. Quartil	3. Quartil	größte Unternehmen
N	268	226	206	170	29	30	38	30
Quartilsgrenzen (Marktwert in Mio. DM)								
für das Geschäftsjahr 1990	<737,50	<1.694,00	<5.330,92	≥5.330,92	<2.391,40	<5.046,80	<12.081,66	≥12.081,66
für das Geschäftsjahr 1989	<870,67	<1.713,80	<5.130,59	≥5.130,59	<2.343,97	<5.109,00	<13.786,62	≥13.786,62
für das Geschäftsjahr 1988	<437,33	<1.086,13	<3.031,22	≥3.031,22	<1.715,36	<4.222,08	<9.107,79	≥9.107,79
für das Geschäftsjahr 1987	<296,76	<873,79	<2.624,89	≥2.624,89	<1.110,80	<3.673,60	<6.933,37	≥6.933,37
für das Geschäftsjahr 1986	<376,45	<1.023,69	<3.424,41	≥3.424,41	<1.866,12	<6.086,08	<11.791,27	≥11.791,27
für das Geschäftsjahr 1985	<368,66	<1.007,63	<2.571,38	≥2.571,38	<1.301,07	<4.062,66	<9.252,26	≥9.252,26
für das Geschäftsjahr 1984	<247,67	<748,72	<1.967,10	≥1.967,10	<778,39	<2.859,13	<6.759,05	≥6.759,05
für das Geschäftsjahr 1983	<330,28	<810,50	<1.931,40	≥1.931,40	<755,60	<2.125,18	<5.081,09	≥5.081,09
für das Geschäftsjahr 1982	<290,01	<796,80	<1.447,20	≥1.447,20	<632,30	<1.554,34	<3.328,72	≥3.328,72
für das Geschäftsjahr 1981	<241,83	<646,13	<1.329,60	≥1.329,60	<473,39	<1.166,55	<2.567,11	≥2.567,11

Die Quartilsgrenzen werden in Mio. DM Marktwert des Eigenkapitals angegeben. Für das zweite und dritte Quartil werden nur die oberen Quartilsgrenzen angegeben, die unteren Quartilsgrenzen ergeben sich aus den oberen Quartilsgrenzen des darunterliegenden Quartils. Die Quartilsgrenzen werden für die Dividendenankündigungen jedes Geschäftsjahres getrennt für Industrie- und Finanzunternehmen ermittelt. In die Ermittlung der Quartilsgrenzen werden nur die Ereignisse unveränderte Dividende, Dividendenerhöhung und Dividendenkürzung einbezogen. Bei Industrieunternehmen werden die Quartilsgrenzen aus den Daten der Unternehmen, für die auch Jahresabschlußdaten vorliegen, ermittelt. N = Anzahl der Ereignisse in der Untersuchungsgruppe.

Der nicht logarithmierte und nicht normierte Marktwert eines Unternehmens ist zugleich die Zählergröße des hier auf Basis des Eigenkapitals berechneten Marktwert/Buchwert-Verhältnisses. Das Marktwert/Buchwert-Verhältnis ergibt sich dann durch einfache Division durch den Buchwert des Eigenkapitals. Für die Ermittlung des Marktwert/Buchwert-Verhältnisses ist somit der Buchwert des Eigenkapitals aus dem Jahresabschluß des Unternehmens zu ermitteln. Jahresabschlußdaten liegen für diese Untersuchung nur für 668 Ereignisse vor,[291)] wodurch sich die Untersuchungsgruppe entsprechend reduziert.

Zur Bestimmung des Buchwertes des Eigenkapitals wird grundsätzlich der Konzernabschluß herangezogen. Werden für ein Unternehmen keine Konzernabschlüsse in dieser Untersuchung verwendet, so wird auf den Einzelabschluß des Unternehmens zurückgegriffen. Der Konzernabschluß wird nur dann verwendet, wenn er für ein Unternehmen über den gesamten Untersuchungszeitraum vorliegt.[292)] Tabelle 37 und Tabelle 38 geben die angewendeten Schemata zur Berechnung des Buchwertes des Eigenkapitals im Einzel- und Konzernabschluß nach Aktiengesetz und HGB wieder. Die Ermittlung des Buchwertes des Eigenkapitals folgt Empfehlungen in der Literatur,[293)] bei der die auf der Passivseite ausgewiesenen Bestandteile des Eigenkapitals durch aktivische Gegenposten, wie z.B. ausstehende Einlagen korrigiert werden. Abweichend von

---

291) Zur Beschreibung der Gruppe vgl. Abschnitt V.4.4.

292) Zur Verwendung von Einzel- und Konzernabschlüssen vgl. Abschnitt V.4.4.

293) Vgl. zum Jahresabschluß nach dem Aktiengesetz 1965 Coenenberg (1985), S. 375 und zum Jahresabschluß nach HGB Coenenberg (1997), S. 569 - 572.

Empfehlungen der Literatur wird der Sonderposten mit Rücklageanteil und das Genußscheinkapital jeweils zu 100% als Eigenkapital gewertet.

Tabelle 37: Ermittlung des Eigenkapitals nach Aktiengesetz 1965.

	EA-Nr.	KA-Nr.	Bezeichnung in der Jahresabschlußdatenbank
+	79	80	Grundkapital
+	84	85	Offene Rücklagen
+	94	95	Gesamter Sonderposten mit Rücklageanteil
+	-	132	Konsolidierungsausgleichsposten (passiv)
-	-	57	Konsolidierungsausgleichsposten (aktiv)
+	137	138	Bilanzgewinn
-	63	64	Bilanzverlust
-	44	45	Eigene Aktien
-	4	4/5[†)]	Ausstehende Einlagen
-	6	6	Ingangsetzungskosten
=			**Buchwert des Eigenkapitals**

EA-Nr. und KA-Nr. bezeichnen die Position in der Jahresabschlußdatenbank für Einzel- und Konzernabschlüsse.

†) In der Datenbank ist die „Position 4: Ausstehende Einlagen" bei Konzernabschlüssen teilweise nicht besetzt, obwohl in „Position 5: Davon eingefordert" ein Betrag ausgewiesen wird. In diesem Fall erfolgt die Korrektur mittels Position 5.

Tabelle 38: Ermittlung des Eigenkapitals nach HGB.

	Nr.	Bezeichnung der Position in der Jahresabschlußdatenbank
+	104	Eigenkapital
+	127	Genußscheinkapital
+	128	Sonderposten mit Rücklageanteil (§§ 247 Abs. 3, 273 HGB)
-	118	Rücklage für eigene Anteile
-	4	Ausstehende Einlagen auf das gezeichnete Kapital (§ 272 Abs. 1 Satz 2 HGB)
-	51	Eingeforderte, aber noch nicht eingezahlte Einlagen (§ 272 Abs. 1 Satz 3 HGB)
-	6	Aufwendungen für die Ingangsetzung und Erweiterung des Geschäftsbetriebes (§ 269 Abs. 1 HGB)
-	69	Nicht durch Eigenkapital gedeckter Fehlbetrag (§ 268 Abs. 3 HGB)
-	124	Ausgleichsposten für Anteile fremder Gesellschafter (§ 307 Abs. 1 S. 1 HGB)
=		**Buchwert des Eigenkapitals**

Die Positionsnummern sind in der Jahresabschlußdatenbank für Einzelabschlüsse und Konzernabschlüsse identisch. Konzernabschlußspezifische Positionen sind in Einzelabschlüssen nicht besetzt.

Tabelle 39 gibt die Kennzahlen der Verteilung des Marktwert/Buchwert-Verhältnisses wieder. Von 668 Ereignissen ist nur bei 98 Ereignissen (14,7%) ein Marktwert/Buchwert-Verhältnis kleiner als eins feststellbar. Dividendenerhöhungen weisen ein leicht höheres Marktwert/Buchwert-Verhältnis auf als Ereignisse mit unveränderter Dividende, Dividendenkürzungen und Dividendenausfälle ein geringeres. Die Quartilsgrenzen in Tabelle 40 zeigen, daß auch das Marktwert/Buchwert-Verhältnis im Zeitablauf Schwankungen unterliegt, wie z.B. nach dem Einbruch der Aktienkurse im Oktober 1987.

Tabelle 39: Kennzahlen der Verteilung des Marktwert/Buchwert-Verhältnisses.

Industrieunternehmen (mit Jahresabschlußdaten)	N	Marktwert/Buchwert-Verhältnis Ø	Median	Q10	Q90
Dividende unverändert	278	1,942	1,642	0,833	3,425
Dividendenerhöhung	241	2,425	1,899	1,174	3,609
Dividendenkürzung	53	1,575	1,417	0,723	2,811
Dividendeneinführung	25	2,083	1,638	0,760	3,716
Dividendenausfall	25	1,651	1,289	0,637	3,365

Ø bezeichnet das arithmetische Mittel und Q10 (Q90) das 10%- (90%-) Quantil der Verteilung. N = Anzahl der Ereignisse in der Untersuchungsgruppe.

Auf Basis des Marktwert/Buchwert-Verhältnisses werden die Unternehmen weiter in vier Gruppen eingeteilt. Zur Einteilung werden jährlich neu bestimmte Quartilsgrenzen verwendet. Durch die jährliche Neubestimmung der Quartilsgrenzen wird ein Unternehmen zu jedem Stichtag relativ zu den anderen Unternehmen gemessen. Bei der Bestimmung der Quartilsgrenzen werden nur Marktwert/Buchwert-Verhältnisse der Ereignisse in den Gruppen unveränderte Dividendenzahlung, Dividendenerhöhung und Dividendenkürzung verwendet. Tabelle 40 gibt die Quartilsgrenzen für die Ereignisse der einzelnen Geschäftsjahre wieder.

Tabelle 40: Gruppenbildung anhand der Variable Marktwert/Buchwert-Verhältnis.

Industrieunternehmen	kleinstes Marktwert/ Buchwert-Verhältnis	2. Quartil	3. Quartil	größtes Marktwert/ Buchwert-Verhältnis
N	181	167	161	159
Quartilsgrenzen				
für das Geschäftsjahr 1990	<1,299	<1,820	<2,935	≥2,935
für das Geschäftsjahr 1989	<1,778	<2,340	<2,982	≥2,982
für das Geschäftsjahr 1988	<1,349	<1,759	<2,257	≥2,257
für das Geschäftsjahr 1987	<1,039	<1,372	<1,841	≥1,841
für das Geschäftsjahr 1986	<1,470	<2,139	<3,041	≥3,041
für das Geschäftsjahr 1985	<1,558	<2,014	<3,039	≥3,039
für das Geschäftsjahr 1984	<1,139	<1,624	<2,197	≥2,197
für das Geschäftsjahr 1983	<1,193	<1,563	<2,250	≥2,250
für das Geschäftsjahr 1982	<1,067	<1,534	<1,907	≥1,907
für das Geschäftsjahr 1981	<0,934	<1,312	<1,691	≥1,691

Quartilsgrenzen auf Basis des Marktwert/Buchwert-Verhältnisses. Für das zweite und dritte Quartil werden nur die oberen Quartilsgrenzen angegeben, die unteren Quartilsgrenzen ergeben sich aus den oberen Quartilsgrenzen des darunterliegenden Quartils. Die Quartilsgrenzen werden für die Dividendenankündigungen jedes Geschäftsjahres getrennt ermittelt. In die Ermittlung der Quartilsgrenzen werden nur die Ereignisse unveränderte Dividende, Dividendenerhöhung und Dividendenkürzung einbezogen. N = Anzahl der Ereignisse in der Untersuchungsgruppe.

V.4.3. Unternehmenskontrolle

Es sollen die Unternehmen bestimmt werden, von denen vermutet werden kann, daß sie einer Kontrolle des Management unterliegen. Ein Unternehmen wird als managerkontrolliert angesehen, wenn der Streubesitzanteil größer als 50% des stimmberechtigten Kapitals ist. Liegt der Streubesitzanteil unter 50% des stimmberechtigten Kapitals, so wird das Unternehmen als eigentümerkontrolliert bezeichnet. Zur Klassifikation der Unternehmen werden die Streubesitzanteile und die Festbesitzanteile zu den Stichtagen Ende 1981, 1984, 1987 und 1990 erhoben.[294] Die erhobenen Daten zu diesen Stichtagen werden jeweils für Ereignisse dieses Geschäftsjahres sowie des vorherigen und nachfolgenden Geschäftsjahres verwendet. In den verwendeten Quellen wird der Streubesitzanteil nicht für jedes Unternehmen ausgewiesen. Falls ein Streubesitzanteil nicht ausgewiesen wird, wird dieser als Restgröße der Festbesitzanteile ermittelt.

Tabelle 41 gibt die Anzahl der Dividendenankündigungen managerkontrollierter und eigentümerkontrollierter Unternehmen sowie die bedingten Häufigkeiten wieder. In der Untersuchungsgruppe befinden sich mehr Industrieunternehmen, bei denen ein oder mehrere Großaktionäre die Mehrheit besitzen (60,2%), als Industrieunternehmen, bei denen sich mehr als die Hälfte des stimmberechtigten Grundkapitals im Streubesitz befindet (39,8%). Finanzunternehmen sind dagegen eher nicht kontrollierte Unternehmen, hier kehren sich die Verhältnisse ungefähr um (63,8% managerkontrollierte und 36,2% eigentümerkontrollierte Unternehmen).

Auffälligster Unterschied zwischen manager- und eigentümerkontrollierten Unternehmen ist, daß der Anteil der Ankündigungen mit Dividendenerhöhungen bei managerkontrollierten Unternehmen höher ist als bei eigentümerkontrollierten Unternehmen, bei denen umgekehrt der Anteil der Ankündigungen unveränderter Dividendenzahlungen höher ist. Dies gilt sowohl für Industrie- als auch für Finanzunternehmen.

---

[294] Die Daten wurden aus Commerzbank (Hrsg.) (1982), (1985), (1988), (1991) erhoben und mit den Angaben aus Hoppenstedt (1980) bis (1990) ergänzt.

Tabelle 41: Anzahl der Dividendenankündigungen eigentümerkontrollierter und managerkontrollierter Unternehmen.

	N	Dividendenankündigungen managerkontrollierter Unternehmen		Dividendenankündigungen eigentümerkontrollierter Unternehmen	
Industrieunternehmen	870	346	100,0%	524	100,0%
Dividende unverändert	363	125	36,1%	238	45,4%
Dividendenerhöhung	293	132	38,2%	161	30,7%
Dividendenkürzung	75	25	7,2%	50	9,5%
wiederholter Ausfall der D.	76	36	10,4%	40	7,6%
Dividendeneinführung	30	13	3,8%	17	3,2%
Dividendenausfall	33	15	4,3%	18	3,4%
Finanzunternehmen	127	81	100,0%	46	100,0%
Dividende unverändert	73	43	53,1%	30	65,2%
Dividendenerhöhung	43	30	37,0%	13	28,3%
Dividendenkürzung	8	5	6,2%	3	6,5%

N = Anzahl der Ereignisse in der Untersuchungsgruppe.

V.4.4. Gewinn, Cash-Flow und Investitionen

In diesem Abschnitt soll die Konstruktion der Kennzahlen, die die Gewinnentwicklung und das Investitionsverhalten des Unternehmens im zeitlichen Zusammenhang mit der Dividendenankündigung beschreiben, erläutert werden.

Grundsätzlich werden diese Kennzahlen zur Gewinnentwicklung und dem Investitionsverhalten aus Jahresabschlußdaten gewonnen. Für jedes Ereignis im Untersuchungszeitraum 1981 bis 1990 werden Jahresabschlußdaten für zwei Geschäftsjahre vor und drei Geschäftsjahre nach der Dividendenankündigung betrachtet. Für die Untersuchung werden daher Daten aus einem Zeitraum von 1979 bis 1993 benötigt. Die Untersuchung erfolgt auf Basis von Konzernabschlußdaten, nur im Ausnahmefall werden Einzelabschlüsse verwendet.

Die Jahresabschlußdaten werden der Deutschen Jahresabschlußdatenbank entnommen, in der jedoch nicht für alle benötigten Unternehmen Daten vorhanden sind. So liegen für diese Untersuchung nur Jahresabschlüsse von Industrieunternehmen vor, wodurch sich diese Untersuchung (wie auch die Untersuchung des Marktwert/Buchwert-Verhältnisses) auf Industrieunternehmen beschränkt. Für den ganzen Untersuchungszeitraum sind in der Datenbank Einzelabschlüsse erfaßt, Konzernabschlußdaten ab 1981. Weiterhin haben Plausibilitätstests der vorhandenen Daten zahlreiche Erfassungsfehler in der Datenbank (insbesondere bei Konzernabschlüssen) offenbart.

Fehlende und fehlerhafte Daten machen eine aufwendige Nacherfassung von Jahresabschlußdaten notwendig. Um den Aufwand für diese Neuerfassung in einem vernünftigen Rahmen zu halten, wird folgendes pragmatisches Vorgehen gewählt. Für die Untersuchung werden die Unternehmen ausgewählt, für die für mindestens sechs

Ereignisse Kursreaktionen bestimmt werden können. Nach Erfassung und Berichtigung der Jahresabschlußdaten verbleiben von den ursprünglich 870 Ereignissen von Industrieunternehmen noch 668 Ereignisse von 69 Unternehmen. Für 50 Unternehmen liegen dabei während des ganzen Untersuchungszeitraums Konzernabschlüsse vor, bei zwölf Unternehmen nur Einzelabschlüsse. Einzelabschlüsse werden dann verwendet, wenn Unternehmen keinen Konzernabschluß aufstellen, oder wenn auf eine Nacherfassung des Konzernabschlusses bei kleineren Unternehmen (Bilanzsumme geringer als DM 1.000 Mio.) verzichtet worden ist. Bei sieben Unternehmen erfolgt während des Untersuchungszeitraums ein Wechsel von Einzelabschlußdaten auf Konzernabschlußdaten, da das Unternehmen erstmals einen Konzernabschluß aufgestellt hat.

Tabelle 42: Ermittlungsschema für Gewinn und Cash Flow.

	Aktiengesetz 1965		HGB	Position in der Jahresabschlußdatenbank
	EA-Nr.	KA-Nr.	Nr.	
+	185	186	282	Jahresüberschuß
-		197	297	Konzernfremden Gesellschaften zustehender Gewinn
+		198	298	Auf konzernfremde Gesellschaften entfallender Verlust
=				**Gewinn (G')**
+	169	170		Abschreibungen auf Sachanlagen und immaterielle Werte
+	170	171		Abschreibungen auf Finanzanlagen
+	171	172		Abschreibungen auf vermietetes Vermögen
+			100	Abschreibungen auf Anlagevermögen (Anlagespiegel)[†]
+			212	Abschreibungen (GuV)[‡]
=				**Cash Flow (CF)**

[†] Sofern das Unternehmen die GuV nach dem Umsatzkostenverfahren aufstellt.
[‡] Sofern das Unternehmen die GuV nach dem Gesamtkostenverfahren aufstellt.
EA-Nr. und KA-Nr. bezeichnen die Position in der Jahresabschlußdatenbank für Einzelabschlüsse und Konzernabschlüsse nach Aktiengesetz 1965. Die Positionsnummern für Einzelabschlüsse und Konzernabschlüsse nach HGB sind in der Jahresabschlußdatenbank identisch. Konzernabschlußspezifische Positionen sind in Einzelabschlüssen nicht besetzt.

Als Gewinn wird der Jahresüberschuß des Unternehmens lediglich um Gewinnbestandteile, die nicht den Aktionären des Mutterunternehmens zustehen, korrigiert (vgl. Tabelle 42). Der so ermittelte Jahresüberschuß ist nicht unabhängig von der Ausschüttungsentscheidung, da für ausgeschüttete und thesaurierte Gewinne ein gespaltener Körperschaftsteuersatz gilt. Als Korrekturmöglichkeit wird in der Literatur die Ermittlung eines Bruttogewinns vor (deutscher) Körperschaftsteuer vorgeschlagen.[295)]

[295)] Vgl. Haegert/Lehleiter (1985), S. 914 und König (1990), S. 25 - 27, die eine vereinfachte Formel unter Verwendung des Körperschaftsteuerentlastungsbetrages angeben.

$$(G\text{-}42)\ BG = J\ddot{U} \cdot \frac{1}{1-s_{K^t}} - D \cdot \frac{s_{K^t} - s_{K^a}}{\left(1-s_{K^t}\right)\left(1-s_{K^a}\right)},$$

mit: BG = Bruttogewinn vor (deutscher) Körperschaftsteuer,
JÜ = Jahresüberschuß,
D = Dividendenzahlung,
s = Körperschaftsteuersatz für ausgeschüttete (K^a) und thesaurierte (K^t) Gewinne.

Die in Gleichung (G-42) vorgenommene Korrektur unterstellt, daß der gesamte Jahresüberschuß nach deutschem Körperschaftsteuerrecht zu versteuern ist. Davon kann insbesondere bei der Verwendung des Gewinns aus dem Konzernabschluß nicht ausgegangen werden. In dieser Untersuchung wird daher auf die Ermittlung eines Bruttogewinns verzichtet und der Gewinn nur um die Verzerrung durch unterschiedliche Ausschüttungen korrigiert. Hierbei wird angenommen, daß auch die Dividende dem höheren Körperschaftsteuersatz für thesaurierte Gewinne unterliegt, womit ein Gewinn nach Steuern bei Vollthesaurierung ermittelt wird. Gleichung (G-43) gibt die in dieser Untersuchung verwendete Korrektur an, in Tabelle 43 sind die für beide Korrekturverfahren relevanten Steuersätze für unterschiedliche Zeiträume angegeben.

$$(G\text{-}43)\quad G = G' - D \cdot \frac{s_{K^t} - s_{K^a}}{1-s_{K^a}},$$

mit: G = Gewinn nach Steuern und Minderheitenanteilen bei Vollthesaurierung,
G′ = Gewinn nach Steuern (Tabelle 42).

Tabelle 43: Körperschaftsteuersätze während des Untersuchungszeitraums.

Angewendet auf Ausschüttungen für Geschäftsjahre	1979-1989	1990-1992	1993
Körperschaftsteuersatz für ausgeschüttete Gewinne	36%	36%	30%
Körperschaftsteuersatz für thesaurierte Gewinne	56%	50%	50%

Dieser Gewinn ist zwischen verschiedenen Unternehmen vergleichbar, da er unabhängig von der Ausschüttungsentscheidung an die Aktionäre des Mutterunternehmens ist. Die Ausschüttungsentscheidung beeinflußt allerdings nicht nur den Gewinn der laufenden Periode, sondern auch den Gewinn der Folgeperiode, da bei einer Thesaurierung des Gewinns (im Vergleich zur Ausschüttung) in den Folgeperioden höhere Gewinne allein aufgrund der dann möglichen Geldanlage (bzw. Schuldentilgung) möglich wären. Für eine Korrektur dieses Effektes müßten u.a. Annahmen bezüglich der möglichen Verzinsung zusätzlich thesaurierter Gewinne und ihrer effektiven Steuerbelastung getroffen werden. Durch die Nichtberücksichtigung dieses Effektes ist die Gewinnentwicklung bei

Unternehmen mit unterschiedlichen Aussschüttungsquoten nicht mehr vergleichbar. Der Effekt dürfte aber im Vergleich zur obigen Korrektur in Gleichung (G-43) klein sein, da in seine Berechnung zusätzlich der Zinssatz (nach Steuern) eingeht. Auf eine Korrektur dieses Effektes wird daher verzichtet.

Eine Korrektur des einfachen Jahresüberschusses hat das Ziel, seine Aussagekraft für die operative Entwicklung des Unternehmens zu verbessern. Korrekturvorschläge sehen zum einen Bereinigungen um Bestandteile des Jahresüberschusses vor, die nicht als dauerhaft angesehen werden, wie z.B. eine Korrektur um außerordentliche Erfolge. Zum anderen wird anstatt des Jahresüberschusses ein Cash Flow berechnet, um Erfolgsbestandteile zu korrigieren, die z.T. auf Bewertungsentscheidungen des Management beruhen und deshalb als vom Management manipulierbar angesehen werden. In dieser Untersuchung wird nur der zweite Ansatz verfolgt und anstatt der oben definierten Gewinngröße zusätzlich ein (einfacher) Cash Flow durch Korrektur des Gewinns mit den Abschreibungen berechnet (vgl. Tabelle 42).

Investitionen sollen für diese Untersuchung aus dem Jahresabschluß als Investitionsauszahlungen für das Anlagevermögen (abzüglich Einzahlungen aus Desinvestitionen) bestimmt werden. Tabelle 44 (für Jahresabschlüsse nach dem Aktiengesetz 1965) und Tabelle 45 (für Jahresabschlüsse nach HGB) geben vereinfachende Ermittlungsschemata für die Bestimmung einer solchen Investitionsauszahlung an. Da wegen fehlender und fehlerhafter Daten für die Ermittlung nicht auf den Anlagespiegel zurückgegriffen werden kann, erfolgt die Berechnung aus der Differenz des Anlagevermögens (korrigiert um passivisch ausgewiesene Wertberichtigungen), die um Positionen der Gewinn- und Verlustrechnung (Abschreibungen und Erträge und Verluste aus dem Abgang von Gegenständen des Anlagevermögens) korrigiert wird.

Tabelle 44: Ermittlungsschema für Investitionen nach Aktiengesetz 1965.

	EA-Nr.	KA-Nr.	Bezeichnung der Position in der Jahresabschlußdatenbank
+	26	27	Differenz: Gesamtes Anlagevermögen
-	158	159	Erträge aus Abgängen und Zuschreibungen zum Anlagevermögen
+	169	170	Abschreibungen auf Sachanlagen und immaterielle Werte
+	170	171	Abschreibungen auf Finanzanlagen
+	171	172	Abschreibungen auf vermietetes Vermögen
+	174	175	Verluste aus dem Abgang von Anlagevermögen
+	175	176	Verluste aus dem Abgang von Vermietvermögen
-	101	102	Differenz: Gesamte Wertberichtigungen
+	100	101	Differenz: Pauschalwertberichtigungen auf Forderungen
=			**Investitionen (I)**

Differenz bezeichnet die Differenz einer Jahresabschlußposition gegenüber dem Vorjahr. EA-Nr. und KA-Nr. bezeichnen die Position in der Jahresabschlußdatenbank für Einzelabschlüsse und Konzernabschlüsse nach Aktiengesetz 1965.

Tabelle 45: Ermittlungsschema für Investitionen nach HGB.

	Nr.	Bezeichnung der Position in der Jahresabschlußdatenbank
+	9	Differenz: Immaterielle Vermögensgegenstände
+	18	Differenz: Sachanlagen
+	24	Differenz: Finanzanlagen
+	34	Differenz: weiteres Anlagevermögen
+	100	Abschreibungen auf Anlagevermögen (Anlagespiegel)[†)]
+	212	Abschreibungen (GuV)[‡)]
-	101	Zuschreibungen zu Anlagevermögen
-	201	Erträge aus dem Abgang von Gegenständen des AV sowie Zuschreibungen zu Gegenständen des AV (nach § 157 AktG 1965)
+	219	Verluste aus Abgängen von Gegenständen des Anlagevermögens (nach § 157 AktG 1965)
+	261	Außerplanmäßige Abschreibungen nach § 253 Abs. 2 S. 3, Abs. 3 S. 3 HGB
=		**Investitionen (I)**

Differenz bezeichnet die Differenz einer Jahresabschlußposition gegenüber dem Vorjahr. Die Positionsnummern für Einzel- und Konzernabschlüsse nach HGB sind in der Jahresabschlußdatenbank identisch.

†) Sofern das Unternehmen die GuV nach dem Umsatzkostenverfahren aufstellt.

‡) Sofern das Unternehmen die GuV nach dem Gesamtkostenverfahren aufstellt.

Für die Untersuchung der zeitlichen Entwicklung und zur Aggregation der Variablen Gewinn, Cash Flow und Investitionen müssen diese normiert werden. Hierzu bestehen ähnlich der Dividendenänderung grundsätzlich die beiden Möglichkeiten, eine prozentuale Änderung oder eine relative Änderung, bei der mit dem Kurs der Aktie oder dem Marktwert des Unternehmens normiert wird, zu bestimmen. Die Verwendung einer prozentualen Änderung dieser Variablen ist dann wenig aussagefähig, wenn der Nenner nahe Null liegt oder negativ wird, was im Gegensatz zur Größe Dividende bei den Variablen Gewinn, Cash Flow und Investitionen möglich ist. In dieser Untersuchung wird daher ausschließlich die relative Änderung dieser Variablen betrachtet. Dabei dient der Marktwert des Eigenkapitals am Ende des Jahres, für das die Dividende angekündigt wird, der Normierung der Änderungen.[296)]

(G-44) $$\Delta G_i = \frac{G_{it} - G_{i0}}{\text{Marktwert des Eigenkapitals in } t_0},$$

mit: ΔG_i = relative Gewinnänderung des Unternehmens i vor (t_{-1}, t_{-2}) und nach (t_1, t_2, t_3) dem Ereignis.

Die relative Änderung des Cash Flow und der Investitionen ist analog zur relativen Gewinnänderung in Gleichung (G-44) konstruiert. Untersucht wird die relative Änderung dieser Variablen in zwei Geschäftsjahren vor und drei Geschäftsjahren nach der

---

296) Dieser Marktwert wurde bereits in Abschnitt V.4.2. ermittelt. Der dort bestimmte Marktwert bezieht sich einheitlich für alle Unternehmen auf das Jahresende. 14 der 69 Unternehmen in diesem Untersuchungsabschnitt haben ein Geschäftsjahresende, das vom Jahresende abweicht. In diesem Falle liegt der im Nenner verwendete Marktwert um bis zu zehn Monate nach dem Geschäftsjahresende dieser Unternehmen.

Dividendenankündigung. Benartzi/Michaely/Thaler (1997) betrachten dagegen jährliche Veränderungen, bei denen die Gewinnänderung jeweils zwischen Jahr t und Jahr t_{-1} berechnet wird.[297] Ergibt sich über mehrere Jahre keine systematische Entwicklung der betrachteten Größen, so sollten sich zwischen den unterschiedlichen betrachteten Größen keine Aussageunterschiede ergeben. Entwickeln sich die Größen systematisch, so ist die in Gleichung (G-44) definierte Größe eher fähig, diese zu erfassen. Allerdings werden mit dieser Größe nicht die Änderungen in den einzelnen Jahren erfaßt, sondern nur gegenüber dem Ausgangsjahr t_0. Bei einem Sinken der Größe und einem Wiederanstieg wird dieser als solcher nicht erfaßt, sondern ist nur durch einen Vergleich der Werte mit dem Vorjahr zu erkennen.

Die relativen Änderungen in Gleichung (G-44) werden unter Verwendung eines Marktwertes zu einem einheitlichen Zeitpunkt berechnet. Diese sind nicht mit Änderungen einer Buchrendite zu verwechseln, die sich z.B. nach Gleichung (G-45) ergeben. Eine so definierte Buchrendite wird auch durch Änderungen des Nenners (Marktwert des Eigenkapitals) beeinflußt, so daß sie nicht mehr nur Änderungen des operativen Ergebnisses des Unternehmens mißt.

$$\text{(G-45)} \quad \Delta R_i = \frac{G_{it}}{\text{Marktwert Eigenkapital in t}} - \frac{G_{i0}}{\text{Marktwert Eigenkapital in } t_0},$$

mit: ΔR_i = Änderung einer Buchrendite eines Unternehmens.

Gleichung (G-44) korrigiert die Variablen nicht um Änderungen bei Kapitalerhöhungen. Steigt nach einer Kapitalerhöhung der Gewinn des Unternehmens nicht stärker als der bei der Kapitalerhöhung erzielte Betrag im Verhältnis zum Marktwert, so zeigt Gleichung (G-44) trotzdem eine positive relative Gewinnänderung an. Bei Untersuchungen für den US-amerikanischen Kapitalmarkt läßt sich dieses Problem dadurch lösen, daß die Variable pro Aktie definiert wird.[298] Bei Kapitalerhöhungen, die am US-amerikanischen Kapitalmarkt i.d.R. nahe am Marktwert der Aktie erfolgen, wird dann die relative Gewinnänderung bei Kapitalerhöhungen nicht verzerrt. Bei den auf dem deutschen Kapitalmarkt im Untersuchungszeitraum vorherrschenden Kapitalerhöhungen im Bezugsrechtsverfahren liegt der Emissionskurs der neuen Aktien jedoch i.d.R. nicht nur geringfügig unter dem Marktwert der alten Aktien.[299] In diesem Fall ist die Gewinnänderung dann ebenfalls verzerrt. Diese Verzerrung aus der Begebung der neuen Aktien unter dem Marktwert der alten Aktien ließe sich durch einen Korrekturfaktor bereinigen,

---

297) Vgl. Benartzi/Michaely/Thaler (1997), S. 1015.

298) Vgl. Brickley (1983), S. 205; Bajaj/Vijh (1990), S. 215f.

299) Vgl. Heiden/Gebhardt/Burkhardt (1997), S. 62 zum relativen Emissionskurs bei Kapitalerhöhungen deutscher Industrieunternehmen.

der der gleiche wie bei der retrograden Bereinigung von Aktienkursen bei der Ermittlung von Renditen ist.[300)]

Dieses Vorgehen wird hier nicht angewendet. Es unterstellt, daß die bei einer Kapitalerhöhung erzielten Beträge einen Ergebniseffekt in derselben Höhe wie das bereits im Unternehmen eingesetzte Kapital hat. Davon ist zumindest bei einer Betrachtung, die sich auf einen relativ kurzen Zeitraum beschränkt, nicht auszugehen. Ginge man bei einer vereinfachten Betrachtung nur davon aus, daß eine Kapitalerhöhung erst im Folgejahr einen Ergebnisanstieg bewirkt, so wäre der Gewinn im Jahr t_{-1} und t_{+1} überhaupt nicht zu korrigieren. Die verbleibende Verzerrung der betrachteten Größen wird für diese Untersuchung in Kauf genommen.

Tabelle 46: Unbereinigte, relative Änderungen von Gewinn, Cash-Flow und Investitionen im Untersuchungszeitraum.

	Relative Gewinnänderung		Relative Änderung des Cash Flow		Relative Änderung der Investitionen		positive Dividendenänderungen	negative Dividendenänderungen
	Ø	Median	Ø	Median	Ø	Median		
Gesamter Untersuchungszeitraum	-0,358%	0,250%	0,688%	0,904	0,428%	0,857%	-	-
1980	-1,180%	0,262%	-2,203%	1,248%	-9,430%	2,260%	-	-
1981	-1,230%	0,145%	0,924%	0,613%	4,736%	1,169%	-42,20%	72,24%
1982	-1,780%	0,037%	0,830%	0,740%	-2,982%	-0,355%	-46,85%	85,25%
1983	0,813%	0,526%	2,171%	2,315%	0,248%	0,336%	40,41%	-13,83%
1984	3,055%	0,729%	4,117%	1,707%	0,754%	0,780%	11,00%	-8,37%
1985	0,074%	0,200%	0,056%	0,335%	2,058%	1,942%	38,66%	6,52%
1986	-0,904%	0,131%	-0,692%	0,396%	1,889%	1,837%	-22,00%	-15,63%
1987	-1,075%	0,367%	0,220%	0,773%	5,146%	1,451%	-31,40%	-13,93%
1988	2,043%	0,427%	3,162%	1,624%	3,218%	1,496%	-0,55%	-31,52%
1989	0,648%	0,578%	1,729%	1,272%	3,311%	2,354%	43,11%	-61,96%
1990	-0,683%	0,146%	0,859%	0,907%	1,456%	1,318%	4,68%	1,63%
1991	0,144%	0,427%	1,589%	1,122%	3,740%	0,406%	-	-
1992	-3,121%	-0,170%	-1,190%	0,521%	-2,742%	0,768%	-	-
1993	-1,807%	0,013%	-1,920%	0,148%	-5,408%	-2,053%	-	-

Die Tabelle zeigt das arithmetische Mittel (Ø) und den Median der relativen Änderung von Gewinn, Cash Flow und Investitionen gegenüber dem Vorjahr nach Gleichung (G-44). Die beiden letzten Spalten geben die prozentuale Abweichung der beobachteten positiven und negativen Dividendenänderungen gegenüber den erwarteten Dividendenänderungen aus Tabelle 28 (S. 178) wieder.

Tabelle 46 zeigt die relativen Änderungen des Gewinns, des Cash Flow und der Investitionen im Zeitraum 1980 bis 1993. Angegeben wird das arithmetische Mittel und der Median der Änderungen gegenüber dem Vorjahr nach Gleichung (G-44) jeweils für einzelne Jahre und über den ganzen Untersuchungszeitraum.[301)] Deutlich sind Schwankungen in der Gewinnentwicklung zu erkennen, wie z.B. ein unter dem Median (arithmetischen Mittel) des gesamten Untersuchungszeitraums liegende Gewinnentwicklung in den Geschäftsjahren 1981 und 1982, gefolgt von starken Gewinnsteigerungen in den

300) Vgl. Uhlir/Steiner (1994), S. 120 - 124, zur retrograden Bereinigung von Aktienkursen.

301) Die relativen Änderungen gegenüber dem Jahr t_{-2} und nach der Ankündigung werden der Übersichtlichkeit wegen nicht angegeben und können auch nicht durch Verknüpfung der angegebenen Werte ermittelt werden. Eine größenmäßige Abschätzung der Entwicklung kann aber mit den in Tabelle 46 angegeben Werten vorgenommen werden.

Geschäftsjahren 1983 und 1984. Die Änderungen von Gewinn und Cash Flow folgen dabei dem gleichen Muster, das bei den Investitionen jedoch nicht wiederzufinden ist. Weiter ist zu erkennen, daß positive Dividendenänderungen in Jahren von hohen Gewinnsteigerungen relativ häufiger (z.B. 1983, 1984 und 1989) sind und in Jahren von niedrigen Gewinnsteigerungen bzw. Gewinnabnahmen relativ seltener sind (z.B. 1981, 1982 und 1986).

Die relative Gewinnänderung ist positiv mit der Häufigkeit von positiven Dividendenänderungen und negativ mit der Häufigkeit negativer Dividendenänderungen korreliert.[302] Diese Korrelationen verzerren die Aussagekraft der bisher berechneten, unbereinigten Änderungen. Diese sind daher zu bereinigen. In Untersuchungen zum US-amerikanischen Kapitalmarkt wird diese Bereinigung mit den Vergleichswerten von Unternehmen derselben Branche vorgenommen.[303] Für diese Untersuchung liegen keine Daten für Unternehmen außerhalb der Untersuchungsgruppe vor. Weiter sind in der Untersuchungsgruppe für einzelne Branchen nicht genügend Unternehmen enthalten, um eine Branchenbereinigung vornehmen zu können. Zudem erfolgt bei der Bestimmung der Vergleichsgruppe keine Beschränkung auf Unternehmen, die eine unveränderte Dividende für dieses Geschäftsjahr zahlen. Hier erfolgt die Bereinigung also mit dem Median (aus der gesamten Untersuchungsgruppe) der Änderung des Gewinns, Cash Flows und der Investitionen für das jeweils betrachtete Geschäftsjahr. Durch die Verwendung der gesamten Untersuchungsgruppe und des Medians wird zudem sichergestellt, daß der Bereinigungswert (nahezu) unabhängig von Extremwerten und den Werten des betrachteten Unternehmens selbst ist. Der Signifikanztest erfolgt dabei nicht gegen den Wert null, sondern gegen die Gewinnentwicklung in den übrigen Gruppen.[304] Analog zu Gleichung (G-46) wird die Bereinigung der relativen Änderung des Cash Flow und der Investitionen vorgenommen.

(G-46) $\Delta G_i^b = \Delta G_i - \text{Median}(\Delta G_i)$,

mit: ΔG_i^b = bereinigte relative Gewinnänderung des Unternehmens i vor und nach dem Ereignis.

---

302) Für den Median der Gewinnänderung ergibt sich jeweils ein auf dem 10%-Niveau (zweiseitiger Test) signifikanter Rangkorrelationskoeffizient zur Abweichung der beobachteten positiven ($r_{Sp} = 0{,}587$) und negativen ($r_{Sp} = -0{,}659$) Dividendenänderungen gegenüber den erwarteten Dividendenänderungen.

303) Vgl. z.B. Benartzi/Michaely/Thaler (1997), S. 1016f.

304) Benartzi/Michaely/Thaler (1997), S. 1017, nehmen bei bereinigten Werten einen Test gegen null vor, in dieser Untersuchung wird die Bereinigung jedoch mit Branchenunternehmen, die eine unveränderte Dividende ankündigen, vorgenommen.

V.5. Schätzung des Zusammenhanges zwischen zwei Variablen

V.5.1. Korrelationsanalyse

Die für diese Untersuchung aufgestellten Hypothesen sagen einen Zusammenhang zwischen verschiedenen ökonomischen Variablen (z.B. zwischen der Kursreaktion und der Dividendenänderung) voraus. Der parametrische Korrelationskoeffizient von Bravais/Pearson (r_{BP})[305)] und der Rangkorrelationskoeffizient von Spearman (r_{Sp})[306)] messen den Zusammenhang zwischen zwei metrisch skalierten Merkmalen. Besteht ein Zusammenhang zwischen zwei Variablen, so sollte sich ein Korrelationskoeffizient ergeben, der ungleich null ist. Die zu testende Hypothese lautet daher:

H_0: Die Variablen sind unabhängig voneinander.

H_A: Die Variablen sind nicht unabhängig.

Voraussetzung für die Verwendung des Korrelationskoeffizienten von Bravais/Pearson ist eine Normalverteilung der Variablen. Die in dieser Untersuchung verwendeten Variablen der relativen und prozentualen Dividendenänderung, der Dividendenrendite, des Marktwert/Buchwert-Verhältnisses und der relativen (bereinigten und unbereinigten) Änderungen von Gewinn, Cash Flow und Investitionen sind in den Gruppen Dividendenerhöhungen, Dividendenkürzungen und der zusammengefaßten Gruppe mit Dividendenerhöhungen, Dividendenkürzungen und unveränderte Dividendenzahlung stets nicht normalverteilt. Der Test auf Normalverteilung nach Jarque/Bera (1987)[307)] lehnt die Nullhypothese einer Normalverteilung in allen Fällen auf einem Niveau von (mindestens) 10% ab. Eine Möglichkeit, die Verteilungseigenschaften denen einer Normalverteilung anzunähern, besteht in einer Transformation dieser Variablen z.B. durch Logarithmieren.[308)] Auf die Anwendung solcher Verfahren wird hier jedoch verzichtet. Zum einen steht mit dem nicht-parametrischen Rangplatztest ein von der Verteilung der Variablen unabhängiges Testverfahren zur Verfügung, zum anderen bleibt damit die Vergleichbarkeit zu vorliegenden Untersuchungsergebnissen, die in diesen Variablen keine Transformationen herstellen, gewahrt. Lediglich für den (logarithmierten, standardisierten) Marktwert des Unternehmens wird die Hypothese einer Normalverteilung der Variable nicht abgelehnt. Einheitlich wird in dieser Untersuchung nur der Rangkorrelationskoeffizent nach Spearman (r_{Sp}) verwendet, der mit der Statistiksoftware SPSS (Version 6.1.3.) berechnet wird.[309)] Angegeben wird das Signifikanzniveau einer zweiseitigen Fragestellung.

---

305) Vgl. Hartung (1993), S. 546 - 553.

306) Vgl. Hartung (1993), S. 553 - 559.

307) Vgl. Gleichung (G-33) auf S. 166 dieser Arbeit.

308) Vgl. Hartung (1993), S. 349 - 354, Schlittgen (1993), S. 162 - 170.

309) Vgl. Gleichung (G-34) auf S. 170 dieser Arbeit.

V.5.2. Gruppenbildung

Mit der Variable Unternehmenskontrolle enthält die Untersuchung eine Variable, die nicht metrisch, sondern lediglich ordinal skaliert ist. Auch die Unterteilung der Dividendenankündigungen in Dividendenkürzungen, unveränderte Dividendenzahlungen und Dividendenerhöhungen kann als eine ordinale Klassifikation der Fälle in der Untersuchungsgruppe verstanden werden. Weiterhin läßt sich jede weitere Variable in der Untersuchung durch eine Gruppenbildung von einem metrischen in ein ordinales Niveau transformieren. Besteht ein Zusammenhang zwischen den der zur Gruppenbildung verwendeten Variablen (z.B. der Variable Unternehmenskontrolle) und einer anderen Variable (z.B. der Kursreaktion) so sollte sich die Höhe der zweiten Variable in den Gruppen unterscheiden.

Außer bei der Verwendung der Variable Unternehmenskontrolle, die nur als 0-1-Variable vorliegt, ist eine Einteilung in nur zwei Gruppen nicht zwingend. In vorliegenden US-amerikanischen Untersuchungen findet man Unterteilungen in Quintile[310)] oder Quartile,[311)] teilweise werden die Gruppengrenzen a priori festgelegt.[312)] Sofern theoretische Vorüberlegungen eine bestimmte Gruppeneinteilung nahelegen, sollte diese auch vorgenommen werden. Damit läßt sich wohl die getrennte Untersuchung von Dividendenerhöhungen, Dividendenkürzungen, Dividendeneinführungen und Dividendenausfällen begründen, die so auch in dieser Untersuchung vorgenommen wird. In US-amerikanischen Untersuchungen wird mit theoretischen Überlegungen auch die Festlegung des Trennwertes von Tobins Q auf 1,0 begründet.[313)] In dieser Untersuchung wird das Marktwert/Buchwert-Verhältnis als Einflußgröße auf die Kursreaktion betrachtet, welches gegenüber der theoretisch korrekten Definition von Tobins Q deutliche Unterschiede aufweist. In diesem Falle ist dann auch eine Festlegung des Trennwertes auf 1,0 nicht mehr zwingend. Wie für die Größen prozentuale und relative Dividendenänderung, Dividendenrendite und Unternehmensgröße erfolgt daher eine Unterteilung der Gesamtgruppe in vier Teilgruppen, die gegebenenfalls zu zwei Teilgruppen zusammengefaßt werden. Die Einteilung in vier (zwei) Gruppen ergibt sich dabei aus dem Bestreben, die Untergruppen nicht zu klein werden zu lassen, um auch hier noch mit statistischen Testverfahren Aussagen gewinnen zu können. Gruppengrößen,

---

310) Z.B. für die Variable Dividendenerhöhung in Benartzi/Michaely/Thaler (1997), S. 1011 - 1014.

311) Z.B. für die Variable Dividendenrendite in Denis/Denis/Sarin (1994), S. 571 - 574.

312) Für Tobins Q z.B. in Denis/Denis/Sarin (1994), S. 571 - 574 oder die prozentuale Dividendenänderung z.B. in Pettit (1972), S. 998f.

313) Vgl. Lang/Litzenberger (1989), S. 183 - 185.

Festlegung der Trennwerte und die Trennwerte selbst sind bereits bei der Beschreibung der einzelnen Variablen vorgestellt worden.

Mit Hilfe des parametrischen t-Tests[314] und des nicht parametrischen Mann-Whitney U-Tests[315] wird im Rahmen der Teilgruppenuntersuchungen überprüft, ob sich die Ausprägungen einer Variablen in zwei Teilgruppen signifikant unterscheiden. Null- und Alternativhypothese lauten für den parametrischen t-Test:

H_0: Die Mittelwerte der betrachteten Variable innerhalb von zwei Teilgruppen unterscheiden sich nicht.

H_1: Die Mittelwerte der betrachteten Variable innerhalb von zwei Teilgruppen unterscheiden sich.

Sind die Werte in der Grundgesamtheit normalverteilt, ist die Teststatistik des t-Test bereits ab Gruppengrößen von 20 Fällen approximativ normalverteilt. Sind die Werte in der Grundgesamtheit nicht normalverteilt, so ergibt sich die Normalverteilung der Testgröße aufgrund des zentralen Grenzwertsatzes allerdings erst ab größeren Gruppengrößen.[316] Auf die Angabe des t-Tests wird daher dann verzichtet, wenn die Gruppengröße unter 20 Ereignissen liegt. Als Ersatz bzw. als Ergänzung des parametrischen t-Tests wird dann auf den nicht parametrischen Mann-Whitney U-Test zurückgegriffen, der keine Annahmen über die Verteilung der Variablen trifft. Null- und Alternativhypothese für diesen Test lauten:

H_0: Die Ausprägungen der Variable in einer Teilgruppe ist nicht stochastisch größer als die Ausprägungen der Variable in der anderen Teilgruppe.

H_1: Die Ausprägungen der Variable in einer Teilgruppe ist stochastisch größer als die Ausprägungen der Variable in der anderen Teilgruppe.

Die Teststatistik des Mann-Whitney U-Tests wird für Gruppengrößen mit acht und mehr Ereignissen berechnet. Für kleinere Gruppen werden keine Teststatistiken ausgewiesen.[317]

Wird eine Untersuchungsgruppe in vier Teilgruppen zerlegt, lassen sich alle (sechs) Differenzen zwischen den Teilgruppen anhand des t-Tests und des Mann-Whitney U-Tests beurteilen. Eine Verallgemeinerung des Mann-Whitney U-Tests für mehrere Teilgruppen stellt der Kruskal-Wallis-Test dar.[318] Dieser ebenfalls nicht-parametrische Test beurteilt

---

314) Vgl. Hartung (1993), S. 505 - 511; Schlittgen (1993), S. 343 - 347.

315) Vgl. Hartung (1993), S. 513 - 520; Schlittgen (1993), S. 347 - 349.

316) Schlittgen (1993), S. 344f.

317) Zwar lassen sich auch für kleinere Stichprobengrößen beim Mann-Whitney U-Test noch Signifikanzniveaus berechnen, vgl. Hartung (1993), S. 513 - 520, jedoch nimmt bei jedem Testverfahren mit der Gruppengröße auch die Fähigkeit der Teststatistik ab, signifikante Zusammenhänge zu erkennen. Weiter ist in kleinen Gruppen die Annahme beeinträchtigt, daß die Kursreaktion nicht durch andere Faktoren geprägt wird. Daher soll auf die Angabe von Teststatistiken in kleinen Gruppengrößen verzichtet werden.

318) Vgl. Hartung (1993), S. 613f.

simultan, ob die Mittelwerte der vier Teilgruppen gleich sind. Zur Beurteilung der Frage, zwischen welchen Gruppen die Differenzen signifikant sind, ist man dann allerdings wieder auf die einfachen Vergleiche angewiesen.

Die Teststatistiken des einfachen t-Tests, des Mann-Whitney U-Tests und des Kruskal-Wallis-Tests werden mit der Statistiksoftware SPSS (Version 6.1.3.) berechnet. Angegeben wird das Signifikanzniveau einer zweiseitigen Fragestellung.

VI. Kursreaktionen auf Dividendenankündigungen: eine empirische Untersuchung

VI.1. Kursreaktionen auf Dividendenankündigungen

VI.1.1. Analyse in Abhängigkeit von der Richtung der Dividendenänderung

Tabelle 47 und Abbildung 2 geben die Kursreaktionen auf die Ankündigung einer positiven Dividendenänderung, einer negativen Dividendenänderung und keiner Dividendenänderung tabellarisch und graphisch wieder.

Bei der Betrachtung von 367 positiven Dividendenankündigungen sind an den Tagen t_{-1} und t_0 positive durchschnittliche Überrenditen zu beobachten, die nach dem t-Test und dem Rangplatztest auf dem 1%-Niveau signifikant sind. Im Ereigniszeitraum t_{-1} bis t_0 ergibt sich daraus eine kumulierte Überrendite von 0,704%, die ebenfalls nach beiden Testverfahren auf dem 1%-Niveau signifikant ist. In den drei Tagen vor und nach dem Ereigniszeitraum ist nur die Überrendite an Tag t_{-4} nach dem Rangplatztest auf dem 10%-Niveau statistisch signifikant. Auch bei Betrachtung der kumulierten Zeiträume vor und nach der Dividendenankündigung lassen sich keine statistisch signifikanten Kursbewegungen feststellen. Überrenditen nach dem Ereigniszeitraum, die als Hinweis auf eine verzögerte Kursanpassung gedeutet werden können, oder Überrenditen vor dem Ereignis, die ein Hinweis auf Insideraktionen liefern können, lassen sich bei der Betrachtung täglicher durchschnittlicher Überrenditen nicht erkennen.

Bei Betrachtung von 513 Ereignissen, bei denen keine Änderung der Stückdividende ankündigt werden, läßt sich im Ereigniszeitraum t_{-1} bis t_0 keine signifikante Kursreaktion feststellen. Die durchschnittliche Kursreaktion liegt mit -0,069% nahe bei null. An Tag t_{-2} ergibt sich eine mit 0,112% betragsmäßig geringe, nur nach dem Rangplatztest auf dem 10%-Niveau signifikante Überrendite, an Tag t_1 eine negative Überrendite in Höhe von -0,115%, die ebenfalls auf dem 10%-Niveau des Rangplatztests statistisch signifikant ist. Bei Betrachtung des erweiterteten Ereigniszeitraums t_{-2} bis t_1 gleichen sich diese Überrenditen wieder aus und die Kursreaktion bleibt in diesem Zeitraum wie in den übrigen betrachteten Zeiträumen statistisch nicht signifikant. Dieses auffällige Muster einer positiven Überrendite vor der Dividendenankündigung und einer negativen Überrendite nach der Dividendenankündigung könnte auf Aktienkäufe vor der Dividendenankündigung in der Erwartung einer positiven Dividendenankündigung zurückzuführen sein, die negative Kursreaktion nach der Ankündigung ließe sich dann als Reaktion auf diese nicht erfüllten Erwartungen interpretieren. Diese These läßt sich allerdings mit den hier verwendeten Daten nicht überprüfen. Weiter ist unklar, wieso der Kauf gerade an Tag t_{-2} erfolgen sollte und wieso die Kursreaktion dann nicht auch tatsächlich im Ereigniszeitraum erfolgt.

Bei 117 Ereignissen mit negativen Dividendenankündigungen läßt sich eine negative Kursreaktion beobachten. An den Tagen t_{-4} bis t_3 ist die durchschnittliche Überrendite negativ, an den Tagen t_{-1} bis t_2 (t_0) signifikant nach dem t-Test (Rangplatztest). Im (erweiterten) Ereigniszeitraum sind die kumulierten durchschnittlichen Überrenditen daher ebenfalls nach beiden Testverfahren signifikant auf dem 1%-Niveau. Die absolute Kursreaktion ist dabei mit -1,670% (-2,157%) deutlich stärker als bei positiven Dividendenankündigungen. Die hohen negativen Überrenditen an den Tagen t_1 und t_2 sind nicht notwendigerweise ein Hinweis auf eine verzögerte Informationsverarbeitung, sie können auch durch andere negative Meldungen in zeitlicher Nähe zur Dividendenankündigungen erklärt werden. Hinweise darauf soll die Unterscheidung zwischen Ereignissen mit und ohne andere Ankündigung liefern.

Tabelle 47: Überblick über die Kursreaktionen auf die Ankündigung einer positiven, negativen und keiner Dividendenänderung.

	Positive Dividendenänderung (N=367)				Keine Dividendenänderung (N=513)				Negative Dividendenänderung (N=117)			
Tag oder Zeitraum	Ø (kum.) Überrendite	t-Testwert	Anteil negativer Überrenditen	Rangplatztestwert	Ø (kum.) Überrendite	t-Testwert	Anteil negativer Überrenditen	Rangplatztestwert	Ø (kum.) Überrendite	t-Testwert	Anteil negativer Überrenditen	Rangplatztestwert
t_{-30} bis t_{-3}	-0,055%	-0,12	49,32%	-0,62	0,167%	0,39	50,49%	0,08	-0,231%	-0,27	49,57%	-0,62
t_{-20} bis t_{-3}	0,004%	0,01	52,59%	-0,25	-0,092%	-0,27	52,44%	-0,10	-0,561%	-0,82	51,28%	-0,69
t_{-10} bis t_{-3}	0,118%	0,50	50,95%	0,49	0,041%	0,18	53,41%	0,20	-0,003%	-0,01	47,86%	-0,36
t_{-4}	0,114%	1,38	48,77%	1,69⁺	0,058%	0,73	50,88%	0,69	-0,129%	-0,80	57,26%	-0,94
t_{-3}	0,036%	0,43	55,04%	-0,01	0,038%	0,48	50,29%	1,05	-0,165%	-1,03	58,12%	-1,12
t_{-2}	0,018%	0,22	49,32%	0,63	0,112%	1,40	49,51%	1,81⁺	-0,064%	-0,40	56,41%	-0,93
t_{-1}	0,271%	3,27**	45,78%	3,13**	0,024%	0,31	51,07%	-0,07	-0,337%	-2,09*	59,83%	-2,44*
t_0	0,433%	5,21**	43,87%	3,89**	-0,094%	-1,17	54,00%	-1,41	-1,333%	-8,28**	69,23%	-5,91**
t_1	0,103%	1,25	52,86%	0,05	-0,115%	-1,44	56,34%	-1,66⁺	-0,423%	-2,63**	54,70%	-1,35
t_2	0,043%	0,51	52,32%	0,02	-0,082%	-1,02	54,00%	-1,22	-0,334%	-2,07*	56,41%	-1,56
t_3	-0,075%	-0,91	52,32%	-0,55	0,021%	0,26	51,46%	0,36	-0,079%	-0,49	53,85%	-0,31
t_{-1} bis t_0	0,704%	5,99**	40,33%	4,97**	-0,069%	-0,61	54,00%	-1,05	-1,670%	-7,33**	72,65%	-5,91**
t_{-2} bis t_1	0,825%	4,97**	44,14%	3,85**	-0,072%	-0,45	53,61%	-0,67	-2,157%	-6,70**	64,96%	-5,32**
t_2 bis t_{10}	0,046%	0,18	57,49%	-0,33	-0,167%	-0,69	55,95%	-0,44	-0,619%	-1,28	55,56%	-1,15
t_2 bis t_{20}	-0,029%	-0,08	56,13%	-0,22	0,044%	0,13	53,02%	0,08	-0,367%	-0,52	50,43%	0,00
t_2 bis t_{30}	-0,052%	-0,12	54,50%	-0,60	0,222%	0,52	53,02%	0,67	0,243%	0,28	48,72%	0,86

Für die in den Kopfspalten angegebenen Gruppen wird die durchschnittliche (kumulierte) Überrendite [Gleichung(G-32)] ermittelt nach dem Marktmodell [Gleichung (G-29)], der Testwert des einfachen t-Tests [Gleichungen (G-35) und (G-36)], der Anteil negativer Überrenditen und der Testwert des Rangplatztests [Gleichungen (G-37) und (G-38)] angegeben. **/*/⁺ bezeichnen signifikante Kursreaktionen auf dem 1%/5%/10%-Niveau eines zweiseitigen Tests.

Abbildung 2 verdeutlicht die Kursreaktionen in den drei bisher gebildeten Gruppen.[319] Zu erkennen sind die positive Kursreaktion auf die Ankündigung von positiven Dividendenänderungen und die deutlich negative Kursreaktion auf die Ankündigung von negativen Dividendenänderungen. Die kumulierten durchschnittlichen Überrenditen bei Ankündigung keiner Dividendenänderung liegen während des ganzen Beobachtungszeitraums um die 0%. Ebenfalls erkennbar ist, daß vor und nach dem erweiterten Ereigniszeitraum bei positiven

---

319) In den Abbildungen mit Darstellungen der Kursreaktion wird (soweit möglich) die Ordinate mit 8% abgetragen, um dem Betrachter den graphischen Vergleich der Kursreaktionen zu erleichtern.

und negativen Dividendenankündigungen offenbar keine systematischen Kursbewegungen mehr erfolgen, wie dies auch von statistischen Testverfahren ausgewiesen wird.

Abbildung 2: Durchschnittliche, kumulierte Überrenditen auf die Ankündigung einer positiven, negativen und keiner Dividendenänderung.

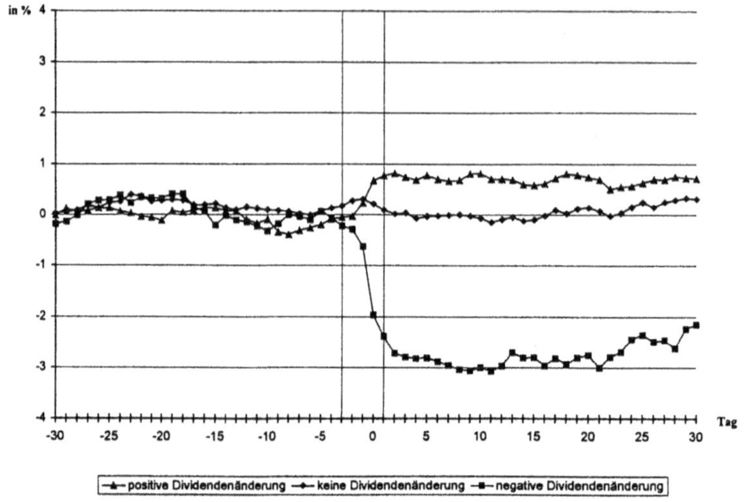

Die Kursreaktionen in den bisher betrachteten drei Gruppen soll weiter differenziert werden. Dabei werden diese Gruppen jeweils so aufgespalten, daß die Ereignisse, bei denen die angekündigte und/oder die Dividende des Vorjahrs null war, gesondert betrachtet werden. Tabelle 48 (oberer Teil) und Abbildung 3 geben daher zunächst die Kursreaktion bei der Ankündigung von 336 Dividendenerhöhungen, 436 unveränderten Dividendenzahlungen und 83 Dividendenkürzungen wieder. Diese Ereignisse machen jeweils den größeren Anteil an den zuvor in Tabelle 47 und Abbildung 2 betrachteten Ereignissen aus. Es verwundert daher nicht, daß sich für die Kursreaktionen dieser Ereignisse (ungefähr) das gleiche Muster wie für die zuvor betrachteten Gruppen ergibt.

Tabelle 48 (unterer Teil) und Abbildung 4 geben dann die Kursreaktionen der verbleibenden Ereignisse wieder. Auffällig ist hierbei zunächst die Gruppe der Ankündigungen einer Dividendeneinführung. Bei diesen Ereignisse sind an den Tagen t_{-2} bis t_0 insignifikant negative Überrenditen zu beobachten, die im Ereigniszeitraum mit -0,715% nach dem t-Test auf dem Niveau von 10% und im erweiterten Ereigniszeitraum mit -0,964% nach dem Rangplatztest auf dem Niveau von 10% signifikant sind.

Ein Grund für diese negative Reaktion könnte der für diese Arbeit zugrundegelegte Ereigniszeitpunkt sein. Als Ereignistag wird der Tag erfaßt, an dem die Höhe der Dividende bekannt wird. In 18 der 31 Ankündigungen ist die Tatsache, daß das Unternehmen die Dividendenzahlung wieder aufnimmt, bereits vorher bekannt. In dieser Gruppe ist die

Kursreaktion an t_{-1} mit -1,249% nach dem Rangplatztest (t-Test) signifikant auf dem 5%- (1%-) Niveau. Im (erweiterten) Ereigniszeitraum beträgt die durchschnittliche kumulierte Überrendite -1,479% (-1,204%), die im Ereigniszeitraum signifikant auf dem 1%-Niveau nach dem t-Test und im erweiterten Ereigniszeitraum signifikant auf dem 5%-Niveau nach dem Rangplatztest ist. In der verbleibenden Gruppe von 13 Ereignissen, bei denen keine vorherige Ankündigung der Aufnahme der Dividendenzahlung festgestellt werden konnte, ist die Kursreaktion an t_{-1} mit 0,772% nach dem t-Test und Rangplatztest signifikant positiv, im (erweiterten) Ereigniszeitraum ist die Kursreaktion mit 0,343% (-0,631%) nach beiden Testverfahren insignifikant. Offenbar ist die Ankündigung einer Aufnahme einer Dividendenzahlung selbst keine negative Information (allerdings läßt sich auch nicht nachweisen, daß diese Nachricht eine positive Information darstellt), während die Erwartungen über die Höhe der Dividende enttäuscht werden, womit sich die negative Kursreaktion erklären läßt.

Bei 77 Ankündigungen eines wiederholten Ausfalls der Dividende läßt sich lediglich am Tag t_0 eine nur nach dem Rangplatztest signifikant negative Kursreaktion feststellen. Im (erweiterten) Ereigniszeitraum ist die Kursreaktion mit -0,190% (-0,362%) negativ, aber nach beiden Testverfahren insignifikant. Die naive Erwartungsbildung für die Dividende ist in den hier betrachteten Fällen, in denen im Vorjahr keine Dividende gezahlt wird, schlecht spezifiziert, da bei einem Teil der Unternehmen mit einer positiven Wahrscheinlichkeit mit der Einführung einer Dividende zu rechnen ist. Das naive Erwartungsbildungsmodell weist diese positive Erwartung nicht aus. Die Fälle eines wiederholten Dividendenausfalls stellen somit eher negative Ereignisse dar, womit die beobachtete, insignifikant negative Kursreaktion im (erweiterten) Ereigniszeitraum konsistent ist.

Die Ankündigung eines Dividendenausfalls löst bei der Betrachtung von 34 Ereignissen im Durchschnitt eine deutlich negative Kursreaktion aus. An den Tagen t_{-1} bis t_1 sind die durchschnittlichen Überrenditen signifikant negativ. Im (erweiterten) Ereigniszeitraum ergibt sich daraus eine kumulierte durchschnittliche Überrendite in Höhe von -2,778% (-3,681%), die sowohl nach dem t-Test als auch nach dem Rangplatztest auf dem 1%-Niveau signifikant ist. Die Kursreaktion fällt damit auch mehr als doppelt so stark aus wie in der Gruppe der Dividendenkürzungen.

Die bisher betrachteten Ergebnisse bestätigen mit Ausnahme der Ereignisse mit Ankündigungen einer Aufnahme der Dividendenzahlung grundsätzlich die gebildeten Hypothesen über das Kursverhalten bei Dividendenankündigungen. Aus untersuchungsökonomischen Gründen sollen an dieser Stelle die Betrachtungen beschränkt werden. Da eine Analyse in den bisher betrachteten sechs Gruppen zu aufwendig wäre, wird die Analyse auf die drei Gruppen Dividendenerhöhungen, Dividendenkürzungen und unveränderte Dividendenzahlungen beschränkt. Eine Analyse dieser drei Gruppen bietet sich an, da in diesen Gruppen eine größere Anzahl an Ereignissen enthalten ist, was das Auffinden signifikanter Zusammenhänge erleichtern sollte. Für die Analyse insbesondere der Dividendenausfälle und Dividendeneinführungen spricht dagegen, daß es sich hierbei um „einschneidende“ Ereignisse bei einem Unternehmen handelt, wodurch sich bei diesen Ereignissen die gebildeten Hypothesen auch besonders gut bestätigen ließen. Die Verwendung von Dividendenerhöhungen und Dividendenkürzungen stellt so gesehen dann aber einen anspruchsvolleren Test für die gebildeten Hypothesen dar. Weiterhin findet in der Gruppe der Dividendeneinführungen schon die Grundhypothese einer positiven Kursreaktion keine Bestätigung, wodurch es nicht sinnvoll erscheint, bei diesen Ereignissen weitere Hypothesen zu untersuchen, bevor nicht die Ursache für dieses abweichende Kursverhalten geklärt ist.

Abbildung 3: Durchschnittliche, kumulierte Überrenditen auf die Ankündigung von Dividendenerhöhungen, Dividendenkürzungen und unveränderten Dividendenzahlungen.

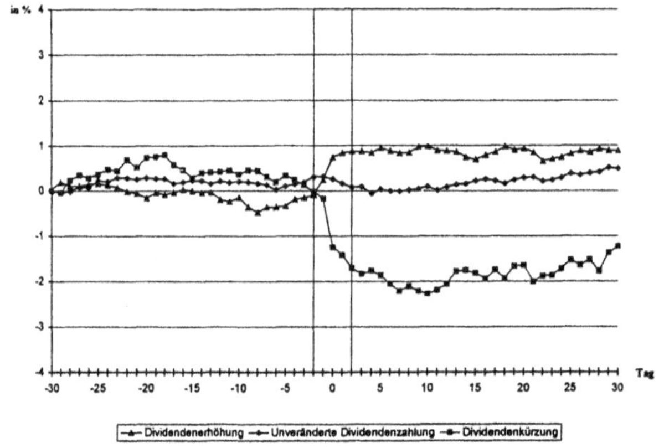

Abbildung 4: Durchschnittliche, kumulierte Überrenditen auf die Ankündigung von Dividendeneinführungen, wiederholtem Dividendenausfall und erstmaligen Dividendenausfällen.

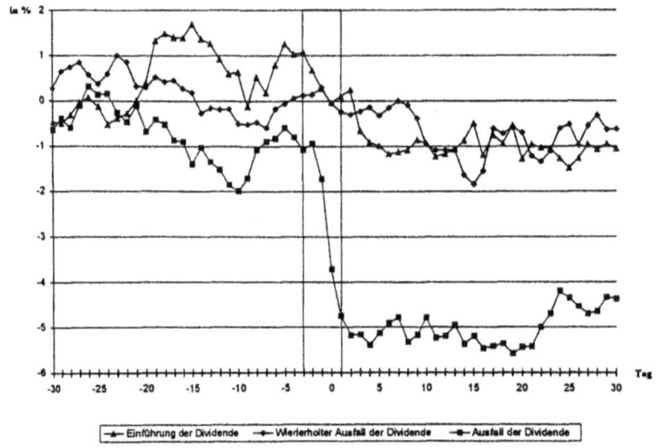

Tabelle 48: Überblick über die Kursreaktionen auf die Ankündigung einer positiven, negativen und keiner Dividendenänderung.

	Dividendenerhöhung (N=336)				unveränderte Dividendenzahlung (N=436)				Dividendenkürzung (N=83)			
Tag oder Zeitraum	Ø (kum.) Überrendite	t-Testwert	Anteil negativer Überrenditen	Rangplatztestwert	Ø (kum.) Überrendite	t-Testwert	Anteil negativer Überrenditen	Rangplatztestwert	Ø (kum.) Überrendite	t-Testwert	Anteil negativer Überrenditen	Rangplatztestwert
t_{-30} bis t_{-3}	-0,158%	-0,35	48,51%	-0,84	0,175%	0,42	50,00%	0,08	0,115%	0,14	49,40%	-0,11
t_{-20} bis t_{-3}	-0,092%	-0,26	52,68%	-0,52	-0,071%	-0,21	52,06%	-0,16	-0,392%	-0,58	51,81%	-0,33
t_{-10} bis t_{-3}	0,086%	0,36	52,08%	0,40	-0,004%	-0,02	53,21%	0,16	-0,327%	-0,72	53,01%	-0,76
t_{-4}	0,146%	1,71^{+}	47,92%	1,90^{+}	0,047%	0,60	50,46%	0,58	-0,098%	-0,61	56,63%	-0,58
t_{-3}	0,035%	0,41	55,36%	-0,10	0,033%	0,42	50,69%	0,77	-0,119%	-0,75	56,63%	-0,87
t_{-2}	0,056%	0,65	47,92%	1,05	0,128%	1,63	50,23%	1,80^{+}	-0,146%	-0,91	59,04%	-1,26
t_{-1}	0,333%	3,92**	44,35%	3,39**	0,002%	0,02	50,69%	0,01	-0,151%	-0,94	55,42%	-1,31
t_0	0,501%	5,90**	42,56%	4,19**	-0,050%	-0,63	52,06%	-0,77	-1,065%	-6,65**	67,47%	-4,89**
t_1	0,100%	1,18	52,68%	0,39	-0,102%	-1,29	55,73%	-1,29	-0,171%	-1,07	51,81%	-0,35
t_2	0,033%	0,39	51,49%	0,32	-0,085%	-1,08	54,82%	-1,42	-0,294%	-1,84^{+}	57,83%	-1,55
t_3	0,001%	0,02	50,00%	0,18	0,013%	0,17	51,61%	0,36	-0,119%	-0,74	55,42%	-0,66
t_{-1} bis t_0	0,834%	6,94**	38,69%	5,36**	-0,048%	-0,43	52,98%	-0,54	-1,216%	-5,37**	68,67%	-4,38**
t_{-2} bis t_1	0,990%	5,82**	42,26%	4,51**	-0,021%	-0,13	52,52%	-0,13	-1,533%	-4,79**	61,45%	-3,90**
t_2 bis t_{10}	0,146%	0,57	56,55%	0,08	-0,068%	-0,29	56,42%	-0,12	-0,856%	-1,78^{+}	57,83%	-1,64
t_2 bis t_{20}	0,097%	0,26	55,36%	0,15	0,132%	0,38	51,83%	0,56	-0,234%	-0,34	48,19%	0,22
t_2 bis t_{30}	0,050%	0,11	53,87%	-0,39	0,329%	0,77	52,06%	0,96	0,186%	0,22	48,19%	0,82

	Dividendeneinführungen (N=31)				Wiederholter Dividendenausfall (N=77)				Dividendenausfall (N=34)			
Tag oder Zeitraum	Ø (kum.) Überrendite	t-Testwert	Anteil negativer Überrenditen	Rangplatztestwert	Ø (kum.) Überrendite	t-Testwert	Anteil negativer Überrenditen	Rangplatztestwert	Ø (kum.) Überrendite	t-Testwert	Anteil negativer Überrenditen	Rangplatztestwert
t_{-30} bis t_{-3}	1,065%	0,67	58,06%	0,69	0,123%	0,09	53,25%	0,01	-1,074%	-0,61	50,00%	-0,98
t_{-20} bis t_{-3}	1,054%	0,82	51,61%	0,93	-0,210%	-0,19	54,55%	0,14	-0,973%	-0,69	50,00%	-0,80
t_{-10} bis t_{-3}	0,475%	0,56	38,71%	0,37	0,297%	0,39	54,55%	0,16	0,786%	0,83	35,29%	0,43
t_{-4}	-0,225%	-0,75	58,06%	-0,51	0,120%	0,45	53,25%	0,44	-0,204%	-0,61	58,82%	-0,91
t_{-3}	0,040%	0,13	51,61%	0,29	0,066%	0,25	48,05%	0,96	-0,277%	-0,83	61,76%	-0,83
t_{-2}	-0,391%	-1,30	64,52%	-1,42	0,018%	0,07	45,45%	0,46	0,136%	0,41	50,00%	0,07
t_{-1}	-0,402%	-1,33	61,29%	-0,51	0,152%	0,57	53,25%	-0,23	-0,790%	-2,37*	70,59%	-2,64**
t_0	-0,313%	-1,04	58,06%	-0,52	-0,342%	-1,29	64,94%	-1,97*	-1,988%	-5,95**	73,53%	-3,95**
t_1	0,142%	0,47	54,84%	-1,21	-0,190%	-0,72	59,74%	-1,34	-1,039%	-3,11**	61,76%	-1,99*
t_2	0,142%	0,47	61,29%	-1,05	-0,061%	-0,23	49,35%	0,22	-0,431%	-1,29	52,94%	-0,67
t_3	-0,906%	-3,00**	77,42%	-2,67**	0,066%	0,25	50,65%	0,07	0,017%	0,05	50,00%	0,35
t_{-1} bis t_0	-0,715%	-1,67^{+}	58,06%	-0,73	-0,190%	-0,51	59,74%	-1,56	-2,778%	-5,88**	82,35%	-4,66**
t_{-2} bis t_1	-0,964%	-1,60	64,52%	-1,83^{+}	-0,362%	-0,68	59,74%	-1,54	-3,681%	-5,51**	73,53%	-4,26**
t_2 bis t_{10}	-1,041%	-1,15	67,74%	-1,47	-0,725%	-0,91	53,25%	-0,94	-0,042%	-0,04	50,00%	0,20
t_2 bis t_{20}	-1,389%	-1,06	64,52%	-1,33	-0,454%	-0,39	59,74%	-1,19	-0,692%	-0,48	55,88%	-0,30
t_2 bis t_{30}	-1,163%	-0,72	61,29%	-0,82	-0,384%	-0,27	58,44%	-0,57	0,384%	0,21	50,00%	0,42

Für die in den Kopfspalten angegebenen Gruppen wird die durchschnittliche (kumulierte) Überrendite [Gleichung(G-32)] ermittelt nach dem Marktmodell [Gleichung (G-29)], der Testwert des einfachen t-Tests [Gleichungen (G-35) und (G-36)], der Anteil negativer Überrenditen und der Testwert des Rangplatztests [Gleichungen (G-37) und (G-38)] angegeben. **/*/$^{+}$ bezeichnen signifikante Kursreaktionen auf dem 1%/5%/10%-Niveau eines zweiseitigen Tests.

VI.1.2. Analyse der Dividendenankündigungen mit weiteren Ankündigungen

Bisher ist nicht zwischen isolierten Ankündigungen und Ankündigungen mit weiteren Informationen (vgl. Tabelle 24) unterschieden worden. Um zu bestätigen, daß die Kursreaktion tatsächlich auf die neue Information „Höhe der Dividende" erfolgt, soll daher im folgenden untersucht werden, ob sich die Kursreaktion bei isolierten Dividendenankündigungen von der Kursreaktion bei Dividendenankündigungen mit weiteren Informationen unterscheidet.

In Tabelle 49 werden die Ereignisse in den Untersuchungsgruppen mit Dividendenerhöhungen, Dividendenkürzungen und unveränderten Dividendenzahlungen jeweils danach aufgeteilt, ob mit der Dividendenankündigung erstmals andere wichtige Unternehmensinformationen bekannt werden oder nicht. Bei der isolierten Ankündigung von Dividendenerhöhungen und Dividendenkürzungen zeigt sich im (erweiterten) Ereigniszeitraum auch bei diesen Ereignissen eine signifikante Kursreaktion. Bei Ankündigungen einer konstanten Dividendenzahlung ist auch hier keine signifikante Kursreaktion feststellbar. Die absolute Kursreaktion fällt bei isolierten Ankündigungen von Dividendenerhöhungen im (erweiterten) Ereigniszeitraum und bei Dividendenkürzungen im Ereigniszeitraum schwächer aus als bei den Ereignissen mit weiteren Ankündigungen. Allerdings ist die Differenz zwischen beiden Gruppen nur bei Dividendenerhöhungen im erweiterten Ereigniszeitraum nach dem Mann-Whitney U-Test auf einem Niveau von 10% signifikant. Ansonsten lassen sich keine signifikanten Differenzen zwischen beiden Gruppen feststellen. Für diese Arbeit wird daher auf einen Ausschluß der Fälle mit weiteren Ankündigungen verzichtet und die Kursreaktion für die unbereinigten Gruppen analysiert.

Tabelle 49: Kursreaktionen auf Dividendenankündigungen mit und ohne weitere Ankündigungen.

	Dividendenerhöhung (N=141) ohne weitere Ankündigungen				Dividendenerhöhung (N=195) mit weiteren Ankündigungen				Differenz (mit - ohne weitere Ankündigungen)		
Zeitraum	Ø (kum.) Überrendite	t-Testwert	Anteil negativer Überrenditen	Rangplatztestwert	Ø (kum.) Überrendite	t-Testwert	Anteil negativer Überrenditen	Rangplatztestwert	Δ	Pr (t)	Pr (z)
t_1 bis t_0	0,632%	3,41**	44,68%	2,45*	0,981%	6,08**	34,36%	5,06**	+0,349	25,2%	10,8%
t_2 bis t_1	0,622%	2,37*	48,23%	1,95*	1,256%	5,51**	37,95%	4,36**	+0,634	10,2%	9,4%

	konstante Dividende (N=229) ohne weitere Ankündigungen				konstante Dividende (N=207) mit weiteren Ankündigungen				Differenz (mit - ohne weitere Ankündigungen)		
Zeitraum	Ø (kum.) Überrendite	t-Testwert	Anteil negativer Überrenditen	Rangplatztestwert	Ø (kum.) Überrendite	t-Testwert	Anteil negativer Überrenditen	Rangplatztestwert	Δ	Pr (t)	Pr (z)
t_1 bis t_0	-0,170%	-1,18	56,33%	-1,42	0,088%	0,60	49,28%	0,63	+0,258	23,6%	34,2%
t_2 bis t_1	-0,233%	-1,14	55,02%	-1,02	0,214%	1,04	49,76%	0,86	+0,448	14,8%	34,9%

	Dividendenkürzungen (N=36) ohne weitere Ankündigungen				Dividendenkürzungen (N=47) mit weiteren Ankündigungen				Differenz (mit - ohne weitere Ankündigungen)		
Zeitraum	Ø (kum.) Überrendite	t-Testwert	Anteil negativer Überrenditen	Rangplatztestwert	Ø (kum.) Überrendite	t-Testwert	Anteil negativer Überrenditen	Rangplatztestwert	Δ	Pr (t)	Pr (z)
t_1 bis t_0	-1,024%	-3,08**	69,44%	-2,69**	-1,363%	-4,21**	68,09%	-3,34**	-0,339%	64,6%	91,2%
t_2 bis t_1	-1,536%	-3,27**	66,67%	-2,85**	-1,531%	-3,34**	57,45%	-2,58**	0,004%	99,6%	51,4%

Für die in den Kopfspalten angegebenen Gruppen wird die durchschnittliche (kumulierte) Überrendite [Gleichung(G-32)] ermittelt nach dem Marktmodell [Gleichung (G-29)], der Testwert des einfachen t-Tests [Gleichungen (G-35) und (G-36)], der Anteil negativer Überrenditen und der Testwert des Rangplatztests [Gleichungen (G-37) und (G-38)] angegeben. **/*/⁺ bezeichnen signifikante Kursreaktionen auf dem 1%/5%/10%-Niveau eines zweiseitigen Tests. Pr. (t/z) ist die Wahrscheinlichkeit, daß die Differenz zwischen den Gruppen mit und ohne zeitgleiche Ankündigung gleich null ist (zweiseitige Fragestellung) nach dem t-Test (t) bzw. nach dem Mann-Whitney U-Test (z).

VI.1.3. Unterschiede in den Kursreaktionen auf Dividendenankündigungen zwischen Industrie- und Finanzunternehmen

Bisher wurde bei der Analyse der Kursreaktionen nicht zwischen Dividendenankündigungen von Industrie- und Finanzunternehmen unterschieden. Diese Unterscheidung soll hier aus zwei Gründen vorgenommen werden. Zum einen gibt es theoretische Gründe, die für regulierte Unternehmen eine stärkere Kursreaktion erwarten lassen als für nicht-regulierte Unternehmen.[320)] Ein solcher Unterschied läßt sich am US-amerikanischen Kapitalmarkt auch empirisch bestätigen.[321)] Dieser Untersuchungsansatz wird für den deutschen Kapitalmarkt auf die Unterscheidung zwischen Industrie- und Finanzunternehmen übertragen. Weiterhin werden Teile der folgenden Untersuchung nur für (eine Teilgruppe der) Industrieunternehmen vorgenommen. Durch die Unterscheidung zwischen Industrie- und Finanzunternehmen wird daher vermieden, daß zu einem späteren Zeitpunkt Untersuchungsergebnisse, die nur in der Gesamtgruppe gewonnen wurden, nochmals für die Gruppe der Industrieunternehmen repliziert werden müssen.

Tabelle 50 zeigt die Kursreaktionen im (erweiterten) Ereigniszeitraum getrennt nach Ereignissen bei Industrie- und Finanzunternehmen. Dabei sind die beobachteten Kursreaktionen der Finanzunternehmen bei Dividendenerhöhungen und Dividendenkürzungen absolut schwächer als bei Industrieunternehmen. Während die Kursreaktionen bei Industrieunternehmen hier noch immer auf dem 1%-Niveau signifikant sind, sind die Kursreaktionen auf Dividendenerhöhungen bei Finanzunternehmen nur nach dem t-Test auf dem 10%-Niveau signifikant, bei (allerdings nur acht) Dividendenkürzungen sind sie insignifikant. Auffällig und mit den hier gebildeten Hypothesen nicht vereinbar ist die signifikant negative Kursreaktion der Finanzunternehmen auf die Ankündigungen konstanter Dividendenzahlungen.

Die Differenzen zwischen den Kursreaktionen bei Industrie- und Finanzunternehmen sind bei Dividendenerhöhungen nach keinem Testverfahren signifikant, bei Dividendenkürzungen ist nur die Differenz im erweiterten Ereigniszeitraum nach dem t-Test auf einem Niveau von 10% signifikant. Signifikant sind dagegen die Differenzen in den Kursreaktionen bei Ankündigung unveränderter Dividendenzahlungen.

---

320) Vgl. Abschnitt III.4.3.

321) Vgl. Aharony/Falk/Swary (1988); Bessler/Nohel (1996).

Tabelle 50: Kursreaktionen auf Dividendenankündigungen von Industrie- und Finanzunternehmen.

	Dividendenerhöhung (N=293) Industrieunternehmen				Dividendenerhöhung (N=43) Finanzunternehmen				Differenz (Finanz- - Industrieunternehmen)		
Zeitraum	Ø (kum.) Überrendite	t-Testwert	Anteil negativer Überrenditen	Rangplatztestwert	Ø (kum.) Überrendite	t-Testwert	Anteil negativer Überrenditen	Rangplatztestwert	Δ	Pr (t)	Pr (z)
t_1 bis t_0	0,881%	6,84**	37,20%	5,22**	0,519%	1,85⁺	48,84%	1,08	-0,362%	34,6%	29,8%
t_2 bis t_1	1,034%	5,68**	41,30%	4,29**	0,690%	1,74⁺	48,84%	1,23	-0,344%	53,2%	32,0%

	konstante Dividende (isoliert) (N=363) Industrieunternehmen				konstante Dividende (N=73) Finanzunternehmen				Differenz (Finanz- - Industrieunternehmen)		
Zeitraum	Ø (kum.) Überrendite	t-Testwert	Anteil negativer Überrenditen	Rangplatztestwert	Ø (kum.) Überrendite	t-Testwert	Anteil negativer Überrenditen	Rangplatztestwert	Δ	Pr (t)	Pr (z)
t_1 bis t_0	0,055%	0,44	52,62%	-0,05	-0,560%	-2,46*	54,79%	-1,23	-0,616%	1,7%	11,0%
t_2 bis t_1	0,183%	1,04	50,41%	0,97	-1,032%	-3,21**	63,01%	-2,45*	-1,2155	0,2%	1,3%

	Dividendenkürzungen (N=75) Industrieunternehmen				Dividendenkürzung (N=8) Finanzunternehmen				Differenz (Finanz- - Industrieunternehmen)		
Zeitraum	Ø (kum.) Überrendite	t-Testwert	Anteil negativer Überrenditen	Rangplatztestwert	Ø (kum.) Überrendite	t-Testwert	Anteil negativer Überrenditen	Rangplatztestwert	Δ	Pr (t)	Pr (z)
t_1 bis t_0	-1,325%	-5,38**	72,00%	-4,45**	-0,193%	-0,34	37,50%	0,28	+1,132%	15,7%	12,3%
t_2 bis t_1	-1,661%	-4,77**	62,67%	-3,84**	-0,336%	-0,41	50,00%	-0,14	+1,325%	8,0%	36,3%

Für die in den Kopfspalten angegebenen Gruppen wird die durchschnittliche (kumulierte) Überrendite [Gleichung(G-32)] ermittelt nach dem Marktmodell [Gleichung (G-29)], der Testwert des einfachen t-Tests [Gleichungen (G-35) und (G-36)], der Anteil negativer Überrenditen und der Testwert des Rangplatztests [Gleichungen (G-37) und (G-38)] angegeben. **/*/⁺ bezeichnen signifikante Kursreaktionen auf dem 1%/5%/10%-Niveau eines zweiseitigen Tests. Pr. (t/z) ist die Wahrscheinlichkeit, daß die Differenz zwischen den Gruppen mit und ohne zeitgleiche Ankündigung gleich null ist (zweiseitige Fragestellung) nach dem t-Test (t) bzw. nach dem Mann-Whitney U-Test (z).

Obwohl die gebildete Hypothese für die Differenzen in den Kursreaktionen nicht bestätigt werden kann, soll an der Trennung zwischen Industrie- und Finanzunternehmen festgehalten werden. Zum einen tritt bei Industrieunternehmen die Kursreaktion deutlicher auf als bei Finanzunternehmen, was die Analyse der Kursreaktion erleichtern sollte; zum anderen wird, wie oben erwähnt, diese Trennung für die Interpretation weiterer Untersuchungsschritte benötigt. Für Finanzunternehmen wird die Kursreaktion nur für Dividendenerhöhungen analysiert, da die Gruppe der Dividendenkürzungen mit acht Ereignissen zu klein für weitere differenzierte Analysen ist.

VI.2. Kursreaktion in Abhängigkeit vom Ausmaß der Dividendenänderung

In diesem Abschnitt soll der Zusammenhang zwischen der Dividendenerhöhung und der Reaktion des Kapitalmarktes untersucht werden soll. Analysiert wird der Zusammenhang mit der prozentualen [Gleichung (G-39)] und der relativen [Gleichung (G-40)] Dividendenerhöhung als Signal. Betrachtet man die 368 Ereignisse mit Dividendenerhöhungen und Dividendenkürzungen bei Industrieunternehmen, so ergibt sich zwischen beiden Größen mit einem Rangkorrelationskoeffizient in Höhe von $r_{Sp} = 0,9243$ eine hohe Korrelation, die auf dem 1%-Niveau signifikant ist [Pr. (Sp) <0,1%]. Mißt man den Zusammenhang zwischen der Kursreaktion und diesen beiden Größen, sollten sich daher nur geringe Unterschiede zwischen beiden Größen ergeben.

Tabelle 51: Zusammenhang zwischen der Kursreaktion und der Dividendenänderung bei Dividendenerhöhungen und Dividendenkürzungen von Industrieunternehmen.

	Korrelationskoeffizient (Spearman) mit prozentualer Dividendenänderung (ΔD/D)		Korrelationskoeffizient (Spearman) mit relativer Dividendenänderung (ΔD/P)		N
Kursreaktion in t_{-1} bis t_0	r_{Sp}	0,2993	r_{Sp}	0,2691	368
	Pr. (Sp)	<0,1%	Pr. (Sp)	<0,1%	
Kursreaktion in t_2 bis t_1	r_{Sp}	0,3105	r_{Sp}	0,2772	368
	Pr. (Sp)	<0,1%	Pr. (Sp)	<0,1%	

Zusammenhang zwischen der Kursreaktion im (erweiterten) Ereigniszeitraum und der prozentualen [Gleichung (G-39)] und relativen [Gleichung (G-40)] Dividendenänderung für Dividendenerhöhungen und Dividendenkürzungen. Kursreaktion ist die kumulierte, durchschnittliche Überrendite [Gleichung (G-32)] ermittelt nach dem Marktmodell [Gleichung (G-29)]. N = Anzahl der Ereignisse in der Untersuchungsgruppe. r_{Sp} gibt den Rangkorrelationskoeffizienten nach Spearman zwischen der Kursreaktion im (erweiterten) Ereigniszeitraum und der prozentualen bzw. relativen Dividendenerhöhung an, Pr. (Sp) die Wahrscheinlichkeit, daß dieser gleich null ist (zweiseitige Fragestellung).

Tabelle 51 zeigt den Zusammenhang zwischen der Kursreaktion und der Dividendenänderung bei 368 Ereignissen mit der Ankündigung von Dividendenerhöhungen und Dividendenkürzungen von Industrieunternehmen. Der Zusammenhang zwischen der prozentualen bzw. der relativen Dividendenänderung ist im (erweiterten) Ereigniszeitraum positiv und signifikant auf dem 1%-Niveau. Dabei sind die Korrelationen im erweiterten Ereigniszeitraum jeweils marginal stärker als im Ereigniszeitraum. Bei Verwendung der prozentualen Dividendenänderung ergeben sich um ca. 11-12% höhere Rangkorrelationskoeffizienten. Zwar zeigt dieses Ergebnis den positiven Zusammenhang zwischen Dividendenerhöhung und Kursreaktion, allerdings kann dieses Ergebnis noch dadurch geprägt sein, daß auf Dividendenerhöhungen positive Kursreaktionen, auf Dividendenkürzungen negative Kursreaktionen erfolgen. Deshalb wird der Zusammenhang zusätzlich getrennt für diese beiden Gruppen analysiert.

Zunächst ist die Rangkorrelation zwischen prozentualer und relativer Dividendenänderung bei 293 Ereignissen mit Dividendenerhöhungen signifikant positiv ($r_{Sp} = 0,8521$). Tabelle 52 (Tabelle 53) zeigt, daß die prozentuale Dividendenerhöhung (relative Dividendenerhöhung) in den nach der Höhe der relativen Dividendenerhöhung (prozentualen

Dividendenerhöhung) gebildeten Gruppen ansteigt.[322] Auch die Kursreaktion im (erweiterten) Ereigniszeitraum steigt in den nach der Höhe der relativen oder prozentualen Dividendenerhöhung gebildeten Gruppen.[323] Bei Verwendung der relativen Dividendenänderung (ΔD/P) beträgt die Kursreaktion in t_{-1} bis t_0 0,334% für das Quartil mit den 71 niedrigsten Dividendenerhöhungen und steigt auf 2,081% für das Quartil mit den 75 höchsten Dividendenerhöhungen. Die Testwerte des Kruskal-Wallis-Tests besagen, daß die Differenzen zwischen den vier Quartilen signifikant sind. Faßt man die beiden unteren und die beiden oberen Quartile jeweils zusammen, so ergibt sich im (erweiterten) Ereigniszeitraum jeweils eine signifikant stärkere Kursreaktion in der Gruppe mit der höheren relativen oder prozentualen Dividendenerhöhung. Der mit Hilfe des Rangkorrelationskoeffizienten gemessene Zusammenhang ist jeweils signifikant positiv auf dem 1%-Niveau.

Tabelle 52: Zusammenhang zwischen der Kursreaktion und der relativen Dividendenerhöhung bei Industrieunternehmen.

	Relative Dividendenerhöhung (ΔD/P)	Prozentuale Dividenerhöhung (ΔD/D)	Kursreaktion in t_{-1} bis t_0	Kursreaktion in t_{-2} bis t_1	N
Gesamte Untersuchungsgruppe	0,4726%	22,671%	0,881%	1,034%	293
Korrelationskoeffizient (Spearman)		r_{Sp} 0,8521 Pr. (Sp) <0,1%	r_{Sp} 0,1894 Pr. (Sp) 0,1%	r_{Sp} 0,2037 Pr. (Sp) <0,1%	293
1. Quartil mit kleinsten relativen Dividendenerhöhungen (ΔD/P)	0,1321%	8,233%	0,334%	0,194%	71
2. Quartil	0,2642%	12,900%	0,436%	0,572%	71
3. Quartil	0,4253%	17,587%	0,623%	0,971%	76
4. Quartil mit größten relativen Dividendenerhöhungen (ΔD/P)	1,0401%	50,740%	2,081%	2,330%	75
Kruskal-Wallis-Test			h 17,65 Pr. (h) 0,1%	h 14,04 Pr. (h) 0,3%	293 df 3
Ereignisse mit kleinen relativen Dividendenerhöhungen (ΔD/P)	0,1981%	10,566%	0,385%	0,383%	142
Ereignisse mit großen relativen Dividendenerhöhungen (ΔD/P)	0,7307%	34,054%	1,347%	1,646%	151
Differenz zwischen großen und kleinen relativen Dividendenerhöhungen (ΔD/P)			Δ +0,962% Pr. (t) 0,3% Pr. (z) 2,1%	Δ +1,263% Pr. (t) 0,2% Pr. (z) 1,1%	

Für die bezeichneten Gruppen wird das arithmetische Mittel folgender Größen angegeben: relative Dividendenerhöhung [Gleichung (G-40)], prozentuale Dividendenerhöhung [Gleichung (G-39)] und Kursreaktion im (erweiterten) Ereigniszeitraum. Kursreaktion ist die kumulierte, durchschnittliche Überrendite [Gleichung (G-32)] ermittelt nach dem Marktmodell [Gleichung (G-29)]. N = Anzahl der Ereignisse in der Untersuchungsgruppe. h bezeichnet den Testwert des Kruskal-Wallis-Tests, Pr. (h) die Wahrscheinlichkeit, daß dieser gleich null ist (bei der angegebenen Anzahl von Freiheitsgraden: df). Pr. (t/z) ist die Wahrscheinlichkeit, daß die Differenz zwischen beiden Gruppen gleich null ist (zweiseitige Fragestellung) nach dem t-Test (t) bzw. nach dem Mann-Whitney U-Test (z). r_{Sp} gibt den Rangkorrelationskoeffizienten nach Spearman zwischen der relativen Dividendenerhöhung und den in den Spaltenköpfen bezeichneten Größen an, Pr. (Sp) die Wahrscheinlichkeit, daß dieser gleich null ist (zweiseitige Fragestellung).

Ein Vergleich der Zusammenhänge zwischen Kursreaktion und relativer bzw. prozentualer Dividendenerhöhung zeigt, daß die relative Dividendenerhöhung erwartungsgemäß geringfügig besser die Kursreaktionen zu differenzieren vermag. Der Rangkorrelationskoeffizient ist bei Verwendung der relativen Dividendenerhöhung höher,

[322] Vgl. jeweils die dritte Spalte in Tabelle 52 und Tabelle 53.

[323] Vgl. jeweils die vierte und fünfte Spalte in Tabelle 52 und Tabelle 53.

ebenso die Differenzen (und die Signifikanzwerte) zwischen den aufgrund der Dividendenerhöhung gebildeten Gruppen.

Tabelle 53: Zusammenhang zwischen der Kursreaktion und der prozentualen Dividendenerhöhung bei Industrieunternehmen.

	Prozentuale Dividendenerhöhung (ΔD/D)	Relative Dividendenerhöhung (ΔD/P)	Kursreaktion in t_{-1} bis t_0	Kursreaktion in t_{-2} bis t_1	N
Gesamte Untersuchungsgruppe	22,671%	0,4726%	0,881%	0,881%	293
Korrelationskoeffizient (Spearman)		r_{Sp} 0,8521 Pr. (Sp) <0,1%	r_{Sp} 0,1761 Pr. (Sp) 0,2%	r_{Sp} 0,1909 Pr. (Sp) 0,1%	293
1. Quartil mit kleinsten prozentualen Dividendenerhöhungen (ΔD/D)	6,749%	0,1649%	0,236%	0,097%	72
2. Quartil	11,191%	0,2839%	0,880%	0,952%	58
3. Quartil	17,101%	0,4081%	0,927%	1,266%	84
4. Quartil mit größten prozentualen Dividendenerhöhungen (ΔD/D)	51,532%	0,9601%	1,419%	1,702%	79
Kruskal-Wallis-Test			h 6,68 Pr. (h) 8,3%	h 8,26 Pr. (h) 4,1%	293 df 3
Ereignisse mit kleinen prozentualen Dividendenerhöhungen (ΔD/D)	8,731%	0,2180%	0,523%	0,478%	130
Ereignisse mit großen prozentualen Dividendenerhöhungen (ΔD/D)	33,784%	0,6757%	1,166%	1,477%	163
Differenz zwischen großen und kleinen prozentualen Dividendenerhöhungen (ΔD/D)			Δ +0,642% Pr. (t) 5,5% Pr. (z) 1,8%	Δ +0,999% Pr. (t) 1,5% Pr. (z) 0,8%	

Für die bezeichneten Gruppen wird das arithmetische Mittel folgender Größen angegeben: prozentuale Dividendenerhöhung [Gleichung (G-39)], relative Dividendenerhöhung [Gleichung (G-40)] und Kursreaktion im (erweiterten) Ereigniszeitraum. Kursreaktion ist die kumulierte, durchschnittliche Überrendite [Gleichung (G-32)] ermittelt nach dem Marktmodell [Gleichung (G-29)]. N = Anzahl der Ereignisse in der Untersuchungsgruppe. h bezeichnet den Testwert des Kruskal-Wallis-Tests, Pr. (h) die Wahrscheinlichkeit, daß dieser gleich null ist (bei der angegebenen Anzahl von Freiheitsgraden: df). Pr. (t/z) ist die Wahrscheinlichkeit, daß die Differenz zwischen beiden Gruppen gleich null ist (zweiseitige Fragestellung) nach dem t-Test (t) bzw. nach dem Mann-Whitney U-Test (z). r_{Sp} gibt den Rangkorrelationskoeffizienten nach Spearman zwischen der prozentualen Dividendenerhöhung und den in den Spaltenköpfen bezeichneten Größen an, Pr. (Sp) die Wahrscheinlichkeit, daß dieser gleich null ist (zweiseitige Fragestellung).

Betrachtet man 75 Ankündigungen von Dividendenkürzungen bei Industrieunternehmen, so ergibt sich auch hier ein signifikanter Zusammenhang zwischen relativer und prozentualer Dividendenkürzung ($r_{Sp} = 0{,}8781$). Tabelle 54 und Tabelle 55 zeigen allerdings, daß sich zwischen der Kursreaktion und der relativen bzw. prozentualen Dividendenkürzung kein positiver Zusammenhang ergibt. Vielmehr scheint dieser Zusammenhang eher negativ zu sein. So ergeben sich negative Rangkorrelationskoeffizienten, und die Differenz zwischen den höchsten und niedrigsten Dividendenkürzungen ist negativ. Bei Betrachtung der relativen Dividendenkürzung ist diese Differenz im erweiterten Ereigniszeitraum sogar signifikant negativ auf dem 10%-Niveau.[324)] Allerdings zeigt die Einteilung in Quartile, daß die Kursreaktion in den Gruppen nicht monoton verläuft wie im Falle der Dividendenerhöhungen.

Offenbar hat somit die Höhe der Dividendenänderung keinen so großen Einfluß auf die Kursreaktion wie im Falle der Dividendenerhöhungen. Grund hierfür könnte sein, daß

---

324) Die Betrachtungen zu den Kursreaktionen im vorangegangen Abschnitt haben gezeigt, daß bei Dividendenkürzungen der erweiterte Ereigniszeitraum die Kursreaktion besser erfaßt.

Dividendenänderungen als Ausdruck einer schlechten Unternehmensentwicklung in verschiedenen Stadien einer Krise eine unterschiedliche Kursreaktion auslösen. Wenn die schlechte Lage des Unternehmens bereits bekannt ist, wird die negative Reaktion u.U. weniger stark ausfallen als in den Fällen, in denen die Dividendenkürzung in einem relativ frühen Stadium bekannt wird. Eine Operationalisierung dieses Gedankens besteht darin, die Unternehmen, bei denen bereits im Vorjahr eine Dividendenkürzung erfolgt ist, aus der Untersuchungsgruppe zu eliminieren. Von den hier betrachteten 75 Ereignissen betrifft dies allerdings nur acht Ereignisse. In der so bereinigten Gruppe ergibt sich weiterhin ein negativer Zusammenhang zwischen Dividendenkürzung und Kursreaktion.[325]

Tabelle 54: Zusammenhang zwischen der Kursreaktion und der relativen Dividendenkürzung bei Industrieunternehmen.

	Relative Dividendenkürzung ($\Delta D/P$)	Prozentuale Dividendenkürzung ($\Delta D/D$)	Kursreaktion in t_{-1} bis t_0	Kursreaktion in t_{-2} bis t_1	N
Gesamte Untersuchungsgruppe	-1,0906%	-28,187%	-1,325%	-1,661%	75
Korrelationskoeffizient (Spearman)		r_{Sp} 0,8781 **Pr. (Sp) <0,1%**	r_{Sp} -0,1117 Pr. (Sp) 34,0%	r_{Sp} -0,1834 Pr. (Sp) 11,5%	75
1. Quartil mit größten relativen Dividendenkürzungen ($\Delta D/P$)	-2,3661%	-46,644%	-1,026%	-0,738%	19
2. Quartil	-1,0480%	-33,646%	-0,398%	-0,650%	23
3. Quartil	-0,4911%	-15,450%	-2,588%	-2,722%	16
4. Quartil mit kleinsten relativen Dividendenkürzungen ($\Delta D/P$)	-0,2870%	-12,163%	-1,724%	-3,063%	17
Kruskal-Wallis-Test			h 3,86 Pr. (h) 27,7%	h 3,82 Pr. (h) 28,1%	75 df 3
Ereignisse mit großen relativen Dividendenkürzungen ($\Delta D/P$)	-1,6442%	-39,526%	-0,682%	-0,690%	42
Ereignisse mit kleinen relativen Dividendenkürzungen ($\Delta D/P$)	-0,3860%	-13,756%	-2,143%	-2,898%	33
Differenz zwischen kleinen und großen relativen Dividendenkürzungen ($\Delta D/P$)			Δ -1,461% **Pr. (t) 7,8%** Pr. (z) 11,2%	Δ -2,208% **Pr. (t) 5,8%** **Pr. (z) 6,3%**	

Für die bezeichneten Gruppen wird das arithmetische Mittel folgender Größen angegeben: relative Dividendenkürzung [Gleichung (G-40)], prozentuale Dividendenkürzung [Gleichung (G-39)] und Kursreaktion im (erweiterten) Ereigniszeitraum. Kursreaktion ist die kumulierte, durchschnittliche Überrendite [Gleichung (G-32)] ermittelt nach dem Marktmodell [Gleichung (G-29)]. N = Anzahl der Ereignisse in der Untersuchungsgruppe. h bezeichnet den Testwert des Kruskal-Wallis-Tests, Pr. (h) die Wahrscheinlichkeit, daß dieser gleich null ist (bei der angegebenen Anzahl von Freiheitsgraden: df). Pr. (t/z) ist die Wahrscheinlichkeit, daß die Differenz zwischen beiden Gruppen gleich null ist (zweiseitige Fragestellung) nach dem t-Test (t) bzw. nach dem Mann-Whitney U-Test (z). r_{Sp} gibt den Rangkorrelationskoeffizienten nach Spearman zwischen der relativen Dividendenkürzung und den in den Spaltenköpfen bezeichneten Größen an, Pr. (Sp) die Wahrscheinlichkeit, daß dieser gleich null ist (zweiseitige Fragestellung).

---

[325] Die Untersuchungsergebnisse werden hier nicht wiedergegeben, da sie sich im Grundsatz nicht von denen in Tabelle 54 und Tabelle 55 unterscheiden.

Tabelle 55: Zusammenhang zwischen der Kursreaktion und der prozentualen Dividendenkürzung bei Industrieunternehmen.

	Prozentuale Dividendenkürzung (ΔD/D)	Relative Dividendenkürzung (ΔD/P)	Kursreaktion in t_{-1} bis t_0	Kursreaktion in t_{-2} bis t_1	N
Gesamte Untersuchungsgruppe	-28,187%	-1,0906%	-1,325%	-1,661%	75
Korrelationskoeffizient (Spearman)		r_{Sp} 0,8781 Pr. (Sp) <0,1%	r_{Sp} -0,0887 Pr. (Sp) 44,9%	r_{Sp} -0,1120 Pr. (Sp) 33,9%	75
1. Quartil mit größten prozentualen Dividendenkürzungen (ΔD/D)	-49,962%	-2,0980%	-1,091%	-1,259%	21
2. Quartil	-29,436%	-1,0883%	-0,442%	-0,476%	22
3. Quartil	-16,809%	-0,5354%	-3,267%	-4,672%	15
4. Quartil mit kleinsten prozentualen Dividendenkürzungen (ΔD/D)	-9,713%	-0,3391%	-1,041%	-1,035%	17
Kruskal-Wallis-Test			h 3,28 Pr. (h) 35,0%	h 4,91 Pr. (h) 17,8%	75 df 3
Ereignisse mit großen prozentualen Dividendenkürzungen (ΔD/D)	-39,460%	-1,5814%	-0,759%	-0,859%	43
Ereignisse mit kleinen prozentualen Dividendenkürzungen (ΔD/D)	-13,039%	-0,4311%	-2,085%	-2,740%	32
Differenz zwischen kleinen und großen prozentualen Dividendenkürzungen (ΔD/D)			Δ -1,325% Pr. (t) 10,6% Pr. (z) 23,4%	Δ -1,881% Pr. (t) 10,9% Pr. (z) 14,2%	

Für die bezeichneten Gruppen wird das arithmetische Mittel folgender Größen angegeben: prozentuale Dividendenkürzung [Gleichung (G-39)], relative Dividendenkürzung [Gleichung (G-40)] und Kursreaktion im (erweiterten) Ereigniszeitraum. Kursreaktion ist die kumulierte, durchschnittliche Überrendite [Gleichung (G-32)] ermittelt nach dem Marktmodell [Gleichung (G-29)]. N = Anzahl der Ereignisse in der Untersuchungsgruppe. h bezeichnet den Testwert des Kruskal-Wallis-Tests, Pr. (h) die Wahrscheinlichkeit, daß dieser gleich null ist (bei der angegebenen Anzahl von Freiheitsgraden: df). Pr. (t/z) ist die Wahrscheinlichkeit, daß die Differenz zwischen beiden Gruppen gleich null ist (zweiseitige Fragestellung) nach dem t-Test (t) bzw. nach dem Mann-Whitney U-Test (z). r_{Sp} gibt den Rangkorrelationskoeffizienten nach Spearman zwischen der prozentualen Dividendenkürzung und den in den Spaltenköpfen bezeichneten Größen an, Pr. (Sp) die Wahrscheinlichkeit, daß dieser gleich null ist (zweiseitige Fragestellung).

Bei 43 Dividendenerhöhungen von Finanzunternehmen ergibt sich eine signifikant positive Rangkorrelation zwischen der relativen und der prozentualen Dividendenerhöhung, die mit $r_{Sp} = 0,5274$ aber deutlich unter der von Industrieunternehmen liegt. Tabelle 55 und Tabelle 56 zeigen einen positiven Zusammenhang zwischen der Kursreaktion und der Dividendenerhöhung, der sich allerdings in keinem Testverfahren als signifikant erweist.[326] Die Unterteilung in vier Quartile zeigt bei Betrachtung der relativen Dividendenerhöhung eine ansteigende Kursreaktion vom ersten bis zum dritten Quartil, im vierten Quartil setzt sich dieser positive Zusammenhang nicht fort. Auch wenn diese Durchschnittswerte bei Gruppengrößen von ca. zehn Ereignissen noch durch einzelne Ereignisse verzerrt sein können, so zeigt die Einteilung doch, wieso mit den anderen (auch nicht-parametrischen) Testverfahren keine signifikanten Zusammenhänge festgestellt werden können.

---

326) Im erweiterten Ereigniszeitraum ist der Zusammenhang bei Verwendung der prozentualen Dividendenerhöhung sogar insignifikant negativ, wenn man den Rangkorrelationskoeffizienten und die Unterteilung in zwei Gruppen betrachtet (vgl. Tabelle 56, fünfte Spalte).

Tabelle 56: Zusammenhang zwischen der Kursreaktion und der relativen Dividendenerhöhung bei Finanzunternehmen.

	Relative Dividendenerhöhung (ΔD/P)	Prozentuale Dividenerhöhung (ΔD/P)	Kursreaktion in t_{-1} bis t_0	Kursreaktion in t_{-2} bis t_{-1}	N
Gesamte Untersuchungsgruppe	0,3377%	18,261%	0,519%	0,690%	43
Korrelationskoeffizient (Spearman)		r_{Sp} 0,5274 Pr. (Sp) <0,1%	r_{Sp} 0,0310 Pr. (Sp) 84,3%	r_{Sp} 0,0035 Pr. (Sp) 98,2%	43
1. Quartil mit kleinsten relativen Dividendenerhöhungen (ΔD/P)	0,0945%	12,463%	0,146%	0,446%	10
2. Quartil	0,2078%	16,356%	0,691%	0,762%	12
3. Quartil	0,3477%	15,341%	1,025%	1,534%	11
4. Quartil mit größten relativen Dividendenerhöhungen (ΔD/P)	0,7256%	29,556%	0,127%	-0,080%	10
Kruskal-Wallis-Test			h 0,39 Pr. (h) 94,2%	h 1,24 Pr. (h) 74,4%	43 df 3
Ereignisse mit kleinen relativen Dividendenerhöhungen (ΔD/P)	0,1562%	14,587%	0,443%	0,618%	22
Ereignisse mit großen relativen Dividendenerhöhungen (ΔD/P)	0,5277%	22,110%	0,597%	0,765%	21
Differenz zwischen großen und kleinen relativen Dividendenerhöhungen (ΔD/P)			Δ +0,154% Pr. (t) 82,6% Pr. (z) 64,4%	Δ +0,147% Pr. (t) 88,6% Pr. (z) 48,1%	

Für die bezeichneten Gruppen wird das arithmetische Mittel folgender Größen angegeben: relative Dividendenerhöhung [Gleichung (G-40)], prozentuale Dividendenerhöhung [Gleichung (G-39)] und Kursreaktion im (erweiterten) Ereigniszeitraum. Kursreaktion ist die kumulierte, durchschnittliche Überrendite [Gleichung (G-32)] ermittelt nach dem Marktmodell [Gleichung (G-29)]. N = Anzahl der Ereignisse in der Untersuchungsgruppe. h bezeichnet den Testwert des Kruskal-Wallis-Tests, Pr. (h) die Wahrscheinlichkeit, daß dieser gleich null ist (bei der angegebenen Anzahl von Freiheitsgraden: df). Pr. (t/z) ist die Wahrscheinlichkeit, daß die Differenz zwischen beiden Gruppen gleich null ist (zweiseitige Fragestellung) nach dem t-Test (t) bzw. nach dem Mann-Whitney U-Test (z). r_{Sp} gibt den Rangkorrelationskoeffizienten nach Spearman zwischen der relativen Dividendenerhöhung und den in den Spaltenköpfen bezeichneten Größen an, Pr. (Sp) die Wahrscheinlichkeit, daß dieser gleich null ist (zweiseitige Fragestellung).

Tabelle 57: Zusammenhang zwischen der Kursreaktion und der prozentualen Dividendenerhöhung bei Finanzunternehmen.

	Prozentuale Dividenerhöhung (ΔD/P)	Relative Dividenerhöhung (ΔD/P)	Kursreaktion in t_{-1} bis t_0	Kursreaktion in t_{-2} bis t_{-1}	N
Gesamte Untersuchungsgruppe	18,261%	0,3377%	0,519%	0,690%	43
Korrelationskoeffizient (Spearman)		r_{Sp} 0,5274 Pr. (Sp) <0,1%	r_{Sp} 0,0656 Pr. (Sp) 67,6%	r_{Sp} -0,0610 Pr. (Sp) 69,8%	43
1. Quartil mit kleinsten prozentualen Dividendenerhöhungen (ΔD/D)	7,801%	0,1533%	0,541%	1,036%	10
2. Quartil	11,867%	0,2665%	0,157%	0,680%	11
3. Quartil	17,667%	0,3459%	0,821%	0,952%	10
4. Quartil mit größten prozentualen Dividendenerhöhungen (ΔD/D)	33,333%	0,5498%	0,579%	0,193%	12
Kruskal-Wallis-Test			h 0,49 Pr. (h) 92,0%	h 0,36 Pr. (h) 94,9%	43 df 3
Ereignisse mit kleinen prozentualen Dividendenerhöhungen (ΔD/D)	9,931%	0,2126%	0,340%	0,850%	21
Ereignisse mit großen prozentualen Dividendenerhöhungen (ΔD/D)	26,212%	0,4571%	0,690%	0,540%	22
Differenz zwischen großen und kleinen prozentualen Dividendenerhöhungen (ΔD/D)			Δ +0,350% Pr. (t) 61,4% Pr. (z) 66,2%	Δ -0,312% Pr. (t) 76,1% Pr. (z) 66,2%	

Für die bezeichneten Gruppen wird das arithmetische Mittel folgender Größen angegeben: prozentuale Dividendenerhöhung [Gleichung (G-39)], relative Dividendenerhöhung [Gleichung (G-40)] und Kursreaktion im (erweiterten) Ereigniszeitraum. Kursreaktion ist die kumulierte, durchschnittliche Überrendite [Gleichung (G-32)] ermittelt nach dem Marktmodell [Gleichung (G-29)]. N = Anzahl der Ereignisse in der Untersuchungsgruppe. h bezeichnet den Testwert des Kruskal-Wallis-Tests, Pr. (h) die Wahrscheinlichkeit, daß dieser gleich null ist (bei der angegebenen Anzahl von Freiheitsgraden: df). Pr. (t/z) ist die Wahrscheinlichkeit, daß die Differenz zwischen beiden Gruppen gleich null ist (zweiseitige Fragestellung) nach dem t-Test (t) bzw. nach dem Mann-Whitney U-Test (z). r_{Sp} gibt den Rangkorrelationskoeffizienten nach Spearman zwischen der prozentualen Dividendenerhöhung und den in den Spaltenköpfen bezeichneten Größen an, Pr. (Sp) die Wahrscheinlichkeit, daß dieser gleich null ist (zweiseitige Fragestellung).

Die Betrachtung des Zusammenhangs zwischen der Dividendenänderung und der Kursreaktion hat bei Industrie- und Finanzunternehmen einen positiven Zusammenhang zwischen beiden Größen ergeben. Als Bestätigung der oben aufgestellten Hypothese 1a) kann insbesondere der signifikante positive Zusammenhang bei Dividendenerhöhungen von Industrieunternehmen gewertet werden, der unabhängig von der Operationalisierung der Dividendenänderung ist. Bei Finanzunternehmen ist der Zusammenhang statistisch nicht signifikant. In dieser Untersuchungsgruppe fällt allerdings schon die Kursreaktion selbst nicht so stark aus wie bei Industrieunternehmen. Die Untersuchungsgruppe ist zudem deutlich kleiner als bei Industrieunternehmen.

Bei Dividendenkürzungen entspricht zwar die grundsätzliche Richtung der Kursreaktion der oben gebildeten Hypothese, dagegen läßt sich die weitergehende Hypothese eines positiven Zusammenhangs zwischen Kursreaktion und Dividendenänderung nicht bestätigen. Alle Testverfahren zeigen allenfalls einen insignifikant negativen Zusammenhang an. Aufgrund der geringen Gruppenstärke wird diese Analyse nicht für die Gruppe der Dividendenkürzungen bei Finanzunternehmen durchgeführt.

VI.3. Kursreaktion in Abhängigkeit vom Marktwert/Buchwert-Verhältnis des Unternehmens

Die Untersuchung des Marktwert/Buchwert-Verhältnisses wird trotz der definitorischen Probleme als Proxy für die Investitionsmöglichkeiten des Unternehmens verwendet. Diese Kennzahl ist daher mit der in den US-amerikanischen Untersuchungen verwendeten Kennzahl Tobins Q vergleichbar. In diese Untersuchung wird nur eine Teilgruppe der Industrieunternehmen einbezogen, für die Bilanzdaten vorliegen, um das Marktwert/Buchwert-Verhältnis berechnen zu können. Die Untersuchungsgruppe verringert sich daher auf 241 Dividendenerhöhungen und 53 Dividendenkürzungen.

Tabelle 58 zeigt zunächst die Korrelationen des Marktwert/Buchwert-Verhältnisses bei Dividendenerhöhungen von Industrieunternehmen mit den bisher betrachteten Kennzahlen der Dividendenänderung und der Unternehmensgröße. Das Marktwert/Buchwert-Verhältnis ist mit der Dividendenerhöhung negativ korreliert. Zwar fällt die durchschnittliche (relative oder prozentuale) Dividendenerhöhung bei Unterteilung der Untersuchungsgruppe nicht vollkommen monoton vom niedrigsten zum höchsten Marktwert/ Buchwert-Verhältnis, jedoch zeigen sowohl der Rangkorrelationskoeffizient als auch die Unterteilung in zwei Untergruppen einen auf dem 1%-Niveau signifikanten Zusammenhang mit beiden Variablen der Dividendenerhöhung. Dabei ist der Rangkorrelationskoeffizient r_{Sp} mit -0,5515 für die relative Dividendenerhöhung deutlich höher als für die prozentuale Dividendenerhöhung (r_{Sp} = -0,2475). Sofern das Marktwert/ Buchwert-Verhältnis etwas über die Investitionsmöglichkeiten des Unternehmens aussagt, wird man bei Unternehmen mit einem hohen Marktwert/Buchwert-Verhältnis, d.h. guten Investitionsmöglichkeiten, auch weniger starke Dividendenerhöhungen erwarten als bei Unternehmen mit schlechteren Investitionsmöglichkeiten, d.h. einem niedrigen Marktwert/Buchwert-Verhältnis.

Tabelle 58 zeigt dann den Zusammenhang zwischen der Kursreaktion im (erweiterten) Ereigniszeitraum und dem Marktwert/Buchwert-Verhältnis. Die Einteilung in vier Quartile ergibt eine mit der Höhe des Marktwert/Buchwert-Verhältnisses monoton fallende durchschnittliche Kursreaktion im (erweiterten) Ereigniszeitraum. Bei einer Unterteilung in nur zwei Gruppen ist die Kursreaktion bei Unternehmen mit einem niedrigeren Marktwert/Buchwert-Verhältnis ungefähr doppelt so starke wie bei Unternehmen mit einem hohen Marktwert/Buchwert-Verhältnis. Der Rangkorrelationskoeffizient r_{Sp} zwischen der Kursreaktion im (erweiterten) Ereigniszeitraum beträgt allerdings nur -0,0769 (-0,1023) und keines der angewendeten Testverfahren weist die Zusammenhänge als signifikant aus.

In US-amerikanischen Studien wird bei Betrachtung von Tobins Q die Untersuchungsgruppe nicht anhand ihres Medians unterteilt, sondern ein Trennwert von Q = 1,0 für die

Gruppeneinteilung verwendet. Der für diese Untersuchung als Gruppengrenze verwendete Median liegt mit Q = 1,312 bis Q = 2,340 z.T. deutlich über 1,0. Eine niedrigere Festlegung des Trennwertes würde dann zu einer signifikanteren Differenz zwischen den beiden Gruppen führen, wenn sich entweder die Differenz in den Kursreaktionen vergrößert oder die Varianz innerhalb der neu gebildeten Gruppen niedriger ist als bei der bisherigen Gruppeneinteilung. Die alternative Einteilung anhand der Grenze für das erste Quartil mit dem niedrigsten Marktwert/Buchwert-Verhältnis ergibt im Ereigniszeitraum bereits eine kleinere Differenz zwischen den so gebildeten Gruppen (Δ = -0,489 vs. -0,525). Sowohl im Ereigniszeitraum als auch im erweiterten Ereigniszeitraum ist die Differenz ebenfalls nicht signifikant und weist sogar niedrigere Signifikanzwerte auf als bei der in Tabelle 58 vorgenommenen Gruppeneinteilung anhand des (jährlichen) Medians.

Tabelle 58: Zusammenhang zwischen dem Marktwert/Buchwert-Verhältnis und der Kursreaktion auf Dividendenerhöhungen von Industrieunternehmen.

	Marktwert/Buchwert-Verhältnis	Relative Dividendenerhöhung (ΔD/P)	Prozentuale Dividendenerhöhung (ΔD/D)	Kursreaktion in t_1 bis t_0	Kursreaktion in t_2 bis t_1	N
Gesamte Untersuchungsgruppe	2,425	0,4509%	20,345%	0,712%	0,845%	241
Korrelationskoeffizient (Spearman)		r_{Sp} -0,5515 **Pr. (Sp) <0,1%**	r_{Sp} -0,2475 **Pr. (Sp) <0,1%**	r_{Sp} -0,0769 Pr. (Sp) 23,4%	r_{Sp} -0,1023 Pr. (Sp) 11,3%	241
1. Quartil mit niedrigstem Marktwert/Buchwert-Verhältnis	1,192	0,5878%	20,685%	1,120%	1,430%	40
2. Quartil	1,530	0,6425%	28,979%	0,952%	1,021%	60
3. Quartil	2,081	0,3789%	17,136%	0,676%	0,809%	75
4. Quartil mit höchstem Marktwert/Buchwert-Verhältnis	4,379	0,2755%	15,936%	0,287%	0,372%	66
Kruskal-Wallis Test				h 3,23 Pr. (h) 35,8%	h 1,83 Pr. (h) 60,9%	
Marktwert/Buchwert-Verhältnis niedrig	1,395	0,6206%	25,661%	1,019%	1,185%	100
Marktwert/Buchwert-Verhältnis hoch	3,156	0,3305%	16,574%	0,494%	0,604%	141
Differenz zwischen hohem und niedrigem Marktwert/Buchwert-Verhältnis		Δ -0,2901% **Pr. (t) <0,1%** **Pr. (z) <0,1%**	Δ -9,087 **Pr. (t) 0,1%** **Pr. (z) <0,1%**	Δ -0,525% Pr. (t) 10,9% Pr. (z) 12,4%	Δ -0,580% Pr. (t) 18,6% Pr. (z) 36,0%	

Für die bezeichneten Gruppen wird das arithmetische Mittel folgender Größen angegeben: Marktwert/Buchwert-Verhältnis, relative Dividendenerhöhung [Gleichung (G-40)], prozentuale Dividendenerhöhung [Gleichung (G-39)] und Kursreaktion im (erweiterten) Ereigniszeitraum. Kursreaktion ist die kumulierte, durchschnittliche Überrendite [Gleichung (G-32)] ermittelt nach dem Marktmodell [Gleichung (G-29)]. N = Anzahl der Ereignisse in der Untersuchungsgruppe. h bezeichnet den Testwert des Kruskal-Wallis-Tests, Pr. (h) die Wahrscheinlichkeit, daß dieser gleich null ist (bei der angegebenen Anzahl von Freiheitsgraden: df). Pr. (t/z) ist die Wahrscheinlichkeit, daß die Differenz zwischen beiden Gruppen gleich null ist (zweiseitige Fragestellung) nach dem t-Test (t) bzw. nach dem Mann-Whitney U-Test (z). r_{Sp} gibt den Rangkorrelationskoeffizienten nach Spearman zwischen dem Marktwert/Buchwert-Verhältnis und den in den Spaltenköpfen bezeichneten Größen an, Pr. (Sp) die Wahrscheinlichkeit, daß dieser gleich null ist (zweiseitige Fragestellung).

Tabelle 59 differenziert die Untersuchungsgruppe nach der Höhe der relativen Dividendenerhöhung und dem Marktwert/Buchwert-Verhältnis. Der negative Zusammenhang zwischen dem Marktwert/Buchwert-Verhältnis und der relativen Dividendenerhöhung ist gut an der Häufigkeit der Dividendenerhöhungen zu erkennen. So befinden sich beispielsweise in der Gruppe der Unternehmen mit niedrigem Marktwert/Buchwert-Verhältnis mehr Unternehmen mit hohen Dividendenerhöhungen (N = 68) als mit niedrigen Dividendenerhöhungen (N = 32). Eine positive Differenz zwischen großen und kleinen Dividendenerhöhungen bleibt unabhängig davon bestehen, ob man die Gruppe mit hohem oder niedrigem Marktwert betrachtet. Allerdings ist die Differenz nur noch im (erweiterten) Ereigniszeitraum nach dem t-Test bei einem hohen Marktwert/Buchwert-Verhältnis signifikant.[327)] Die Differenzen in den Kursreaktionen zwischen hohem und niedrigem Marktwert/Buchwert-Verhältnis bleiben auch bei Berücksichtigung der Höhe der relativen Dividendenankündigung negativ, sind aber in Tabelle 59 ebenfalls nicht signifikant. Bei Verwendung der prozentualen Dividendenerhöhung ist die bereits in Tabelle 59 hohe Differenz bei niedrigen Dividendenerhöhungen signifikant auf dem 10%-Niveau.[328)] Diese Differenz bleibt allerdings die einzige signifikante Differenz bei Dividendenankündigungen zwischen Ereignissen mit hohem und niedrigem Marktwert/Buchwert-Verhältnis.

Tabelle 59: Einfluß von Marktwert/Buchwert-Verhältnis und relativer Dividendenerhöhung auf die Kursreaktion bei Industrieunternehmen.

	Marktwert/Buchwert-Verhältnis niedrig		Marktwert/Buchwert-Verhältnis hoch		Differenz zwischen hohem und niedrigem Marktwert/Buchwert-Verhältnis
	Ø	N	Ø	N	
Kleine relative Dividendenerhöhung (ΔD/P)					
Kursreaktion in t_{-1} bis t_0	0,756%	32	0,197%	88	Δ -0,560% Pr. (t) 18,4% Pr. (z) 19,8%
Kursreaktion in t_{-2} bis t_1	0,712%	32	0,153%	88	Δ -0,559% Pr. (t) 39,1% Pr. (z) 67,4%
Große relative Dividendenerhöhung (ΔD/P)					
Kursreaktion in t_{-1} bis t_0	1,143%	68	0,988%	53	Δ -0,155% Pr. (t) 75,8% Pr. (z) 72,2%
Kursreaktion in t_{-2} bis t_1	1,407%	68	1,355%	53	Δ -0,053% Pr. (t) 93,7% Pr. (z) 88,4%
Differenz zwischen großen und kleinen relativen Dividendenerhöhungen (ΔD/P)					
Kursreaktion in t_{-1} bis t_0	Δ +0,386% Pr. (t) 46,1% Pr. (z) 66,3%		Δ +0,791% **Pr. (t) 4,3%** Pr. (z) 20,9%		
Kursreaktion in t_{-2} bis t_1	Δ +0,696% Pr. (t) 35,9% Pr. (z) 50,6%		Δ +1,202% **Pr. (t) 2,9%** Pr. (z) 14,9%		

Die Untersuchungsgruppe wird nach dem Marktwert/Buchwert-Verhältnis und der relativen Dividendenerhöhung [Gleichung (G-40)] differenziert. Kursreaktion ist die kumulierte, durchschnittliche Überrendite [Gleichung (G-32)] ermittelt nach dem Marktmodell [Gleichung (G-29)]. Pr. (t/z) ist die Wahrscheinlichkeit, daß die Differenz zwischen beiden Gruppen gleich null ist (zweiseitige Fragestellung) nach dem t-Test (t) bzw. nach dem Mann-Whitney U-Test (z). N = Anzahl der Ereignisse in der Untersuchungsgruppe.

---

327) Legt man der Gruppenbildung die prozentuale Dividendenerhöhung zugrunde, so ist diese Differenz auch nach dem Mann-Whitney U-Test signifikant, vgl. Tabelle 99 im Anhang.

328) Vgl. Tabelle 99 im Anhang.

Tabelle 60 untersucht den Zusammenhang zwischen dem Marktwert/Buchwert-Verhältnis und der Höhe der Dividendenänderung sowie der Unternehmensgröße bei 53 Dividendenkürzungen von Industrieunternehmen. Das Marktwert/Buchwert-Verhältnis ist bei Dividendenkürzungen positiv mit der Dividendenkürzung korreliert. Diese Korrelation ist nur für relative Dividendenkürzung signifikant auf dem 1%-Niveau. Während sich bei Dividendenerhöhungen ein negativem Zusammenhang ergibt, erhält man für Dividendenkürzungen einen positiven Zusammenhang. Unternehmen mit einem hohen Marktwert/Buchwert-Verhältnis (d.h. guten Investitionsmöglichkeiten) kürzen ihre Dividende weniger stark als solche mit einem niedrigen Marktwert/Buchwert-Verhältnis (d.h. schlechten Investitionsmöglichkeiten).

Tabelle 60: Zusammenhang zwischen dem Marktwert/Buchwert-Verhältnis und anderen erklärenden Variablen bei Dividendenkürzungen von Industrieunternehmen.

	Marktwert/ Buchwert-Verhältnis	Relative Dividendenkürzung ($\Delta D/P$)	Prozentuale Dividendenkürzung ($\Delta D/D$)	Kursreaktion in t_{-1} bis t_0	Kursreaktion in t_2 bis t_1	N
Gesamte Untersuchungsgruppe	1,575	-1,0291%	-25,791%	-1,363%	-1,506%	53
Korrelationskoeffizient (Spearman)		r_{Sp} +0,3903 Pr. (Sp) 0,4%	r_{Sp} +0,0832 Pr. (Sp) 55,3%	r_{Sp} -0,2486 Pr. (Sp) 7,3%	r_{Sp} -0,3811 Pr. (Sp) 0,5%	53
1. Quartil mit niedrigstem Marktwert/Buchwert-Verhältnis	0,876	-1,6028%	-29,777%	-0,546%	-0,243%	18
2. Quartil	1,490	-0,7401%	-24,415%	-0,340%	-0,272%	12
3. Quartil	1,912	-0,6854%	-21,350%	-1,669%	-2,148%	16
4. Quartil mit höchstem Marktwert/Buchwert-Verhältnis	2,750	-0,8346%	-28,051%	-4,519%	-5,400%	7
Kruskal-Wallis Test				h 10,36 Pr. (h) 1,6%	h 10,49 Pr. (h) 1,5%	df 3
Marktwert/Buchwert-Verhältnis niedrig	1,122	-1,2577%	-27,632%	-0,464%	-0,254%	30
Marktwert/Buchwert-Verhältnis hoch	2,167	-0,7308%	-23,389%	-2,536%	-3,138%	23
Differenz zwischen hohem und niedrigem Marktwert/Buchwert-Verhältnis		Δ +0,5269% Pr. (t) 2,4% Pr. (z) 3,7%	Δ +4,243% Pr. (t) 31,9% Pr. (z) 33,2%	Δ -2,073% Pr. (t) 2,3% Pr. (z) 1,0%	Δ -2,884% Pr. (t) 0,6% Pr. (z) 1,3%	

Angegeben wird für die bezeichneten Gruppen das arithmetische Mittel folgender Größen: Marktwert/Buchwert-Verhältnis, relative Dividendenkürzung [Gleichung (G-40)], prozentuale Dividendenkürzung [Gleichung (G-39)] und Kursreaktion im (erweiterten) Ereigniszeitraum. Kursreaktion ist die kumulierte, durchschnittliche Überrendite [Gleichung (G-32)] ermittelt nach dem Marktmodell [Gleichung (G-29)]. N = Anzahl der Ereignisse in der Untersuchungsgruppe. h bezeichnet den Testwert des Kruskal-Wallis-Tests, Pr. (h) die Wahrscheinlichkeit, daß dieser gleich null ist (bei der angegebenen Anzahl von Freiheitsgraden: df). Pr. (t/z) ist die Wahrscheinlichkeit, daß die Differenz zwischen beiden Gruppen gleich null ist (zweiseitige Fragestellung) nach dem t-Test (t) bzw. nach dem Mann-Whitney U-Test (z). r_{Sp} gibt den Rangkorrelationskoeffizienten nach Spearman zwischen dem Marktwert/Buchwert-Verhältnis und den in den Spaltenköpfen bezeichneten Größen an, Pr. (Sp) die Wahrscheinlichkeit, daß dieser gleich null ist (zweiseitige Fragestellung).

Tabelle 60 zeigt den Zusammenhang zwischen der Kursreaktion und dem Marktwert/Buchwert-Verhältnis bei 53 Dividendenkürzungen von Industrieunternehmen. Kursreaktion und Marktwert/Buchwert-Verhältnis sind negativ korreliert. Die Kursreaktion im erweiterten Ereigniszeitraum, durch den bei Dividendenkürzung die Kursreaktion besser erfaßt wird als im Ereigniszeitraum, sinkt monoton in den vier nach der Höhe des Marktwert/Buchwert-Verhältnisses gebildeten Quartilen. Die Differenzen zwischen diesen vier Gruppen sind nach dem Kruskal-Wallis-Test ebenso signifikant wie die Differenz bei einer Einteilung in zwei Gruppen. Der Rangkorrelationskoeffizient ist mit $r_{Sp} = -0,3811$ ebenfalls signifikant negativ.

Die Ergebnisse für den Ereigniszeitraum sind ebenfalls signifikant, wenn auch jeweils nicht auf einem ganz so hohen Signifikanzniveau wie im erweiterten Ereigniszeitraum.

Der Zusammenhang zwischen Marktwert/Buchwert-Verhältnis und Kursreaktion ist demnach bei Dividendenkürzungen negativ. Dies widerspricht jedoch den in Hypothese 2a) formulierten Erwartungen. Danach sollten Unternehmen mit einem hohen Marktwert/ Buchwert-Verhältnis bei einer Dividendenkürzung aufgrund ihrer guten Investitionsmöglichkeiten eine weniger stark negative Kursreaktion aufweisen anstatt der beobachteten stärker negativen Kursreaktion. Tabelle 61 zeigt weiter, daß der Einfluß des Marktwert/ Buchwert-Verhältnisses den Einfluß der Höhe der relativen Dividendenkürzung dominiert. Bei einer Differenzierung mit beiden Größen bleiben die Differenzen zwischen hohem und niedrigem Marktwert/Buchwert-Verhältnis signifikant negativ, die Differenz zwischen großen und kleinen relativen Dividendenkürzungen sind weiter insignifikant.[329)]

Tabelle 61: Einfluß von Marktwert/Buchwert-Verhältnis und relativer Dividendenkürzung auf die Kursreaktion bei Industrieunternehmen.

	Marktwert/Buchwert-Verhältnis niedrig		Marktwert/Buchwert-Verhältnis hoch		Differenz zwischen hohem und niedrigem Marktwert/ Buchwert-Verhältnis
	Ø	N	Ø	N	
Große relative Dividendenkürzung (ΔD/P)					
Kursreaktion in t_{-1} bis t_0	-0,616%	11	-2,338%	16	Δ -1,722% Pr. (z) 12,6%
Kursreaktion in t_{-2} bis t_1	-0,140%	11	-2,604%	16	Δ -2,465% Pr. (z) 7,6%
Kleine relative Dividendenkürzung (ΔD/P)					
Kursreaktion in t_{-1} bis t_0	-0,376%	19	-2,990%	7	Δ -2,614% Pr. (z) 6,0%
Kursreaktion in t_{-2} bis t_1	-0,321%	19	-4,357%	7	Δ -4,036% Pr. (z) 8,8%
Differenz zwischen großen und kleinen relativen Dividendenkürzungen (ΔD/P)					
Kursreaktion in t_{-1} bis t_0	Δ +0,240% Pr. (z) 91,4%		Δ -0,652% Pr. (z) 54,8%		
Kursreaktion in t_{-2} bis t_1	Δ -0,181% Pr. (z) 98,3%		Δ -1,752% Pr. (z) 54,8%		

Die Untersuchungsgruppe wird nach dem Marktwert/Buchwert-Verhältnis und der relativen Dividendenkürzung [Gleichung (G-40)] differenziert. Kursreaktion ist die kumulierte, durchschnittliche Überrendite [Gleichung (G-32)] ermittelt nach dem Marktmodell [Gleichung (G-29)]. N = Anzahl der Ereignisse in der Untersuchungsgruppe. Pr. (z) ist die Wahrscheinlichkeit nach dem Mann-Whitney U-Test, daß die Differenz zwischen beiden Gruppen gleich null ist (zweiseitige Fragestellung).

Das Marktwert/Buchwert-Verhältnis steht sowohl bei Dividendenerhöhungen als auch bei Dividendenkürzungen in einem negativen Zusammenhang mit der Kursreaktion bei der Dividendenankündigung. Dieser negative Zusammenhang besteht trotz einer negativen Korrelation mit der Höhe der Dividendenänderung. Der negative Zusammenhang entspricht bei Dividendenerhöhungen den in Hypothese 2a) formulierten Erwartungen. Der

---

329) Das gleiche Ergebnis erhält man bei Verwendung der prozentualen Dividendenkürzung, vgl. Tabelle 100 im Anhang.

Zusammenhang ist allerdings nicht signifikant. Bei Dividendenkürzungen wird man einen positiven Zusammenhang erwarten, so daß die hier beobachteten signifikant negativen Zusammenhänge nicht die Erwartungen in Hypothese 2a) erfüllen.

VI.4. Kursreaktion in Abhängigkeit von der Dividendenrendite des Unternehmens

In diesem Abschnitt soll der Zusammenhang zwischen der Kursreaktion bei Dividendenankündigungen und der Dividendenrendite vor der Ankündigung überprüft werden. In Tabelle 62 wird zunächst der Zusammenhang zwischen der Dividendenrendite und anderen erklärenden Variablen dargestellt, deren Zusammenhang mit der Kursreaktion bei Dividendenerhöhungen von Industrieunternehmen bereits untersucht wurde. Danach ergibt sich eine positive Korrelation zwischen der Dividendenrendite und der relativen Dividendenerhöhung, die bei Betrachtung des Rangkorrelationskoeffizienten und des Mann-Whitney U-Tests in der Gruppenbildung jeweils signifikant auf dem 1%-Niveau ist. Die Korrelation der Dividendenrendite mit dem Marktwert/Buchwert-Verhältnis des Unternehmens Signifikant ist ebenfalls signifikant negativ. Auffällig ist der im Gegensatz zur relativen Dividendenerhöhung signifikant negative Zusammenhang der prozentualen Dividendenerhöhung mit der Dividendenrendite. Hieran wird die Problematik der Betrachtung der prozentualen Dividendenerhöhung deutlich, wenn das Unternehmen im Vorjahr eine niedrige Dividende gezahlt hat. In diesem Fall erhält man eine hohe prozentuale Dividendenerhöhung, während die Dividendenrendite im Vorjahr niedrig gewesen ist. Damit läßt sich die beobachtete negative Korrelation der Dividendenrendite mit der prozentualen Dividendenänderung erklären.

Tabelle 62: Zusammenhang zwischen der Dividendenrendite und anderen erklärenden Variablen bei Dividendenerhöhungen von Industrieunternehmen.

	Dividendenrendite	Relative Dividendenerhöhung (ΔD/P)	Prozentuale Dividendenerhöhung (ΔD/D)	N	Marktwert/Buchwert-Verhältnis	N
Untersuchungsgruppe	2,3200%	0,4726%	22,671%	293	2,425	241
Korrelationskoeffizient (Spearman)		r_{Sp} 0,2962 Pr. (Sp) <0,1%	r_{Sp} -0,1866 Pr. (Sp) 0,1%	293	r_{BP} -0,5689 Pr. (Sp) 0,1%	241
1. Quartil mit niedrigster Dividendenrendite	1,5593%	0,5136%	34,000%	97	3,531	80
2. Quartil	2,1677%	0,3890%	17,836%	78	2,161	61
3. Quartil	2,7615%	0,4892%	17,709%	83	1,814	67
4. Quartil mit höchster Dividendenrendite	3,7209%	0,5061%	13,812%	35	1,475	33
Niedrige Dividendenrendite	1,8304%	0,4580%	26,796%	175	2,938	141
Hohe Dividendenrendite	3,0460%	0,4942%	16,553%	118	1,702	100
Differenz zwischen hoher und niedriger Dividendenrendite		Δ +0,036% Pr. (t) 46,9% Pr. (z) 0,3%	Δ -10,243% Pr. (t) <0,1% Pr. (z) 1,1%		Δ -1,236 Pr. (t) <0,1 Pr. (z) <0,1	

Angegeben wird für die bezeichneten Gruppen das arithmetische Mittel folgender Größen: Dividendenrendite [Gleichung (G-41)], relative Dividendenerhöhung [Gleichung (G-40)], prozentuale Dividendenerhöhung [Gleichung (G-39)] und Marktwert/Buchwert-Verhältnis. N = Anzahl der Ereignisse in der Untersuchungsgruppe. Pr. (t/z) ist die Wahrscheinlichkeit, daß die Differenz zwischen beiden Gruppen gleich null ist (zweiseitige Fragestellung) nach dem t-Test (t) bzw. nach dem Mann-Whitney U-Test (z). r_{Sp} gibt den Rangkorrelationskoeffizienten nach Spearman zwischen der Dividendenrendite und den in den Spaltenköpfen bezeichneten Größen an, Pr. (Sp) die Wahrscheinlichkeit, daß dieser gleich null ist (zweiseitige Fragestellung).

Tabelle 63 gibt den Zusammenhang zwischen der Kursreaktion und der Dividendenrendite vor der Ankündigung bei 293 Dividendenerhöhungen von Industrieunternehmen wieder. Ein systematischer Zusammenhang der Dividendenrendite zur Kursreaktion läßt sich dabei nicht feststellen. Verdeutlicht wird dies an den Kursreaktionen in den vier nach der Höhe der Dividendenrendite gebildeten Quartilen. Hier ist kein systematisches Verhalten der Kursreaktion im (erweiterten) Ereigniszeitraum beobachtbar. Keines der verwendeten Testverfahren weist daher einen signifikanten Zusammenhang aus.

Tabelle 63: Zusammenhang zwischen der Kursreaktion und der Dividendenrendite bei Dividendenerhöhungen von Industrieunternehmen.

	Kursreaktion in t_{-1} bis t_0		Kursreaktion in t_{-2} bis t_1		N
Gesamte Untersuchungsgruppe	0,881%		1,034%		293
Korrelationskoeffizient (Spearman)	r_{Sp} Pr. (Sp)	-0,0353 54,7%	r_{Sp} Pr. (Sp)	-0,0057 92,2%	293
1. Quartil mit niedrigster Dividendenrendite	0,866%		1,238%		97
2. Quartil	1,036%		1,045%		78
3. Quartil	0,636%		0,672%		83
4. Quartil mit höchster Dividendenrendite	1,158%		1,304%		35
Kruskal-Wallis-Test	h Pr. (h)	1,83 60,9%	h Pr. (h)	3,42 33,2%	df:3
Ereignisse mit niedriger Dividendenrendite	0,942%		1,152%		175
Ereignisse mit hoher Dividendenrendite	0,790%		0,859%		118
Differenz zwischen hoher und niedriger Dividendenrendite	Δ Pr. (t) Pr. (z)	-0,151% 66,5% 18,3%	Δ Pr. (t) Pr. (z)	-0,293% 48,4% 26,8%	

Angegeben wird die Kursreaktion im (erweiterten) Ereigniszeitraum, die nach der Höhe der Dividendenrendite [Gleichung (G-41)] differenziert wird. Kursreaktion ist die kumulierte, durchschnittliche Überrendite [Gleichung (G-32)] ermittelt nach dem Marktmodell [Gleichung (G-29)]. N = Anzahl der Ereignisse in der Untersuchungsgruppe. h bezeichnet den Testwert des Kruskal-Wallis-Tests, Pr. (h) die Wahrscheinlichkeit, daß dieser gleich null ist (bei der angegebenen Anzahl von Freiheitsgraden: df). Pr. (t/z) ist die Wahrscheinlichkeit, daß die Differenz zwischen beiden Gruppen gleich null ist (zweiseitige Fragestellung) nach dem t-Test (t) bzw. nach dem Mann-Whitney U-Test (z). r_{Sp} gibt den Rangkorrelationskoeffizienten nach Spearman zwischen der Dividendenrendite und der Kursreaktion an, Pr. (Sp) die Wahrscheinlichkeit, daß dieser gleich null ist (zweiseitige Fragestellung).

Tabelle 64 differenziert die Untersuchungsgruppe weiter nach der Dividendenrendite und der relativen Dividendenänderung. Dabei zeigt sich zunächst, daß ein signifikant positiver Unterschied zwischen der Kursreaktion von Unternehmen mit einer großen und kleinen Dividendenerhöhung unabhängig von der Höhe der Dividendenrendite bestehen bleibt. Bei kleinen relativen Dividendenerhöhungen ergibt sich nun sogar eine signifikant negative Differenz der Kursreaktion im (erweiterten) Ereigniszeitraum zwischen Unternehmen mit hoher und niedriger Dividendenrendite. Bei hohen relativen Dividendenerhöhungen ist der Unterschied weiter nicht signifikant.

Tabelle 64: Einfluß von Dividendenrendite und relativer Dividendenerhöhung auf die Kursreaktion von Industrieunternehmen.

	Ereignisse mit niedriger Dividendenrendite		Ereignisse mit hoher Dividendenrendite		Differenz zwischen hoher und niedriger Dividendenrendite
	Ø	N	Ø	N	
Kleine relative Dividendenerhöhung (ΔD/P)					
Kursreaktion in t_{-1} bis t_0	0,638%	97	-0,160%	45	Δ -0,798% Pr. (t) 1,7% Pr. (z) 5,5%
Kursreaktion in t_{-2} bis t_1	0,695%	97	-0,288%	45	Δ -0,983% Pr. (t) 2,8% Pr. (z) 3,4%
Große relative Dividendenerhöhung (ΔD/P)					
Kursreaktion in t_{-1} bis t_0	1,320%	78	1,377%	73	Δ +0,057% Pr. (t) 91,7% Pr. (z) 50,8%
Kursreaktion in t_{-2} bis t_1	1,720%	78	1,567%	73	Δ -0,153% Pr. (t) 81,1% Pr. (z) 74,6%
Differenz zwischen großen und kleinen relativen Dividendenerhöhungen (ΔD/P)					
Kursreaktion in t_{-1} bis t_0	Δ +0,682% Pr. (t) 10,7% Pr. (z) 15,1%		Δ +1,537% Pr. (t) 0,2% Pr. (z) 2,1%		
Kursreaktion in t_{-2} bis t_1	Δ +1,025% Pr. (t) 7,3% Pr. (z) 18,1%		Δ +1,855% Pr. (t) 0,1% Pr. (z) 0,4%		

Die Untersuchungsgruppe wird nach der Dividendenrendite [Gleichung (G-41)] und der relativen Dividendenerhöhung [Gleichung (G-40)] differenziert. Kursreaktion ist die kumulierte, durchschnittliche Überrendite [Gleichung (G-32)] ermittelt nach dem Marktmodell [Gleichung (G-29)]. N = Anzahl der Ereignisse in der Untersuchungsgruppe. Pr. (t/z) ist die Wahrscheinlichkeit, daß die Differenz zwischen beiden Gruppen gleich null ist (zweiseitige Fragestellung) nach dem t-Test (t) bzw. nach dem Mann-Whitney U-Test (z).

Tabelle 65 stellt die Zusammenhänge zwischen der Dividendenrendite und der Dividendenänderung sowie dem Marktwert/Buchwert-Verhältnis bei 75 bzw. 53 Dividendenkürzungen dar. Dabei ergibt sich für Dividendenkürzungen eine negative Korrelation zwischen der Dividendenrendite und der Höhe der Dividendenkürzung. Je höher die Dividendenrendite des Unternehmens vor der Ankündigung der Dividendenkürzung gewesen ist, desto höher fällt demnach die Dividendenkürzung aus. Dabei ist die Korrelation der Dividendenrendite mit der relativen Dividendenkürzung mit $r_{Sp} = -0{,}6354$ stärker als mit der prozentualen Dividendenkürzung mit $r_{Sp} = -0{,}2236$. Bei beiden Größen ist der Rangkorrelationskoeffizient signifikant, bei einer Einteilung in zwei Gruppen ist auch die Differenz der relativen Dividendenkürzung zwischen Unternehmen mit hoher und niedriger Dividendenrendite signifikant. Wie auch bei Dividendenerhöhungen läßt sich eine signifikant negative Korrelation der Dividendenrendite mit dem Marktwert/Buchwert-Verhältnis nachweisen.

Tabelle 65: Zusammenhang zwischen der Dividendenrendite und anderen erklärenden Variablen bei Dividendenkürzungen von Industrieunternehmen.

	Dividenden-rendite	Relative Dividen-denkürzung ($\Delta D/P$)	Prozentuale Dividen-denkürzung ($\Delta D/D$)	N	Marktwert/Buch-wert-Verhältnis	N
Untersuchungsgruppe	3,6460%	-1,0906%	-28,187%	75	1,575	53
Korrelationskoeffizient (Spearman)		r_{Sp} -0,6354 Pr. (Sp) <0,1%	r_{Sp} -0,2236 Pr. (Sp) 5,4%	75	r_{Sp} -0,6981 Pr. (Sp) <0,1%	53
1. Quartil mit niedrigster Dividendenrendite	1,7749%	-0,3750%	-21,768%	10	1,993	6
2. Quartil	2,6597%	-0,6522%	-25,928%	8	1,837	5
3. Quartil	3,0612%	-0,8319%	-28,211%	17	1,956	13
4. Quartil mit höchster Dividendenrendite	4,5596%	-1,4672%	-30,234%	40	1,273	29
Niedrige Dividendenrendite	2,168%	-0,4982%	-23,617%	18	1,922	11
Hohe Dividendenrendite	4,113%	-1,2777%	-29,630%	57	1,485	42
Differenz zwischen hoher und niedriger Dividendenrendite		Δ -0,7795% Pr. (z) <0,1%	Δ -6,013% Pr. (z) 15,8%		Δ -0,438 Pr. (z) 4,6%	

Angegeben wird für die bezeichneten Gruppen das arithmetische Mittel folgender Größen: Dividendenrendite [Gleichung (G-41)], relative Dividendenkürzung [Gleichung (G-40)], prozentuale Dividendenkürzung [Gleichung (G-39)] und Marktwert/Buchwert-Verhältnis. N = Anzahl der Ereignisse in der Untersuchungsgruppe. Pr. (z) ist die Wahrscheinlichkeit nach dem Mann-Whitney U-Test, daß die Differenz zwischen beiden Gruppen gleich null ist (zweiseitige Fragestellung). r_{Sp} gibt den Rangkorrelationskoeffizienten nach Spearman zwischen der Dividendenrendite und den in den Spaltenköpfen bezeichneten Größen an, Pr. (Sp) die Wahrscheinlichkeit, daß dieser gleich null ist (zweiseitige Fragestellung).

Tabelle 66 zeigt den Zusammenhang zwischen der Kursreaktion bei der Ankündigung von Dividendenkürzungen und der Dividendenrendite. Unternehmen mit einer hohen Dividendenrendite vor der Dividendenankündigung weisen demnach eine weniger stark negative Kursreaktion auf als Unternehmen mit einer niedrigeren Dividendenrendite. In den vier nach der Höhe der Dividendenrendite gebildeten Quartilen steigt die durchschnittliche Kursreaktion im erweiterten Ereigniszeitraum mit der Höhe der Dividendenrendite monoton an. Der Rangkorrelationskoeffizient weist diesen positiven Zusammenhang als signifikant auf dem 5%-Niveau aus. Bei der Bildung von zwei bzw. vier Gruppen werden zwar auch positive Differenzen ausgewiesen, die allerdings nach dem Mann-Whitney U-Test bzw. Kruskal-Wallis-Test nicht signifikant sind. Im Ereigniszeitraum ergibt sich ebenfalls ein positiver Zusammenhang, der hier aber von keinem der angewendeten Testverfahren als signifikant ausgewiesen wird.

Tabelle 66: Zusammenhang zwischen der Kursreaktion und der Dividendenrendite bei Dividendenkürzungen von Industrieunternehmen.

	Kursreaktion in t_{-1} bis t_0	Kursreaktion in t_{-2} bis t_1	N
Gesamte Untersuchungsgruppe	-1,325%	-1,661%	75
Korrelationskoeffizient (Spearman)	r_{Sp} +0,1492 Pr. (Sp) 20,1%	r_{Sp} +0,2671 **Pr. (Sp) 2,1%**	75
1. Quartil mit niedrigster Dividendenrendite	-1,872%	-3,869%	10
2. Quartil	-2,655%	-3,517%	8
3. Quartil	-1,897%	-1,771%	17
4. Quartil mit höchster Dividendenrendite	-0,679%	-0,691%	40
Kruskal-Wallis-Test	h 2,23 Pr. (h) 52,6%	h 2,85 Pr. (h) 41,6%	df: 3
Ereignisse mit niedriger Dividendenrendite	-2,220%	-3,713%	18
Ereignisse mit hoher Dividendenrendite	-1,042%	-1,013%	57
Differenz zwischen hoher und niedriger Dividendenrendite	Δ +1,178% Pr. (z) 42,7%	Δ +2,700% Pr. (z) 17,6%	

Angegeben wird die Kursreaktion im (erweiterten) Ereigniszeitraum, die nach der Höhe der Dividendenrendite [Gleichung (G-41)] differenziert wird. Kursreaktion ist die kumulierte, durchschnittliche Überrendite [Gleichung (G-32)] ermittelt nach dem Marktmodell [Gleichung (G-29)]. N = Anzahl der Ereignisse in der Untersuchungsgruppe. h bezeichnet den Testwert des Kruskal-Wallis-Tests, Pr. (h) die Wahrscheinlichkeit, daß dieser gleich null ist (bei der angegebenen Anzahl von Freiheitsgraden: df). Pr. (z) ist die Wahrscheinlichkeit nach dem Mann-Whitney U-Test, daß die Differenz zwischen beiden Gruppen gleich null ist (zweiseitige Fragestellung). r_{Sp} gibt den Rangkorrelationskoeffizienten nach Spearman zwischen der Dividendenrendite und der Kursreaktion an, Pr. (Sp) die Wahrscheinlichkeit, daß dieser gleich null ist (zweiseitige Fragestellung).

Tabelle 67 nimmt eine Differenzierung der Untersuchungsgruppe nach der Höhe Dividendenrendite und der relativen Dividendenkürzung vor. Die Gruppe der Ereignisse mit niedriger Dividendenrendite und großer relativer Dividendenkürzung ist dabei nur noch mit fünf Ereignissen besetzt, so daß mit dieser Gruppe keine Signifikanztests berechnet werden. Die Tabelle zeigt, daß weiterhin eine negative Differenz zwischen Ereignissen mit einer kleinen und großen relativen Dividendenkürzung besteht, die bei Ereignissen mit einer hohen Dividendenrendite im erweiterten Ereigniszeitraum signifikant auf dem 10%-Niveau (Mann-Whitney U-Test) ist. Im erweiterten Ereigniszeitraum ergeben sich deutlich positive Differenzen zwischen Unternehmen mit hoher und niedriger Dividendenrendite, die allerdings bei kleinen relativen Dividendenkürzungen nicht signifikant sind.

Tabelle 67: Einfluß von Dividendenrendite und relativer Dividendenkürzung auf die Kursreaktion von Industrieunternehmen.

	Ereignisse mit niedriger Dividendenrendite		Ereignisse mit hoher Dividendenrendite		Differenz zwischen hoher und niedriger Dividendenrendite
	Ø	N	Ø	N	
Große relative Dividendenkürzung (ΔD/P)					
Kursreaktion in t_{-1} bis t_0	-0,993%	5	-0,640%	37	Δ +0,293%
Kursreaktion in t_{-2} bis t_1	-2,472%	5	-0,449%	37	Δ +2,023%
Kleine relative Dividendenkürzung (ΔD/P)					
Kursreaktion in t_{-1} bis t_0	-2,692%	13	-1,786%	20	Δ +0,906% Pr. (z) 91,2%
Kursreaktion in t_{-2} bis t_1	-4,190%	13	-2,057%	20	Δ +2,133% Pr. (z) 60,6%
Differenz zwischen kleinen und großen relativen Dividendenkürzungen (ΔD/P)					
Kursreaktion in t_{-1} bis t_0	Δ -1,699%		Δ -1,146% Pr. (t) 18,4% Pr. (z) 16,0%		
Kursreaktion in t_{-2} bis t_1	Δ -1,718%		Δ -1,609% Pr. (t) 13,9% Pr. (z) 9,8%		

Die Untersuchungsgruppe wird nach der Dividendenrendite [Gleichung (G-41)] und der relativen Dividendenkürzung [Gleichung (G-40)] differenziert. Kursreaktion ist die kumulierte, durchschnittliche Überrendite [Gleichung (G-32)] ermittelt nach dem Marktmodell [Gleichung (G-29)]. N = Anzahl der Ereignisse in der Untersuchungsgruppe. Pr. (t/z) ist die Wahrscheinlichkeit, daß die Differenz zwischen beiden Gruppen gleich null ist (zweiseitige Fragestellung) nach dem t-Test (t) bzw. nach dem Mann-Whitney U-Test (z).

In der Gruppe der Dividendenkürzungen ergibt sich für das Marktwert/Buchwert-Verhältnis ein signifikant negativer Einfluß auf die Kursreaktion ergeben. Tabelle 68 überprüft, ob dieser negative Zusammenhang auch bei Beachtung der bestehenden Korrelation zur Dividendenrendite des Unternehmens bestehen bleibt. Die Untersuchungsgruppe wird daher nach dem Marktwert/Buchwert-Verhältnis und der Dividendenrendite differenziert. Auch hier werden die Gruppen mit Ereignissen mit niedriger Dividendenrendite so klein, daß keine Signifikanztests mehr ausgewiesen werden. Bei Ereignissen mit hoher Dividendenrendite bleibt eine signifikant negative Differenz zwischen Ereignissen mit hohem und niedrigem Marktwert/Buchwert-Verhältnis, wie sie bereits im vorherigen Abschnitt festgestellt wurde, bestehen. Für die Dividendenrendite läßt sich kein systematischer Zusammenhang zur Kursreaktion herstellen.

Tabelle 68: Einfluß von Dividendenrendite und Marktwert/Buchwert-Verhältnis auf die Kursreaktion bei Dividendenkürzungen von Industrieunternehmen.

	Ereignisse mit niedriger Dividendenrendite		Ereignisse mit hoher Dividendenrendite		Differenz zwischen hoher und niedriger Dividendenrendite
	Ø	N	Ø	N	
Niedriges Marktwert/Buchwert-Verhältnis					
Kursreaktion in t_{-1} bis t_0	-1,081%	3	-0,395%	27	Δ +0,686%
Kursreaktion in t_{-2} bis t_1	-0,162%	3	-0,265%	27	Δ -0,103%
Hohes Marktwert/Buchwert-Verhältnis					
Kursreaktion in t_{-1} bis t_0	-2,359%	8	-2,631%	15	Δ -0,272% Pr. (z) 74,7%
Kursreaktion in t_{-2} bis t_1	-3,588%	8	-2,898%	15	Δ +0,690% Pr. (z) 74,7%
Differenz zwischen hohem und niedrigem Marktwert/Buchwert-Verhältnis					
Kursreaktion in t_{-1} bis t_0	Δ -1,278%		Δ -2,236% Pr. (z) 0,8%		
Kursreaktion in t_{-2} bis t_1	Δ -3,426%		Δ -2,633 Pr. (z) 3,7%		

Die Untersuchungsgruppe wird nach der Dividendenrendite [Gleichung (G-41)] und dem Marktwert/Buchwert-Verhältnis differenziert. Kursreaktion ist die kumulierte, durchschnittliche Überrendite [Gleichung (G-32)] ermittelt nach dem Marktmodell [Gleichung (G-29)]. Pr. (z) ist die Wahrscheinlichkeit nach dem Mann-Whitney U-Test, daß die Differenz zwischen beiden Gruppen gleich null ist (zweiseitige Fragestellung).

Schließlich stellt Tabelle 69 den Zusammenhang zwischen der Dividendenrendite und der Kursreaktionen bei 43 Dividendenerhöhungen von Finanzunternehmen dar. Zunächst ergibt sich bei Finanzunternehmen ein positiver Zusammenhang zwischen der relativen Dividendenerhöhung und der Dividendenrendite. Nach den angewendeten Testverfahren ist dieser Zusammenhang signifikant auf dem 1%-Niveau.

Mit der Kursreaktion im Ereigniszeitraum ergibt sich bei Finanzunternehmen wie bei Industrieunternehmen ein negativer Zusammenhang. Dieser ist allerdings nicht signifikant. Im erweiterten Ereigniszeitraum weisen Rangkorrelationskoeffizient und Gruppenbildung eine unterschiedlich Richtung des Zusammenhangs aus. Die Testverfahren ergeben ebenfalls keine signifikanten Zusammenhänge.

Tabelle 69: Zusammenhang zwischen der Dividendenrendite und der Kursreaktionen bei Dividendenerhöhungen von Finanzunternehmen.

	Dividenden-rendite	Relative Dividenden-erhöhung (ΔD/P)	Prozentuale Dividen-denerhöhung (ΔD/D)	Kursreaktion in t_1 bis t_0	Kursreaktion in t_2 bis t_1	N
Gesamte Untersuchungsgruppe	1,9845%	0,3377%	18,261%	0,519%	0,690%	43
Korrelationskoeffizient (Spearman)		r_{Sp} +0,6280 Pr. (Sp) <0,1%	r_{Sp} +0,2508 Pr. (Sp) 10,5%	r_{Sp} -0,0028 Pr. (Sp) 98,6%	r_{Sp} 0,0657 Pr. (Sp) 67,6%	43
Ereignisse mit niedriger Dividendenrendite	1,0862%	0,1672%	17,333%	0,657	0,938	20
Ereignisse mit hoher Dividendenrendite	2,7656%	0,4859%	19,067%	0,398	0,474	23
Differenz zwischen hoher und niedriger Dividendenrendite		Δ +0,3187% Pr. (t) <0,1% Pr. (z) <0,1%	Δ +1,734% Pr. (t) 60,0% Pr. (z) 76,0%	Δ -0,259% Pr. (t) 72,4% Pr. (z) 80,8%	Δ -0,464% Pr. (t) 66,8% Pr. (z) 73,3%	

Angegeben wird für die bezeichneten Gruppen das arithmetische Mittel folgender Größen: Dividendenrendite [Gleichung (G-41)], relative Dividendenerhöhung [Gleichung (G-40)], prozentuale Dividendenerhöhung [Gleichung (G-39)] und Kursreaktion im (erweiterten) Ereigniszeitraum. Kursreaktion ist die kumulierte, durchschnittliche Überrendite [Gleichung (G-32)] ermittelt nach dem Marktmodell [Gleichung (G-29)]. N = Anzahl der Ereignisse in der Untersuchungsgruppe. Pr. (t/z) ist die Wahrscheinlichkeit, daß die Differenz zwischen beiden Gruppen gleich null ist (zweiseitige Fragestellung) nach dem t-Test (t) bzw. nach dem Mann-Whitney U-Test (z). r_{Sp} gibt den Rangkorrelationskoeffizienten nach Spearman an, Pr. (Sp) die Wahrscheinlichkeit, daß dieser gleich null ist (zweiseitige Fragestellung).

Bei Industrieunternehmen ist die Dividendenrendite sowohl bei Ankündigungen von Dividendenerhöhungen als auch von Dividendenkürzung signifikant negativ mit dem Marktwert/Buchwert-Verhältnis korreliert. Unternehmen mit guten Investitionsmöglichkeiten (d.h. einem hohen Marktwert/Buchwert-Verhältnis) schütten also weniger aus als Unternehmen mit schlechteren Investitionsmöglichkeiten. Die negative Korrelation dieser beider Größen entspricht somit theoretischen Erwartungen.

Ein signifikanter Zusammenhang zwischen der Dividendenrendite und der Kursreaktion auf die Ankündigung von Dividendenerhöhungen konnte allerdings weder für Industrie- noch für Finanzunternehmen festgestellt werden. Entgegen der in Hypothese 3) formulierten Erwartungen ist der Zusammenhang eher negativ als positiv. Die Ergebnisse bei Dividendenkürzungen durch Industrieunternehmen entsprechen ebenfalls nicht den in Hypothese 3) formulierten Erwartungen. Bei Dividendenkürzungen tritt eine positive Korrelation zwischen der Dividendenrendite und der Kursreaktion im (erweiterten) Untersuchungszeitraum auf. Diese ist im erweiterten Untersuchungszeitraum nach dem Rangkorrelationskoeffizienten sogar signifikant.

VI.5. Kursreaktion in Abhängigkeit von der Größe des Unternehmens

In diesem Abschnitt soll die Abhängigkeit der Kursreaktion von der Größe des Unternehmens untersucht werden. Die Unterscheidung zwischen großen und kleinen Unternehmen wird dabei als Versuch verstanden werden, Unternehmen, über die viel Informationen am Markt verfügbar ist, von solchen zu unterscheiden, über die weniger Informationen verfügbar sind.

In Tabelle 70 wird zunächst den Zusammenhang zwischen der Unternehmensgröße und den bisher untersuchten erklärenden Variablen für die Kursreaktion bei der Ankündigung von Dividendenerhöhungen durch Industrieunternehmen überprüft. Dabei ist der Zusammenhang sowohl zwischen der relativen und der prozentualen Dividendenerhöhung mit der Unternehmensgröße bei Betrachtung des Rangkorrelationskoeffizienten signifikant negativ auf dem 5%-Niveau. Bei Unterscheidung in große und kleine Unternehmen ergeben sich signifikante Unterschiede nach dem Mann-Whitney U-Test. Nach dem t-Test sind die Unterschiede hier allerdings nicht signifikant.

Tabelle 70: Zusammenhang zwischen der Unternehmensgröße und anderen erklärenden Variablen bei Dividendenerhöhungen durch Industrieunternehmen.

	Unternehmensgröße	Relative Dividendenerhöhung (ΔD/P)	Prozentuale Dividendenerhöhung (ΔD/D)	Dividendenrendite	N	Marktwert/Buchwert-Verhältnis	N
Untersuchungsgruppe	14,761	0,4726%	22,671%	2,3200%	293	2,425	241
Korrelationskoeffizient (Spearman)		r_{Sp} -0,1232 **Pr. (Sp) 3,5%**	r_{Sp} -0,1377 **Pr. (Sp) 1,8%**	r_{Sp} -0,0133 Pr. (Sp) 82,1%	293	r_{Sp} +0,0211 Pr. (Sp) 74,5%	241
1. Quartil mit kleinsten Unternehmen	13,171	0,5841%	26,411%	2,4803%	80	1,858	61
2. Quartil	14,319	0,4196%	22,071%	2,2808%	74	2,161	58
3. Quartil	15,287	0,3941%	20,913%	2,0097%	77	3,373	65
4. Quartil mit größten Unternehmen	16,686	0,4894%	20,742%	2,5455%	62	2,220	57
Ereignisse kleiner Unternehmen	13,723	0,5051%	24,326%	2,3844%	154	2,006	119
Ereignisse großer Unternehmen	15,911	0,4366%	20,837%	2,2486%	139	2,834	122
Differenz zwischen großen und kleinen Unternehmen		Δ +0,068% Pr. (t) 18,9% **Pr. (z) 2,9%**	Δ +3,489% Pr. (t) 24,1% **Pr. (z) 9,3%**	Δ -0,1358% Pr. (t) 19,4% Pr. (z) 17,8%		Δ +0,829 **Pr. (t) 1,5%** **Pr. (z) 8,4%**	

Für die bezeichneten Gruppen wird das arithmetische Mittel folgender Größen angegeben: Unternehmensgröße, relative Dividendenerhöhung [Gleichung (G-40)], prozentuale Dividendenerhöhung [Gleichung (G-39)], Dividendenrendite [Gleichung (G-41)] und Marktwert/Buchwert-Verhältnis. Unternehmensgröße ist der logarithmierte, standardisierte Marktwert des Eigenkapitals. N = Anzahl der Ereignisse in der Untersuchungsgruppe. Pr. (t/z) ist die Wahrscheinlichkeit, daß die Differenz zwischen beiden Gruppen gleich null ist (zweiseitige Fragestellung) nach dem t-Test (t) bzw. nach dem Mann-Whitney U-Test (z). r_{Sp} gibt den Rangkorrelationskoeffizienten nach Spearman zwischen der Unternehmensgröße und den in den Spaltenköpfen bezeichneten Größen an, Pr. (Sp) die Wahrscheinlichkeit, daß dieser gleich null ist (zweiseitige Fragestellung).

Rangkorrelationskoeffizient und Gruppenbildung liefern unterschiedliche Aussagen zum Zusammenhang zwischen Marktwert/Buchwert-Verhältnis und Unternehmensgröße. Während der Rangkorrelationskoeffizient nicht signifikant ist und mit $r_{Sp} = 0{,}0211$ nahe bei null liegt, ergibt sich bei einer Unterteilung in zwei Gruppen ein signifikanter Unterschied zwischen großen und kleinen Unternehmen. Bei der Interpretation der Teststatistiken ist jedoch die Konstruktion der Gruppen zu beachten. Die Gruppeneinteilung nach der Unternehmensgröße ist nicht anhand eines einheitlichen Trennwertes erfolgt, sondern mit jährlich variablen Trennwerten. Rangkorrelationskoeffizient und Gruppenbildung können daher bei schwankenden Marktwerten im Untersuchungszeitraum unterschiedliche Aussagen liefern. In diesem Fall wird man aus denselben Überlegungen, mit der die angewendete Gruppeneinteilung begründet wird, eher auf die Ergebnisse der Gruppenbildung zurückgreifen. Bei einer Unterteilung in vier Quartile zeigt sich jedoch, daß trotz signifikanter Unterschiede bei Unterteilung in zwei Gruppen kein monotoner Anstieg des Marktwert/Buchwert-Verhältnisses innerhalb dieser vier Quartile zu beobachten ist.

Tabelle 71 zeigt, daß zwischen der Kursreaktion und der Unternehmensgröße ein negativer Zusammenhang besteht. Das Quartil mit den kleinsten Unternehmen weist eine stärker positive Kursreaktion im (erweiterten) Untersuchungszeitraum auf als das Quartil mit den größten Unternehmen. Die durchschnittliche Kursreaktion in den gebildeten Quartilen fällt dabei monoton. Die Differenzen zwischen den Gruppen sind nach dem Kruskal-Wallis-Test im erweiterten Ereigniszeitraum signifikant. Eine signifikant kleinere Kursreaktion läßt sich ebenso bei der Unterteilung der Untersuchungsgruppe in zwei Gruppen mit den jeweils kleinsten und größten Unternehmen mit dem t-Test bzw. dem Mann-Whitney U-Test nachweisen. Die signifikant negativen Rangkorrelationskoeffizienten nach Spearman liegen im (erweiterten) Ereigniszeitraum bei $r_{Sp} = -0,1360$ ($r_{SP} = -0,1746$).

Tabelle 71: Zusammenhang zwischen der Kursreaktion bei Dividendenerhöhungen und der Unternehmensgröße bei Industrieunternehmen.

	Kursreaktion in t_{-1} bis t_0	Kursreaktion in t_{-2} bis t_1	N
Untersuchungsgruppe	0,881%	1,034%	293
Korrelationskoeffizient (Spearman)	r_{Sp} -0,1360 Pr. (Sp) 2,0%	r_{Sp} -0,1746 Pr. (Sp) 0,3%	293
1. Quartil mit kleinsten Unternehmen	1,207%	1,909%	80
2. Quartil	1,222%	1,529%	74
3. Quartil	0,681%	0,340%	77
4. Quartil mit größten Unternehmen	0,301%	0,175%	62
Kruskal-Wallis-Test	h 5,05 Pr. (h) 16,8%	h 10,69 Pr. (h) 1,4%	df 3
Ereignisse kleiner Unternehmen	1,214%	1,727%	154
Ereignisse großer Unternehmen	0,511%	0,266%	139
Differenz zwischen großen und kleinen Unternehmen	Δ -0,703% Pr. (t) 3,2% Pr. (z) 6,9%	Δ -1,460% Pr. (t) <0,1% Pr. (z) 0,2%	

Angegeben wird die Kursreaktion im (erweiterten) Ereigniszeitraum, die nach der Unternehmensgröße (Marktwert des Eigenkapitals) differenziert wird. Kursreaktion ist die kumulierte, durchschnittliche Überrendite [Gleichung (G-32)] ermittelt nach dem Marktmodell [Gleichung (G-29)]. N = Anzahl der Ereignisse in der Untersuchungsgruppe. h bezeichnet den Testwert des Kruskal-Wallis-Tests, Pr. (h) die Wahrscheinlichkeit, daß dieser gleich null ist (bei der angegebenen Anzahl von Freiheitsgraden: df). Pr. (t/z) ist die Wahrscheinlichkeit, daß die Differenz zwischen beiden Gruppen gleich null ist (zweiseitige Fragestellung) nach dem t-Test (t) bzw. nach dem Mann-Whitney U-Test (z). r_{Sp} gibt den Rangkorrelationskoeffizienten nach Spearman zwischen der Dividendenrendite und der Kursreaktion an, Pr. (Sp) die Wahrscheinlichkeit, daß dieser gleich null ist (zweiseitige Fragestellung).

Die Unternehmensgröße ist bei Dividendenerhöhungen sowohl mit der Dividendenerhöhung als auch mit der Kursreaktion negativ korreliert. Es stellt sich daher die Frage, ob der positive Zusammenhang zwischen der Dividendenerhöhung und der Kursreaktion bei Beachtung der Unternehmensgröße erhalten bleibt. Untersucht werden soll daher, ob der Unterschied in der Kursreaktion zwischen großen und kleinen Dividendenerhöhungen erhalten bleibt, wenn man die Größe des Unternehmens in die Betrachtung einbezieht. Tabelle 72 nimmt diese Differenzierung vor und untersucht gleichzeitig, ob ein Größeneffekt nachweisbar bleibt, wenn man die Größe der Dividendenerhöhung mitbetrachtet. Die Untersuchung wird anhand der relativen Dividendenerhöhung durchgeführt, für deren Verwendung sowohl theoretische Gesichtspunkte als auch der stärkere Zusammenhang mit der Kursreaktion sprechen.[330] Tabelle 103 im Anhang gibt die Ergebnisse der Untersuchung auf Basis der prozentualen Dividendenerhöhung wieder.

Tabelle 72: Einfluß von Unternehmensgröße und relativer Dividendenerhöhung auf die Kursreaktion bei Industrieunternehmen.

	Ereignisse kleiner Unternehmen		Ereignisse großer Unternehmen		Differenz zwischen großen und kleinen Unternehmen
	Ø	N	Ø	N	
Kleine relative Dividendenerhöhung (ΔD/P)					
Kursreaktion in t_{-1} bis t_0	0,569%	69	0,211%	73	Δ -0,358% Pr. (t) 32,5% Pr. (z) 77,7%
Kursreaktion in t_{-2} bis t_1	0,802%	69	-0,013%	73	Δ -0,815% Pr. (t) 11,2% Pr. (z) 24,9%
Große relative Dividendenerhöhung (ΔD/P)					
Kursreaktion in t_{-1} bis t_0	1,738%	85	0,844%	66	Δ -0,894% Pr. (t) 8,6% Pr. (z) 8,4%
Kursreaktion in t_{-2} bis t_1	2,477%	85	0,575%	66	Δ -1,902% Pr. (t) 0,2% Pr. (z) 0,5%
Differenz zwischen großen und kleinen relativen Dividendenerhöhungen (ΔD/P)					
Kursreaktion in t_{-1} bis t_0	Δ +1,169% Pr. (t) 2,4% Pr. (z) 3,2%		Δ +0,633% Pr. (t) 9,2% Pr. (z) 50,0%		
Kursreaktion in t_{-2} bis t_1	Δ +1,675% Pr. (t) 1,1% Pr. (z) 1,4%		Δ +0,588% Pr. (t) 19,1% Pr. (z) 54,6%		

Die Untersuchungsgruppe wird nach der Unternehmensgröße (Marktwert des Eigenkapitals) und der relativen Dividendenerhöhung [Gleichung (G-40)] differenziert. Kursreaktion ist die kumulierte, durchschnittliche Überrendite [Gleichung (G-32)] ermittelt nach dem Marktmodell [Gleichung (G-29)]. N = Anzahl der Ereignisse in der Untersuchungsgruppe. Pr. (t/z) ist die Wahrscheinlichkeit, daß die Differenz zwischen beiden Gruppen gleich null ist (zweiseitige Fragestellung) nach dem t-Test (t) bzw. nach dem Mann-Whitney U-Test (z).

330) Vgl. Tabelle 52 und Tabelle 53.

Betrachtet man in Tabelle 72 zunächst die Häufigkeiten der Dividendenerhöhungen, so erkennt man, daß in der Gruppe der kleinen Unternehmen mehr große (N=85) als kleine (N=69) Dividendenerhöhungen anzutreffen sind. Unter den kleinen Dividendenerhöhungen befinden sich mehr große (N=73) als kleine (N=69) Unternehmen. Bei der oben beschriebenen negativen Korrelation zwischen der Unternehmensgröße und der relativen Dividendenerhöhung ist diese Verteilung zu erwarten.

Die stärksten Kursreaktionen ergeben sich in der Gruppe der großen relativen Dividendenerhöhungen bei kleinen Unternehmen, die niedrigsten Kursreaktionen bei den kleinen Dividendenerhöhungen großer Unternehmen. Die Differenzen in den Kursreaktionen im (erweiterten) Ereigniszeitraum zwischen kleinen und großen Dividendenerhöhungen sind sowohl bei kleinen als auch bei großen Unternehmen positiv, bei kleinen Unternehmen ist die Differenz größer und sowohl nach dem t-Test als auch nach dem Mann-Whitney U-Test auf dem 5%-Niveau signifikant. Unabhängig von der Größe des Unternehmens bleibt also ein positiver Zusammenhang zwischen der Höhe der relativen Dividendenerhöhung und der Kursreaktion bestehen.

Ein Einfluß der Unternehmensgröße auf die Kursreaktion bleibt ebenfalls bestehen. So ist die Differenz in den Kursreaktionen im (erweiterten) Ereigniszeitraum zwischen kleinen und großen Unternehmen sowohl bei kleinen als auch bei großen Dividendenerhöhungen negativ. Sie ist bei großen Dividendenerhöhungen höher und hier auch signifikant. Auch bei Betrachtung der prozentualen Dividendenerhöhung bleiben die Untersuchungsergebnisse, die mit der relativen Dividendenerhöhung erzielt werden, grundsätzlich erhalten.[331)]

Tabelle 73 differenziert die Untersuchungsgruppe nach dem Marktwert/Buchwert-Verhältnis und der Unternehmensgröße. Bis auf die Kursreaktion im Ereigniszeitraum sind alle Differenzen zwischen großen und kleinen Unternehmen unabhängig von der Höhe des Marktwert/Buchwert-Verhältnisses signifikant negativ. Der negative Einfluß der Unternehmensgröße bleibt also auch bei Beachtung des Zusammenhangs zwischen Marktwert/Buchwert-Verhältnis und Unternehmensgröße bestehen. Dagegen läßt sich kein systematischer Einfluß des Marktwert/Buchwert-Verhältnisses unabhängig von der Unternehmensgröße nachweisen. Innerhalb der Gruppe der kleinen Unternehmen weisen Unternehmen mit einem hohen Marktwert/Buchwert-Verhältnis eine niedrigere Kursreaktion auf, in der Gruppe der großen Unternehmen eine höhere Kursreaktion. Die Differenzen sind mit Ausnahme der Kursreaktion im Ereigniszeitraum bei kleinen Unternehmen nach dem Mann-Whitney U-Test nicht signifikant.

---

331) Vgl. Tabelle 103 im Anhang.

Tabelle 73: Einfluß von Unternehmensgröße und Marktwert/ Buchwert-Verhältnis auf die Kursreaktion bei Dividendenerhöhungen durch Industrieunternehmen.

	Ereignisse kleiner Unternehmen		Ereignisse großer Unternehmen		Differenz zwischen großen und kleinen Unternehmen
	Ø	N	Ø	N	
Niedriges Marktwert/Buchwert-Verhältnis					
Kursreaktion in t_{-1} bis t_0	1,586%	55	0,326%	45	Δ -1,261% Pr. (t) 1,6% Pr. (z) 0,8%
Kursreaktion in t_{-2} bis t_{-1}	2,029%	55	0,153%	45	Δ -1,875% Pr. (t) 0,6% Pr. (z) 0,8%
Hohes Marktwert/Buchwert-Verhältnis					
Kursreaktion in t_{-1} bis t_0	1,007%	99	0,600%	94	Δ -0,407% Pr. (t) 32,8% Pr. (z) 88,7%
Kursreaktion in t_{-2} bis t_{-1}	1,559%	99	0,321%	94	Δ -1,239% Pr. (t) 1,3% Pr. (z) 5,3%
Differenz zwischen hohem und niedrigem Marktwert/Buchwert-Verhältnis					
Kursreaktion in t_{-1} bis t_0	Δ -0,579% Pr. (t) 29,6% Pr. (z) 3,2%		Δ 0,274% Pr. (t) 45,3% Pr. (z) 31,8%		
Kursreaktion in t_{-2} bis t_{-1}	Δ -0,469% Pr. (t) 51,4% Pr. (z) 30,6%		Δ 0,167% Pr. (t) 69,5% Pr. (z) 66,2%		

Die Untersuchungsgruppe wird nach der Unternehmensgröße (Marktwert des Eigenkapitals) und dem Marktwert/Buchwert-Verhältnis differenziert. Kursreaktion ist die kumulierte, durchschnittliche Überrendite [Gleichung (G-32)] ermittelt nach dem Marktmodell [Gleichung (G-29)]. N = Anzahl der Ereignisse in der Untersuchungsgruppe. Pr. (t/z) ist die Wahrscheinlichkeit, daß die Differenz zwischen beiden Gruppen gleich null ist (zweiseitige Fragestellung) nach dem t-Test (t) bzw. nach dem Mann-Whitney U-Test (z).

Tabelle 74 zeigt die Zusammenhänge zwischen der Unternehmensgröße und den bisher untersuchten erklärenden Variablen für die Kursreaktion bei Industrieunternehmen mit Dividendenkürzungen. Der Zusammenhang der Unternehmensgröße mit der (relativen und prozentualen) Dividendenkürzung ist hier positiv. Allerdings ist dieser Zusammenhang nur sehr gering und weder bei der Gruppenbildung noch bei der Messung mit Hilfe des Rangkorrelationskoeffizienten signifikant. Ebenfalls nicht signifikant ist der im Gegensatz zu Dividendenerhöhungen negative Zusammenhang zwischen dem Marktwert/Buchwert-Verhältnis und der Größe des Unternehmens. Der Zusammenhang zwischen der Dividendenrendite und der Unternehmensgröße kehrt sich somit bei Dividendenkürzungen gegenüber Dividendenerhöhungen um. Er ist bei Dividendenkürzungen positiv, wie bei Dividendenerhöhungen aber insignifikant.

Tabelle 74: Zusammenhang zwischen der Unternehmensgröße und anderen erklärenden Variablen bei Dividendenkürzungen durch Industrieunternehmen.

	Unternehmens-größe	Relative Dividen-denkürzung (ΔD/P)	Prozentuale Dividen-denkürzung (ΔD/D)	Dividenden-rendite	N	Marktwert/Buch-wert-Verhältnis	N
Gesamte Untersuchungsgruppe	14,636	-1,0906%	-28,187%	3,6460%	75	1,575	53
Korrelationskoeffizient (Spearman)		r_{Sp} +0,0868 Pr. (Sp) 45,9%	r_{Sp} +0,1532 Pr. (Sp) 19,0%	r_{Sp} +0,0861 Pr. (Sp) 46,3%	75	r_{Sp} -0,1578 Pr. (Sp) 25,9%	53
1. Quartil mit kleinsten Unternehmen	13,014	-1,2662%	-31,585%	3,9393%	21	1,483	15
2. Quartil	14,516	-0,9884%	-28,669%	3,1503%	26	1,864	16
3. Quartil	15,202	-0,9200%	-23,690%	3,6620%	14	1,682	9
4. Quartil mit größten Unternehmen	16,727	-1,1878%	-26,693%	4,1107%	14	1,252	13
Ereignisse kleiner Unternehmen	13,845	-1,1125%	-29,972%	3,5028%	47	1,680	31
Ereignisse großer Unternehmen	15,964	-1,0539%	-25,191%	3,8864%	28	1,428	22
Differenz zwischen großen und kleinen Unternehmen		Δ +0,0586% Pr. (t) 78,4% Pr. (z) 76,7%	Δ +4,781% Pr. (t) 21,5% Pr. (z) 19,0%	Δ +0,3835% Pr. (t) 24,6% Pr. (z) 12,9%		Δ -0,252 Pr. (t) 22,8% Pr. (z) 14,9%	

Für die bezeichneten Gruppen wird das arithmetische Mittel folgender Größen angegeben: Unternehmensgröße (logarithmierter, standardisierter Marktwert des Eigenkapitals), relative Dividendenkürzung [Gleichung (G-40)], prozentuale Dividendenkürzung [Gleichung (G-39)], Dividendenrendite [Gleichung (G-41)] und Marktwert/Buchwert-Verhältnis. Kursreaktion ist die kumulierte, durchschnittliche Überrendite [Gleichung (G-32)] ermittelt nach dem Marktmodell [Gleichung (G-29)]. N = Anzahl der Ereignisse in der Untersuchungsgruppe. Wegen der geringen Gruppengrößen wird hier auf die Angabe des Kruskal-Wallis-Tests verzichtet. Pr. (t/z) ist die Wahrscheinlichkeit, daß die Differenz zwischen beiden Gruppen gleich null ist (zweiseitige Fragestellung) nach dem t-Test (t) bzw. nach dem Mann-Whitney U-Test (z). r_{Sp} gibt den Rangkorrelationskoeffizienten nach Spearman zwischen der Unternehmensgröße und den in den Spaltenköpfen bezeichneten Größen an, Pr. (Sp) die Wahrscheinlichkeit, daß dieser gleich null ist (zweiseitige Fragestellung).

Der Zusammenhang der Unternehmensgröße mit der Kursreaktion in Tabelle 75 ist positiv mit einem Rangkorrelationskoeffizient, der nahe bei Null liegt und insignifikant ist. Die Unterteilung der Untersuchungsgruppe in vier Quartile nach der Unternehmensgröße zeigt, daß die Kursreaktion keineswegs monoton mit der Größe des Unternehmens ansteigt. Deshalb dürfte die einzige nach dem t-Test als signifikant ausgewiesene Differenz der Kursreaktion zwischen großen und kleinen Unternehmen im Ereigniszeitraum nicht die tatsächlichen Verhältnisse in der Untersuchungsgruppe widerspiegeln.[332)]

[332)] Auf die Anwendungsprobleme des t-Test bei kleinen Gruppen wurde in Abschnitt V.3.3. hingewiesen, außerdem hat Abschnitt VI.1.1. ergeben, daß die Betrachtung des erweiterten Ereigniszeitraums die Kursreaktion auf Dividendenkürzungen besser erfaßt als die Verwendung des Ereigniszeitraums.

Tabelle 75: Zusammenhang zwischen der Kursreaktion bei Dividendenkürzungen und der Unternehmensgröße bei Industrieunternehmen.

	Kursreaktion in t_{-1} bis t_0	Kursreaktion in t_{-2} bis t_{-1}	N
Gesamte Untersuchungsgruppe	-1,325%	-1,661%	75
Korrelationskoeffizient (Spearman)	r_{Sp} +0,0137 Pr. (Sp) 90,7%	r_{Sp} +0,0060 Pr. (Sp) 95,9%	
1. Quartil mit kleinsten Unternehmen	-0,253%	0,134%	21
2. Quartil	-3,169%	-3,648%	26
3. Quartil	-0,481%	-1,960%	14
4. Quartil mit größten Unternehmen	-0,351%	-0,364%	14
Ereignisse kleiner Unternehmen	-1,866%	-1,958%	47
Ereignisse großer Unternehmen	-0,416%	-1,162%	28
Differenz zwischen großen und kleinen Unternehmen	Δ +1,450% Pr. (t) 6,1% Pr. (z) 15,8%	Δ +0,796% Pr. (t) 44,4% Pr. (z) 57,6%	

Angegeben wird die Kursreaktion im (erweiterten) Ereigniszeitraum, die nach der Unternehmensgröße (Marktwert des Eigenkapitals) differenziert wird. Kursreaktion ist die kumulierte, durchschnittliche Überrendite [Gleichung (G-32)] ermittelt nach dem Marktmodell [Gleichung (G-29)]. N = Anzahl der Ereignisse in der Untersuchungsgruppe. h bezeichnet den Testwert des Kruskal-Wallis-Tests, Pr. (h) die Wahrscheinlichkeit, daß dieser gleich null ist (bei der angegebenen Anzahl von Freiheitsgraden: df). Pr. (t/z) ist die Wahrscheinlichkeit, daß die Differenz zwischen beiden Gruppen gleich null ist (zweiseitige Fragestellung) nach dem t-Test (t) bzw. nach dem Mann-Whitney U-Test (z). r_{Sp} gibt den Rangkorrelationskoeffizienten nach Spearman zwischen der Unternehmensgröße (logarithmierter, standardisierter Marktwert des Eigenkapitals) und der Kursreaktion an, Pr. (Sp) die Wahrscheinlichkeit, daß dieser gleich null ist (zweiseitige Fragestellung).

Die für Dividendenkürzungen ebenfalls vorgenommene Differenzierung nach der Unternehmensgröße und Höhe der Dividendenkürzung in Tabelle 76 zeigt, daß der Einfluß der Unternehmensgröße bei Beachtung der Höhe der relativen Dividendenkürzung insignifikant bleibt. Tabelle 104 im Anhang zeigt gleiche Untersuchungsergebnisse bei Verwendung der prozentualen Dividendenkürzung.

Weiter ergibt sich wieder ein negativer Zusammenhang zwischen der relativen Dividendenkürzung und der Kursreaktion, wie er bereits in Abschnitt VI.2. festgestellt wurde. Bei dieser weitergehenden Differenzierung ist diese Differenz bei Betrachtung der relativen Dividendenkürzung nicht signifikant. Tabelle 104 im Anhang weist bei Verwendung der prozentualen Dividendenkürzung sogar eine signifikant negative Differenz bei großen Unternehmen auf.

Tabelle 76: Einfluß von Unternehmensgröße und relativer Dividendenkürzung auf die Kursreaktion bei Industrieunternehmen.

	Ereignisse kleiner Unternehmen		Ereignisse großer Unternehmen		Differenz zwischen großen und kleinen Unternehmen
	Ø	N	Ø	N	
Große relative Dividendenkürzung (ΔD/P)					
Kursreaktion in t_{-1} bis t_0	-1,158%	27	0,175%	15	Δ +1,332% Pr. (z) 28,8%
Kursreaktion in t_{-2} bis t_1	-0,915%	27	-0,284%	15	Δ +0,631% Pr. (z) 74,3%
Kleine relative Dividendenkürzung (ΔD/P)					
Kursreaktion in t_{-1} bis t_0	-2,822%	20	-1,098%	13	Δ +1,724% Pr. (z) 33,8%
Kursreaktion in t_{-2} bis t_1	-3,367%	20	-2,176%	13	Δ +1,191% Pr. (z) 68,5%
Differenz zwischen kleinen und großen relativen Dividendenkürzungen (ΔD/P)					
Kursreaktion in t_{-1} bis t_0	Δ -1,664% Pr. (t) 15,7% Pr. (z) 22,0%		Δ -1,273% Pr. (z) 22,2%		
Kursreaktion in t_{-2} bis t_1	Δ -2,452% Pr. (t) 16,0% Pr. (z) 19,7%		Δ -1,892% Pr. (z) 12,3%		

Die Untersuchungsgruppe wird nach der Unternehmensgröße (Marktwert des Eigenkapitals) und der relativen Dividendenkürzung [Gleichung (G-40)] differenziert. Kursreaktion ist die kumulierte, durchschnittliche Überrendite [Gleichung (G-32)] ermittelt nach dem Marktmodell [Gleichung (G-29)]. N = Anzahl der Ereignisse in der Untersuchungsgruppe. Pr. (t/z) ist die Wahrscheinlichkeit, daß die Differenz zwischen beiden Gruppen gleich null ist (zweiseitige Fragestellung) nach dem t-Test (t) bzw. nach dem Mann-Whitney U-Test (z).

Tabelle 77 gibt die Zusammenhänge für die Ankündigung von 43 Dividendenerhöhungen bei Finanzunternehmen wieder. In dieser Untersuchungsgruppe ergibt sich ein positiver Zusammenhang zwischen der Unternehmensgröße und der Höhe der Dividendenerhöhung. Bei einer Gruppenbildung ist der Unterschied zwischen den Kursreaktionen kleiner und großer Unternehmen nach dem Mann-Whitney U-Test auf dem 10%-Niveau signifikant. Bei einer Rangkorrelationsanalyse ist der Zusammenhang mit der prozentualen Dividendenerhöhung auf dem 10%-Niveau signifikant. In der Untersuchungsgruppe ergibt sich auch ein positiver Zusammenhang zwischen der Unternehmensgröße und der Dividendenrendite, die mit einem Rangkorrelationskoeffizienten von $r_{Sp} = 0{,}2037$ auf dem 10%-Niveau signifikant ist. Bei Industrieunternehmen wurde dagegen ein insignifikant negativer Zusammenhang beobachtet.

Tabelle 77: Zusammenhang zwischen der Kursreaktion bei Dividendenerhöhungen und der Unternehmensgröße bei Finanzunternehmen.

	Unternehmensgröße	Relative Dividendenerhöhung (ΔD/P)	Prozentuale Dividendenerhöhung (ΔD/D)	Dividendenrendite	N
Gesamte Untersuchungsgruppe	15,982	0,3377%	18,2608%	1,9845%	43
Korrelationskoeffizient (Spearman)		r_{Sp} +0,1090 Pr. (Sp) 48,6%	r_{Sp} +0,2037 Pr. (Sp) 9,9%	r_{Sp} -0,0404 Pr. (Sp) 79,7%	43
Ereignisse kleiner Unternehmen	14,890	0,2400%	16,1375%	1,6162%	18
Ereignisse großer Unternehmen	16,768	0,4080%	19,7896%	2,2497%	25
Differenz zwischen großen und kleinen Unternehmen		Δ +0,1680% Pr. (z) 9,4%	Δ +3,6520% Pr. (z) 58,7%	Δ +0,6335% Pr. (z) 5,8%	

Für die bezeichneten Gruppen wird das arithmetische Mittel folgender Größen angegeben: Unternehmensgröße (logarithmierter, standardisierter Marktwert des Eigenkapitals), relative Dividendenerhöhung [Gleichung (G-40)], prozentuale Dividendenerhöhung [Gleichung (G-39)] und Dividendenrendite [Gleichung (G-41)]. Kursreaktion ist die kumulierte, durchschnittliche Überrendite [Gleichung (G-32)] ermittelt nach dem Marktmodell [Gleichung (G-29)]. N = Anzahl der Ereignisse in der Untersuchungsgruppe. Wegen der geringen Gruppengrößen wird hier auf die Angabe des Kruskal-Wallis-Tests verzichtet. Pr. (z) ist die Wahrscheinlichkeit nach dem Mann-Whitney U-Test, daß die Differenz zwischen beiden Gruppen gleich null ist (zweiseitige Fragestellung). r_{Sp} gibt den Rangkorrelationskoeffizienten nach Spearman zwischen der Unternehmensgröße und den in den Spaltenköpfen bezeichneten Größen an, Pr. (Sp) die Wahrscheinlichkeit, daß dieser gleich null ist (zweiseitige Fragestellung).

Dagegen lassen sich in Tabelle 78 keine signifikanten Zusammenhänge zwischen der Kursreaktion und der Unternehmensgröße bei Finanzunternehmen nachweisen. Der Rangkorrelationskoeffizient ist zwar negativ, ebenso die Differenz in der Kursreaktionen im (erweiterten) Ereigniszeitraum zwischen großen und kleinen Unternehmen, aber keine der Teststatistiken ist signifikant.

Tabelle 78: Zusammenhang zwischen der Kursreaktion bei Dividendenerhöhungen und der Unternehmensgröße bei Finanzunternehmen.

	Kursreaktion in t_{-1} bis t_0	Kursreaktion in t_{-2} bis t_1	N
Gesamte Untersuchungsgruppe	0,519%	0,690%	43
Korrelationskoeffizient (Spearman)	r_{Sp} -0,0281 Pr. (Sp) 85,8%	r_{Sp} -0,0077 Pr. (Sp) 96,1%	43
Ereignisse kleiner Unternehmen	0,736%	0,959%	18
Ereignisse großer Unternehmen	0,362%	0,497%	25
Differenz zwischen großen und kleinen Unternehmen	Δ -0,374% Pr. (z) 78,7%	Δ -0,462% Pr. (z) 80,6%	

Angegeben wird die Kursreaktion im (erweiterten) Ereigniszeitraum, die nach der Unternehmensgröße (Marktwert des Eigenkapitals) differenziert wird. Kursreaktion ist die kumulierte, durchschnittliche Überrendite [Gleichung (G-32)] ermittelt nach dem Marktmodell [Gleichung (G-29)]. N = Anzahl der Ereignisse in der Untersuchungsgruppe. Pr. (z) ist die Wahrscheinlichkeit nach dem Mann-Whitney U-Test, daß die Differenz zwischen beiden Gruppen gleich null ist (zweiseitige Fragestellung). r_{Sp} gibt den Rangkorrelationskoeffizienten nach Spearman zwischen der Unternehmensgröße (logarithmierter, standardisierter Marktwert des Eigenkapitals) und der Kursreaktion an, Pr. (Sp) die Wahrscheinlichkeit, daß dieser gleich null ist (zweiseitige Fragestellung).

Die gleichzeitige Untersuchung von Unternehmensgröße und Dividendenänderung bei Finanzunternehmen in Tabelle 79 führt aufgrund der geringen Anzahl von Ereignissen dazu, daß einige Teststatistiken nicht mehr berechnet werden können. Wie bei Industrieunternehmen sind die Differenzen zwischen großen und kleinen relativen Dividendenerhöhungen positiv, die Differenz zwischen großen und kleinen Unternehmen ist negativ. Die Teststatistiken sind nicht signifikant.

Tabelle 79: Einfluß von Unternehmensgröße und relativer Dividendenerhöhungen auf die Kursreaktion bei Finanzunternehmen.

	Ereignisse kleiner Unternehmen		Ereignisse großer Unternehmen		Differenz zwischen großen und kleinen Unternehmen
	Ø	N	Ø	N	
Kleine relative Dividendenerhöhung (ΔD/P)					
Kursreaktion in t_{-1} bis t_0	0,727%	12	0,103%	10	Δ -0,624% Pr. (z) 79,2%
Kursreaktion in t_{-2} bis t_1	0,821%	12	0,374%	10	Δ -0,447% Pr. (z) 100%
Große relative Dividendenerhöhung (ΔD/P)					
Kursreaktion in t_{-1} bis t_0	0,754%	6	0,535%	15	Δ -0,219%
Kursreaktion in t_{-2} bis t_1	1,233%	6	0,578%	15	Δ -0,654%
Differenz zwischen großen und kleinen relativen Dividendenerhöhungen (ΔD/P)					
Kursreaktion in t_{-1} bis t_0	Δ +0,027%		Δ +0,432% Pr. (z) 34,6%		
Kursreaktion in t_{-2} bis t_1	Δ +0,412%		Δ +0,204% Pr. (z) 61,8%		

Die Untersuchungsgruppe wird nach der Unternehmensgröße und der relativen Dividendenerhöhung [Gleichung (G-40)] differenziert. Unternehmensgröße ist der logarithmierte, standardisierte Marktwert des Eigenkapitals und Kursreaktion die kumulierte, durchschnittliche Überrendite [Gleichung (G-32)] ermittelt nach dem Marktmodell [Gleichung (G-29)]. N = Anzahl der Ereignisse in der Untersuchungsgruppe. Pr. (z) ist die Wahrscheinlichkeit nach dem Mann-Whitney U-Test, daß die Differenz zwischen beiden Gruppen gleich null ist (zweiseitige Fragestellung).

Die Untersuchungen dieses Abschnittes zeigen, daß die Unternehmensgröße in einem negativen Zusammenhang mit der Kursreaktion auf die Ankündigung einer Dividendenerhöhung steht. Bei Industrieunternehmen ist dieser Zusammenhang signifikant. Der positive Zusammenhang zwischen der Höhe der Dividendenerhöhung und der Kursreaktion bleibt dabei trotz der bei Industrieunternehmen signifikant negativen Korrelation zwischen der Unternehmensgröße und der Dividendenerhöhung bestehen und ist bei Industrieunternehmen weiterhin signifikant. Für Dividendenkürzungen bei Industrieunternehmen läßt sich der in der Hypothese 4b) beschriebene Zusammenhang nicht nachweisen.

VI.6. Kursreaktion in Abhängigkeit von der Eigentümerstruktur des Unternehmens

In diesem Abschnitt soll untersucht werden, ob die Eigentumsverhältnisse des Unternehmens einen Einfluß auf die bisher festgestellten Korrelationen zwischen verschiedenen Variablen und der Kursreaktion bei Dividendenankündigungen haben.

Tabelle 80 differenziert zunächst die bisher betrachteten Einflußgrößen nach eigentümer- und managerkontrollierten Unternehmen. Dabei zeigt sich zunächst eine signifikante Differenz in der Größe des Unternehmens. Managerkontrollierte Unternehmen sind im Durchschnitt größer als eigentümerkontrollierte Unternehmen. Weiter ist die Dividendenrendite managerkontrollierter Unternehmen vor Ankündigungen von Dividendenerhöhungen signifikant höher als die Dividendenrendite eigentümerkontrollierter Unternehmen. Dagegen fällt die relative und prozentuale Dividendenerhöhung managerkontrollierter Unternehmen insignifikant niedriger aus als bei eigentümerkontrollierten Unternehmen. Managerkontrollierte Unternehmen weisen vor der Dividendenankündigung weiter ein signifikant niedrigeres Marktwert/Buchwert-Verhältnis auf als eigentümerkontrollierte Unternehmen. Dieser negative Zusammenhang ist konsistent mit der früheren Beobachtung, daß das Marktwert/Buchwert-Verhältnis und die Dividendenrendite (signifikant) negativ korreliert sind.

Tabelle 80: Zusammenhang zwischen der Eigentümerstruktur und anderen erklärenden Variablen bei Dividendenerhöhungen von Industrieunternehmen.

	Unternehmens-größe	Relative Dividenden-erhöhung (ΔD/P)	Prozentuale Dividen-denerhöhung (ΔD/D)	Dividenden-rendite	N	Marktwert/Buch-wert-Verhältnis	N
Gesamte Untersuchungsgruppe	14,761	0,4726%	22,671%	2,3200%	293	2,425%	241
Eigentümerkontrollierte Unternehmen	14,444	0,4826%	24,486%	2,1702%	161	2,892%	125
Managerkontrollierte Unternehmen	15,148	0,4603%	20,456%	2,5028%	132	1,922%	116
Differenz zwischen manager-kontrollierten und eigentümer-kontrollierten Unternehmen	Δ +0,7044 Pr. (t) <0,1% Pr. (z) <0,1%	Δ -0,0223% Pr. (t) 66,1% Pr. (z) 58,1%	Δ -4,030% Pr. (t) 16,6% Pr. (z) 18,0%	Δ +0,3326% Pr. (t) 0,1% Pr. (z) 0,2%		Δ -0,970 Pr. (t) 0,4% Pr. (z) 0,9%	

Für die bezeichneten Gruppen wird das arithmetische Mittel folgender Größen angegeben: Unternehmensgröße (logarithmierter, standardisierter Marktwert des Eigenkapitals), relative Dividendenerhöhung [Gleichung (G-40)], prozentuale Dividendenerhöhung [Gleichung (G-39)], Dividendenrendite [Gleichung (G-41)] und Marktwert/Buchwert-Verhältnis. N = Anzahl der Ereignisse in der Untersuchungsgruppe. Pr. (t/z) ist die Wahrscheinlichkeit, daß die Differenz zwischen beiden Gruppen gleich null ist (zweiseitige Fragestellung) nach dem t-Test (t) bzw. nach dem Mann-Whitney U-Test (z).

Tabelle 81 zeigt eine niedrigere Kursreaktion in der Gruppe der managerkontrollierten Unternehmen im Vergleich zu eigentümerkontrollierten Unternehmen. Die Differenz ist im (erweiterten) Ereigniszeitraum signifikant auf dem 1%-Niveau nach dem t-Test und auf dem 5%-Niveau nach dem Mann-Whitney U-Test. Da managerkontrollierte Unternehmen größere Unternehmen sind und für die Größe des Unternehmens im vorangegangen Abschnitt ebenfalls ein negativer Einfluß auf die Kursreaktion festgestellt wurde, stellt sich zunächst die Frage, ob der hier beobachtete Kontrolleffekt unabhängig vom Größeneffekt auftritt (bzw. umgekehrt, ob ein Größeneffekt unabhängig von einem Kontrolleffekt ist).

Tabelle 81: Zusammenhang zwischen der Kursreaktion und der Eigentümerstruktur bei Dividendenerhöhungen von Industrieunternehmen.

	Kursreaktion in t_{-1} bis t_0	Kursreaktion in t_{-2} bis t_1	N
Gesamte Untersuchungsgruppe	0,881%	1,034%	293
Eigentümerkontrollierte Unternehmen	1,289%	1,616%	161
Managerkontrollierte Unternehmen	0,383%	0,324%	132
Differenz zwischen managerkontrollierten und eigentümerkontrollierten Unternehmen	Δ -0,906% Pr. (t) 0,5% Pr. (z) 3,1%	Δ -1,293% Pr. (t) 0,1% Pr. (z) 1,2%	

Angegeben wird die Kursreaktion im (erweiterten) Ereigniszeitraum, die nach der Eigentümerstruktur des Unternehmens differenziert wird. Kursreaktion ist die kumulierte, durchschnittliche Überrendite [Gleichung (G-32)] ermittelt nach dem Marktmodell [Gleichung (G-29)]. N = Anzahl der Ereignisse in der Untersuchungsgruppe. Pr. (t/z) ist die Wahrscheinlichkeit, daß die Differenz zwischen beiden Gruppen gleich null ist (zweiseitige Fragestellung) nach dem t-Test (t) bzw. nach dem Mann-Whitney U-Test (z).

Tabelle 82 unterscheidet daher große und kleine Unternehmen in eigentümer- und managerkontrollierte Unternehmen. Dabei zeigt sich, daß ein negativer Einfluß der Unternehmensgröße und der Managerkontrolle auf die Kursreaktion bei der Ankündigung von Dividendenerhöhungen erhalten bleibt, wenn man für die jeweils andere Einflußgröße kontrolliert. Dabei sind die Differenzen bei großen Unternehmen zwischen manager- und eigentümerkontrollierten Unternehmen und bei managerkontrollierten Unternehmen zwischen großen und kleinen Unternehmen signifikant. Bei kleinen bzw. eigentümerkontrollierten Unternehmen sind die Differenzen nur nach dem t-Test im erweiterten Untersuchungszeitraum signifikant.

Tabelle 82: Einfluß von Eigentümerstruktur und Unternehmensgröße auf die Kursreaktion von Industrieunternehmen.

	Eigentümerkontrollierte Unternehmen		Managerkontrollierte Unternehmen		Differenz zwischen manager- und eigentümerkontrollierten Unternehmen
	Ø	N	Ø	N	
Ereignisse kleiner Unternehmen					
Kursreaktion in t_{-1} bis t_0	1,470%	103	0,698%	51	Δ -0,772% Pr. (t) 11,9% Pr. (z) 64,4%
Kursreaktion in t_{-2} bis t_{-1}	2,083%	103	1,008%	51	Δ -1,075% Pr. (t) 7,1% Pr. (z) 40,8%
Ereignisse großer Unternehmen					
Kursreaktion in t_{-1} bis t_0	0,968%	58	0,185%	81	Δ -0,783% Pr. (t) 4,8% Pr. (z) 1,8%
Kursreaktion in t_{-2} bis t_{-1}	0,788%	58	-0,107%	81	Δ -0,896% Pr. (t) 5,9% Pr. (z) 4,9%
Differenz zwischen Ereignissen großer und kleiner Unternehmen					
Kursreaktion in t_{-1} bis t_0	Δ -0,502% Pr. (t) 31,5% Pr. (z) 86,6%		Δ -0,513% Pr. (t) 18,4% Pr. (z) 4,4%		
Kursreaktion in t_{-2} bis t_{-1}	Δ -1,294% Pr. (t) 3,6% Pr. (z) 17,5%		Δ -1,115% Pr. (t) 1,3% Pr. (z) 1,2%		

Die Untersuchungsgruppe wird nach der Eigentümerstruktur und Unternehmensgröße differenziert. Unternehmensgröße ist der logarithmierte, standardisierte Marktwert des Eigenkapitals und Kursreaktion die kumulierte, durchschnittliche Überrendite [Gleichung (G-32)] ermittelt nach dem Marktmodell [Gleichung (G-29)]. N = Anzahl der Ereignisse in der Untersuchungsgruppe. Pr. (t/z) ist die Wahrscheinlichkeit, daß die Differenz zwischen beiden Gruppen gleich null ist (zweiseitige Fragestellung) nach dem t-Test (t) bzw. nach dem Mann-Whitney U-Test (z).

Tabelle 83 untersucht, ob ein positiver Zusammenhang zwischen der Höhe der Dividendenänderung und der Kursreaktion unter der Berücksichtigung von Kontroll- und Größeneffekten bei Industrieunternehmen noch zu beobachten ist. Dabei werden die Ereignisse in den vier Gruppen der Tabelle 83 jeweils nach der Höhe der relativen Dividendenänderung unterschieden. Die Differenzen in diesen Kursreaktionen (und nicht mehr die Kursreaktionen selbst) gibt dann Tabelle 83 wieder. Alle Differenzen der Kursreaktionen zwischen hohen und niedrigen relativen Dividendenerhöhungen bleiben danach positiv, d.h. in den Gruppen ist eine höhere relative Dividendenerhöhung mit einer höheren Kursreaktion verbunden. Signifikant sind die Differenzen nur bei eigentümerkontrollierten Unternehmen. Bei diesen Unternehmen sind alle Differenzen signifikant und stets größer als bei managerkontrollierten Unternehmen, bei denen die Differenzen in beiden Gruppen nicht signifikant sind. Insbesondere in der Gruppe mit Ereignissen großer, managerkontrollierter Unternehmen ist kaum noch ein Unterschied zwischen hohen und niedrigen relativen Dividendenerhöhungen feststellbar.

Diese Ergebnisse lassen sich in dieser Eindeutigkeit allerdings nur bei einer Einteilung der Gruppen auf Basis der relativen Dividendenerhöhung erzielen. Tabelle 106 im Anhang nimmt die in Tabelle 83 vorgenommene Differenzierung anhand der prozentualen Dividendenerhöhung vor. Dabei fallen die Differenzen in den Kursreaktionen bei eigentümerkontrollierten Unternehmen wiederum stärker aus als bei managerkontrollierten Unternehmen (Ausnahme: im erweiterten Ereigniszeitraum bei kleinen Unternehmen). Alle Differenzen bei managerkontrollierten Unternehmen sind ebenfalls insignifikant, allerdings ist nur die Differenz zwischen hohen und niedrigen relativen Dividendenerhöhungen bei großen eigentümerkontrollierten Unternehmen im Ereigniszeitraum signifikant.

Tabelle 83: Differenz in der Kursreaktion zwischen großen und kleinen relativen Dividendenerhöhungen unter Berücksichtigung der Eigentümerstruktur und der Unternehmensgröße.

	Eigentümerkontrollierte Unternehmen		Managerkontrollierte Unternehmen	
	Test	N	Test	N
Ereignisse kleiner Unternehmen				
Differenz der Kursreaktion in t_{-1} bis t_0 zwischen Unternehmen mit hoher und niedriger relativer Dividendenerhöhung	Δ +1,504% Pr. (t) 3,5% Pr. (z) 6,6%	49/54	Δ +0,667% Pr. (t) 28,2% Pr. (z) 23,2%	20/31
Differenz der Kursreaktion in t_{-2} bis t_1 zwischen Unternehmen mit hoher und niedriger relativer Dividendenerhöhung	Δ +2,155% Pr. (t) 1,7% Pr. (z) 3,0%	49/54	Δ +0,947% Pr. (t) 24,8% Pr. (z) 21,7%	20/31
Ereignisse großer Unternehmen				
Differenz der Kursreaktion in t_{-1} bis t_0 zwischen Unternehmen mit hoher und niedriger relativer Dividendenerhöhung	Δ +1,593% Pr. (t) 4,4% Pr. (z) 4,8%	35/23	Δ +0,167% Pr. (t) 67,1% Pr. (z) 95,5%	38/43
Differenz der Kursreaktion in t_{-2} bis t_1 zwischen Unternehmen mit hoher und niedriger relativer Dividendenerhöhung	Δ +1,653% Pr. (t) 7,4% Pr. (z) 9,7%	35/23	Δ +0,074% Pr. (t) 87,5% Pr. (z) 85,0%	38/43

Angegeben wird die Differenz der Kursreaktion im (erweiterten) Ereigniszeitraum zwischen Unternehmen mit hoher und niedriger relativer Dividendenerhöhung [Gleichung (G-40)]. Die Untersuchungsgruppe wird hierfür nach der Unternehmensgröße (Marktwert des Eigenkapitals) und der Eigentümerstruktur differenziert. Kursreaktion ist die kumulierte, durchschnittliche Überrendite [Gleichung (G-32)] ermittelt nach dem Marktmodell [Gleichung (G-29)]. N = Anzahl der Ereignisse in der Untersuchungsgruppe mit niedrigen/hohen relativen Dividendenerhöhungen. Pr. (t/z) ist die Wahrscheinlichkeit, daß die Differenz zwischen beiden Gruppen gleich null ist (zweiseitige Fragestellung) nach dem t-Test (t) bzw. nach dem Mann-Whitney U-Test (z).

Vor der Ankündigung von 75 Dividendenkürzungen ergeben sich die gleichen Unterschiede zwischen managerkontrollierten und eigentümerkontrollierten Unternehmen wie bei Unternehmen mit Dividendenerhöhungen. Auch hier sind managerkontrollierte Unternehmen im Durchschnitt größer, weisen eine höhere Dividendenrendite auf und haben ein niedrigeres Marktwert/Buchwert-Verhältnis. Diese Differenzen zwischen manager- und eigentümerkontrollierten Unternehmen sind signifikant.[333] Wie bei Dividendenerhöhungen unterscheidet sich die Höhe der Dividendenänderung zwischen diesen beiden Gruppen nicht signifikant.

333) Bei der Variable Marktwert/Buchwert-Verhältnis nur auf dem 10%-Niveau des Mann-Whitney U-Tests.

Tabelle 84: Zusammenhang zwischen der Eigentümerstruktur und anderen erklärenden Variablen bei Dividendenkürzungen von Industrieunternehmen.

	Unternehmens-größe	Relative Dividen-denkürzung (ΔD/P)	Prozentuale Dividen-denkürzung (ΔD/P)	Dividenden-rendite	N	Marktwert/Buch-wert-Verhältnis	N
Gesamte Untersuchungsgruppe	14,636	-1,0906%	-28,187%	3,6460%	75	1,575	53
Eigentümerkontrollierte Unternehmen	14,395	-0,9883%	-28,135%	3,4146%	50	1,695	30
Managerkontrollierte Unternehmen	15,117	-1,2953%	-28,293%	4,1088%	25	1,419	23
Differenz zwischen manager-kontrollierten und eigentümer-kontrollierten Unternehmen	Δ +0,7219 Pr. (t) 4,3% Pr. (z) 5,5%	Δ -0,3071% Pr. (t) 21,9% Pr. (z) 30,1%	Δ -0,158% Pr. (t) 97,0% Pr. (z) 93,7%	Δ +0,6942% Pr. (t) 4,7% Pr. (z) 5,1%		Δ -0,276 Pr. (t) 18,0% Pr. (z) 9,9%	

Für die bezeichneten Gruppen wird das arithmetische Mittel folgender Größen angegeben: Unternehmensgröße (logarithmierter, standardisierter Marktwert des Eigenkapitals), relative Dividendenkürzung [Gleichung (G-40)], prozentuale Dividendenkürzung [Gleichung (G-39)], Dividendenrendite [Gleichung (G-41)] und Marktwert/Buchwert-Verhältnis. N = Anzahl der Ereignisse in der Untersuchungsgruppe. Pr. (t/z) ist die Wahrscheinlichkeit, daß die Differenz zwischen beiden Gruppen gleich null ist (zweiseitige Fragestellung) nach dem t-Test (t) bzw. nach dem Mann-Whitney U-Test (z).

Die Unterschiede in den Kursreaktionen im (erweiterten) Ereigniszeitraum zwischen beiden Gruppen in Tabelle 85 sind ebenfalls insignifikant. Die Differenzen haben sogar im Ereigniszeitraum und erweiterten Ereigniszeitraum unterschiedliche Vorzeichen. Ein signifikanter Unterschied zwischen manager- und eigentümerkontrollierten Unternehmen tritt auch nicht auf, wenn man die Untersuchungsgruppe zuvor nach der Höhe der Dividendenkürzung (Tabelle 86), dem Marktwert/Buchwert-Verhältnis (Tabelle 87) oder der Unternehmensgröße (Tabelle 88) differenziert.

Tabelle 85: Zusammenhang zwischen der Kursreaktion und der Eigentümerstruktur bei Dividendenkürzungen von Industrieunternehmen.

	Kursreaktion in t_1 bis t_0	Kursreaktion in t_2 bis t_1	N
Gesamte Untersuchungsgruppe	-1,325%	-1,661%	75
Eigentümerkontrollierte Unternehmen	-1,168%	-1,760%	50
Managerkontrollierte Unternehmen	-1,637%	-1,464%	25
Differenz zwischen managerkontrollierten und eigentümerkontrollierten Unternehmen	Δ -0,469% Pr. (t) 55,2% Pr. (z) 45,1%	Δ +0,296% Pr. (t) 77,5% Pr. (z) 95,5%	

Angegeben wird die Kursreaktion im (erweiterten) Ereigniszeitraum, die nach der Eigentümerstruktur des Unternehmens differenziert wird. Kursreaktion ist die kumulierte, durchschnittliche Überrendite [Gleichung (G-32)] ermittelt nach dem Marktmodell [Gleichung (G-29)]. N = Anzahl der Ereignisse in der Untersuchungsgruppe. Pr. (t/z) ist die Wahrscheinlichkeit, daß die Differenz zwischen beiden Gruppen gleich null ist (zweiseitige Fragestellung) nach dem t-Test (t) bzw. nach dem Mann-Whitney U-Test (z).

Der bereits in Abschnitt VI.2. beobachtete negative Einfluß der Höhe der Dividendenkürzung auf die Kursreaktion bleibt auch bei Beachtung der Eigentümerstruktur bestehen. Alle Differenzen zwischen kleinen und großen relativen Dividendenkürzungen in Tabelle 86 sind negativ, bei managerkontrollierten Unternehmen sind die Differenzen sogar signifikant.

Tabelle 86: Einfluß von Eigentümerstruktur und relativer Dividendenkürzung auf die Kursreaktion von Industrieunternehmen.

	Eigentümerkontrollierte Unternehmen		Managerkontrollierte Unternehmen		Differenz zwischen manager- und eigentümerkontrollierten Unternehmen
	Ø	N	Ø	N	
Große relative Dividendenkürzung (ΔD/P)					
Kursreaktion in t_{-1} bis t_0	-0,628%	28	-0,789%	14	Δ -0,161% Pr. (z) 93,6%
Kursreaktion in t_{-2} bis t_1	-0,938%	28	-0,193%	14	Δ +0,745% Pr. (z) 59,4%
Kleine relative Dividendenkürzung (ΔD/P)					
Kursreaktion in t_{-1} bis t_0	-1,856%	22	-2,717%	11	Δ -0,861% Pr. (z) 28,5%
Kursreaktion in t_{-2} bis t_1	-2,806%	22	-3,081%	11	Δ -0,275% Pr. (z) 35,9%
Differenz zwischen kleinen und großen relativen Dividendenkürzungen (ΔD/P)					
Kursreaktion in t_{-1} bis t_0	Δ -1,228% Pr. (t) 27,6% Pr. (z) 40,1%		Δ -1,927% Pr. (z) 6,3%		
Kursreaktion in t_{-2} bis t_1	Δ -1,868% Pr. (t) 25,3% Pr. (z) 33,8%		Δ -2,887% Pr. (z) 3,8%		

Die Untersuchungsgruppe wird nach der Eigentümerstruktur und der relativen Dividendenkürzung [Gleichung (G-40)] differenziert. Kursreaktion ist die kumulierte, durchschnittliche Überrendite [Gleichung (G-32)] ermittelt nach dem Marktmodell [Gleichung (G-29)]. N = Anzahl der Ereignisse in der Untersuchungsgruppe. Pr. (t/z) ist die Wahrscheinlichkeit, daß die Differenz zwischen beiden Gruppen gleich null ist (zweiseitige Fragestellung) nach dem t-Test (t) bzw. nach dem Mann-Whitney U-Test (z).

Der signifikant negative Einfluß des Marktwert/Buchwert-Verhältnisses auf die Kursreaktion bei Dividendenkürzungen bleibt bei einer Differenzierung in manager- und eigentümerkontrollierte Unternehmen in Tabelle 87 erhalten.

Tabelle 87: Einfluß von Eigentümerstruktur und Marktwert/Buchwert-Verhältnis auf die Kursreaktion bei Dividendenkürzungen von Industrieunternehmen.

	Eigentümerkontrollierte Unternehmen		Managerkontrollierte Unternehmen		Differenz zwischen manager- und eigentümerkontrollierten Unternehmen
	Ø	N	Ø	N	
Niedriges Marktwert/Buchwert-Verhältnis					
Kursreaktion in t_{-1} bis t_0	-0,074%	14	-0,805%	16	Δ -0,730% Pr. (z) 64,8%
Kursreaktion in t_{-2} bis t_1	0,077%	14	-0,544%	16	Δ -0,622% Pr. (z) 90,1%
Hohes Marktwert/Buchwert-Verhältnis					
Kursreaktion in t_{-1} bis t_0	-2,451%	16	-2,732%	7	Δ -0,281% Pr. (z) 78,9%
Kursreaktion in t_{-2} bis t_1	-3,198%	16	-2,999%	7	Δ +0,199% Pr. (z) 73,8%
Differenz zwischen Ereignissen mit hohem und niedrigem Marktwert/Buchwert-Verhältnis					
Kursreaktion in t_{-1} bis t_0	Δ -2,377% Pr. (z) 8,8%		Δ -1,928% Pr. (z) 3,8%		
Kursreaktion in t_{-2} bis t_1	Δ -3,276% Pr. (z) 8,1%		Δ -2,455% Pr. (z) 8,2%		

Die Untersuchungsgruppe wird nach der Eigentümerstruktur und dem Marktwert/Buchwert-Verhältnis differenziert. Kursreaktion ist die kumulierte, durchschnittliche Überrendite [Gleichung (G-32)] ermittelt nach dem Marktmodell [Gleichung (G-29)]. N = Anzahl der Ereignisse in der Untersuchungsgruppe. Pr. (z) ist die Wahrscheinlichkeit nach dem Mann-Whitney U-Test, daß die Differenz zwischen beiden Gruppen gleich null ist (zweiseitige Fragestellung).

Schließlich zeigt Tabelle 88 keinen signifikanten Unterschied in der Kursreaktion bei großen und kleinen Unternehmen. Allenfalls bei managerkontrollierten Unternehmen ist im (erweiterten) Ereigniszeitraum ein positiver Einfluß der Unternehmensgröße feststellbar, der fast das Signifikanzniveau von 10% erreicht.

Tabelle 88: Einfluß von Eigentümerstruktur und Unternehmensgröße auf die Kursreaktion bei Dividendenkürzungen von Industrieunternehmen.

	Eigentümerkontrollierte Unternehmen		Managerkontrollierte Unternehmen		Differenz zwischen manager- und eigentümerkontrollierten Unternehmen
	Ø	N	Ø	N	
Ereignisse kleiner Unternehmen					
Kursreaktion in t_{-1} bis t_0	-1,566%	36	-2,847%	11	Δ -1,281% Pr. (z) 23,8%
Kursreaktion in t_{-2} bis t_1	-1,704%	36	-2,790%	11	Δ -0,086% Pr. (z) 34,0%
Ereignisse großer Unternehmen					
Kursreaktion in t_{-1} bis t_0	-0,145%	14	-0,687%	14	Δ -0,542% Pr. (z) 71,3%
Kursreaktion in t_{-2} bis t_1	-1,903%	14	-0,421%	14	Δ +1,482% Pr. (z) 35,8%
Differenz zwischen Ereignissen großer und kleiner Unternehmen					
Kursreaktion in t_{-1} bis t_0	Δ +1,421% Pr. (z) 68,1%		Δ +2,160% Pr. (z) 13,9%		
Kursreaktion in t_{-2} bis t_1	Δ -0,199% Pr. (z) 36,4%		Δ +2,369% Pr. (z) 11,2%		

Die Untersuchungsgruppe wird nach der Eigentümerstruktur und Unternehmensgröße differenziert. Unternehmensgröße ist der logarithmierte, standardisierte Marktwert des Eigenkapitals und Kursreaktion die kumulierte, durchschnittliche Überrendite [Gleichung (G-32)] ermittelt nach dem Marktmodell [Gleichung (G-29)]. N = Anzahl der Ereignisse in der Untersuchungsgruppe. Pr. (z) ist die Wahrscheinlichkeit nach dem Mann-Whitney U-Test, daß die Differenz zwischen beiden Gruppen gleich null ist (zweiseitige Fragestellung).

Auch bei Dividendenerhöhung von Finanzunternehmen in Tabelle 89 zeigen sich die bei Industrieunternehmen festgestellten Unterschiede zwischen manager- und eigentümerkontrollierten Unternehmen. Managerkontrollierte Unternehmen sind signifikant größer als eigentümerkontrollierte Unternehmen und weisen eine signifikant höhere Dividendenrendite auf. Dabei liegt die Dividendenerhöhung bei managerkontrollierten Finanzunternehmen über der bei eigentümerkontrollierten Unternehmen, die relative Dividendenänderung ist sogar signifikant größer. Bei Industrieunternehmen ist die Dividendenänderung managerkontrollierter Unternehmen (insignifikant) niedriger.

Tabelle 89: Zusammenhang zwischen der Eigentümerstruktur und anderen erklärenden Variablen bei Dividendenerhöhungen von Finanzunternehmen.

	Unternehmens-größe	Relative Dividenden-erhöhung ($\Delta D/P$)	Prozentuale Dividen-denerhöhung ($\Delta D/P$)	Dividenden-rendite	N
Gesamte Untersuchungsgruppe	15,982	0,3377%	18,261%	1,9845%	43
Eigentümerkontrollierte Unternehmen	14,956	0,1834%	15,903%	1,3641%	13
Managerkontrollierte Unternehmen	16,426	0,4046%	19,282%	2,2533%	30
Differenz zwischen managerkontrollierten und eigentümerkontrollierten Unternehmen	Δ +1,470 Pr. (z) <0,1%	Δ +0,2212% Pr. (z) 0,6%	Δ +3,379% Pr. (z) 31,9%	Δ +0,8892% Pr. (z) 1,2%	

Für die bezeichneten Gruppen wird das arithmetische Mittel folgender Größen angegeben: Unternehmensgröße (Marktwert des Eigenkapitals), relative Dividendenerhöhung [Gleichung (G-40)], prozentuale Dividendenerhöhung [Gleichung (G-39)] und Dividendenrendite [Gleichung (G-41)]. N = Anzahl der Ereignisse in der Untersuchungsgruppe. Pr. (t/z) ist die Wahrscheinlichkeit, daß die Differenz zwischen beiden Gruppen gleich null ist (zweiseitige Fragestellung) nach dem t-Test (t) bzw. nach dem Mann-Whitney U-Test (z).

Tabelle 90 zeigt bei Finanzunternehmen eine stärker positive Kursreaktion bei managerkontrollierten Unternehmen als bei eigentümerkontrollierten Unternehmen. Die Differenzen sind nicht signifikant.

Tabelle 90: Zusammenhang zwischen der Kursreaktion und der Eigentümerstruktur bei Dividendenerhöhungen von Finanzunternehmen.

	Kursreaktion in t_{-1} bis t_0	Kursreaktion in t_{-2} bis t_1	N
Gesamte Untersuchungsgruppe	0,519%	0,690%	43
Eigentümerkontrollierte Unternehmen	0,063%	0,520%	13
Managerkontrollierte Unternehmen	0,716%	0,764%	30
Differenz zwischen eigentümerkontrollierten und managerkontrollierten Unternehmen	Δ +0,653% Pr. (z) 35,5%	Δ +0,244% Pr. (z) 38,3%	

Angegeben wird die Kursreaktion im (erweiterten) Ereigniszeitraum, die nach der Eigentümerstruktur des Unternehmens differenziert wird. Kursreaktion ist die kumulierte, durchschnittliche Überrendite [Gleichung (G-32)] ermittelt nach dem Marktmodell [Gleichung (G-29)]. N = Anzahl der Ereignisse in der Untersuchungsgruppe. Pr. (z) ist die Wahrscheinlichkeit nach dem Mann-Whitney U-Test, daß die Differenz zwischen beiden Gruppen gleich null ist (zweiseitige Fragestellung).

Bei einer Differenzierung nach der Höhe der relativen Dividendenerhöhung in Tabelle 91 kehrt sich zudem die Differenz zwischen managerkontrollierten und eigentümerkontrollierten Unternehmen bei kleinen relativen Dividendenerhöhungen um. Bei diesen Unternehmen mit kleinen Dividendenerhöhungen ist die Differenz negativ. Diese Vorzeichenumkehr ist hauptsächlich auf zwei eigentümerkontrollierten Unternehmen mit großen Dividendenerhöhung zurückzuführen, die eine hohe negative abnormale Rendite im (erweiterten) Ereigniszeitraum aufweisen. Verläßliche Aussagen sind daher bei Betrachtung dieser kleinen Untersuchungsgruppen nicht möglich, was im insignifikanten statistischen Testwert zum Ausdruck kommt.

Tabelle 91: Einfluß von Eigentümerstruktur und relativer Dividendenerhöhung auf die Kursreaktion von Finanzunternehmen.

	Eigentümerkontrollierte Unternehmen		Managerkontrollierte Unternehmen		Differenz zwischen manager- und eigentümerkontrollierten Unternehmen
	Ø	N	Ø	N	
Kleinen relative Dividendenerhöhung (ΔD/P)					
Kursreaktion in t_{-1} bis t_0	0,619%	11	0,268%	11	Δ -0,351% Pr. (z) 81,8%
Kursreaktion in t_{-2} bis t_1	1,081%	11	0,155%	11	Δ -0,926% Pr. (z) 71,8%
Große relative Dividendenerhöhung (ΔD/P)					
Kursreaktion in t_{-1} bis t_0	-2,996%	2	0,976%	19	Δ +3,972%
Kursreaktion in t_{-2} bis t_1	-2,565%	2	1,116%	19	Δ +3,681%
Differenz zwischen großen und kleinen relativen Dividendenerhöhungen (ΔD/P)					
Kursreaktion in t_{-1} bis t_0	Δ 3,614%		Δ +0,708% Pr. (z) 18,9%		
Kursreaktion in t_{-2} bis t_1	Δ 3,646%		Δ +0,961% Pr. (z) 25,4%		

Die Untersuchungsgruppe wird nach der Eigentümerstruktur und der relativen Dividendenerhöhung [Gleichung (G-40)] differenziert. Kursreaktion ist die kumulierte, durchschnittliche Überrendite [Gleichung (G-32)] ermittelt nach dem Marktmodell [Gleichung (G-29)]. N = Anzahl der Ereignisse in der Untersuchungsgruppe. Pr. (z) ist die Wahrscheinlichkeit nach dem Mann-Whitney U-Test, daß die Differenz zwischen beiden Gruppen gleich null ist (zweiseitige Fragestellung).

In den gebildeten Gruppen lassen sich die aussagefähigsten Ergebnisse wiederum für Dividendenerhöhungen bei Industrieunternehmen erzielen. Die stärker positive Kursreaktion bei eigentümerkontrollierten Unternehmen bestätigt die in Abschnitt III.4.2 diskutierte Funktion der Dividende, einen Beitrag zur Konfliktlösung zwischen Groß- und Kleinaktionären leisten zu können. Die stärker positive Kursreaktion bei Unternehmen, die als eigentümerkontrolliert klassifiziert wurden, bleibt erhalten, wenn man die Untersuchungsgruppe zusätzlich nach der Unternehmensgröße, die stark mit der Eigentümerstruktur des Unternehmens korreliert, differenziert.

Auch der positive Einfluß der Höhe der Dividendenänderung bleibt unter Berücksichtigung beider Einflußfaktoren erhalten. Allerdings ist die Differenz der Kursreaktion zwischen hohen und niedrigen Dividendenerhöhungen besonders stark bei eigentümerkontrollierten Unternehmen und bei managerkontrollierten Unternehmen nicht signifikant. Nach der Signalhypothese für die Dividende ist jedoch bei eigentümerkontrollierten mit einem Verlust der Signaleigenschaft der Dividende zu rechnen, so daß diese Untersuchungsergebnisse der aufgestellten Signalhypothese widersprechen.

Einen positiven Zusammenhang zwischen Eigentümerkontrolle und Kursreaktion findet auch Born (1988) für Ankündigungen von Dividendeneinführungen US-amerikanischer Unternehmen. Allerdings wird in seiner Untersuchung Eigentümerkontrolle schon ab einem Anteil der Unternehmensinsider von 10% angenommen und es ist zu beachten, daß auf dem US-amerikanischen Kapitalmarkt Mehrheitsbeteiligungen an börsennotierten Unternehmen seltener sind als auf dem deutschen Kapitalmarkt. Daher besitzen die Ergebnisse beider Untersuchungen keinen vergleichbaren Aussagegehalt.

VI.7. Analyse der Gewinnentwicklung nach einer Dividendenankündigung

In diesem Abschnitt soll die Entwicklung des Gewinns nach einer Dividendenankündigung untersucht werden. Beobachtet wird die Gewinnänderung in den drei Jahren nach einer Dividendenankündigung und zusätzlich die Gewinnentwicklung vor der Dividendenankündigung.

VI.7.1. Differenzierung nach der Dividendenänderung

In diesem Abschnitt wird die Gewinnentwicklung nach der Richtung der Dividendenänderung differenziert. Sofern eine Dividendenänderung nicht nur die vergangene Entwicklung des Gewinns wiedergibt, sondern im Sinne der Signallinghypothese 1c) Aussagen über die zukünftige Entwicklung des Unternehmens zuläßt, sollte sich ein positiver Zusammenhang zwischen der Dividendenänderung und der Gewinnentwicklung in den Jahren nach der Dividendenänderung ergeben.

Tabelle 92 zeigt die Änderung der bereinigten Gewinne im Vergleich zu dem Geschäftsjahr, für das die Dividendenankündigung erfolgt ist. Die Untersuchungsgruppe, die für diese Untersuchungsschritte nur noch 572 Dividendenankündigungen durch Industrieunternehmen enthält, für die Jahresabschlußdaten zur Verfügung stehen, wird nach der Richtung der Dividendenänderung in Dividendenkürzungen, keine Dividendenänderungen und Dividendenerhöhungen differenziert. Betrachtet werden zunächst die zwei Geschäftsjahre vor der Dividendenankündigung. Hier zeigt sich, daß bei Unternehmen, die eine Dividendenkürzung ankündigen, ein deutlicher Gewinnrückgang zu beobachten ist. Bei Unternehmen mit Dividendenerhöhungen läßt sich dagegen eine Gewinnsteigerung im Vergleich zu den beiden Geschäftsjahren vor der Ankündigung beobachten. Unternehmen ohne Dividendenänderung weisen eine leicht negative Gewinnentwicklung auf. Alle Differenzen in der Gewinnentwicklung vor der Dividendenankündigung sind signifikant und es besteht eine positive Korrelation zwischen der vergangenen Gewinnentwicklung und der prozentualen und relativen Dividendenänderung, die auf dem 1%-Niveau signifikant ist. Diese Ergebnisse spiegeln die Ergebnisse aus Schätzungen des Lintner-Modells wider, in denen sich der Gewinn des Unternehmens als eine signifikante Erklärungsvariable für die Dividende erwiesen hat.[334)]

Betrachtet man die bereinigte Gewinnentwicklung nach der Dividendenankündigung, so fällt auf, daß hier kaum signifikante Zusammenhänge zu beobachten sind. Unternehmen mit Dividendenkürzung weisen im Jahr nach der Dividendenkürzung zunächst noch eine negative Gewinnentwicklung auf. In den beiden folgenden Jahren erholt sich der Gewinn

---

334) Vgl. Abschnitt II.4.

wieder, die Steigerungsraten des Gewinns erreichen aber absolut nicht die Höhe der Gewinnminderungen in den Jahren vor der Dividendenkürzung. Bei Ereignissen ohne Dividendenänderung ist im Durchschnitt eine negative bereinigte Gewinnänderung zu beobachten, die ebenfalls bei Ereignissen mit Dividendenerhöhungen auftritt. Ist diese negative Gewinnentwicklung nach Dividendenerhöhung auffällig, so ist sie im Vergleich zu Ereignissen ohne Dividendenänderung nicht so stark und übertrifft absolut nicht die vorangegangenen Gewinnsteigerungen.

Bei dem paarweisen Vergleich der Gruppen ist die „Erholung" des Gewinns bei Dividendenkürzungen zu beachten. Nach den deutlichen Gewinnrückgängen vor der Dividendenkürzung ist wohl ein Teil dieser positiven Gewinnentwicklung zu erwarten, so daß ein Vergleich mit der Gruppe der Dividendenkürzungen nicht sinnvoll erscheint. Bei einem Vergleich der Gewinnentwicklung bei Dividendenerhöhung und keinen Dividendenänderungen ergibt sich eine positivere Gewinnentwicklung bei Dividendenerhöhungen, die allerdings im ersten Jahr nur nach dem Mann-Whitney U-Test und im zweiten Jahr nach dem t-Test auf dem 10%-Niveau signifikant ist. Der Rangkorrelationskoeffizient mit der relativen und prozentualen Dividendenänderung ist in der Gesamtgruppe zwar positiv, aber insignifikant. Diese Korrelation könnte durch die Besonderheiten bei Dividendenkürzungen verzerrt sein. Deshalb wird die Korrelation zwischen der Dividendenänderung und der Gewinnänderung für die um die Dividendenkürzungen bereinigte Gruppe (N = 519) berechnet. In dieser Gruppe sind die Korrelationen stärker positiv als in der Gesamtgruppe und im ersten Jahr nach der Dividendenankündigung signifikant. Diese Gruppe ist allerdings stark von Ereignissen ohne eine Dividendenänderung geprägt, bei der diese Variable immer null ist. Beschränkt man daher die Betrachtung nur auf Ereignisse mit Dividendenerhöhungen, so ergeben sich wieder insignifikante Korrelationen mit der Dividenden- und Gewinnänderung, die im zweiten und dritten Jahr nach der Dividendenerhöhung sogar negativ mit der relativen Dividendenänderung korreliert sind.

Tabelle 92: Entwicklung des bereinigten Gewinns vor und nach einer Dividendenankündigung.

Differenzierung nach der Richtung der Div.-Änderung	2 Jahre vor der Div.-Ankündigung	1 Jahr vor der Div.-Ankündigung	1 Jahr nach der Div.-Ankündigung	2 Jahre nach der Div.-Ankündigung	3 Jahre nach der Div.-Ankündigung	N
Dividendenkürzungen	-4,463%	-2,568%	-0,587%	0,307%	0,042%	53
keine Dividendenänderung	-0,206%	-0,153%	-0,315%	-0,706%	-0,735%	278
Dividendenerhöhungen	0,902%	0,558%	-0,133%	-0,037%	-0,448%	241
Differenzen in der Entwicklung des bereinigten Gewinns zwischen						
Dividendenerhöhungen und Dividendenkürzungen	Δ +5,364% Pr. (t) 0,5% Pr. (z) <0,1%	Δ +3,125% Pr. (t) <0,1% Pr. (z) <0,1%	Δ +0,454% Pr. (t) 58,5% Pr. (z) 87,6%	Δ -0,344% Pr. (t) 65,7% Pr. (z) 98,1%	Δ -0,490% Pr. (t) 71,1% Pr. (z) 80,8%	
Dividendenerhöhungen und keine Dividendenänderungen	Δ +1,108% Pr. (t) <0,1% Pr. (z) <0,1%	Δ +0,710% Pr. (t) <0,1% Pr. (z) <0,1%	Δ +0,182% Pr. (t) 56,1% Pr. (z) 5,7%	Δ +0,669% Pr. (t) 9,3% Pr. (z) 17,9%	Δ +0,286% Pr. (t) 58,8% Pr. (z) 81,8%	
keine Dividendenänderung und Dividendenkürzung	Δ +4,257% Pr. (t) 2,5% Pr. (z) <0,1%	Δ +2,415% Pr. (t) <0,1% Pr. (z) <0,1%	Δ +0,272% Pr. (t) 73,6% Pr. (z) 49,9%	Δ -1,013% Pr. (t) 22,1% Pr. (z) 49,5%	Δ -0,776% Pr. (t) 56,5% Pr. (z) 72,6%	
Korrelationskoeffizient (Spearman) in der Gesamtgruppe mit der						
relativen Dividenden-änderung (ΔD/P)	r_{Sp} +0,4260 Pr. (Sp) <0,1%	r_{Sp} +0,4788 Pr. (Sp) <0,1%	r_{Sp} +0,0512 Pr. (Sp) 22,2%	r_{Sp} +0,0282 Pr. (Sp) 50,2%	r_{Sp} -0,0140 Pr. (Sp) 73,9%	572
prozentualen Dividenden-änderung (ΔD/D)	r_{Sp} +0,4139 Pr. (Sp) <0,1%	r_{Sp} +0,4765 Pr. (Sp) <0,1%	r_{Sp} +0,0669 Pr. (Sp) 11,0%	r_{Sp} +0,0429 Pr. (Sp) 30,6%	r_{Sp} +0,0044 Pr. (Sp) 91,7%	572
Korrelationskoeffizient (Spearman) in der Gruppe der Dividendenerhöhungen und keine Dividendenänderungen mit der						
relativen Dividenden-änderung (ΔD/P)	r_{Sp} +0,3436 Pr. (Sp) <0,1%	r_{Sp} +0,3732 Pr. (Sp) <0,1%	r_{Sp} +0,0762 Pr. (Sp) 8,3%	r_{Sp} +0,0474 Pr. (Sp) 28,1%	r_{Sp} -0,0081 Pr. (Sp) 85,4%	519
prozentualen Dividenden-änderung (ΔD/D)	r_{Sp} +0,3279 Pr. (Sp) <0,1%	r_{Sp} +0,3698 Pr. (Sp) <0,1%	r_{Sp} +0,0942 Pr. (Sp) 3,2%	r_{Sp} +0,0649 Pr. (Sp) 14,0%	r_{Sp} +0,0138 Pr. (Sp) 75,5%	519
Korrelationskoeffizient (Spearman) in der Gruppe der Dividendenerhöhungen mit der						
relativen Dividenden-erhöhung (ΔD/P)	r_{Sp} +0,4042 Pr. <0,1%	r_{Sp} +0,4080 Pr. <0,1%	r_{Sp} +0,0074 Pr. (Sp) 90,9%	r_{Sp} -0,0309 Pr. 63,3%	r_{Sp} -0,0796 Pr. 21,8%	241
prozentualen Dividenden-erhöhung (ΔD/D)	r_{Sp} +0,3265 Pr. <0,1%	r_{Sp} +0,3791 Pr. <0,1%	r_{Sp} +0,0809 Pr. (Sp) 21,1%	r_{Sp} +0,0453 Pr. 48,4%	r_{Sp} +0,0187 Pr. 77,2%	241

Für die bezeichneten Gruppen wird das arithmetische Mittel der bereinigten Gewinnentwicklung [Tabelle 42, Gleichung (G-43), Gleichung (G-45)] vor und nach einer Dividendenankündigung angegeben. N = Anzahl der Ereignisse in der Untersuchungsgruppe. Pr. (t/z) ist die Wahrscheinlichkeit, daß die Differenz zwischen gleich null ist (zweiseitige Fragestellung) nach dem t-Test (t) bzw. nach dem Mann-Whitney U-Test (z). r_{Sp} gibt den Rangkorrelationskoeffizienten nach Spearman zwischen der relativen oder prozentualen Dividendenänderung [Gleichung (G-39) oder (G-38)] und der bereinigten Gewinnentwicklung an, Pr. (Sp) die Wahrscheinlichkeit, daß dieser gleich null ist (zweiseitige Fragestellung).

Tabelle 93 untersucht anstelle der bereinigten Gewinnentwicklung die Entwicklung des bereinigten Cash Flow. Für den Zeitraum vor der Dividendenerhöhung ergeben sich bei Betrachtung des Cash Flow die gleichen Schlußfolgerungen wie bei Betrachtung des Gewinns. Dabei sind die Differenzen zwischen Dividendenerhöhungen und Dividendenkürzungen noch größer als bei Betrachtung des Gewinn, wobei die Differenzen allerdings z.T. auf einem nicht ganz so hohen Niveau signifikant sind.

Bei Dividendenkürzungen zeigt sich im zweiten und dritten Jahr nach der Ankündigung eine positive Cash Flow-Entwicklung, die als eine „Erholung" von der negativen Entwicklung vor der Ankündigung verstanden werden kann. Bei Dividendenerhöhungen ist eine positive Entwicklung des Cash Flow nach der Ankündigung beobachtbar. Diese ist im ersten und zweiten Jahr signifikant positiver als bei Ereignissen mit keiner Dividendenänderung. In der um die Dividendenkürzungen bereinigten Gruppe (N = 519) ist der Zusammenhang zwischen der Gewinnänderung und der relativen und prozentualen Dividendenänderung signifikant positiv. In der Gruppe, die nur die Dividendenerhöhungen umfaßt, ergibt sich wiederum kein signifikanter Zusammenhang. Teilweise sind hier die Rangkorrelationskoeffizienten sogar negativ.

Tabelle 93: Entwicklung des bereinigten Cash Flow vor und nach einer Dividendenankündigung.

Differenzierung nach der Richtung der Div.-Änderung	2 Jahre vor der Div.-Ankündigung	1 Jahr vor der Div.-Ankündigung	1 Jahr nach der Div.-Ankündigung	2 Jahre nach der Div.-Ankündigung	3 Jahre nach der Div.-Ankündigung	N
Dividendenkürzungen	-8,011%	-1,889%	-0,242%	0,132%	0,157%	53
keine Dividendenänderung	-0,078%	0,061%	-0,240%	-0,325%	-0,119%	278
Dividendenerhöhungen	2,040%	1,189%	0,476%	1,145%	0,998%	241
Differenzen in der Entwicklung des bereinigten Cash Flow zwischen						
Dividendenerhöhungen und Dividendenkürzung	Δ +10,052% Pr. (t) 7,8% Pr. (z) <0,1%	Δ +3,078% Pr. (t) 0,2% Pr. (z) <0,1%	Δ +0,717% Pr. (t) 49,7% Pr. (z) 68,9%	Δ +1,013% Pr. (t) 43,8% Pr. (z) 33,8%	Δ +0,842% Pr. (t) 67,9% Pr. (z) 76,0%	
Dividendenerhöhungen und keine Dividendenänderungen	Δ +2,118% Pr. (t) <0,1% Pr. (z) <0,1%	Δ +1,128% Pr. (t) 0,1% Pr. (z) <0,1%	Δ +0,715% Pr. (t) 18,0% Pr. (z) 2,1%	Δ +1,469% Pr. (t) 4,5% Pr. (z) 1,8%	Δ +1,117% Pr. (t) 21,3% Pr. (z) 22,3%	
keine Dividendenänderung und Dividendenkürzung	Δ +7,933% Pr. (t) 0,2% Pr. (z) 1,6%	Δ +1,950% Pr. (t) 4,7% Pr. (z) <0,1%	Δ +0,002% Pr. (t) 99,8% Pr. (z) 43,1%	Δ -0,456% Pr. (t) 72,5% Pr. (z) 81,6%	Δ -0,276% Pr. (t) 89,1% Pr. (z) 74,2%	
Korrelationskoeffizient (Spearman) in der Gesamtgruppe mit der						
relativen Dividenden-änderung (ΔD/P)	r_{Sp} +0,3141 Pr. (Sp) <0,1%	r_{Sp} +0,3114 Pr. (Sp) <0,1%	r_{Sp} +0,0561 Pr. (Sp) 18,0%	r_{Sp} +0,0844 Pr. (Sp) 4,4%	r_{Sp} +0,0345 Pr. (Sp) 41,0%	572
prozentualen Dividenden-änderung (ΔD/D)	r_{Sp} +0,3052 Pr. (Sp) <0,1%	r_{Sp} +0,3065 Pr. (Sp) <0,1%	r_{Sp} +0,0625 Pr. (Sp) 13,6%	r_{Sp} +0,0928 Pr. (Sp) 2,7%	r_{Sp} +0,0540 Pr. (Sp) 19,7%	572
Korrelationskoeffizient (Spearman) in der Gruppe der Dividendenerhöhungen und keine Dividendenänderungen mit der						
relativen Dividenden-änderung (ΔD/P)	r_{Sp} +0,2915 Pr. (Sp) <0,1%	r_{Sp} +0,2552 Pr. (Sp) <0,1%	r_{Sp} +0,0784 Pr. (Sp) 7,4%	r_{Sp} +0,0987 Pr. (Sp) 2,5%	r_{Sp} +0,0462 Pr. (Sp) 29,4%	519
prozentualen Dividenden-änderung (ΔD/D)	r_{Sp} +0,2799 Pr. (Sp) <0,1%	r_{Sp} +0,2490 Pr. (Sp) <0,1%	r_{Sp} +0,0845 Pr. (Sp) 5,4%	r_{Sp} +0,1072 Pr. (Sp) 1,5%	r_{Sp} +0,0688 Pr. (Sp) 11,7%	519
Korrelationskoeffizient (Spearman) in der Gruppe der Dividendenerhöhungen mit der						
relativen Dividenden-erhöhung (ΔD/P)	r_{Sp} +0,3696 Pr. <0,1%	r_{Sp} +0,2910 Pr. <0,1%	r_{Sp} -0,0391 Pr. 54,5%	r_{Sp} +0,0190 Pr. 76,9%	r_{Sp} -0,0110 Pr. 86,5%	241
prozentualen Dividenden-erhöhung (ΔD/D)	r_{Sp} +0,3146 Pr. <0,1%	r_{Sp} +0,2568 Pr. <0,1%	r_{Sp} -0,0191 Pr. 76,8%	r_{Sp} +0,0546 Pr. 39,9%	r_{Sp} +0,0904 Pr. 16,2%	241

Für die bezeichneten Gruppen wird das arithmetische Mittel der Entwicklung des bereinigten Cash Flows [Tabelle 42, Gleichung (G-43), Gleichung (G-45)] vor und nach einer Dividendenankündigung angegeben. N = Anzahl der Ereignisse in der Untersuchungsgruppe. Pr. (t/z) ist die Wahrscheinlichkeit, daß die Differenz zwischen gleich null ist (zweiseitige Fragestellung) nach dem t-Test (t) bzw. nach dem Mann-Whitney U-Test (z). r_{Sp} gibt den Rangkorrelationskoeffizienten nach Spearman zwischen der relativen oder prozentualen Dividendenänderung [Gleichung (G-39) oder (G-38)] und der Entwicklung des bereinigten Cash Flows an, Pr. (Sp) die Wahrscheinlichkeit, daß dieser gleich null ist (zweiseitige Fragestellung).

Die Ergebnisse dieses Abschnitts zeigen einen deutlichen Zusammenhang zwischen der Dividendenänderung und Gewinnentwicklung vor der Dividendenankündigung. Im zweiten und dritten Jahr nach der Dividendenankündigung ist bei Ereignissen mit Dividendenkürzungen eine Erholung von Gewinn und Cash Flow zu beobachten, wodurch ein Vergleich mit Dividendenerhöhungen erschwert wird. Bei Dividendenerhöhungen ist eine stärker positive Entwicklung von Gewinn und Cash Flow feststellbar als bei Ereignissen ohne Dividendenänderung. Die Differenz ist teilweise auch signifikant. Dagegen ist kein signifikanter Zusammenhang zwischen der Änderung von Gewinn oder Cash Flow und relativen oder prozentualen Dividendenänderung innerhalb der Gruppe der Dividendenerhöhung nachweisbar.

VI.7.2. Differenzierung nach der Kursreaktion

In diesem Abschnitt dient die Kursreaktion zur Differenzierung der Unternehmen bei der Untersuchung der Gewinnentwicklung nach einer Kursreaktion. Dabei kann die Kursreaktion bei der Dividendenankündigung auch als Schätzer für die unerwartete Dividendenänderung (eine positive Kursreaktion wird als unerwartete Dividendenerhöhung interpretiert) verstanden werden.

In Tabelle 94 wird die Differenzierung nach der Kursreaktion im Ereigniszeitraum t_{-1} bis t_0 vorgenommen. Bei Dividendenerhöhungen von Industrieunternehmen erfaßt dieser Zeitraum die gesamte Kursreaktion. Die Differenzierung nach der Kursreaktion im erweiterten Ereigniszeitraum t_{-2} bis t_1 erfolgt in Tabelle 107 im Anhang. Der Zusammenhang zwischen der Kursreaktion und der Gewinnentwicklung vor der Ankündigung ist positiv und deutlich schwächer als zwischen der Dividendenänderung und der Gewinnentwicklung. In der Gesamtgruppe ergibt sich noch ein signifikanter Rangkorrelationskoeffizient, in der Gruppe nur mit Dividendenerhöhungen ist dieser nicht mehr signifikant. Auch die Differenzen zwischen den Ereignissen mit positiver und negativer Kursreaktion sind nicht mehr so groß wie zwischen Ereignissen mit positiver und negativer Dividendenänderung. Diese Ergebnisse zeigen, daß die vergangene Gewinnentwicklung einen Einfluß auf die Entscheidung über die Dividendenhöhe haben, bei Dividendenerhöhungen lassen sich die Kursreaktionen aufgrund der vergangenen Gewinnentwicklung aber nicht prognostizieren. Die signifikant positive Korrelation zwischen der Gewinnentwicklung vor der Dividendenankündigung und der Kursreaktion läßt sich so interpretieren, daß einer positiven Kursreaktion, verstanden als eine positive Dividendenankündigung, eher eine positive denn eine negative Unternehmensentwicklung (ausgedrückt durch die Gewinnentwicklung) vorausgeht. Damit ist aber nicht gesagt, daß man aus der Beobachtung des Gewinns positive Ankündigungsreaktionen auf Dividendenankündigungen prognostizieren kann.

Tabelle 94 zeigt eine positivere Gewinnentwicklung in den drei Geschäftsjahren nach der Dividendenankündigung bei Ereignissen mit einer positiven Kursreaktion als bei Ereignissen mit einer negativen Kursreaktion. Die Differenzen sind nach dem Mann-Whitney U-Test in allen drei Jahren mindestens auf dem 5%-Niveau signifikant. Dabei steigt die Gewinnänderung in den vier nach der Höhe der Kursreaktion gebildeten Quartilen nicht monoton an. So liegt z.B. die Gewinnentwicklung in der Gruppe mit den stärksten Kursreaktionen in jedem Jahr unter der des dritten Quartils. Die Rangkorrelationskoeffizienten betragen daher in der Gesamtgruppe nur zwischen $r_{Sp} = 0{,}0683$ (Jahr 1) und $r_{Sp} = 0{,}1066$ (Jahr 2), sind aber im zweiten und dritten Jahr nach der Dividendenankündigung signifikant auf dem 5%-Niveau.

Der untere Teil von Tabelle 94 nimmt die Untersuchung nur für Dividendenerhöhungen auf und unterteilt diese ebenso nach positiven und negativen Kursreaktionen. Die Differenzen zwischen der Gewinnentwicklung bei Ereignissen mit positiver und negativer Kursreaktion sind hier ebenfalls signifikant.[335)] Bei Betrachtung des Rangkorrelationskoeffizienten ist der Zusammenhang zwischen Gewinnentwicklung und Kursreaktion nach Dividendenerhöhungen stets positiv, aber nur im zweiten Jahr signifikant.

Tabelle 94: Entwicklung der bereinigten Gewinne vor und nach einer Dividendenankündigung.

Differenzierung nach der Kursreaktion in t_{-1} bis t_0	2 Jahre vor der Div.-Ankündigung	1 Jahr vor der Div.-Ankündigung	1 Jahr nach der Div.-Ankündigung	2 Jahre nach der Div.-Ankündigung	3 Jahre nach der Div.-Ankündigung	N
Gesamte Untersuchungsgruppe	-0,134%	-0,077%	-0,264%	-0,330%	-0,542%	572
1. Quartil mit niedrigsten Kursreaktionen	-0,523%	-0,503%	-0,273%	-1,079%	-0,805%	135
2. Quartil	0,117%	0,076%	-0,858%	-0,793%	-1,398%	136
3. Quartil	0,306%	0,160%	0,226%	0,318%	0,430%	150
4. Quartil mit stärksten Kursreaktionen	-0,447%	-0,070%	-0,206%	0,112%	-0,503%	151
Negative Kursreaktionen	-0,202%	-0,212%	-0,567%	-0,936%	-1,102%	271
Positive Kursreaktionen	-0,072%	0,045%	0,009%	0,215%	-0,038%	301
Differenz zwischen Ereignissen mit positiver und negativer Kursreaktion	Δ +0,130% Pr. (t) 74,6% Pr. (z) 1,4%	Δ +0,257% Pr. (t) 20,4% Pr. (z) 0,2%	Δ +0,576% Pr. (t) 7,0% Pr. (z) 4,3%	Δ +1,150% Pr. (t) 0,5% Pr. (z) 0,5%	Δ +1,064% Pr. (t) 5,0% Pr. (z) 1,1%	
Korrelationskoeffizient (Spearman)	r_{Sp} +0,1421 Pr. (Sp) 0,1%	r_{Sp} +0,1447 Pr. (Sp) 0,1%	r_{Sp} +0,0683 Pr. (Sp) 10,3%	r_{Sp} +0,1066 Pr. (Sp) 1,1%	r_{Sp} +0,0821 Pr. (Sp) 5,0%	572
Nur Dividendenerhöhungen						
Negative Kursreaktionen	0,954%	0,583%	-0,853%	-0,771%	-1,165%	88
Positive Kursreaktionen	0,872%	0,543%	0,281%	0,385%	-0,036%	153
Differenz zwischen Ereignissen mit positiver und negativer Kursreaktion	Δ -0,083% Pr. (t) 85,0% Pr. (z) 84,6%	Δ -0,039% Pr. (t) 89,6% Pr. (z) 65,6%	Δ +1,134% Pr. (t) 9,2% Pr. (z) 15,0%	Δ +1,156% Pr. (t) 0,4% Pr. (z) 1,3%	Δ +1,129% Pr. (t) 9,2% Pr. (z) 6,8%	
Korrelationskoeffizient (Spearman)	r_{Sp} +0,0437 Pr. (Sp) 49,9%	r_{Sp} +0,0573 Pr. (Sp) 37,6%	r_{Sp} +0,0647 Pr. (Sp) 31,7%	r_{Sp} +0,1579 Pr. (Sp) 1,4%	r_{Sp} +0,1037 Pr. (Sp) 10,8%	241

Für die bezeichneten Gruppen wird das arithmetische Mittel der bereinigten Gewinnentwicklung [Tabelle 42, Gleichung (G-43), Gleichung (G-45)] vor und nach einer Dividendenankündigung angegeben. N = Anzahl der Ereignisse in der Untersuchungsgruppe. Pr. (t/z) ist die Wahrscheinlichkeit, daß die Differenz zwischen den Gruppen mit positiven und negativen Kursreaktionen gleich null ist (zweiseitige Fragestellung) nach dem t-Test (t) bzw. nach dem Mann-Whitney U-Test (z). r_{Sp} gibt den Rangkorrelationskoeffizienten nach Spearman zwischen der Kursreaktion (Überrendite im Zeitraum t_{-1} bis t_0) und der bereinigten Gewinnentwicklung an, Pr. (Sp) die Wahrscheinlichkeit, daß dieser gleich null ist (zweiseitige Fragestellung).

Tabelle 95 (und Tabelle 108 im Anhang) verwenden alternativ zur bereinigten Gewinnänderung die bereinigte Änderung des Cash Flow zur Untersuchung des Zusammenhangs mit der Kursreaktion auf die Dividendenankündigung. In der Gesamtgruppe zeigt sich auch hier die positive Entwicklung des Cash Flow bei Ereignissen mit einer positiven Kursreaktion nach der Dividendenankündigung. Die Differenzen sind allerdings im ersten Jahr nicht signifikant und im dritten Jahr nur nach dem Mann-Whitney U-Test signifikant. Die Rangkorrelationen liegen unter denen, die mit der Gewinnentwicklung feststellbar sind und sind im ersten und dritten Jahr insignifikant.

[335)] Nur im ersten Jahr ist die Differenz nach dem Mann-Whitney U-Test nicht signifikant.

Tabelle 95: Entwicklung des bereinigten Cash Flow vor und nach einer Dividendenankündigung.

Differenzierung nach der Kursreaktion in t_{-1} bis t_0	2 Jahre vor der Div.-Ankündigung	1 Jahr vor der Div.-Ankündigung	1 Jahr nach der Div.-Ankündigung	2 Jahre nach der Div.-Ankündigung	3 Jahre nach der Div.-Ankündigung	N
Gesamte Untersuchungsgruppe	0,080%	0,356%	0,062%	0,337%	0,377%	572
1. Quartil mit niedrigsten Kursreaktionen	-2,390%	-0,574%	0,499%	-0,638%	-0,269%	135
2. Quartil	0,578%	0,307%	-0,902%	-0,225%	-0,260%	136
3. Quartil	1,538%	1,007%	0,302%	0,858%	1,082%	150
4. Quartil mit stärksten Kursreaktionen	0,390%	0,583%	0,299%	1,196%	0,829%	151
Negative Kursreaktionen	-0,900%	-0,132%	-0,204%	-0,431%	-0,264%	271
Positive Kursreaktionen	0,962%	0,794%	0,301%	1,028%	0,955%	301
Differenz zwischen Ereignissen mit positiver und negativer Kursreaktion	Δ +1,862% Pr. (t) 11,1% Pr. (z) 0,4%	Δ +0,926% Pr. (t) 1,2% Pr. (z) 1,4%	Δ +0,505% Pr. (t) 31,7% Pr. (z) 28,8%	Δ +1,458% Pr. (t) 3,8% Pr. (z) 5,5%	Δ +1,219% Pr. (t) 17,2% Pr. (z) 2,5%	

Für die bezeichneten Gruppen wird das arithmetische Mittel der Entwicklung des bereinigten Cash Flows [Tabelle 42, Gleichung (G-43), Gleichung (G-45)] vor und nach einer Dividendenankündigung angegeben. N = Anzahl der Ereignisse in der Untersuchungsgruppe. Pr. (t/z) ist die Wahrscheinlichkeit, daß die Differenz zwischen der Gruppe mit positiven und negativen Kursreaktionen gleich null ist (zweiseitige Fragestellung) nach dem t-Test (t) bzw. nach dem Mann-Whitney U-Test (z). rSp gibt den Rangkorrelationskoeffizienten nach Spearman zwischen der Kursreaktion (Überrendite im Zeitraum t-1 bis t0) und der bereinigten Gewinnentwicklung an, Pr. (Sp) die Wahrscheinlichkeit, daß dieser gleich null ist (zweiseitige Fragestellung).

Die Tabelle 107 und Tabelle 108 im Anhang nehmen die Gruppendifferenzierung anhand der Kursreaktion im erweiterten Ereigniszeitraum t_{-2} bis t_1 vor. Die zuvor in den entsprechenden Tabelle 94 und Tabelle 95 gefundenen Zusammenhänge sind dort nicht so deutlich wiederzuerkennen. Bei Betrachtung der bereinigten Gewinnentwicklung sind die noch positiven Differenzen nicht mehr signifikant, nur noch der Rangkorrelationskoeffizient im dritten Jahr nach der Ankündigung ist auf dem 10%-Niveau signifikant und verfehlt dieses Niveau knapp in Jahr 2. Bei Betrachtung des Cash Flow sind keine signifikanten Zusammenhänge mehr erkennbar. Die auf Basis einer Einteilung nach der Kursreaktion im erweiterten Ereigniszeitraum t_{-2} bis t_1 erzielten Untersuchungsergebnisse können die zuvor gewonnenen Ergebnisse nicht bestätigen. Allerdings hat sich schon zuvor gezeigt, daß der Ereigniszeitraum t_{-1} bis t_0 zur Erfassung der Kursreaktion zumindest bei Dividendenerhöhungen besser geeignet ist. Dieser Zeitraum ist deshalb zur Klassifikation der Ereignisse besser geeignet und sollte bei der Interpretation der Ergebnisse gegenüber dem erweiterten Ereigniszeitraum vorgezogen werden.

VI.8. Analyse der Investitionsentwicklung nach einer Dividendenankündigung

In diesem Abschnitt wird die Investitionsentwicklung vor und nach Dividendenänderungen analysiert. Dabei wird jeweils nach der Höhe des Marktwert/Buchwert-Verhältnisses vor der Dividendenankündigung unterschieden. Tabelle 96 zeigt zunächst die Entwicklung der Investitionen bei Dividendenankündigungen. Vor einer Dividendenkürzung sinken in diesen Unternehmen bereits die bereinigten Investitionen. Dabei erfolgen deutliche Kürzungen der Investitionen bereits im Jahr vor der Dividendenkürzung, so daß sich gegenüber zwei Jahren vor der Dividendenkürzung ein starker Rückgang der Investitionen ergibt während sich gegenüber dem Jahr vor der Dividendenkürzung ein geringer (Wieder-) Anstieg zeigt. In den drei Jahren nach der Dividendenkürzung sinken die bereinigten Investitionen weiter. Nach Ankündigungen von Dividendenerhöhungen und keinen Dividendenänderungen steigen die Investitionen, wobei sich der Anstieg zwischen beiden Gruppen kaum unterscheidet. Signifikant unterscheiden sich die Erhöhung der Investitionen bei Dividendenerhöhungen und die Verminderungen der Investitionen bei Dividendenerhöhungen. Zwischen der relativen und prozentualen Dividendenerhöhung und der Änderung der Investitionen nach der Dividendenankündigung ergibt sich in der Gesamtgruppe ein signifikant positiver Zusammenhang. Im Vergleich der Investitionen 2 Jahre vor der Dividendenankündigung ist der Rangkorrelationskoeffizient auf dem 5%-Niveau signifikant positiv, wobei die Unterschiede zwischen den Gruppen Dividendenerhöhungen, Dividendenkürzung und keine Dividendenänderung nicht signifikant sind.

Tabelle 96: Entwicklung der bereinigten Investitionen vor und nach einer Dividendenankündigung.

Differenzierung nach der Richtung der Div.-Änderung	2 Jahre vor der Div.-Ankündigung	1 Jahr vor der Div.-Ankündigung	1 Jahr nach der Div.-Ankündigung	2 Jahre nach der Div.-Ankündigung	3 Jahre nach der Div.-Ankündigung	N
Dividendenkürzungen	-3,898%	0,836%	-2,690%	-4,910%	-3,631%	53
keine Dividendenänderung	0,648%	0,275%	1,354%	3,398%	3,420%	278
Dividendenerhöhungen	1,626%	0,922%	1,646%	3,306%	3,429%	241
Differenzen in der Entwicklung der bereinigten Investitionen zwischen						
Dividendenerhöhungen und Dividendenkürzungen	Δ +5,524% Pr. (t) 37,4% Pr. (z) 11,0%	Δ +0,086% Pr. (t) 97,5% Pr. (z) 40,4%	Δ +4,336% Pr. (t) 5,5% Pr. (z) 3,7%	Δ +8,216% Pr. (t) 1,2% Pr. (z) 2,1%	Δ +7,060% Pr. (t) 1,5% Pr. (z) 0,1%	
Dividendenerhöhungen und keine Dividendenänderungen	Δ +0,978% Pr. (t) 50,0% Pr. (z) 43,4%	Δ +0,648% Pr. (t) 65,2% Pr. (z) 42,5%	Δ +0,292% Pr. (t) 87,0% Pr. (z) 13,7%	Δ -0,092% Pr. (t) 96,4% Pr. (z) 6,7%†	Δ +0,009% Pr. (t) 99,7% Pr. (z) 12,3%	
keine Dividendenänderungen und Dividendenkürzungen	Δ +4,546% Pr. (t) 46,1% Pr. (z) 25,0%	Δ -0,562% Pr. (t) 82,5% Pr. (z) 65,4%	Δ +4,044% Pr. (t) 7,1% Pr. (z) 24,7%	Δ +8,308% Pr. (t) 0,9% Pr. (z) 20,0%	Δ +7,051% Pr. (t) 1,8% Pr. (z) 11,6%	
Korrelationskoeffizient (Spearman) in der Gesamtgruppe mit der						
relativen Dividenden-änderung (ΔD/P)	r_{Sp} +0,0896 Pr. (Sp) 3,2%	r_{Sp} +0,0877 Pr. (Sp) 17,5%	r_{Sp} +0,0927 Pr. (Sp) 2,7%	r_{Sp} +0,1191 Pr. (Sp) 0,4%	r_{Sp} +0,1074 Pr. (Sp) 1,0%	572
prozentualen Dividenden-änderung (ΔD/D)	r_{Sp} +0,0864 Pr. (Sp) 3,9%	r_{Sp} +0,0467 Pr. (Sp) 26,5%	r_{Sp} +0,0934 Pr. (Sp) 2,5%	r_{Sp} +0,1214 Pr. (Sp) 0,4%	r_{Sp} +0,1139 Pr. (Sp) 0,6%	572

Für die bezeichneten Gruppen wird das arithmetische Mittel der Entwicklung der bereinigten Investitionen [Tabelle 44, Tabelle 45, Gleichung (G-43), Gleichung (G-45)] vor und nach einer Dividendenankündigung angegeben. N = Anzahl der Ereignisse in der Untersuchungsgruppe. Pr. (t/z) ist die Wahrscheinlichkeit, daß die Differenz zwischen gleich null ist (zweiseitige Fragestellung) nach dem t-Test (t) bzw. nach dem Mann-Whitney U-Test (z). r_{Sp} gibt den Rangkorrelationskoeffizienten nach Spearman zwischen der relativen oder prozentualen Dividendenänderung [Gleichung (G-39) oder (G-38)] und der Entwicklung der bereinigten Investitionen an, Pr. (Sp) die Wahrscheinlichkeit, daß dieser gleich null ist (zweiseitige Fragestellung).

Tabelle 97 für Dividendenerhöhung und Tabelle 98 für Dividendenkürzungen differenzieren nun die Entwicklung der bereinigten Investitionen nach dem Marktwert/ Buchwert-Verhältnis. Bei Dividendenerhöhungen ergeben sich vor und nach der Dividendenankündigung in beiden nach der Höhe des Marktwert/Buchwert-Verhältnisses gebildeten Gruppen positive Steigerungen der Investitionen. Diese sind in der Gruppe mit einem hohen Marktwert/Buchwert-Verhältnis vor der Ankündigung niedriger und nach der Ankündigung höher als bei Unternehmen mit einem niedrigem Marktwert/Buchwert-Verhältnis. Signifikant sind diese Unterschiede aber bis auf das zweite Jahr vor der Dividendenerhöhung nicht. Auch die Rangkorrelationskoeffizienten zwischen dem Marktwert/Buchwert-Verhältnis und der Investitionsentwicklung sind bis auf das zweite Jahr vor der Dividendenankündigung nicht signifikant. Nach der Dividendenankündigung zeigt deren Vorzeichen sogar eine andere Richtung des Zusammenhangs (negativer Zusammenhang) an als bei der Gruppenbildung (positive Differenz).

Tabelle 97: Entwicklung der bereinigten Investitionen nach Dividendenerhöhungen.

	2 Jahre vor der Div.-Ankündigung	1 Jahr vor der Div.-Ankündigung	1 Jahr nach der Div.-Ankündigung	2 Jahre nach der Div.-Ankündigung	3 Jahre nach der Div.-Ankündigung	N
Alle Dividendenerhöhungen	1,626%	0,922%	1,646%	3,306%	3,429%	241
Marktwert/Buchwert-Verhältnis niedrig	3,678%	1,742%	1,026%	2,427%	1,913%	100
Marktwert/Buchwert-Verhältnis hoch	0,171%	0,341%	2,085%	3,929%	4,503%	141
Differenz zwischen hohem und niedrigem Marktwert/ Buchwert-Verhältnis	Δ -3,507% Pr. (t) 15,4% Pr. (z) 1,6%	Δ -1,401% Pr. (t) 60,9% Pr. (z) 76,4%	Δ +1,059% Pr. (t) 70,3% Pr. (z) 35,8%	Δ +1,502% Pr. (t) 66,1% Pr. (z) 87,5%	Δ +2,590% Pr. (t) 37,1% Pr. (z) 80,5%	
Korrelationskoeffizient (Spearman)	r_{Sp} -0,1181 Pr. (Sp) 6,7%	r_{Sp} -0,0930 Pr. (Sp) 15,0%	r_{Sp} -0,0185 Pr. (Sp) 77,6%	r_{Sp} -0,0390 Pr. (Sp) 54,7%	r_{Sp} -0,0550 Pr. (Sp) 39,5%	241

Für die bezeichneten Gruppen wird das arithmetische Mittel der Entwicklung der bereinigten Investitionen [Tabelle 44, Tabelle 45, Gleichung (G-43), Gleichung (G-45)] vor und nach einer Dividendenankündigung angegeben. N = Anzahl der Ereignisse in der Untersuchungsgruppe. Pr. (t/z) ist die Wahrscheinlichkeit, daß die Differenz zwischen gleich null ist (zweiseitige Fragestellung) nach dem t-Test (t) bzw. nach dem Mann-Whitney U-Test (z). r_{Sp} gibt den Rangkorrelationskoeffizienten nach Spearman zwischen dem Marktwert/Buchwert-Verhältnis und der Entwicklung der bereinigten Investitionen an, Pr. (Sp) die Wahrscheinlichkeit, daß dieser gleich null ist (zweiseitige Fragestellung).

Tabelle 98: Entwicklung der bereinigten Investitionen nach Dividendenkürzungen.

	2 Jahre vor der Div.-Ankündigung	1 Jahr vor der Div.-Ankündigung	1 Jahr nach der Div.-Ankündigung	2 Jahre nach der Div.-Ankündigung	3 Jahre nach der Div.-Ankündigung	N
Alle Dividendenkürzungen	-3,898%	0,836%	-2,690%	-4,910%	-3,631%	53
Marktwert/Buchwert-Verhältnis niedrig	4,057%	-0,249%	-4,979%	-6,876%	-3,654%	30
Marktwert/Buchwert-Verhältnis hoch	-14,274%	2,252%	0,295%	-2,347%	-3,602%	23
Differenz zwischen hohem und niedrigem Marktwert/ Buchwert-Verhältnis	Δ -18,330% Pr. (t) 18,1% Pr. (z) 73,3%	Δ +2,500% Pr. (t) 60,7% Pr. (z) 43,0%	Δ +5,275% Pr. (t) 15,4% Pr. (z) 7,0%	Δ +4,529% Pr. (t) 45,8% Pr. (z) 29,0%	Δ +0,052% Pr. (t) 99,1% Pr. (z) 61,5%	
Korrelationskoeffizient (Spearman)	r_{Sp} -0,0123 Pr. (Sp) 93,0%	r_{Sp} -0,0307 Pr. (Sp) 82,7%	r_{Sp} +0,2475 Pr. (Sp) 7,4%	r_{Sp} +0,1400 Pr. (Sp) 31,7%	r_{Sp} +0,1214 Pr. (Sp) 38,7%	53

Für die bezeichneten Gruppen wird das arithmetische Mittel der Entwicklung der bereinigten Investitionen [Tabelle 44, Tabelle 45, Gleichung (G-43), Gleichung (G-45)] vor und nach einer Dividendenankündigung angegeben. N = Anzahl der Ereignisse in der Untersuchungsgruppe. Pr. (t/z) ist die Wahrscheinlichkeit, daß die Differenz zwischen gleich null ist (zweiseitige Fragestellung) nach dem t-Test (t) bzw. nach dem Mann-Whitney U-Test (z). r_{Sp} gibt den Rangkorrelationskoeffizienten nach Spearman zwischen dem Marktwert/Buchwert-Verhältnis und der Entwicklung der bereinigten Investitionen an, Pr. (Sp) die Wahrscheinlichkeit, daß dieser gleich null ist (zweiseitige Fragestellung).

VII. Zusammenfassende Diskussion

In diesem Kapitel sollen die gebildeten Hypothesen mit der empirischen Evidenz des vorangegangenen Abschnitts konfrontiert werden. Die Diskussion der Hypothesen folgt dabei wieder der Reihenfolge, wie sie in der Hypothesenbildung gewählt wurde, um so die im vorherigen Abschnitt dargestellten Einzelergebnisse den unterschiedlichen Hypothesen zuzuordnen.

1) Signalhypothese

1a) Zusammenhang zwischen dem Dividendensignal und der Kapitalmarktreaktion

H 1a)	Es besteht ein positiver Zusammenhang zwischen der Kursreaktion auf Dividendenankündigungen und der „unerwarteten“ Dividendenänderung.

Dieser Zusammenhang wird für den deutschen Kapitalmarkt unter Verwendung des naiven Erwartungsbildungsmodells (Abweichung von der Vorjahresdividende) überprüft. Zunächst werden drei Gruppen anhand der Richtung der Dividendenänderung gebildet. Bei 367 Ankündigungen einer positiven Dividendenänderung ergibt sich eine signifikant positive Kursreaktion in Höhe von 0,7% (t_{-1} bis t_0), bei 117 Ankündigungen einer negativen Dividendenänderung eine signifikant negative Kursreaktion in Höhe von -1,7%. Enthält die Ankündigung keine Dividendenänderung, so ist keine signifikante Kursreaktion feststellbar.

Diese drei Gruppen werden anschließend in jeweils zwei Untergruppen unterteilt. Dabei ergeben sich für 336 Dividendenerhöhungen und 436 Dividendenkürzungen jeweils signifikant positive bzw. signifikant negative Kursreaktionen. Diese Kursreaktionen entsprechen den Erwartungen ebenso wie die insignifikant negativen Kursreaktion in den Gruppen einer unveränderten Dividendenzahlung (436 Ankündigungen) und eines wiederholten Dividendenausfalls (77 Ankündigungen). Bei 34 Ankündigungen eines Dividendenausfalls sind mit -2,8% die stärksten Kursreaktionen feststellbar. Nicht den Erwartungen entspricht jedoch die durchschnittlich negative Kursreaktion in der Gruppe der 31 Ankündigung von Dividendeneinführungen. Ein möglicher Grund für diese negative Kursreaktion wird im gewählten Ereigniszeitpunkt vermutet: Bei der Ankündigung der genauen Dividendenhöhe nach einem Dividendenausfall könnte sich diese als Enttäuschung erweisen. Dies würde bedeuten, daß der Markt im Durchschnitt eine höhere Dividendenzahlung erwartet. In diesem Falle bildet das für die Untersuchung gewählte Erwartungsmodell die Dividendenerwartung nicht hinreichend ab. Für die folgenden Untersuchungen wird deshalb die Analyse auf die Gruppen mit

Dividendenerhöhungen und Dividendenkürzungen (sowie in einigen Abschnitten unveränderte Dividendenzahlungen) beschränkt.

Die Analyse der Zeiträume vor und nach der Dividendenankündigung ergibt eine Kursreaktion, wie man sie auf einem semi-informationseffizienten Markt erwartet. Vor der Ankündigung sind in den sechs oben skizzierten Gruppen keine systematischen Kursbewegungen zu erkennen. Nach der Dividendenankündigungen ist bei Dividendenkürzungen und bei Dividendenausfällen auch noch eine negative Kursreaktion feststellbar, die man als eine verzögerte Kursanpassung deuten kann. Für weitere Zeiträume nach der Ankündigung sind dann wiederum keine systematischen Kursbewegungen feststellbar.

Anhand der relativen und der prozentualen Dividendenänderung wird der Zusammenhang mit der Kursreaktion untersucht. Poolt man Dividendenerhöhungen und Dividendenkürzungen, so ergibt sich bei Industrieunternehmen ein signifikant positiver Zusammenhang zwischen der Dividendenänderung und der Kursreaktion. Auch in der Gruppe der Dividendenerhöhungen von Industrieunternehmen ist dieser Zusammenhang signifikant. Bei Dividendenerhöhungen von Finanzunternehmen ist der Zusammenhang insignifikant, bei Dividendenkürzungen von Industrieunternehmen sogar negativ.

Nur die Ergebnisse für Dividendenerhöhungen entsprechen somit den Erwartungen. Dies ist jedoch auch die größte der in dieser Untersuchung gebildeten Gruppen, so daß die für diese Unternehmen gefundenen Ergebnisse auch am aussagefähigsten sind. Der positive Zusammenhang bestätigt vorliegende Ergebnisse zum deutschen Kapitalmarkt von Amihud/Murgia (1997) und Gerke/Oerke/Sentner (1997) und findet sich durchgängig auch in Untersuchungen anderer Kapitalmärkte. Der positive Zusammenhang bleibt weiter auch dann bestehen, wenn man andere Erklärungsfaktoren für die Kursreaktion heranzieht. Auch bei einer Differenzierung der Untersuchungsgruppe nach dem Marktwert/Buchwert-Verhältnis, der Dividendenrendite, der Größe und der Eigentümerstruktur bleibt eine stärker positive Kursreaktion bei stärkeren Dividendensteigerungen bestehen. Auch wenn andere Faktoren Einfluß auf die Kursreaktion bei Dividendenerhöhungen haben, bleibt der Einfluß der Höhe der Dividendenerhöhung somit erhalten.

Der insignifikante Zusammenhang bei 43 Dividendenerhöhungen von Finanzunternehmen widerspricht der Hypothese. Die Einordnung dieses Untersuchungsergebnisses fällt jedoch schwer. Vorliegende Untersuchungen schließen z.T. Finanzunternehmen aus der Untersuchungsgruppe aus oder untersuchen Finanz- und Industrieunternehmen in einer Gruppe.[336)] Vergleichbare Ergebnisse liegen daher nicht vor. Weitere Untersuchungen können hier die Frage klären, ob sich dieses Ergebnis nur aufgrund der kleinen

336) So wohl auch die beiden Untersuchungen zum deutschen Kapitalmarkt von Amihud/Murgia (1997) und Gerke/Oerke/Sentner (1997).

Untersuchungsgruppe ergibt, oder ob sich der fehlende Zusammenhang bei Finanzunternehmen bestätigen läßt.

Auch der negative Zusammenhang bei 75 Dividendenkürzungen von Industrieunternehmen bestätigt nicht die Hypothese. Sie widersprechen auch Ergebnissen von Untersuchungen zum US-amerikanischen Kapitalmarkt, für den sich signifikant positiver Zusammenhang ergibt. Christie (1994) beobachtet jedoch stärker negative Kursreaktionen für hohe Dividendenkürzungen (>40%) als für Dividendenausfälle, wodurch sich eine ähnliche Inkonsistenz ergibt, für die bisher keine Erklärung vorliegt. Die stärker negativen Kursreaktionen bei kleinen Dividendenkürzungen konnten zudem nicht mit dem Informationsverhalten der Unternehmen erklärt werden. Offen muß in dieser Untersuchung die Frage bleiben, ob bei Dividendenkürzungen das naive Erwartungsmodell angemessen ist.

1b) Zusammenhang zwischen der Kapitalmarktreaktion und der signalisierten Eigenschaft

H 1b)	Es besteht ein positiver Zusammenhang zwischen der Kursreaktion auf Dividendenankündigungen und der „unerwarteten" Gewinnentwicklung nach der Ankündigung.

Obwohl die Hypothese zunächst nur Aussagen über die Gewinnentwicklung nach der Dividendenänderung macht, wird zunächst die Entwicklung vor der Änderung analysiert. Bei Ankündigungen, die eine stärker positive Kursreaktion auslösen, zeigt sich in den beiden Jahren zuvor eine bessere Gewinnentwicklung als bei Ankündigungen mit einer schwächeren Kursreaktion. Dieser Zusammenhang wird wohl verursacht durch Ereignisse mit Dividendenkürzungen, denn er ist in der Gruppe, die nur Dividendenerhöhungen enthält, nicht beobachtbar. Eine Erklärung für diesen Zusammenhang ist, daß die Untersuchungsgruppe nicht um zeitgleiche Ankündigungen, z.B. des Gewinns, bereinigt worden ist. Ein Teil der Kursreaktion könnte somit von Gewinnankündigungen verursacht sein, womit sich der positive Zusammenhang zwischen vergangener Gewinnentwicklung erklären läßt. Eine andere Erklärung ist die Komplementarität von Gewinn- und Dividendeninformation. Vergangene Gewinnsteigerungen führen dann zu einer Kurssteigerung, wenn auch eine Dividendenerhöhung erfolgt,[337)] woraus sich dann zum Zeitpunkt der Dividendenankündigung ein positiver Zusammenhang zwischen Kursreaktion und Gewinnentwicklung ergibt.

[337)] Vgl. auch die Argumentationen bei Kane/Lee/Marcus (1984) und Easton (1991).

Die Gewinnentwicklung nach der Dividendenankündigung ist bei den Unternehmen positiver, bei denen eine positivere Ankündigungsreaktion (in t_{-1} bis t_0) erfolgt ist. Die Korrelation zwischen der nachfolgenden Gewinnentwicklung ist im zweiten und dritten Jahr nach der Ankündigung signifikant positiv. Diese Ergebnisse lassen sich tendenziell auch für eine eingeschränkte Gruppe nur mit Dividendenerhöhungen und bei Verwendung eines einfachen Cash Flows bestätigen. Dagegen verlieren die Zusammenhänge für den Zeitraum t_{-2} bis t_1 ihre Signifikanz und kehren sich teilweise um.

Der positive Zusammenhang zwischen der Kursreaktion und der nachfolgenden Gewinnentwicklung bestätigt die aufgestellte Hypothese. Er impliziert, daß in der Kapitalmarktreaktion die Gewinnentwicklung in der Zukunft bewertet wird, wie dies die theoretischen Signalmodelle voraussagen.

Dieser Zusammenhang wird jedoch auf dem US-amerikanischen Kapitalmarkt von Benartzi/Michaely/Thaler (1997) nicht bestätigt. Über die Ursachen dieser Unterschiede lassen sich nur Überlegungen anstellen. In dieser Arbeit wird die Korrelation zwischen Kursreaktion und Gewinnentwicklung betrachtet, die in der Arbeit von Benartzi/Michaely/Thaler (1997) nicht berechnet wird. Auch wird der Test bei einem Vergleich zweier Gruppen unterschiedlich konstruiert. Somit muß zunächst offen bleiben, ob die unterschiedlichen Ergebnisse auf die unterschiedliche Methodik beider Untersuchung zurückzuführen sind, oder unterschiedliche Zusammenhänge auf beiden Kapitalmärkten widerspiegeln.

1c) Zusammenhang zwischen dem Signal und der signalisierten Eigenschaft

H 1c)	Es besteht ein positiver Zusammenhang zwischen der „unerwarteten" Dividendenänderung und der „unerwarteten" Gewinnentwicklung nach der Ankündigung.

Auch in diesem Untersuchungsschritt wird zunächst die Gewinnentwicklung in den beiden Jahren vor der Dividendenankündigung analysiert. Die durchweg signifikant positiven Korrelationen zwischen der Gewinnentwicklung (bzw. der Entwicklung des Cash Flow) und der Dividendenänderung spiegeln die Ergebnisse wieder, die bei Schätzungen des Modells von Lintner (1956) auch für den deutschen Kapitalmarkt erzielt werden. Diese Ergebnisse waren daher zu erwarten.

Nach der Dividendenentscheidung ist kein signifikanter Zusammenhang zwischen der Gewinnentwicklung und der Dividendenänderung mehr zu beobachten. Zwar sind die Korrelationen zwischen Gewinnentwicklung und Dividendenänderung in der überwiegenden Anzahl der Fälle positiv, jedoch nicht signifikant. Dies gilt auch, wenn man die Untersuchungsgruppe beschränkt, um die Verzerrung, die durch den Anstieg der Gewinne nach Dividendenkürzungen entsteht, zu vermeiden.

Die Untersuchungsergebnisse können die aufgestellte Hypothese nicht bestätigen. Dies entspricht bisherigen Ergebnissen zum US-amerikanischen Kapitalmarkt, für den Benartzi/Michaely/Thaler (1997) ebenfalls keinen Zusammenhang zwischen Dividendenänderung und nachfolgender Gewinnentwicklung nachweisen können.

Die Überprüfung dieses Zusammenhanges eröffnet Ansatzpunkte für die weitere Forschung. Bekannt ist der Zusammenhang zwischen vergangener Gewinnentwicklung und der Dividendenentscheidung. Daher läßt sich das Dividendensignal nur noch unzureichend durch das naive Erwartungsmodell abbilden, aber immerhin noch so gut, daß sich auch ein Zusammenhang mit der Kursreaktion nachweisen läßt. Einen Zusammenhang mit der nachfolgenden Gewinnentwicklung in den Daten nachzuweisen dürfte allein deshalb schwieriger sein, weil die Varianz der Gewinnänderungen über mehrere Jahre höher ist als die der Kursreaktion. Verbesserungen in der Abbildung der Erwartungen und in der Bereinigung der Gewinne können hier Ansätze sein. Auch mit einer größere Untersuchungsgrupe ließen sich stabilere Ergebnisse erzielen. Dieser Ansatz steht allerdings im Gegensatz zu einer Verbesserung der Methodik, für die häufig eher mehr Daten über einzelne Ereignisse benötigt werden, was wiederum die Untersuchungsgruppe einschränkt. Auch gelingt es Benartzi/Michaely/Thaler (1997) mit ihrer deutlich größeren Untersuchungsgruppe nicht, den von der Hypothese postulierten Zusammenhang nachzuweisen.

2) Free Cash Flow-Hypothese

2a) Zusammenhang zwischen der unerwarteten Dividendenänderung und der Kursreaktion wird in Abhängigkeit von den Investitionsmöglichkeiten

H 2a)	Bei Dividendenerhöhungen besteht ein negativer Zusammenhang zwischen den Investitionsmöglichkeiten des Unternehmens (Marktwert/Buchwert-Verhältnis) und der Kursreaktion. Bei Dividendenkürzungen ist dieser Zusammenhang positiv.

Abschnitt VI.3. hat den Zusammenhang zwischen den Investitionsmöglichkeiten der Unternehmen und der Kapitalmarktreaktion auf Dividendenankündigungen für deutsche Industrieunternehmen untersucht. Dabei ergibt sich für Dividendenerhöhungen eine insignifikant negativer Zusammenhang und bei Dividendenkürzungen ein signifikant negativer Zusammenhang. Diese Ergebnisse können daher die gebildete Hypothese nicht bestätigen.

US-amerikanische Untersuchungsergebnisse schienen zunächst einen Zusammenhang zwischen den Investitionsmöglichkeiten und der Kapitalmarktreaktion zu bestätigen.[338] Unter Beachtung anderer Einflußfaktoren (insbesondere der Höhe der Dividendenänderung und der Dividendenrendite), für die sich ein Zusammenhang mit der Kursreaktion zeigen läßt, verschwindet dieser Zusammenhang jedoch wieder.[339] Für den deutschen Kapitalmarkt lassen sich die Zusammenhänge mit der Dividendenänderung und der Dividendenrendite ebenfalls nachweisen. Danach haben Unternehmen mit einem hohen Marktwert/Buchwert-Verhältnis eine signifikant niedrigere Dividendenrendite. Bei Dividendenerhöhungen ist der Zusammenhang zwischen dem Marktwert/Buchwert-Verhältnis und der Höhe der Dividendenänderung signifikant negativ, bei Dividendenkürzungen signifikant positiv. Diese Zusammenhänge entsprechen damit den Erwartungen. Unternehmen mit guten Investitionsmöglichkeiten schütten weniger aus und erhöhen ihre Dividende weniger als Unternehmen mit schlechten Investitionsmöglichkeiten.

Für das Marktwert/Buchwert-Verhältnis als Proxi der Investitionsmöglichkeiten eines Unternehmens lassen sich somit die erwartete Zusammenhänge zur Dividendenrendite und zur Höhe der Dividendenänderung nachweisen. Eine Beziehung zur Kursreaktion besteht jedoch nicht. Ein Grund hierfür könnte sein, daß kein Free Cash Flow-Problem bei den untersuchten Unternehmen besteht. Der positive Zusammenhang zwischen Dividendenrendite und dem Marktwert/Buchwert-Verhältnis deutet genau darauf hin. Unternehmen mit schlechten Investitionsmöglichkeiten nehmen bereits höhere Ausschüttungen vor und entziehen somit dem Management Finanzmittel für Investitionsprojekte mit negativem Kapitalwert. Ein Zusammenhang mit der Kursreaktion auf Dividendenankündigungen wird man in diesem Fall nicht erwarten.

2b) Zusammenhang zwischen der unerwarteten Dividendenänderung und der Entwicklung der Investitionen

> H 2b) Bei Dividendenerhöhungen besteht ein positiver Zusammenhang zwischen den Investitionsmöglichkeiten des Unternehmens (Marktwert/Buchwert-Verhältnis) und der Entwicklung der Investitionen.

Abschnitt VI.8. analysiert die Entwicklung der Investitionen nach Dividendenankündigungen. Dabei zeigt sich zunächst, daß sich nach Dividendenerhöhungen auch Steigerungen der Investitionen beobachten lassen, nach Dividendenkürzungen

338) Vgl. die Untersuchungen von Lang/Litzenberger (1989); John/Lang (1991) in Abschnitt IV.1.3.5.

339) Vgl. die Untersuchungen von Denis/Denis/Sarin (1994); Yoon/Starks (1995) in Abschnitt IV.1.3.5.

Verminderungen der Investitionen. Dividendenentscheidungen signalisieren damit offenbar Investitionsentscheidungen, die in die gleiche Richtung wie die Dividendenänderung gehen, obwohl sie in der Budgetgleichung des Unternehmens alternative Verwendungsmöglichkeiten für Finanzmittel des Unternehmens darstellen. Schon diese Zusammenhänge stellen keine Bestätigung der Free Cash Flow Hypothese dar.

Differenziert man die Investitionsentwicklung nach Dividendenerhöhungen und Dividendenkürzungen durch Industrieunternehmen mit Hilfe des Marktwert/Buchwert-Verhältnisses, so ergeben sich keine signifikanten Unterschiede zwischen Unternehmen mit guten und schlechten Investitionsmöglichkeiten. Zwar zeigt sich bei Unternehmen mit einem hohen Marktwert/Buchwert-Verhältnis stets eine bessere Entwicklung der Investitionen (auf Dividendenerhöhung ist die Steigerung stärker als bei Unternehmen mit niedrigem Marktwert/Buchwert-Verhältnis und nach Dividendenkürzungen die Kürzung weniger stark), jedoch sind die Unterscheide nicht signifikant.

Untersuchungen zum US-amerikanischen Kapitalmarkt nehmen keine Signifikanztests auf Unterschiede in der Investitionsentwicklung vor.[340)] Auch sie stellen jedoch nach Dividendenerhöhungen eine Zunahme der Investitionen fest, nach Dividendenkürzungen eine Verminderung der Investitionen. Dabei unterscheidet sich die Höhe der Änderung der Investitionen in Abhängigkeit von Tobins Q bei Dividendenerhöhungen betragsmäßig nicht stark, bei Dividendenkürzungen liegen uneinheitliche Untersuchungsergebnisse vor. Die Ergebnisse zum deutschen Kapitalmarkt deuten darauf hin, daß sich hier keine signifikanten Unterschiede feststellen ließen.

Für eine Relevanz der in den Hypothesen 2a) und 2b) formulierten Free Cash Flow-Hypothese lassen sich damit aus dem empirischen Datenmaterial mit den in dieser Untersuchung verwendeten Methoden keine Hinweise finden. Die im Marktwert/ Buchwert-Verhältnis abgebildeten Investitionsmöglichkeiten haben weder Einfluß auf die Kursreaktion noch auf die Investitionsentwicklung nach der Dividendenentscheidung.

Bei der in dieser Untersuchung vorgenommenen Test der Free Cash Flow-Hypothese handelt es sich um einen Test verbundener Hypothesen. Die fehlende Evidenz für die Free Cash Flow-Hypothese kann daher auch Ursache ihrer Operationalisierung sein. Insbesondere die Abbildung der Investitionsmöglichkeiten im Marktwert/Buchwert-Verhältnis ist hier kritisch zu betrachten. Da sich jedoch ökonomisch begründbare Zusammenhänge zwischen dem Marktwert/Buchwert-Verhältnis und z.B. der Dividendenrendite feststellen lassen, deutet dies auf eine Verwendbarkeit des Marktwert/ Buchwert-Verhältnisses als Proxy für Investitionsmöglichkeiten hin. Die Ergebnisse sind

---

340) Vgl. die Untersuchungen von Denis/Denis/Sarin (1994); Yoon/Starks (1995) in Abschnitt IV.2.2.

dann eher auf einen fehlenden Zusammenhang mit der Kursreaktion zurückzuführen als auf die Mängel in der Operationalisierung der Hypothese.

3) Steuerhypothese

H 3)	Nach dem Steuerklientelmodell besteht bei Dividendenerhöhungen ein positiver Zusammenhang zwischen der Dividendenrendite und der Kursreaktion. Bei Dividendenkürzungen ergibt sich ein negativer Zusammenhang.

Der Zusammenhang zwischen der Dividendenrendite und der Kursreaktion auf die Ankündigung einer Dividendenänderung entsteht dadurch, daß die Aktionäre eines Unternehmens eine unterschiedliche steuerliche Belastung von Dividendenzahlung und Kursgewinnen haben. Diese Unterschiede lassen sich auch für Investoren im deutschen Steuersystem zeigen.

Die Ergebnisse der empirischen Überprüfung dieser Hypothese in Abschnitt VI.4. geben keinen Anhaltspunkt für einen Zusammenhang zwischen Dividendenrendite und Kursreaktion im Sinne der Hypothese. Die Richtung des empirisch feststellbaren Zusammenhangs ist bei der Ankündigung von Dividendenerhöhungen von Industrie- und Finanzunternehmen insignifikant negativ und entspricht damit nicht der Hypothese. Bei Dividendenkürzungen von Industrieunternehmen ist der Zusammenhang insignifikant positive und entspricht somit ebenfalls nicht der Hypothese.

In Abschnitt VI.6. wurde die Dividendenrendite in Abhängigkeit von der Eigentümerstruktur des Unternehmens untersucht. Hierbei ergibt sich eine signifikant höhere Dividendenrendite für Unternehmen, die als managerkontrolliert eingestuft wurden. Diese Unternehmen weisen einen höheren Anteil privater Investoren als eigentümerkontrollierte Unternehmen. In- und ausländische Kleinaktionäre mit einem niedrigen Steuersatz sind im Gegensatz zu anderen Kapitalgesellschaften, die Anteile an einer Kapitalgesellschaft halten, die Gruppen, die eine Dividendenzahlung einer Thesaurierung vorziehen. Der festgestellte Einfluß der Eigentümerstruktur auf die Dividendenrendite entspricht somit dem Steuerklientelmodell.

US-amerikanischen Untersuchungen bestätigen – im Gegensatz zu den hier vorgestellten Untersuchungsergebnissen – den in der Hypothese formulierten Zusammenhang.[341)] Um zu klären, ob die Untersuchungsergebnisse zum deutschen Kapitalmarkt

---

341) Vgl. Abschnitt IV.1.3.7., insbesondere die Untersuchungen von Bajaj/Vijh (1990); Denis/Denis/Sarin (1994); Yoon/Starks (1995).

denen für den US-amerikanischen Kapitalmarkt widersprechen, wird man jedoch zuvor klären müssen, wie stark der Klienteleffekt in beiden Steuersystemen ist. Dies hängt zum einen von der Ausgestaltung des Steuersystems ab, das einen Einfluß auf die relative Vorteilhaftigkeit von Dividenden und Kursgewinnen hat. Zum anderen hat auch die Bedeutung unterschiedlicher Anteilseignergruppen auf den beiden Kapitalmärkten Einfluß auf das Feststellbarkeit eines Klienteleffekts. Der für den deutschen Kapitalmarkt nicht feststellbare Zusammenhang könnte daher durch eine geringere Differenz zwischen in der Besteuerung von Kursgewinnen und Dividenden für verschiedene Anteilseignergruppen verursacht sein.

4) Informationshypothesen

4a) Unterschiedliche Kursreaktionen bei Dividendenankündigungen durch Finanzunternehmen.

H 4a) Dividendenankündigungen regulierter Finanzunternehmen weisen gegenüber Dividendenankündigungen von Industrieunternehmen einen höheren Informationsgehalt auf. Bei Finanzunternehmen ist daher eine stärker positive (negative) Kursreaktion auf die Ankündigung einer Dividendenerhöhung (-kürzungen) zu erwarten als bei Industrieunternehmen.

Die Trennung zwischen Industrie- und Finanzunternehmen für die Untersuchung wurde in der empirischen Untersuchung vorgenommen bevor die einzelnen Einflußfaktoren auf die Kursreaktion auf Dividendenankündigungen (Dividendenänderung, Marktwert/ Buchwert-Verhältnis, Dividendenrendite, Unternehmensgröße und Eigentümerstruktur) untersucht wurden. Die Trennung hatte dabei neben der formulierten Hypothese zusätzlich noch einen „untersuchungsökonomischen" Hintergrund. Sie wurde vorgenommen, um Ergebnisse getrennt für Industrie- und Finanzunternehmen zu erhalten. Diese lassen sich besser mit US-amerikanischen Untersuchungen vergleichen, die einen Ausschluß regulierter Unternehmen vornehmen. Außerdem sind damit die Untersuchungsergebnisse zum Einfluß des Marktwert/Buchwert-Verhältnisses, die nur für Industrieunternehmen vorliegen, mit denen der übrigen Einflußfaktoren vergleichbar.

Die Ergebnisse in Abschnitt VI.1.3. können die Hypothese nicht bestätigen. Finanzunternehmen weisen eine stärker negative Kursreaktion auf die Ankündigung von Dividendenerhöhungen auf, bei Dividendenkürzungen ist die Kursreaktion weniger stark negativ. Diese Untersuchungsergebnisse widersprechen somit auch den für den US-amerikanischen Kapitalmarkt erzielten Ergebnissen.[342)]

Der Ursache dieses nicht erwarteten Ergebnisses wurde in dieser Untersuchung nicht nachgegangen. Insbesondere wurde nicht berücksichtigt, inwiefern andere Einflußfaktoren diesen Unterschied erklären können. Als Beispiele hierfür kann die Unternehmensgröße dienen. Finanzunternehmen sind im Durchschnitt größer als Finanzunternehmen.[343)] Die Unternehmensgröße verzerrt die Kursreaktion jedoch gegen null. Die unerwartete Differenz der Kursreaktionen zwischen Industrie- und Finanzunternehmen ließe sich z.B. auf unterschiedliche Unternehmensgrößen der betrachteten Unternehmen zurückzuführen.

---

342) Vgl. Abschnitt IV.1.3.3., insbesondere die Untersuchungen von Aharony/Falk/Swary (1988); Bessler/Nohel (1996).

343) Vgl. Tabelle 35 (S. 184) und Tabelle 36 (S. 186) in Abschnitt V.4.2.

Ob sich bei Beachtung dieses Einflusses die Hypothese bestätigen ließe, bleibt in dieser Arbeit offen.

4b) Unterschiedliche Kursreaktionen in Abhängigkeit von der über ein Unternehmen verfügbaren Informationsmenge

H 4b)	Dividendenankündigungen kleiner Unternehmen haben einen höheren Informationsgehalt als Dividendenankündigungen großer Unternehmen. Dies wirkt sich in einer stärker positiven (negativen) Kursreaktion auf die Ankündigung einer Dividendenerhöhungen (-kürzung) aus.

Abschnitt VI.4. untersucht diese Hypothese. Dabei ergibt sich in der Gruppe der Dividendenerhöhungen von Industrieunternehmen ein signifikant negativer Zusammenhang zwischen der Unternehmensgröße und der Kursreaktion, der somit die Hypothese bestätigen kann. Diese Ergebnisse bestätigen damit Untersuchungen zum US-amerikanischen Kapitalmarkt, die für Dividendenankündigungen diesen Zusammenhang ebenfalls ermitteln können.

Auf dem deutschen Kapitalmarkt wurde diese Hypothese bisher nicht anhand von Dividendenankündigungen untersucht. Zu ihrer Bestätigung lassen sich aber ebenfalls Untersuchungen zu Ankündigung anderer Ereignisse heranziehen, auf die sich die Informationshypothese ebenfalls übertragen läßt. So wurde die Informationshypothese auf dem deutschen Kapitalmarkt unter anderem für Finanzierungsereignisse (Kapitalerhöhungen, Begebung von Optionsanleihen) sowie für Kapitalerhöhungen aus Gesellschaftsmitteln untersucht. Für die Finanzierungsereignisse Kapitalerhöhung[344)] und Begebung einer Optionsanleihe[345)] zeigen vorliegende Untersuchungen ebenfalls einen negativen Einfluß der Unternehmensgröße auf die Kursreaktion. Für die Ankündigung von Kapitalerhöhungen aus Gesellschaftsmitteln bestätigen die Untersuchungen von Gebhardt/ Entrup/Heiden (1994) und Padberg (1996) die Bedeutung von Informationseffekten.[346)]

Ein signifikanter Zusammenhang besteht zwischen der Unternehmensgröße und der Eigentümerstruktur des Unternehmens. Die durchschnittliche Unternehmensgröße der Ereignisse in der Gruppe mit managerkontrollierten Unternehmen (Unternehmen mit einem Streubesitzanteil größer als 50%) ist höher als in der Gruppe mit eigentümerkontrollierten Unternehmen (Unternehmen mit sind Streubesitzanteil kleiner als 50%).

---

344) Vgl. Padberg (1996), S. 337 – 341 und Heiden/Gebhardt/Burkhardt (1997), S 57 - 61.

345) Vgl. Gebhardt/Entrup (1993), S. 11f. und Entrup (1995), S, 173 - 178.

346) Vgl. Gebhardt/Entrup/Heiden (1994), S. 325 - 327 und Padberg (1996), S. 372 - 375.

Untersucht man den Einfluß der Unternehmensgröße in den Gruppen mit manager- und eigentümerkontrollierten Unternehmen separat, so bleibt jedoch ein signifikanter Unterschied der Kursreaktion zwischen großen und kleinen Unternehmen bestehen. Damit kann gezeigt werden, daß der in der Hypothese formulierte Einfluß der Unternehmensgröße unabhängig von einem Kontrolleffekt ist.

Ein signifikanter Zusammenhang zwischen der Unternehmensgröße und der Kursreaktion läßt sich in dieser Untersuchung jedoch nicht für Dividendenkürzungen bei Industrieunternehmen und Dividendenerhöhungen bei Finanzunternehmen nachweisen. Untersuchungen zum US-amerikanischen Kapitalmarkt finden allerdings auch für diese Ereignisse einen signifikanten Einfluß der Unternehmensgröße.[347)] Der insignifikante Zusammenhang in diesen beiden Gruppen muß somit überraschen. Als Erkärungsmöglichkeit kann man darauf hinweisen, daß sich für diese beiden Gruppen kaum sinnvoll interpretierbare Untersuchungsergebnisse finden lassen, so daß bei der Interpretation der Untersuchungsergebnisse der Schwerpunkt auf die (zudem größte) Untersuchungsgruppe mit den Dividendenerhöhungen durch Industrieunternehmen gelegt werden sollte. Hier bestätigen die Untersuchungsergebnisse die Informationshypothese 4b).

4c) Unterschiedliche Kursreaktionen in Abhängigkeit von der Eigentümerstruktur des Unternehmens.

H 4c)	Dividendenankündigungen weisen bei managerkontrollierten Unternehmen einen anderen Informationsgehalt auf als bei eigentümerkontrollierten Unternehmen. Verliert die Dividendenpolitik bei einer Existenz eines Großaktionärs ihre Funktion als Informationsinstrument, so weisen Dividendenankündigungen eigentümerkontrollierten Unternehmen eine weniger starke Kursreaktion auf als Dividendenankündigungen managerkontrollierter Unternehmen. Trägt die Dividendenpolitik zur Lösung eines Konflikts zwischen Großaktionär und Kleininvestoren bei, so ist auch bei eigentümerkontrollierten Unternehmen eine positive (negative) Kursreaktion bei der Ankündigung einer Dividendenerhöhungen (-kürzung) zu erwarten.

Die Untersuchung dieser Hypothese beruht auf einer (relativ einfachen) Klassifizierung der Unternehmen nach deren Streubesitzanteil. Trotz dieser einfachen Klassifizierung zeigen sich bei Dividendenerhöhungen von Industrieunternehmen signifikante Unterschiede in Abhängigkeit von der Eigentümerstruktur. Bei eigentümerkontrollierten

347) Vgl. die Untersuchungen von Bessler/Nohel (1996) in Tabelle 12.

Unternehmen ist die Kursreaktion signifikant stärker als bei managergeleiteten Unternehmen. Dies ist als Bestätigung des zweiten Teils der Hypothese zu werten, nach der die Dividende einen Beitrag zur Lösung des Konflikts zwischen Groß- und Kleinaktionären leisten kann. Mit einer Dividendenerhöhung ist eine stärkere Partizipation der Kleinaktionäre am Erfolg des Unternehmens verbunden. Hierauf reagiert der Kapitalmarkt bei eigentümerkontrollierten Unternehmen stärker positiv als bei managerkontrollierten Unternehmen, bei denen dieser Konflikt nicht (so stark) auftritt. Dieses Ergebnis ist unabhängig von der Größe des Unternehmens, die mit der Eigentümerstruktur stark korreliert und selbst einen signifikanten Einfluß auf die Kursreaktion hat.

Bei managergeleiteten Unternehmen zeigt sich eine signifikant niedrigere Kursreaktion auf Dividendenerhöhungen. Außerdem ist bei diesen Unternehmen kein Einfluß der Höhe der Dividendenerhöhung auf die Kursreaktion feststellbar. Diese beiden empirischen Befunde widersprechen dem ersten Teil der Hypothese 4c). Hypothese 4c) leitet sich aus der Signaleigenschaft der Dividende ab, die schwerpunktmäßig in Hypothese 1) formuliert wurde. Die bei der Untersuchung des Einflusses der Eigentümerstruktur erzielten Ergebnisse können somit die Signaleigenschaft der Dividende nicht bestätigen. In der Situation, in der der Dividende ein geringerer Informationsgehalt zukommen sollte (Kontrolle durch Großaktionäre) ergibt sich entgegen der Hypothese eine stärkere Kursreaktion.

Zusammenfassend läßt sich für die drei formulierten Informationshypothesen folgendes feststellen. Der empirische Gewinn einer Trennung zwischen Industrie- und Finanzunternehmen ist nicht bedeutsam. Größeneffekte als Ausdruck für die Bedeutung der vorhandenen Informationsmenge und die Betrachtung der Eigentümerstruktur spielen dagegen eine wichtige Rolle bei der Interpretation von Kapitalmarktreaktionen. Trotz der oben dargestellten Untersuchungsergebnisse, die im Einklang mit den aufgestellten Hypothesen stehen, fehlen noch Bausteine zur empirischen Absicherung beider Hypothesen. Forschungsbedarf besteht so für die in dieser Arbeit nur postulierte Beziehung zwischen Unternehmensgröße und verfügbarer Informationsmenge und zwischen Eigentümerkontrolle und der „Ausbeutung" der Kleinaktionäre zugunsten kontrollierender Großaktionäre. Während zum Verhältnis von Unternehmensgröße und Arbeiten für den US-amerikanischen Kapitalmarkt vorliegen,[348)] fehlen hier entsprechende Untersuchungen zum deutschen Kapitalmarkt. Inwiefern sich das Verhältnis zwischen unterschiedlichen Aktionärsgruppen nach einer Dividendenerhöhung ändert, bleibt auch eine für den US-amerikanischen Kapitalmarkt noch zu untersuchende Fragestellung.

---

348) Vgl. die Untersuchungen in Carvell/Strebel (1987) und Brennan/Hughes (1991).

Abschließende Einordung der Untersuchungsergebnisse

Gegenstand dieser Arbeit war die Untersuchung von Dividendenentscheidungen deutscher Aktiengesellschaften. Dividendenentscheidungen sind als Entscheidungen über die Verteilung des in dem Unternehmen erwirtschafteten Gewinns wichtige Entscheidungen. Ihre Bedeutung spiegelt sich in der Praxis darin wieder, daß Dividendenentscheidungen auf oberster Unternehmensführungsebene getroffen werden. In der Theorie läßt sich ihre Bedeutung sowohl an dem großen Forschungsinteresse als auch an der Wirkung einiger Arbeiten im Zusammenhang mit Dividendenentscheidungen ablesen. Empirisch wird dies durch die auch in dieser Arbeit nachgewiesenen Kursreaktionen auf Dividendenentscheidungen deutscher Aktiengesellschaften bestätigt.

Dabei ist die Dividendenentscheidung selbstverständlich nur ein Ereignis unter vielen die den Marktwert eines Unternehmens beeinflussen. Von Investitions- und Finanzierungsentscheidungen wird ebenfalls angenommen, daß sie einen Einfluß auf den Wert eines Unternehmens, von wertbestimmenden Faktoren wie dem Markterfolg der Produkte des Unternehmens, der Fähigkeit, diese kostenoptimal zu produzieren, und weiteren Faktoren, die auch exogen gegeben sein können und sich ohne Einfluß der Unternehmung ändern können, abgesehen.

Diese Arbeit analysiert isoliert die Dividendenentscheidung und ihren Einfluß auf den Marktwert des Unternehmens. Sie bedient sich dabei der Technik der Ereignisstudie, die es erlaubt, die Wirkungen solcher, genau definierter Entscheidungen zu messen. Unter den Prämissen der Ereignisstudie ist es damit zunächst möglich, die Wirkung auf solche isolierbaren / isolierte Ereignisse zu quantifizieren. Die Aussagefähigkeit der Ereignisstudie nimmt dabei zu, je „genauer" das Ereignis definiert ist. Genauigkeit zu erzielen „lohnt" sich daher in der Ereignisstudie zum einen im Hinblick auf die zeitliche Dimension. Für Ereignisse, bei denen sich der Ereigniszeitpunkt genau bestimmen läßt, wie z.B. für Dividendenentscheidungen, ist die Anwendung einer Ereignisstudie als Methode angemessener als für Ereignisse, bei denen der Ereigniszeitpunkt schwieriger zu definieren ist. So ist selbst bei Akquisitionsentscheidungen als Beispielfall für eine Investitionsentscheidung die Bestimmung eines Ereigniszeitpunktes problematisch. Außerdem erzielt man in der Ereignisstudie durch die Verwendung kürzerer Renditeintervalle (tägliche statt monatliche Renditen) Vorteile. Zum anderen erhöht die genauere sachliche Abgrenzbarkeit eines Ereignisses die Aussagefähigkeit der Ereignisstudie. Je homogener die in eine Untersuchungsgruppe einbezogenen Ereignisse sind, desto besser lassen sich die gewonnen Untersuchungsergebnisse interpretieren. Als Beispiel sei hier die in empirischen Untersuchungen zu Kapitalerhöhungen festgestellte Abhängigkeit der Kursreaktion von der Art der Begebung der neuen Aktien zu nennen.

Bei dem Versuch, eine möglichst homogene Untersuchungsgruppe abzugrenzen, stößt jede Ereignisstudie an die Grenzen der Unterschiedlichkeit von ökonomischen Situationen, in denen sich reale Unternehmen befinden. Die Genauigkeit, die diese Arbeit versucht, in die Definition ihres Ereignisses und ihrer Untersuchungsgruppen zu legen, immunisiert die Untersuchungsergebnisse daher gegen Einwände, bei einer „besseren" Definition (einem „genaueren" Hinsehen) ließen sich andere Untersuchugsergebnisse erzielen. Dies gilt unabhängig von der Art des erzielten Ergebnisses, d.h. ob eine Hypothese verworfen werden mußte oder in der Untersuchung bestätigt werden konnte. Dies gilt selbstverständlich nur mit der Einschränkung, daß Weiterentwicklungen der verwendeten Methoden bzw. sachgerechtere Untersuchungsansätze die Ergebnisse dieser Arbeit relativieren. Ziel bei der hier verwendeten Vorgehensweise war es aber stets, die Ergebnisse nicht durch die Anwendung „überholter", „unangemessener" Methoden leicht angreifbar werden zu lassen.

Angesichts des Versuches, einen methodisch hohen Standard in der empirischen Untersuchung zu gewährleisten, stellt sich die Frage, wie negative (im Sinne nicht-signifikanter) Untersuchungsergebnisse zu werten sind. Eine eindeutige Antwort auf diese Frage wird an der Tatsache scheitern, daß es sich auch bei noch so sorgfältiger Anwendung empirischer Methoden in dieser Arbeit um einen Test verbundener Hypothesen handelt. Man wird daher nur auf Einschätzungen zurückgreifen können, wenn man die Frage nach der Ursachenzuordnung auf unzureichende empirische Methoden oder Schwächen der Theorie versucht zu beantworten.

Stärke der Ereignisstudie ist es, die Wirkung auf gut isolierbare Ereignisse zu quantifizieren. Bestätigungen aufgestellter Hypothesen (signifikante Ergebnisse) ließen sich insbesondere für Dividendenerhöhungen von Industrieunternehmen und die Hypothesen zum Einfluß des Ausmaßes der Dividendenerhöhung, der Größe des Unternehmens und des Einflusses der Eigentümerstruktur gewinnen. Bei diesen Hypothesen lassen sich Einflußgrößen sehr plausibel ableiten, die im Zeitablauf wenig veränderlich sind. Dagegen ist die Operationalisierung der Investitionsmöglichkeiten durch Marktwert/Buchwert-Verhältnis oder des Einflusses steuerlicher Gegebenheiten durch die Dividendenrendite jeweils nur eine „schwache" Operationalisierung der zugrundeliegenden theoretischen Überlegungen. Die komplexen Zusammenhänge zwischen den Investitionsmöglichkeiten eine Unternehmens bzw. zwischen der steuerlichen Situation der Investoren und der Dividendenentscheidung werden durch diese Kennzahlen schlechter erfaßt also etwa die Eigentümerstruktur oder die Unternehmensgröße. Zu diesen Hypothesen lassen sich in der empirischen Untersuchung keine signifikanten Ergebnisse erzielen. Eine empirische Bestätigung dieser Hypothesen scheitert hier an der Erfassung der tatsächlichen ökonomischen Situation, in der die Dividendenentscheidung stattgefunden hat. Damit ist die Bestätigung dieser Hypothesen durch die Anwendung anderer Untersuchungsansätze nicht ausgeschlossen, andernfalls stellen die hier gefundenen empirischen Ergebnisse ein

Argument zur Ablehnung der Relevanz dieser theoretischen Erklärungsansätze in der Praxis dar.

Diese Einschätzung der gefundenen Untersuchungsergebnisse ergibt, daß die hier gefundenen signifikanten Untersuchungsergebnisse zum Einfluß des Ausmaßes der Dividendenerhöhung, des Einflusses der Eigentümerstruktur und Unternehmensgröße stärker zu bewerten sind als die nicht signifikanten Untersuchungsergebnisse beim Einfluß von Dividendenrendite und Marktwert/Buchwert-Verhältnis. Da bereits der Einfluß des Marktwert/Buchwert-Verhältnisses auf die Kursreaktion nicht signifikant war, zeigt sich konsequenterweise auch kein Zusammenhang mit der Entwicklung der Investitionen. Dies Einschätzung gilt, nicht weil signifikante Ergebnisse für den Forscher wichtiger sind als nicht-signifikante, sondern weil die verwendete Methodik diesen Schluß nahelegt.

Am schwierigsten fällt dagegen die Einordnung der Ergebnisse zu den Signalhypothesen. Der positive Zusammenhang zwischen der Kursreaktion und der nachfolgenden Gewinnentwicklung ist ein Bestätigung für die aufgestellte Hypothese, daß der Kapitalmarkt in der Kapitalmarktreaktion auf die Dividendenentscheidung die zukünftige Gewinnentwicklung korrekt bewertet. Dagegen fehlt es an dem postulierten Zusammenhang zwischen Dividendenänderung und nachfolgender Gewinnentwicklung. Zwar lassen sich nur zwei von drei aus den theoretischen Überlegungen abgeleitete Hypothesen empirisch bestätigen, jedoch läßt sich die Signalhypothese als theoretisch gut begründet bezeichnen. Solange sich nicht alternative Erklärungsansätze mit einer „sauberen" theoretischen Begründung finden lassen, die diese empirischen Beobachtung ebenfalls erklären, bleibt jedoch die Signalhypothese ein wichtiger Erklärungsansatz für die Deutung der Kursreaktion auf Dividendenankündigungen.

Anhang

Tabelle 99 (vgl. Tabelle 59 im Text):
Einfluß von Marktwert/Buchwert-Verhältnis und prozentualer Dividendenerhöhung auf die Kursreaktion bei Industrieunternehmen.

	Marktwert/Buchwert-Verhältnis niedrig		Marktwert/Buchwert-Verhältnis hoch		Differenz zwischen niedrigem und hohem Marktwert/ Buchwert-Verhältnis
	Ø	N	Ø	N	
Kleine prozentuale Dividendenerhöhung (ΔD/D)					
Kursreaktion in t_{-1} bis t_0	1,096%	36	0,196%	79	Δ -0,900% Pr. (t) 7,9% Pr. (z) 21,6%
Kursreaktion in t_{-2} bis t_1	1,402%	36	0,073%	79	Δ -1,330% Pr. (t) 6,4% Pr. (z) 16,7%
Große prozentuale Dividendenerhöhung (ΔD/D)					
Kursreaktion in t_{-1} bis t_0	0,976%	64	0,874%	62	Δ -0,102% Pr. (t) 82,8% Pr. (z) 65,4%
Kursreaktion in t_{-2} bis t_1	1,062%	64	1,282%	62	Δ +0,220% Pr. (t) 72,0% Pr. (z) 73,3%
Differenz zwischen großen und kleinen prozentualen Dividendenerhöhungen (ΔD/D)					
Kursreaktion in t_{-1} bis t_0	Δ -0,119% Pr. (t) 83,7% Pr. (z) 80,2%		Δ +0,679% Pr. (t) 6,6% Pr. (z) 15,7%		
Kursreaktion in t_{-2} bis t_1	Δ -0,340% Pr. (t) 66,7% Pr. (z) 98,3%		Δ +1,282% Pr. (t) 1,6% Pr. (z) 4,5%		

Die Untersuchungsgruppe wird nach dem Marktwert/Buchwert-Verhältnis und der prozentualen Dividendenerhöhung [Gleichung (G-39)] differenziert. Kursreaktion ist die kumulierte, durchschnittliche Überrendite [Gleichung (G-32)] ermittelt nach dem Marktmodell [Gleichung (G-29)]. N = Anzahl der Ereignisse in der Untersuchungsgruppe. Pr. (t/z) ist die Wahrscheinlichkeit, daß die Differenz zwischen beiden Gruppen gleich null ist (zweiseitige Fragestellung) nach dem t-Test (t) bzw. nach dem Mann-Whitney U-Test (z).

Tabelle 100 (vgl. Tabelle 61 im Text):
Einfluß von Marktwert/Buchwert-Verhältnis und prozentualer Dividendenkürzung auf die Kursreaktion bei Industrieunternehmen.

	Marktwert/Buchwert-Verhältnis niedrig		Marktwert/Buchwert-Verhältnis hoch		Differenz zwischen niedrigem und hohem Marktwert/ Buchwert-Verhältnis
	Ø	N	Ø	N	
Große prozentuale Dividendenkürzung (ΔD/D)					
Kursreaktion in t_{-1} bis t_0	-0,632%	13	-2,723%	13	Δ -2,091% Pr. (z) 4,3%
Kursreaktion in t_{-2} bis t_1	-0,615%	13	-2,566%	13	Δ -1,952% Pr. (z) 14,4%
Kleine prozentuale Dividendenkürzung (ΔD/D)					
Kursreaktion in t_{-1} bis t_0	-0,335%	17	-2,294%	10	Δ -1,959% Pr. (z) 17,5%
Kursreaktion in t_{-2} bis t_1	0,021%	17	-3,881%	10	Δ -3,902% Pr. (z) 4,0%
Differenz zwischen kleinen und großen prozentualen Dividendenkürzungen (ΔD/D)					
Kursreaktion in t_{-1} bis t_0	Δ +0,298% Pr. (z) 88,4%		Δ +0,429% Pr. (z) 95,1%		
Kursreaktion in t_{-2} bis t_1	Δ +0,636% Pr. (z) 46,4%		Δ -1,315% Pr. (z) 62,0%		

Die Untersuchungsgruppe wird nach dem Marktwert/Buchwert-Verhältnis und der prozentualen Dividendenkürzung [Gleichung (G-39)] differenziert. Kursreaktion ist die kumulierte, durchschnittliche Überrendite [Gleichung (G-32)] ermittelt nach dem Marktmodell [Gleichung (G-29)]. N = Anzahl der Ereignisse in der Untersuchungsgruppe. Pr. (z) ist die Wahrscheinlichkeit nach dem Mann-Whitney U-Test, daß die Differenz zwischen beiden Gruppen gleich null ist (zweiseitige Fragestellung).

Tabelle 101 (vgl. Tabelle 64 im Text):
Einfluß von Dividendenrendite und prozentualer Dividendenerhöhung auf die Kursreaktion von Industrieunternehmen.

	Ereignisse mit niedriger Dividendenrendite Ø	N	Ereignisse mit hoher Dividendenrendite Ø	N	Differenz zwischen hoher und niedriger Dividendenrendite
Kleine prozentuale Dividendenerhöhung (ΔD/D)					
Kursreaktion in t_{-1} bis t_0	0,582%	68	0,460%	62	Δ -0,122% Pr. (t) 81,1% Pr. (z) 4,2%
Kursreaktion in t_{-2} bis t_1	0,551%	68	0,399%	62	Δ -0,152% Pr. (t) 79,6% Pr. (z) 6,4%
Große prozentuale Dividendenerhöhung (ΔD/D)					
Kursreaktion in t_{-1} bis t_0	1,171%	107	1,157%	56	Δ +0,014% Pr. (t) 97,5% Pr. (z) 87,0%
Kursreaktion in t_{-2} bis t_1	1,534%	107	1,370%	56	Δ -0,165% Pr. (t) 78,9% Pr. (z) 72,7%
Differenz zwischen großen und kleinen prozentualen Dividendenerhöhungen (ΔD/D)					
Kursreaktion in t_{-1} bis t_0	Δ +0,589% Pr. (t) 12,2% Pr. (z) 44,4%		Δ +0,697% Pr. (t) 21,4% Pr. (z) 0,9%		
Kursreaktion in t_{-2} bis t_1	Δ +0,984% Pr. (t) 5,8% Pr. (z) 30,8%		Δ +0,970% Pr. (t) 11,2% Pr. (z) 0,2%		

Die Untersuchungsgruppe wird nach der Dividendenrendite [Gleichung (G-41)] und der prozentualen Dividendenerhöhung [Gleichung (G-39)] differenziert. Kursreaktion ist die kumulierte, durchschnittliche Überrendite [Gleichung (G-32)] ermittelt nach dem Marktmodell [Gleichung (G-29)]. Pr. (t/z) ist die Wahrscheinlichkeit, daß die Differenz zwischen beiden Gruppen gleich null ist (zweiseitige Fragestellung) nach dem t-Test (t) bzw. nach dem Mann-Whitney U-Test (z).

Tabelle 102 (vgl. Tabelle 67 im Text):
Einfluß von Dividendenrendite und prozentualer Dividendenkürzung auf die Kursreaktion von Industrieunternehmen.

	Ereignisse mit niedriger Dividendenrendite Ø	N	Ereignisse mit hoher Dividendenrendite Ø	N	Differenz zwischen hoher und niedriger Dividendenrendite
Große prozentuale Dividendenkürzung (ΔD/P)					
Kursreaktion in t_{-1} bis t_0	-0,532%	8	-0,811%	35	Δ -0,279% Pr. (z) 82,7%
Kursreaktion in t_{-2} bis t_1	-2,521%	8	-0,479%	35	Δ +2,042% Pr. (z) 31,8%
Kleine prozentuale Dividendenkürzung (ΔD/P)					
Kursreaktion in t_{-1} bis t_0	-3,570%	10	-1,410%	22	Δ +2,161% Pr. (z) 37,1%
Kursreaktion in t_{-2} bis t_1	-4,666%	10	-1,864%	22	Δ +2,803% Pr. (z) 59,7%
Differenz zwischen kleinen und großen prozentualen Dividendenkürzungen (ΔD/P)					
Kursreaktion in t_{-1} bis t_0	Δ -3,038% Pr. (z) 24,8%		Δ -0,598% Pr. (t) 47,2% Pr. (z) 50,2%		
Kursreaktion in t_{-2} bis t_1	Δ -2,146% Pr. (z) 72,2%		Δ -1,385% Pr. (t) 18,3% Pr. (z) 15,4%		

Die Untersuchungsgruppe wird nach der Dividendenrendite [Gleichung (G-41)] und der prozentualen Dividendenkürzung [Gleichung (G-38)] differenziert. Kursreaktion ist die kumulierte, durchschnittliche Überrendite [Gleichung (G-32)] ermittelt nach dem Marktmodell [Gleichung (G-29)]. N = Anzahl der Ereignisse in der Untersuchungsgruppe. Pr. (t/z) ist die Wahrscheinlichkeit, daß die Differenz zwischen beiden Gruppen gleich null ist (zweiseitige Fragestellung) nach dem t-Test (t) bzw. nach dem Mann-Whitney U-Test (z).

Tabelle 103 (vgl. Tabelle 72 im Text):
Einfluß von Unternehmensgröße und prozentualer Dividendenerhöhung auf die Kursreaktion bei Industrieunternehmen.

	Ereignisse kleiner Unternehmen		Ereignisse großer Unternehmen		Differenz zwischen kleinen und großen Unternehmen
	Ø	N	Ø	N	
Kleine prozentuale Dividendenerhöhung (ΔD/D)					
Kursreaktion in t_{-1} bis t_0	0,890%	60	0,210%	70	Δ -0,680% Pr. (t) 19,2% Pr. (z) 46,9%
Kursreaktion in t_{-2} bis t_{-1}	1,186%	60	-0,128%	70	Δ -1,314% Pr. (t) 3,0% Pr. (z) 8,7%
Große prozentuale Dividendenerhöhung (ΔD/D)					
Kursreaktion in t_{-1} bis t_0	1,421%	94	0,818%	69	Δ -0,603% Pr. (t) 17,0% Pr. (z) 13,7%
Kursreaktion in t_{-2} bis t_{-1}	2,072%	94	0,667%	69	Δ -1,405% Pr. (t) 1,3% Pr. (z) 2,9%
Differenz zwischen kleinen und großen prozentualen Dividendenerhöhungen (ΔD/D)					
Kursreaktion in t_{-1} bis t_0	Δ +0,532% Pr. (t) 35,4% Pr. (z) 8,0%		Δ +0,608% Pr. (t) 9,9% Pr. (z) 16,3%		
Kursreaktion in t_{-2} bis t_{-1}	Δ +0,886% Pr. (t) 20,1% Pr. (z) 7,4%		Δ +0,795% Pr. (t) 7,2% Pr. (z) 19,5%		

Die Untersuchungsgruppe wird nach der Unternehmensgröße und der prozentualen Dividendenerhöhung [Gleichung (G-39)] differenziert. Unternehmensgröße ist der logarithmierte, standardisierte Marktwert des Eigenkapitals und Kursreaktion die kumulierte, durchschnittliche Überrendite [Gleichung (G-32)] ermittelt nach dem Marktmodell [Gleichung (G-29)]. N = Anzahl der Ereignisse in der Untersuchungsgruppe. Pr. (t/z) ist die Wahrscheinlichkeit, daß die Differenz zwischen beiden Gruppen gleich null ist (zweiseitige Fragestellung) nach dem t-Test (t) bzw. nach dem Mann-Whitney U-Test (z).

Tabelle 104 (vgl. Tabelle 76 im Text):
Einfluß von Unternehmensgröße und prozentualer Dividendenkürzung auf die Kursreaktion bei Industrieunternehmen.

	Ereignisse kleiner Unternehmen		Ereignisse großer Unternehmen		Differenz zwischen kleinen und großen Unternehmen
	Ø	N	Ø	N	
Große prozentuale Dividendenkürzung (ΔD/D)					
Kursreaktion in t_{-1} bis t_0	-1,427%	29	0,623%	14	Δ +2,050% Pr. (z) 11,4%
Kursreaktion in t_{-2} bis t_{-1}	-1,390%	29	0,241%	14	Δ +1,631% Pr. (z) 23,3%
Kleine prozentuale Dividendenkürzung (ΔD/D)					
Kursreaktion in t_{-1} bis t_0	-2,574%	18	-1,455%	14	Δ +1,119% Pr. (z) 67,6%
Kursreaktion in t_{-2} bis t_{-1}	-2,875%	18	-2,566%	14	Δ +0,309% Pr. (z) 70,4%
Differenz zwischen kleinen und großen prozentualen Dividendenkürzungen (ΔD/D)					
Kursreaktion in t_{-1} bis t_0	Δ -1,148% Pr. (z) 56,9%		Δ -2,079% Pr. (z) 8,1%		
Kursreaktion in t_{-2} bis t_{-1}	Δ -1,485% Pr. (z) 72,6%		Δ -2,807% Pr. (z) 2,2%		

Die Untersuchungsgruppe wird nach der Unternehmensgröße und der prozentualen Dividendenkürzung [Gleichung (G-39)] differenziert. Unternehmensgröße ist der logarithmierte, standardisierte Marktwert des Eigenkapitals und Kursreaktion die kumulierte, durchschnittliche Überrendite [Gleichung (G-32)] ermittelt nach dem Marktmodell [Gleichung (G-29)]. N = Anzahl der Ereignisse in der Untersuchungsgruppe. Pr. (t/z) ist die Wahrscheinlichkeit, daß die Differenz zwischen beiden Gruppen gleich null ist (zweiseitige Fragestellung) nach dem t-Test (t) bzw. nach dem Mann-Whitney U-Test (z).

Tabelle 105 (vgl. Tabelle 78 im Text):
Einfluß von Unternehmensgröße und prozentualer Dividendenerhöhung auf die Kursreaktion bei Finanzunternehmen.

	Ereignisse kleiner Unternehmen Ø	Ereignisse kleiner Unternehmen N	Ereignisse großer Unternehmen Ø	Ereignisse großer Unternehmen N	Differenz zwischen kleinen und großen Unternehmen
Kleine prozentuale Dividendenerhöhung (ΔD/D)					
Kursreaktion in t_{-1} bis t_0	0,548%	8	0,212%	13	Δ -0,336% Pr. (z) 82,8%
Kursreaktion in t_{-2} bis t_1	0,944%	8	0,791%	13	Δ -0,153% Pr. (z) 94,2%
Große prozentuale Dividendenerhöhung (ΔD/D)					
Kursreaktion in t_{-1} bis t_0	0,886%	10	0,525%	12	Δ -0,361% Pr. (z) 55,3%
Kursreaktion in t_{-2} bis t_1	0,970%	10	0,178%	12	Δ -0,792% Pr. (z) 69,2%
Differenz zwischen kleinen und großen prozentualen Dividendenerhöhungen (ΔD/D)					
Kursreaktion in t_{-1} bis t_0	Δ +0,338% Pr. (z) 79,0%		Δ +0,314% Pr. (z) 44,6%		
Kursreaktion in t_{-2} bis t_1	Δ +0,026% Pr. (z) 92,9%		Δ -0,614% Pr. (z) 74,4%		

Die Untersuchungsgruppe wird nach der Unternehmensgröße und der prozentualen Dividendenänderung [Gleichung (G-39)] differenziert. Unternehmensgröße ist der logarithmierte, standardisierte Marktwert des Eigenkapitals, Kursreaktion die kumulierte, durchschnittliche Überrendite [Gleichung (G-32)] ermittelt nach dem Marktmodell [Gleichung (G-29)]. N = Anzahl der Ereignisse in der Untersuchungsgruppe. Pr. (z) ist die Wahrscheinlichkeit nach dem Mann-Whitney U-Test, daß die Differenz zwischen beiden Gruppen gleich null ist (zweiseitige Fragestellung).

Tabelle 106 (vgl. Tabelle 83 im Text):
Differenz in der Kursreaktion zwischen großen und kleinen prozentualen Dividendenerhöhungen unter Berücksichtigung der Eigentümerstruktur und der Unternehmensgröße.

	Eigentümerkontrollierte Unternehmen Test	Eigentümerkontrollierte Unternehmen N	Managerkontrollierte Unternehmen Test	Managerkontrollierte Unternehmen N
Ereignisse kleiner Unternehmen				
Differenz der Kursreaktion in t_{-1} bis t_0 zwischen Unternehmen mit hoher und niedriger relativer Dividendenerhöhung	Δ +0,523% Pr. (t) 52,8% Pr. (z) 12,6%	38/65	Δ +0,422% Pr. (t) 50,3% Pr. (z) 18,2%	22/29
Differenz der Kursreaktion in t_{-2} bis t_1 zwischen Unternehmen mit hoher und niedriger relativer Dividendenerhöhung	Δ +0,708% Pr. (t) 46,1% Pr. (z) 28,3%	38/65	Δ +1,055% Pr. (t) 17,8% Pr. (z) 12,8%	22/29
Ereignisse großer Unternehmen				
Differenz der Kursreaktion in t_{-1} bis t_0 zwischen Unternehmen mit hoher und niedriger relativer Dividendenerhöhung	Δ +1,360% **Pr. (t) 4,4%** **Pr. (z) 8,2%**	27/31	Δ -0,011% Pr. (t) 97,7% Pr. (z) 80,6%	43/38
Differenz der Kursreaktion in t_{-2} bis t_1 zwischen Unternehmen mit hoher und niedriger relativer Dividendenerhöhung	Δ +1,268% Pr. (t) 10,8% Pr. (z) 17,8%	27/31	Δ +0,365% Pr. (t) 45,1% Pr. (z) 67,0%	43/38

Angegeben wird die Differenz der Kursreaktion im (erweiterten) Ereigniszeitraum zwischen Unternehmen mit hoher und niedriger prozentualer Dividendenerhöhung [Gleichung (G-39)]. Die Untersuchungsgruppe wird hierfür nach der Unternehmensgröße (Marktwert des Eigenkapitals) und der Eigentümerstruktur differenziert. Kursreaktion ist die kumulierte, durchschnittliche Überrendite [Gleichung (G-32)] ermittelt nach dem Marktmodell [Gleichung (G-29)]. N = Anzahl der Ereignisse in der Untersuchungsgruppe mit niedrigen/hohen prozentualen Dividendenerhöhungen. Pr. (t/z) ist die Wahrscheinlichkeit, daß die Differenz zwischen beiden Gruppen gleich null ist (zweiseitige Fragestellung) nach dem t-Test (t) bzw. nach dem Mann-Whitney U-Test (z).

Tabelle 107 (vgl. Tabelle 94 im Text):
Entwicklung der bereinigten Gewinne vor und nach einer Dividendenankündigung.

Differenzierung nach der Kursreaktion in t_2 bis t_1	2 Jahre vor der Div.-Ankündigung	1 Jahr vor der Div.-Ankündigung	1 Jahr nach der Div.-Ankündigung	2 Jahre nach der Div.-Ankündigung	3 Jahre nach der Div.-Ankündigung	N
Gesamte Untersuchungsgruppe	-0,134%	-0,077%	-0,264%	-0,330%	-0,542%	572
1. Quartil mit niedrigsten Kursreaktionen	-0,398%	-0,424%	-0,133%	-0,592%	-1,072%	138
2. Quartil	0,387%	0,352%	-0,234%	-0,264%	-0,125%	138
3. Quartil	-0,161%	-0,196%	-0,522%	-0,085%	-1,194%	148
4. Quartil mit stärksten Kursreaktionen	-0,346%	-0,035%	-0,156%	-0,394%	0,214%	148
Negative Kursreaktionen	-0,005%	-0,036%	-0,183%	-0,428%	-0,598%	276
Positive Kursreaktionen	-0,253%	-0,115%	-0,339%	-0,239%	-0,490%	296
Differenz zwischen Ereignissen mit positiver und negativer Kursreaktion	Δ -0,248% Pr. (t) 54,0% Pr. (z) 24,1%	Δ -0,079% Pr. (t) 69,4% Pr. (z) 16,4%	Δ -0,156% Pr. (t) 61,3% Pr. (z) 82,0%	Δ 0,188% Pr. (t) 63,3% Pr. (z) 31,3%	Δ 0,108% Pr. (t) 84,0% Pr. (z) 30,9%	
Korrelationskoeffizient (Spearman)	r_{Sp} 0,1183 Pr. (Sp) 0,5%	r_{Sp} 0,1293 Pr. (Sp) 0,2%	r_{Sp} 0,0325 Pr. (Sp) 43,7%	r_{Sp} 0,0660 Pr. (Sp) 11,5%	r_{Sp} 0,0706 Pr. (Sp) 9,2%	572

Für die bezeichneten Gruppen wird das arithmetische Mittel der bereinigten Gewinnentwicklung [Tabelle 42, Gleichung (G-43), Gleichung (G-45)] vor und nach einer Dividendenankündigung angegeben. N = Anzahl der Ereignisse in der Untersuchungsgruppe. Pr. (t/z) ist die Wahrscheinlichkeit, daß die Differenz zwischen der Gruppe mit positiven und negativen Kursreaktionen gleich null ist (zweiseitige Fragestellung) nach dem t-Test (t) bzw. nach dem Mann-Whitney U-Test (z). r_{Sp} gibt den Rangkorrelationskoeffizienten nach Spearman zwischen der Kursreaktion (Überrendite im Zeitraum t_1 bis t_0) und der bereinigten Gewinnentwicklung an, Pr. (Sp) die Wahrscheinlichkeit, daß dieser gleich null ist (zweiseitige Fragestellung).

Tabelle 108 (vgl. Tabelle 95 im Text):
Entwicklung des bereinigten Cash Flow vor und nach einer Dividendenankündigung.

Differenzierung nach der Kursreaktion in t_2 bis t_1	2 Jahre vor der Div.-Ankündigung	1 Jahr vor der Div.-Ankündigung	1 Jahr nach der Div.-Ankündigung	2 Jahre nach der Div.-Ankündigung	3 Jahre nach der Div.-Ankündigung	N
Gesamte Untersuchungsgruppe	0,080%	0,356%	0,062%	0,337%	0,377%	572
1. Quartil mit niedrigsten Kursreaktionen	-0,577%	-0,618%	0,606%	-0,002%	0,258%	138
2. Quartil	0,887%	0,598%	0,222%	0,241%	0,954%	138
3. Quartil	-0,598%	0,752%	-0,718%	0,642%	-0,611%	148
4. Quartil mit stärksten Kursreaktionen	0,617%	0,640%	0,184%	0,437%	0,939%	148
Negative Kursreaktionen	0,155%	-0,010%	0,414%	0,120%	0,606%	276
Positive Kursreaktionen	0,009%	0,696%	-0,267%	0,539%	0,164%	296
Differenz zwischen Ereignissen mit positiver und negativer Kursreaktion	Δ -0,146% Pr. (t) 89,4% Pr. (z) 1,9%	Δ 0,706% Pr. (t) 5,6% Pr. (z) 3,9%	Δ -0,681% Pr. (t) 17,1% Pr. (z) 62,9%	Δ 0,420% Pr. (t) 54,5% Pr. (z) 20,4%	Δ -0,441% Pr. (t) 61,7% Pr. (z) 98,6%	
Korrelationskoeffizient (Spearman)	r_{Sp} 0,1348 Pr. (Sp) 0,1%	r_{Sp} 0,1219 Pr. (Sp) 0,4%	r_{Sp} 0,0063 Pr. (Sp) 88,0%	r_{Sp} 0,0585 Pr. (Sp) 16,2%	r_{Sp} 0,0310 Pr. (Sp) 46,0%	572

Für die bezeichneten Gruppen wird das arithmetische Mittel der Entwicklung des bereinigten Cash Flows [Tabelle 42, Gleichung (G-43), Gleichung (G-45)] vor und nach einer Dividendenankündigung angegeben. N = Anzahl der Ereignisse in der Untersuchungsgruppe. Pr. (t/z) ist die Wahrscheinlichkeit, daß die Differenz zwischen der Gruppe mit positiven und negativen Kursreaktionen gleich null ist (zweiseitige Fragestellung) nach dem t-Test (t) bzw. nach dem Mann-Whitney U-Test (z). r_{Sp} gibt den Rangkorrelationskoeffizienten nach Spearman zwischen der Kursreaktion (Überrendite im Zeitraum t_1 bis t_0) und der bereinigten Gewinnentwicklung an, Pr. (Sp) die Wahrscheinlichkeit, daß dieser gleich null ist (zweiseitige Fragestellung).

Tabelle 109: Untersuchungsgruppe

Unternehmen	WP-Nr.	einbezgene Geschäftsjahre mit Geschäftsjahresende									
AEG AG	503800	12/87	12/86	12/85	12/81						
AGIV AG für Industrie und Verkehrswesen	502820	12/90	12/89	12/88	12/87	12/86	12/85	12/84	12/83	12/82	12/81
Allianz AG Holding	840400	12/90	12/89	12/88	12/87	12/86	12/85	12/84	12/83	12/82	12/81
Allianz Lebensversicherungs-AG	840300	12/90	12/89	12/88	12/87	12/86	12/85	12/84	12/83	12/82	12/81
ALTANA AG	760080	12/90	12/89	12/88	12/87	12/86	12/85	12/84	12/83	12/82	12/81
AMB Aachener und Münchener Beteiligungs-AG	840000	12/89	12/88	12/87	12/86	12/85	12/84	12/83	12/82	12/81	
Andreae-Noris Zahn AG	504700	12/90	12/89	12/88	12/87	12/86	12/85	12/84	12/83	12/82	
Asea Brown Boveri AG	529100	12/84	12/83	12/82	12/81						
ASKO Deutsche Kaufhaus AG	505710	12/87	12/86	12/85	12/84	12/83	12/82	12/81			
AVA Allgemeine Handelsgesellschaft der Verbraucher AG	508850	12/90	12/89	12/88							
Badenwerk AG	515060	12/90	12/89	12/88	12/87	12/86	12/85	12/84	12/83	12/82	12/81
BASF AG	515100	12/90	12/89	12/88	12/87	12/86	12/85	12/84	12/83	12/82	12/81
Bayer AG	575200	12/90	12/89	12/88	12/87	12/86	12/85	12/84	12/83	12/82	12/81
Bayerische Hypotheken- und Wechsel-Bank AG	802000	12/90	12/89	12/88	12/87	12/86	12/85	12/84	12/83	12/82	12/81
Bayerische Motorenwerke Werke AG	519000	12/90	12/89	12/88	12/87	12/86	12/85	12/84	12/83	12/82	12/81
Bayerische Vereinsbank AG	802200	12/90	12/89	12/88	12/87	12/86	12/85	12/84	12/83	12/82	12/81
Beiersdorf AG	520000	12/90	12/89	12/88	12/87	12/86	12/85	12/84	12/83	12/82	12/81
Berliner Handels- und Frankfurter Bank	802500	12/90	12/89	12/88	12/87	12/86	12/85	12/84	12/83	12/82	12/81
Berliner Kraft- und Licht (BEWAG)-AG	530300	06/90	06/89	06/88	06/87	06/86	06/85	06/84	06/83	06/82	06/81
Bilfinger + Berger BauAG	590900	12/90	12/89	12/88	12/87	12/86	12/85	12/84	12/83	12/82	12/81
Binding-Brauerei AG	719500	12/90	12/89	12/88	12/87	12/86	12/85	12/84	12/83	12/82	12/81
Boss, Hugo, AG	524550	12/90	12/89	12/88	12/87						
Brau und Brunnen AG	555030	12/90	12/88	12/87	12/86	12/85	12/84	12/83	12/82	12/81	
Bremer Vulkan AG Schiffbau und Maschinenfabrik	527100	12/90	12/89	12/88	12/87	12/86	12/85	12/84			
CEAG Industrie-Aktien und Anlagen AG	620110	12/90	12/89	12/88	12/87	12/86	12/85	12/84	12/83	12/82	12/81
COLONIA VERSICHERUNG AG	841000	12/90	12/89	12/88	12/87	12/86	12/85	12/84	12/83	12/82	12/81
Commerzbank AG	803200	12/90	12/89	12/88	12/87	12/86	12/85	12/84	12/83	12/82	12/81
Computer 2000 AG Entwicklung, Fertigung und Vertrieb von Computer-Peripherieprodukten	543770	09/90									
CONTIGAS Deutsche Energie-AG	550400	09/90	09/89	09/88	09/87	09/86	09/85	09/84	12/82	12/81	
Continental AG	543900	12/90	12/89	12/88	12/87	12/86	12/85	12/84	12/83	12/82	12/81
Daimler-Benz AG	550000	12/90	12/89	12/88	12/87	12/86	12/85	12/84	12/83	12/82	12/81
Deckel, Friedrich, AG	550430	12/90	12/89	12/88	12/87	12/86	12/85	12/84	12/83		
Degussa AG	551200	09/90	09/89	09/88	09/87	09/86	09/85	09/84	09/83	09/82	09/81
Deutsche Babcock AG	550700	09/90	09/89	09/88	09/87	09/86	09/85	09/84	09/82	09/81	
Deutsche Bank AG	804010	12/90	12/89	12/88	12/87	12/86	12/84	12/83	12/82	12/81	
Deutsche Centralbodenkredit-AG	809800	12/90	12/89	12/88	12/87	12/86	12/85	12/84	12/83	12/82	12/81
Deutsche Hypothekenbank (AG)	804200	12/89	12/88	12/87	12/86	12/85	12/84	12/83	12/82	12/81	
Deutsche Lufthansa AG	823210	12/90	12/89	12/88	12/87	12/86	12/85	12/84	12/83	12/82	12/81
Didier-Werke AG	553700	12/90	12/89	12/88	12/87	12/86	12/85	12/84	12/83	12/82	12/81
Dierig Holding AG	558000	12/90	12/89	12/88	12/87	12/86	12/85	12/84	12/83	12/82	12/81
DLW AG	551800	12/90	12/89	12/88	12/87	12/86	12/85	12/84	12/83	12/82	12/81
Douglas Holding AG	609900	12/90	12/89	12/88	12/87	12/86	12/85	12/84	12/83	12/82	12/81
Dresdner Bank AG	804610	12/90	12/89	12/88	12/87	12/86	12/85	12/84	12/83	12/82	12/81
Dyckerhoff & Widmann AG	557550	12/90	12/89	12/88	12/87	12/86	12/85	12/84	12/83	12/82	12/81
Dyckerhoff AG	559100	12/90	12/89	12/88	12/87	12/86	12/85	12/84	12/83	12/82	12/81
ESCADA AG	569210	10/90	10/89	10/88							
FAG Kugelfischer Georg Schäfer KGaA	575470	12/90	12/89	12/88	12/87						
Feldmühle Nobel AG	577230	12/90	12/89	12/88							
Felten & Guilleaume Energietechnik AG	576690	12/90	12/89	12/88							
FLACHGLAS AG	558800	12/86	12/85	12/84	12/83	12/82	12/81				
Frankfurter Hypothekenbank AG	805300	12/90	12/89	12/88	12/87	12/86	12/85	12/84	12/83	12/82	12/81
Fresenius AG	578563	12/90	12/89	12/88							
GEHE AG	585800	12/90	12/89	12/88	12/87	12/86	12/85	12/84	12/83	12/81	
Gerresheimer Glas AG	587300	11/90	11/89	11/88	11/87	11/86	11/85	11/84	11/83	11/82	
GLUNZ AG	588723	12/90	12/89								
Goldschmidt, Th., AG	589300	12/90	12/89	12/88	12/87	12/86	12/85	12/84	12/83	12/82	12/81
Hamborner Bergbau AG	601300	12/90	12/89	12/88	12/87	12/86	12/85	12/84	12/82	12/81	
Hapag-Lloyd AG	825150	12/90	12/89	12/88	12/87	12/86	12/81				
Harpener AG	603400	12/90	12/89	12/88	12/87	12/86	12/85	12/84	12/83	12/82	12/81

Tabelle 109: Untersuchungsgruppe

Unternehmen	WP-Nr.	einbezgene Geschäftsjahre mit Geschäftsjahresende									
Heidelberger Zement AG	604700	12/90	12/89	12/88	12/86	12/85	12/84	12/83	12/82	12/81	
Henninger-Bräu AG	610700	12/83	12/82	12/81							
Herlitz AG	605310	12/90	12/89	12/88	12/87	12/86	12/85	12/84	12/83	12/82	12/81
Hochtief AG vorm. Gebr. Helfmann	607000	12/90	12/89	12/88	12/87	12/86	12/85	12/84	12/83	12/82	12/81
Hoechst AG	575800	12/90	12/89	12/88	12/87	12/86	12/85	12/84	12/83	12/82	12/81
Hoesch AG	620000	12/90	12/89	12/88	12/87	12/86	12/85	12/84			
Holzmann, Philipp, AG	608200	12/90	12/89	12/88	12/87	12/86	12/85	12/84	12/83	12/82	12/81
Hornbach Holding AG	608343	02/90									
Horten AG	608370	12/90	12/89	12/88	12/87	02/86	02/85	02/84	12/82	12/81	
Industrieverwaltungsgesellschaft AG	620570	12/90	12/89	12/88							
IWKA AG	620440	12/90	12/89	12/88	12/87	12/86	12/85	12/84	12/83	12/82	12/81
Kali und Salz AG	716200	12/90	12/89	12/88	12/87	12/86	12/85	12/84	12/83	12/82	12/81
Kali-Chemie AG	635000	12/88	12/87	12/86	12/85	12/84	12/83	12/82	12/81		
Kampa-Haus AG	626910	12/90	12/89	12/88							
KARSTADT AG	627500	12/90	12/89	12/88	12/87	12/86	12/85	12/84	12/83	12/82	12/81
Kaufhof Holding AG	781900	12/90	12/89	12/88	12/87	12/86	12/85	12/84	12/83	12/82	12/81
Klöckner-Humboldt-Deutz AG	630500	12/90	12/89	12/88	12/87	12/86	12/85	12/84	12/83	12/82	12/81
Klöckner-Werke AG	678000	09/90	09/89	09/88	09/87	09/86	09/85	09/84	09/83	09/82	09/81
Kolbenschmidt AG	632030	09/90	09/89	09/88	09/87	09/86					
KSB AG	629200	12/90	12/89	12/88	12/87	12/86	12/85	12/84	12/83	12/82	12/81
Leifheit AG	646450	12/90	12/89	12/88	12/87	12/86					
Linde AG	648300	12/90	12/89	12/88	12/87	12/86	12/85	12/84	12/83	12/82	12/81
Linotype AG	649030	12/90	12/89								
Löwenbräu AG	649600	09/89	09/88	09/87	09/86	09/85	09/84	09/83	09/82	09/81	
MAN AG	593700	06/90	06/89	06/88	06/87	06/86	06/85	06/84	06/83	06/82	06/81
Mannesmann AG	656000	09/90	09/89	09/88	09/87	09/86	09/85	09/84	09/83	09/82	09/81
Metallgesellschaft AG	660200	09/90	09/89	09/88	09/87	09/86	09/85	09/84	09/83	09/82	09/81
Moksel, A., AG	662230	12/90	12/89								
Münchener Rückversicherungs-Gesellschaft AG in München	843000	06/90	06/89	06/88	06/86	06/85	06/83	06/82	06/81		
Nixdorf Computer AG	775613	12/89	12/88	12/87	12/86						
Otavi Minen AG	687300	12/90	12/89	12/88	12/87	12/86	12/85	12/84	12/83	12/82	12/81
Parkbrauerei AG Pirmasens-Zweibrücken	690200	12/89	12/88	12/86	12/85	12/84					
Pfaff, G.M., AG	691430	12/90	12/89	12/88	12/87	12/86	12/85	12/84	12/83	12/82	12/81
Philips Kommunikations Industrie AG	576700	12/88	12/87	12/86	12/85	12/84	12/83	12/82	12/81		
Phoenix AG	603100	12/90	12/89	12/88	12/87	12/86	12/85	12/84	12/83	12/82	12/81
Porsche; Dr. Ing. h.c. F., AG	693773	07/90	07/89	07/88	07/87	07/86					
PREUSSAG AG	695200	12/89	12/88	12/87	12/86	12/85	12/84	12/83	12/82	12/81	
PUMA AG Rudolf Dassler Sport	696963	12/90	12/89	12/88							
PWA Papierwerke Waldhof-Aschaffenburg AG	688980	12/90	12/89	12/88	12/87	12/86	12/85	12/84	12/83	12/82	12/81
Rheinelektra AG	702600	06/90	06/89	06/88	06/87	06/86	06/85	06/84	06/83	06/82	06/81
Rheinmetall Berlin AG	703000	12/90	12/89	12/88	12/87	12/86	12/85	12/84	12/83	12/82	12/81
Rosenthal AG	706200	12/90	12/89	12/88	12/87	12/86	12/85	12/84	12/83	12/82	12/81
Rütgerswerke AG	707200	12/90	12/89	12/88	12/87	12/86	12/85	12/84	12/83	12/82	12/81
RWE AG	703700	06/90	06/89	06/88	06/87	06/86	06/85	06/84	06/83	06/82	06/81
Salamander AG	730500	12/90	12/89	12/88	12/87	12/86	12/85	12/84	12/83	12/82	12/81
SAP AG Systeme, Anwendungen, Produkte in der Datenverarbeitung	716460	12/90									
Schering AG	717200	12/90	12/89	12/88	12/87	12/86	12/85	12/84	12/83	12/82	12/81
Schmalbach-Lubeca AG	719230	12/90	12/89	12/88	12/87	12/86					
Schneider Rundfunkwerke AG	719340	12/90	12/89	12/88							
Schubert & Salzer Maschinenfabrik AG	720800	09/86	09/85	09/84	09/83	09/82	09/81				
Siemens AG	723600	09/90	09/89	09/88	09/87	09/86	09/85	09/84	09/83	09/82	09/81
SPAR Handels-AG	724693	12/90									
Springer, Axel, Verlag AG	725090	12/90	12/89	12/88	12/87						
Standard Electric Lorenz AG	661900	12/90	12/89								
Stollwerck AG	728000	12/85	12/83	12/82	12/81						
STRABAG AG	728300	12/90	12/89	12/88	12/87	12/86	12/85	12/84	12/83	12/82	12/81
Stuttgarter Hofbräu AG	731800	09/88	09/87	09/85	09/84	09/82	09/81				
Südzucker AG	729700	02/90	02/89	02/88	02/87	02/86	02/85	02/83	02/82	02/81	
Tarkett Pegulan AG	690460	12/83	12/82	12/81							
Thüga AG	748100	12/89	12/88	12/87	12/86	12/85	12/84	12/81			

Tabelle 109: Untersuchungsgruppe

Unternehmen	WP-Nr.	einbezgene Geschäftsjahre mit Geschäftsjahresende									
Thyssen AG vorm. August Thyssen-Hütte	748500	09/90	09/89	09/88	09/87	09/86	09/85	09/84	09/83	09/82	09/81
Varta AG	500100	12/90	12/89	12/88	12/87	12/86	12/85	12/84	12/83	12/82	12/81
VDO Adolf Schindling AG	760113	12/90	12/89	12/88							
Veba AG	761440	12/90	12/89	12/88	12/87	12/86	12/85	12/84	12/83	12/82	12/81
Vereinigte Elektrizitätswerke Westfalen AG	761221	12/90	12/89	12/88	12/87	12/86	12/85	12/84	12/83	12/82	12/81
VIAG AG	762620	12/90	12/89	12/88							
Volkswagen AG	766400	12/90	12/89	12/88	12/87	12/86	12/85	12/84	12/83	12/82	12/81
Wella AG	776563	12/89	12/88	12/87	12/86	12/85					
WMF Württembergische Metallwarenfabrik AG	780300	12/90	12/89	12/88	12/86	12/85	12/84	12/83	12/82	12/81	

WP-Nr. = Wertpapier-Kennummer.

Literatur

Aharony, Joseph/Falk, Haim/Swary, Itzhak (1988): Information content of dividend increases: The case of regulated utilities, in: Journal of Business Finance & Accounting, Vol. 15 (Nr. 3, Autumn), S. 401 - 414.

Aharony, Joseph/Swary, Itzhak (1980): Quarterly dividend and earnings announcements and stockholders' returns: An empirical analysis, in: The Journal of Finance, Vol. 35 (Nr. 1, März), S. 1 - 12.

Allen, Franklin/Michaely, Roni (1995): Dividend policy, in: Jarrow, R.A./Maksimovic, V./Ziemba, W.T. (Hrsg.): Handbooks in Operations Research and Management Science: Finance, Amsterdam u.a.

Ambarish, Ramasastry/John, Kose/Williams, Joseph (1987): Efficient signalling with dividends and investments, in: The Journal of Finance, Vol. 42 (Nr. 2, Juni), S. 321 - 343.

Amihud, Yakov/Murgia, Maurizio (1997): Dividends, taxes, and singaling: Evidence from Germany, in: The Journal of Finance, Vol. 52 (Nr. 1, März), S. 397 - 408.

Arbel, Avner (1985): Generic stocks: An old product in a new pacage, in: Journal of Portolio Management, Vol. 11 (Nr. 4), S. 4 - 13.

Arbel, Avner/Carvell, Steven A./Strebel, Paul J. (1983): Giraffes, institutions and neglected firms, in: Financial Analysts Journal, Vol. 39 (Nr. 3, May-June), S. 57 - 63.

Arbel, Avner/Strebel, Paul J. (1982): The neglected and small firm effects, in: Financial Review, Vol. 17, S. 201 - 218.

Asquith, Paul/Mullins, David W. Jr. (1983): The impact of initiating dividend payments on shareholders' wealth, in: Journal of Business, Vol. 56 (Nr. 1), S. 77 - 96.

Asquith, Paul/Mullins, David W. Jr. (1986): Signalling with dividends, stock repurchases, and equity issues, in: Financial Management, Vol. 15 (Nr. 3, Autumn), S. 27 - 44.

Atchison, Michael D. (1986): Non-representative trading frequencies and the detection of abnormal performance, in: The Journal of Financial Research, Vol. 9 (Nr. 4, Winter), S. 343 - 348.

Bajaj, Mukesh/Vijh, Anand M. (1990): Dividend clienteles and the information content of dividend changes, in: Journal of Financial Economics, Vol. 26 (Nr. 2, August), S. 193 - 219.

Baker, H. Kent/Farrelly, Gail E./Edelman, Richard B. (1985): A survey of management views on dividend policy, in: Financial Management, Vol. 14 (Nr. 3, Autumn), S. 78 - 84.

Bar-Yosef, Sasson/Huffman, Lucy (1986): The information content of dividends: A signalling approach, in: Journal of Financial and Quantitative Analysis, Vol. 21 (Nr. 1, März), S. 47 - 58.

Bar-Yosef, Sasson/Sarig, Oded H. (1992): Dividend surprises inferred from option and stock prices, in: The Journal of Finance, Vol. 47 (Nr. 4, September), S. 1623 - 1640.

Benartzi, Shlomo/Michaely, Roni/Thaler, Richard (1997): Do changes in dividends signal the future or the past?, in: Journal of Finance, Vol. 52 (Nr. 3), S. 1007 - 1034.

Benesh, Gary A./Keown, Arthur J./Pinkerton, John M. (1984): An examination of market reaction to substantial shifts in dividend policy, in: Journal of Financial Research, Vol. 7 (Nr. 2), S. 131 - 142.

Bernard, Victor L./Stober, Thomas L. (1989): The nature and amount of information in cash flows and accruals; in: The Accounting Review, Vol. 64 (Nr. 4, Oktober), S. 624 – 653.

Bernheim, B. Douglas/Wantz, Adam (1995): A tax-based test of the dividend signaling hypothesis, in: American Economic Review, Vol. 85 (Nr. 3, Juni), S. 532 - 551.

Bessler, Wolfgang/Nohel, Tom (1996): The stock-market reaction to dividend cuts and omissions by commercial banks, in: Journal of Banking & Finance, Vol. 20, S. 1485 - 1508.

BGH (1978): Urteil vom 13. März 1978, II ZR 142/76, BGHZ. 71. Jg., S. 40 - 53.

Bhattacharya, Sudipto (1979): Imperfect information, dividend policy, and „the bird in the hand" fallacy, in: The Bell Journal of Economics, Vol. 10, S. 259 - 270.

Bhattacharya, Sudipto (1980): Nondissipative signaling structures and dividend policy, in: Quarterly Journal of Economics, Vol. 95 (Nr. 1, August), S. 1 - 24.

Black, Fischer (1976): The dividend puzzle, in: Journal of Portfolio Management, Vol. 2, S. 5 - 8.

Born, Jeffery A. (1988): Insider ownership and signals - Evidence from dividend initiation announcement effects, in: Financial Management, Vol. 17 (Nr. 1, Spring), S. 38 - 45.

Born, Jeffery A./Rimbey, James N. (1993): A test of the Easterbrook hypothesis regarding dividend payments and agency costs, in: Journal of Financial Research, Vol. 16 (Nr. 3, Fall), S. 251 - 260.

Bowman, Robert G. (1983): Understanding and conducting event studies, in: Journal of Business Finance & Accounting, Vol. 10 (Nr.4), S. 561 - 584.

Brennan, Michael J./Hughes, Patricia J. (1991): Stock prices and the supply of information, in: The Journal of Finance, Vol. 46, S. 1665 - 1691.

Brickley, James A. (1983): Shareholders wealth, information, signaling and the specially designated dividends, in: Journal of Financial Economics, Vol. 12, S. 187 - 209.

Brittain (1964): The tax structure and corporate dividend policy, in: Papers and proceedings of the American Economic Association, S. 272 - 287.

Brown, Philip/Finn, Frank J./Hancock, Philip (1977): Dividend changes, earnings reports and share prices: Some Australian evidence, in: Australian Journal of Management, S. 127 - 147.

Brown, Stephen J./Warner, Jerold B. (1980): Measuring security price performance, in: Journal of Financial Economics, Vol. 8, S. 205 - 258.

Brown, Stephen J./Warner, Jerold B. (1985): Using daily stock returns, The case of event studies, in: Journal of Financial Economics, Vol. 14, S. 3 - 31.

Carvell, Steven A./Strebel, Paul J. (1987): Is there a neglected firm effect?, in: Journal of Business Finance & Accounting, Vol. 14, S. 279 - 290.

Charest, Guy (1978): Dividend information, stock returns and market efficiency - II, in: Journal of Financial Economics, Vol. 6 (Nr. 2/3, Juni/September), S. 297 - 330.

Chen, Nai-Fu/Grundy, Bruce/Stambaugh, Robert F. (1990): Changing risk, changing risk premiums, and dividend yield effects, in: Journal of Business, Vol. 63 (Nr. 1, Part 2), S. 51 - S70.

Christie, William G. (1994): Are dividend omissions truly the cruelest cut of all?, in: Journal of Financial and Quantitative Analysis, Vol. 29 (Nr. 3, September), S. 459 - 480.

Clemm, Herrmann/Jensen, Peter (1995): Kommentierung zu §§ 58, 59 AktG vor § 325 HGB, in: Beck'scher Bilanzkommentar: der Jahresabschluß nach Handels- und Steuerrecht - §§ 238 bis 339 HGB, 3. Auflage, München.

Coenenberg, Adolf G. (1985): Jahresabschluß und Jahresabschlußanalyse, 8. Auflage, Landsberg/Lech.

Coenenberg, Adolf G. (1997): Jahresabschluß und Jahresabschlußanalyse, 16. Auflage, Landsberg/Lech.

Commerzbank (Hrsg.) (1982), (1985), (1988), (1991): Wer gehört zu Wem – Beteiligungsverhältnisse in Deutschland, Frankfurt am Main.

Corrado, Charles J. (1989): A nonparametric test for abnormal security-price performance in event studies, in: Journal of Financial Economics, Vol. 23, S. 385 - 395.

Corrado, Charles J./Zivney, Terry L. (1992): The specification and power of the sign test in event study hypothesis tests using daily stock returns, in: Journal of Financial and Quantitative Analysis, Vol. 27, S. 465 - 478.

De Bondt, Werner/Thaler, Richard (1985): Does the stock market overreact? in: The Journal of Finance, Vol. 40, S. 250 - 274.

De Bondt, Werner/Thaler, Richard (1988): Further evidence on investor overreaction and stock market seasonality, in: The Journal of Finance, Vol. 43, S. 338 - 357.

De Bondt, Werner/Thaler, Richard (1990): Do security analysts overreact?, in: American Economic Review, Vol. 80, S. 514 - 536.

DeAngelo, Harry/DeAngelo, Linda/Skinner, Douglas J. (1992): Dividends and losses, in: The Journal of Finance, Vol. 47 (Nr. 5, Dezember), S. 1837 - 1863.

Denis, David J./Denis, Diane K./Sarin, Atulya (1994): The information content of dividend changes: Cash flow signaling, overinvestment, and dividend clienteles, in: Journal of Financial and Quantitative Analysis, Vol. 29 (Nr. 4, Dezember), S. 567 - 587.

Dewenther, Kathryn L./Warther, Vincent A. (1997): Dividends, asymmetric information, and agency conflicts: Evidence from a comparison of the dividend policies of Japanese and U.S. Firms, Arbeitspapier (University of Washington) August 1997.

Dhillon, Upinder S./Johnson, Herb (1994): The effect of dividend changes on stock and bond prices, in: The Journal of Finance, Vol. 49 (Nr. 1, März), S. 281 - 289.

Dielman, Terry E./Oppenheimer, Henry R. (1984): An examination of investor behavior during periods of large dividend changes, in: Journal of Financial and Quantitative Analysis, Vol. 19 (Nr. 2, Juni), S. 197 - 216.

Dimson, E./Marsh, R.P. (1983): The stability of UK Risk Measures and the problem of thin trading, in: The Journal of Finance, Vol. 38 (Nr. 3, Juni), S. 753 - 783.

Divecha, Arjun/Morse, Dale (1983): Market responses to dividend increases and changes in payout ratios, in: Journal of Financial and Quantitative Analysis, Vol. 18 (Nr. 2, Juni), S. 163 - 173.

Drukarczyk, Jochen (1993): Theorie und Politik der Finanzierung, 2. Auflage, München.

Dubofsky, David A./Bierman, Leonard (1988): The effect of discount dividend reinvestment plan announcements on equity value, in: Akron Business and Economic Review, Vol. 19 (Nr. 2, Summer), S. 56 - 68.

Eades, K (1982): Empirical evidence on dividends as a signal of firm value, in: Journal of Financial and Quantitative Analysis, Vol. 18 (Nr. 4, November), S. 471 - 500.

Eades, Kenneth M./Hess, Patrick J./Kim, E. Han (1984): On interpreting security returns during the ex-dividend period, in: Journal of Financial Economics, Vol. 13 (March), S. 3 - 34.

Eades, Kenneth M./Hess, Patrick J./Kim, E. Han (1985): Market rationality and dividend announcements, in: Journal of Financial Economics, Vol. 14 (Dezember), S. 581 - 604.

Easterbrook, Frank H. (1984): Two agency-cost explanations of dividends, in: American Economic Review, Vol. 74 (Nr. 4, September), S. 650 - 659.

Easton, S A. (1991): Earning and dividends: Is there an interaction effect?, in: Journal of Business Finance and Accounting, Vol. 18 (Nr. 2), S. 255 - 266.

Eddy, Albert/Seifert, Bruce (1988): Firm size and dividend announcements, in: The Journal of Financial Research, Vol. 11 (Nr. 4, Winter), S. 295 - 302.

Eddy, Albert/Seifert, Bruce (1992): Stock price reactions to dividend announcements: Contemporaneous versus noncontemporaneouns announcements, in: The Journal of Financial Research, Vol. 15 (Nr. 3), S. 207 - 217.

Elton, Edwin J./Gruber, Martin J. (1970): Marginal stockholder tax rates and the clientele effect, in: The Review of Economics and Statistics, Vol. 52 (Nr. 1, Februar), S. 68 - 74.

Entrup, Ulrich (1993): Kapitalmarktreaktionen auf die Ausgabe von Anleihen, Arbeitspapier (Universität Frankfurt) Juli 1993.

Entrup, Ulrich (1993): Kapitalmarktreationen auf die Ausgabe von Anleihen, Arbeitsbericht.

Ewert, Ralf (1986): Rechnungslegung, Gläubigerschutz und Agency-Probleme, Wiesbaden.

Fama, Eugene F. (1970): Efficient capital markets: A review of theory and empirical work, in: The Journal of Finance, Vol. 25, S. 383 - 417.

Fama, Eugene F. (1991): Efficient capital markets II, in: Journal of Finance, Vol. 46, S. 1575 - 1617.

Fama, Eugene F./Babiak, Harvey (1968): Dividend policy: An empirical analysis, in: Journal of the American Statistical Association, Vol. 63 (Dezember), S. 1132 - 1161.

Fama, Eugene F./MacBeth, James D. (1973): Risk, return and equilibrium - Empirical tests; in: The Journal of Political Economy, Vol. 81 (Nr. 3, Mai/Juni), S. 607 - 639.

Fehrs, Donald H./Benesh, Gary A./Peterson, David R. (1988): Evidence of a relation between stock price reactions around cash dividend changes and yields, in: The Journal of Financial Research, Vol. 11 (Nr. 2, Summer), S. 111 - 123.

Filbeck, Greg/Mullineaux, Donald J. (1993): Regulatory monitoring and the impact of bank holding company dividend changes on equity returns, in: Financial Review, Vol. 28 (Nr. 3), S. 403 - 415.

Firth, Michael (1996): Dividend changes, abnormal returns, and intra-industry firm valuations, in: Journal of Financial and Quantitative Analysis, Vol. 31 (Nr. 2, Juni), S. 189 - 211.

Fooladi, Iraj/Roberts, Gordon S. (1988): Dividend changes and preferred stock returns, Vol. 1 (Nr. 1, Autumn), S. 96 - 112.

Förschle, Gerhardt/Kofahl, Günther (1995): Kommentierung zu § 272 HGB, in: Beck'scher Bilanzkommentar: der Jahresabschluß nach Handels- und Steuerrecht - §§ 238 bis 339 HGB, 3. Auflage, München.

Franke, Günter (1987): Costless signalling in financial markets, in: The Journal of Finance, Vol. 42 (September), S. 809 - 822.

Gebhardt, Günther/Entrup, Ulrich (1993): Kapitalmarktreationen auf die Ausgabe von Optionsanleihen, in: Bühler, W./Hax, H./Schmidt, R. (Hrsg.): Empirische Kapitalmarktforschung, Zeitschrift für betriebswirtschaftliche Forschung, Sonderheft 31, S. 1 - 31.

Gebhardt, Günther/Entrup, Ulrich/Heiden, Stefan (1994): Kursreaktionen auf Kapitalerhöhungen aus Gesellschaftsmitteln, in: Zeitschrift für Bankrecht und Bankwirtschaft, Vol. 6 (Nr. 4, November), S. 308 - 332.

Gerke, Wolfgang/Oerke, Marc/Sentner, Arnd (1997): Der Informationsgehalt von Dividendenänderungen auf dem deutschen Aktienmarkt, in: Die Betriebswirtschaft, Vol. 57 (Nr. 6), S. 810 - 822.

Ghosh, Chinmoy/Woolridge, Randall J. (1988): An analysis of shareholder reaction to dividend cuts and omissions, in: The Journal of Financial Research, Vol. 11 (Nr. 4, Winter), S. 281 - 294.

Ghosh, Chinmoy/Woolridge, Randall J. (1991): Dividend omissions and stock market rationality, in: Journal of Business Finance & Accounting, Vol. 18 (Nr. 3, April), S. 315 - 330.

Gordon, Myron J. (1959): Dividends, earnings and stock prices, in: The Review of Economics and Statistics, Vol. 41 (Nr. 2), S. 99 - 105.

Gordon, Myron J. (1962): The savings investment and valuation of a corporation, in: Review of Economics and Statistics, Vol. 44 (Nr. 1), S. 37 - 51.

Gosnell, Thomas F./Keown, Arthur J./Pinkerton, John M. (1996): The intraday speed of stock price adjustment to major dividend changes: Bid-ask bounce and order flow imbalance, in: Journal of Banking & Finance, Vol. 20, S. 247 - 266.

Green, Peter J. (1993): The interaction effect of earnings and dividend signals on future earnings: UK empirical evidence, Arbeitspapier (University of Ulster) Mai 1993.

Grossman, S J./Hart, O D. (1982): Corporate financial structure and mangerial incentives, in: McCall, J (Hrsg.): The Economics of Information and Uncertainty, Chicago (Il.).

Gujarati, Damodar N. (1995): Basic Econometrics, 3. Auflage, New York u.a.

Haegert, Lutz/Lehleiter, Peter (1985): Das Ausschüttungsverhalten deutscher Aktiengesellschaften unter dem Einfluß der Körperschaftsteuerreform, in: Zeitschrift für betriebswirtschaftliche Forschung, Vol. 37 (Nr. 10), S. 912 - 923.

Handjinicolaou, George/Kalay, Avner (1984): Wealth redistributions or changes in firm value: An analysis of return to bondholders and stockholders around dividend announcements, in: Journal of Financial Economics, Vol. 13, S. 35 - 63.

Hartmann-Wendels, Thomas (1986): Dividendenpolitik bei asymmetrischer Informationsverteilung, Wiesbaden.

Haw, In-Mu/Kim, Wi-Saeng (1991): Firm size and dividend announcement effect, in: Journal of Accounting, Auditing & Finance, Vol. 6, S. 325 - 347.

Healy, Paul M./Palepu, Krishna G. (1988): Earnings information conveyed by dividend initiations and omissions, in: Journal of Financial Economics, Vol. 21 (September), S. 149 - 175.

Heiden, Stefan/Gebhardt, Günther/Burkhardt, Irmelin (1997): Einflußfaktoren für Kursreaktionen auf die Ankündigung von Kapitalerhöhungen deutscher Aktiengesellschaften, Arbeitspapier 9 der Working Paper Series: Finance (Universität Frankfurt) Dezember 1997.

Heikkilä, Toni (1996), The information conveyed by cash dividend and simultaneous earnings announcements, Working Paper Turku School of Economics and Business Administration, Stand: March 1996.

Hietala, P./Löyttyniemi, T. (1991): An implicit dividend increase in rights issues: Theory and evidence, in: Löyttyniemi (Hrsg.): Essays on corporate capital structure decisions, Helsinki.

Higgins, Robert C. (1972): The corporate dividend-saving decision, in: Journal of Financial and Quantitative Analysis, March, S. 1527 - 1541.

Hoppenstedt (1980) bis (1990): Saling Aktienführer 1981 bis 1991, Darmstadt.

Howe, Keith M./He, Jia/Kao, G. Wenchi (1992): One-time cash flow announcements and free cash-flow theory: Share repurchases and special dividends, in: Journal of Finance, Vol. 47 (Nr. 5, Dezember), S. 1963 - 1975.

Iber, B. (1987): Entwicklung der Aktionärsstruktur börsennotierter deutscher Aktiengesellschaften, Kiel.

Ikenberry, David/Lakonishok, Josef/Vermaelen, Theo (1995): Market underreaction to open market share repurchases, in: Journal of Financial Economics, Vol. 39 (Nr. 2/3, Oktober/November), S. 181 - 209.

Impson, C. Michael/Karafiath, Imre (1992): A note on the stock market reaction to dividend announcements, in: Financial Review, Vol. 27 (Nr. 2), S. 259 - 271

Jain, Prem (1986): Analysis of the distribution of security market model prediction errors for daily returns data, in: Journal of Accounting Research, Vol. 24 (Nr. 1), S. 76 - 96.

Jalilvand, Abolhassan/Harris, Robert S. (1984): Corporate behavior in adjusting to capital structure and dividend targets: An econometric study, in: The Journal of Finance, Vol. 39 (Nr.1, März), S. 127 - 145.

Jarque, C.M./Bera, A.K. (1980): Efficient testas for normality, homoscedasticity and serial independence of regression rediduals, in: Economics Letters, Vol. 6, S. 255 - 259.

Jarque, C.M./Bera, A.K. (1987): A test for normality of observations and regression rediduals, in: International Statistical Review, Vol. 55, S. 163 - 172.

Jensen, Gerald R./Johnson, James M. (1995): The dynamics of corporate dividend reductions, in: Financial Management, Vol. 24 (Nr. 4, Winter), S. 31 - 51.

Jensen, Michael C. (1986): Agency costs of free cash flow, corporate finance, and takeovers, in: American Economic Review, Vol. 76 (Nr. 2), S. 21 - 48.

John, Kose/Lang, Larry H.P. (1991): Insider Trading around dividend announcements: Theory and evidence, in: The Journal of Finance, Vol. 46 (Nr. 4, September), S. 1361 - 1389.

John, Kose/Williams, Joseph (1985): Dividends, dilution, and taxes: A signalling equilibrium, in: The Journal of Finance, Vol. 40 (Nr. 4, September), S. 1053 - 1070.

Kalay, Avner (1980): Signaling, information content, and the reluctance to cut dividends, in: Journal of Financial and Quantitative Analysis, Vol. 15 (Nr. 4, November), S. 855 - 869.

Kalay, Avner (1982a): Stockholder-bondholder conflict and dividend constraints, in: Journal of Financial Economics, Vol. 10 (Juli), S. 211 - 233.

Kalay, Avner (1982b): The ex-dividend day behavior of stock prices: A re-examination of the clientele effect, in: The Journal of Finance, Vol. 37 (Nr. 4, September), S. 1059 - 1070.

Kalay, Avner/Loewenstein, Uri (1985): Predictable events and excess returns: The case of dividend announcements, in: Journal of Financial Economics, Vol. 14, S. 423 - 449.

Kane, Alex/Lee, Young Ki/Marcus, Alan (1984): Earnings and dividend announcements: Is there a corroboration effect, in: The Journal of Finance, Vol. 39 (Nr. 4, September), S. 1091 - 1099.

Kao, Chihwa/Wu, Chunchi (1994): Tests of dividend signalling using the Marsh-Merton model: A generalized friction approach, in: Journal of Business, Vol. 67 (Nr. 1), S. 45 - 68.

Karpoff, Jonathan M./Walking, Ralph A. (1988): Short-term trading around ex-dividend days: Additional evidence, in: Journal of Financial Economics, Vol. 21, S. 292 - 298.

Kato, Kiyoshi/Loewenstein, Uri/Tsay, Wenyuh (1997): Voluntary dividend announcements in Japan, in: Pacific-Basin Finance Journal, Vol. 5 (Nr. 2), S. 167 - 193.

Kolb (1981): Predicting dividend changes, in: Journal of Economics and Business, Vol. 33 (Nr. 3), S. 218 - 230.

König, Rolf Jürgen (1990): Ausschüttungsverhalten von Aktiengesellschaften, Besteuerung und Kapitalmarktgleichgewicht, Hamburg.

König, Rolf Jürgen (1991): Dividende und Jahresüberschuß, in: Zeitschrift für Betriebswirtschaft, Vol. 61 (Nr. 10), S. 1149 - 1155.

KPMG (Hrsg.) (1995): Financial Instruments, Frankfurt.

Kumar, Praveen (1988): Shareholder-manager conflict and the information content of dividends, in: Review of Financial Studies, Vol. 1 (Nr. 2, Summer), S. 111 - 136.

Kwan, Clarence C.Y. (1981): Efficient market tests of the informational content of dividend announcements: Critique and extensions, in: Journal of Financial and Quantitative Analysis, Vol. 16 (Nr. 2, June), S. 193 - 206.

Lang, Larry H.P./Litzenberger, Robert H. (1989): Dividend Announcements, Cash flow signalling vs. free cash flow hypothesis?, in: Journal of Financial Economics, Vol. 24, S. 181 - 191.

Laub, P. Michael (1972): Some aspects of the aggregation problem in the dividend-earnings relationship, in: Journal of the American Statistical Association, Vol. 67 (September), S. 552 - 559.

Laub, P. Michael (1976): On the informational content of dividends, in: Journal of Business, Vol. 49 (Januar), S. 73 - 80.

Leftwich, Richard/Zmijewski, Mark E. (1991) Contemporaneous announcements of dividends and earnings, in: Journal of Accounting, Auditing & Finance, Vol. 29, S. 725 - 762.

Leuz, Christian/Deller, Dominic/ Stubenrath, Michael (1998): An international comparison of accounting-based payout restrictions in the United States, United Kingdom and Germany, in: Accounting and Business Research, Vol. 28 (Spring), S. 111 – 129.

Lewellen, Wilbur G./Stanley, Kenneth L./Lease, Ronald C./Schlarbaum, Gary G. (1978): Some evidence on the dividend clientele phenomenon, in: The Journal of Finance, Vol. 33 (Nr. 5), S. 1385 - 1399.

Lintner, John (1956): Distribution of incomes of corporations among dividends, retained earnings and taxes, in: The American Economic Review, Vol. 46 (Nr. 2, Mai), S. 97 - 118.

Litzenberger, Robert H./Ramaswamy, Krishna (1979): The effect of personal taxes and dividends on capital asset prices: Theory and empirical evidence, in: Journal of Financial Economics, Vol. 7 (Juni), S. 163 - 195.

Litzenberger, Robert H./Ramaswamy, Krishna (1980): Dividends, short selling restrictions, tax-induced clienteles and market equilibrium, in: The Journal of Finance, Vol. 35 (Nr. 2, Mai), S. 468 - 482.

MacKinlay, A. Craig (1997): Event Studies in Economics and Finance, in: Journal of Economic Literature, Vol. 35 (March), S. 13 - 39.

Makhija, Anil K./Thompson, Howard E. (1986): Some aspects of equilibrium for a cross-section of firms signalling profitability with dividends: A note, in: Journal of Finance, Vol. 41 (Nr. 1, März), S. 249 - 253.

Manakyan, Herman/Carroll, Carolyn (1990): An empirical examination of the existence of a signaling value function for dividends, in: The Journal of Financial Research, Vol. 13 (Nr. 3, Fall), S. 201 - 210.

Marsh, Terry A./Merton, Robert C. (1987): Dividend behavior for the aggregate stock market, in: Journal of Business, Vol. 60 (Januar), S. 1 - 40.

McDonald, John G./Jacquillat, Bertrand/Nussenbaum, Maurice (1975): Dividend, investment and financing decisions: Empirical evidence on French firms, in: Journal of Financial and Quantitative Analysis, Vol. 10 (Dezember), S. 741 - 755.

Merton, Robert C. (1987): A simple model of capital market equilibrium with incomplete information, in: The Journal of Finance, Vol. 42 (Nr. 3, Juli), S. 483 - 510.

Michaely, Roni (1991): Ex-dividend day stock price behavior: The case of the 1986 Tax Reform Act, in: The Journal of Finance, Vol. 46 (Nr. 3, Juli), S. 845 - 860.

Michaely, Roni/Thaler, Richard H./Womack, Kent L. (1995): Price reactions to dividend initiations and omissions: Overreaction or drift? in: The Journal of Finance, Vol. 50 (Nr. 2, Juni), S. 573 - 608.

Milde, Hellmuth (1990): Dividendenhöhe als Signal, in: Wirtschaftswissenschaftliches Studium, Vol. 15 (Heft 7, Juli), S. 334 - 339.

Miller, Merton H. (1985): Dividend policy under asymmetric information, in: The Journal of Finance, Vol. 40 (September), S. 1031 - 1051.

Miller, Merton H. (1986): Behavioral rationality in finance: The case of dividends, in: Journal of Business, Vol. 59 (Nr. 4, Oktober), S. 451 - 468.

Miller, Merton H. (1987): The informational content of dividends, in: Dornbusch, Rüdiger F./Fisher, Stanley/Bosons, John (Hrsg.): Macroeconomics and finance: Essays in honor of Franco Modigliani, Cambridge Mass., S 37 - 58.

Miller, Merton H./Modigliani, Franco (1961): Dividend policy, growth, and the valuation of shares, in: Journal of Business, Vol. 34 (Nr. 4), S. 411 - 433.

Miller, Merton H./Rock, Kevin (1985): Dividend Policy under asymetric information, in: The Journal of Finance, Vol. 40 (Nr. 4, September), S. 1031 - 1051.

Miller, Merton H./Scholes, Myron S. (1978): Dividends and taxes, in: Journal of Financial Economics, Vol. 6, S. 333 - 364.

Miller, Merton H./Scholes, Myron S. (1982): Dividend and taxes: Empirical evidence, in: Journal of Political Economy, Vol. 90 (Nr. 6, Dezember), S. 1118 - 1141.

Myers, Stewart C./Majluf, Nicholas S. (1984): Corporate financing and investment decisions when firms have information that investors do not have, in: Journal of Financial Economics, Vol. 13, S. 187 - 221.

Nakamura, Alice/Nakamura, Masao (1985): Rational expectations and the firm's dividend behaviour, in: Review of Economics and Statistics, Vol. 67 (Nr. 4, November), S. 606 - 615.

Nakamura, Masao (1989): Asymmetry in the dividend behaviour of US and Japanese firms, in: Managerial and Decision Economics, Vol. 10, S. 261 - 274.

Ofer, Aahron R./Siegel, Daniel R. (1987): Corporate financial policy, information, and market expectations: An empirical investigation of dividends, in: The Journal of Finance, Vol. 42 (Nr. 4, September), S. 889 - 911.

Patell, James A. (1976): Corporate Forecasts of earnings per share and stock price behaviour: Empirical Tests, in: Journal of Accounting Research, Vol. 14 (Nr. 2), S. 246 - 276.

Patell, James M./Wolfson, Mark A. (1984): The intraday speed of adjustment of stock prices to earnings and dividend announcements, in: Journal of Financial Economics, Vol. 13, S. 223 - 252.

Penman, Stephen H. (1983): The predictive content of earnings forecasts and dividends, in: The Journal of Finance, Vol. 38 (Nr. 4, September), S. 1181 - 1199.

Peterson, Pamela P. (1989): Event studies: A review of issues and methodology, in: Quarterly Journal of Business and Economics, Vol. 28, S. 36 - 66.

Pettit, R. Richardson (1972): Dividend announcements, security performance and capital market efficiency, in: The Journal of Finance, Vol. 27 (Nr. 5, Dezember), S. 993 - 1007.

Polonchek, John/Slovin, Myron B./Sushka, Marie E. (1989): Valuation effects of commercial bank securities offerings - A test of the information hypothesis, in: Journal of Banking and Finance, Vol. 13 (Nr. 3), S. 443 - 461.

Poterba, James M./Summers, Lawrence H. (1984): New evidence that taxes affect the valuation of dividends, in: The Journal of Finance, Vol. 39 (Nr. 5, Dezember), S. 1397 - 1415.

Ravid, S. Abraham/Sarig, Oded H. (1991): Financial signalling by committing to cash outflows, in: Journal of Financial and Quantitative Analysis, Vol. 26 (Nr. 2, June), S. 165 - 180.

Ritter, Jay R. (1991): The long-run performance of initial public offerings, in: The Journal of Finance, Vol. 46 (Nr. 1, März), S. 3 – 28.

Röder, Klaus (1998): Die Informationswirkungen von Ad Hoc-Meldungen, Arbeitspapier 162 des Instituts für Statistik und Mathmatische Wirtschaftstheorie, Universität Augsburg.

Rosenfeld, James (1983): The effect of common-stock dividend reductions on the return of non-convertible preferred stocks: A note, in: The Journal of Finance, Vol. 38 (Nr. 5, Juni), S. 1019 - 1024.

Saling, Claus (1981): Die Reaktion des Aktienmarktes auf wesentliche Ausschüttungsänderungen,

Sant, Rajiv/Cowan, Arnold R. (1994): Do dividends signal earnings? The case of omitted dividends, in: Journal of Banking & Finance, Vol. 18 (Nr. 6, Dezember), S. 1113 - 1133.

Scholes, Myron/Williams, Joseph (1977): Estimating betas from nonsynchronous data, in: Journal of Financial Economics, Vol. 5, S. 309 - 327.

Seifert, Bruce (1997): Earnings and dividend changes: An international study, in Journal of Multinational Financial Management, Vol. 7, S. 71 - 81.

Sharpe, William F. (1963): A simplified model for portfolio analysis, in: Management Science, Vol. 9 (Nr. 2), S. 277 - 293

Shefrin, Hersh M./Statman, Meir (1984): Explaining investor preference for cash dividends, in: Journal of Financial Economics, Vol. 13, S. 253 - 282.

Shleifer, Andrei/Vishny, Robert W. (1997): A survey of corporate governance, in: The Journal of Finance, Vol. 52 (Nr. 2, Juni), S. 737 - 783.

Sick, Gordon (1981): Discussion: Asymmetric information, signalling and optimal corporate financial decisions, in: Journal of Financial and Quantitative Analysis, Vol. 14 (Nr. 4, November), S. 437 - 438.

Slovin, Myron S./Sushka, Marie E./Polonchek, John A. (1992): Informational externalities of seasoned equity issues, in: The Journal of Financial Economics, Vol. 32 (Nr. 1), S. 273 - 307.

Spremann, Klaus (1990): Investition und Finanzierung, 3. Auflage, München, Wien.

Swoboda, Peter (1994): Betriebliche Finanzierung, 3. Auflage, Heidelberg.

Talmor, Eli (1981): Asymmetric information, signalling and optimal corporate financial decisions, in: Journal of Financial and Quantitative Analysis, Vol. 14 (Nr. 4, November), S. 413 - 435.

Thompson, Rex (1995): Empirical methods of event studies in corporate finance, in: Jarrow, R.A./Maksimovic, V./Ziemba, W.T. (Hrsg.): Handbooks in Operations Research and Management Science: Finance, Amsterdam u.a.

Uhlir, Helmut/Steiner, Peter (1994): Wertpapieranalyse, 3. Auflage, Heidelberg.

Wansley, James W./Lane, William R. (1987): A financial profile of the dividend initiating firm, in: Journal of Business Finance & Accounting, Vol. 14 (Nr. 3, Autumn), S. 425 - 436.

Watts, Ross (1973): The information content of dividends, in: Journal of Business, Vol. 46 (April), S. 191 - 211.

Williams, John B. (1938): The theory of investment value, Cambridge (Ma.).

Williams, Joseph (1988): Efficient signaling with dividends, investment, and stock repurchases, in: The Journal of Finance, Vol. 43 (Nr. 3, Juli), S. 737 - 748.

Woolridge, J. Randall (1982): The information content of dividend changes, in: Journal of Financial Research, Vol. 5 (Nr. 3, Fall), S. 237 - 247.

Woolridge, J. Randall (1983): Dividend changes and security prices, in: The Journal of Finance, Vol. 38 (Nr. 5, Dezember), S. 1607 - 1615.

Yoon, Pyung Sig/Starks, Laura T. (1995): Signaling, investment opportunities, and dividend announcements, in: Review of Financial Studies, Vol. 8 (Nr. 4), S. 995 - 1018.

Lebenslauf

Stefan Heiden

Persönliche Daten:

geboren	15. April 1968 in Frankfurt a.M.
Adresse	Yorckstraße 29, 76185 Karlsruhe

Schulausbildung:

1974 - 1978	Grundschule in Bad Nauheim
1978 - 1987	Gymnasium in Bad Nauheim

Wehrdienst:

Juli 1987 - Sep. 1988	Grundwehrdienst in Kassel

Studium:

Okt. 1988 - Dez. 1993	Studium der Wirtschaftswissenschaften an der Johann Wolfgang Goethe-Universität, Frankfurt a.M. *(Zwischenprüfung: Juni 1990, Diplomprüfung: Dezember 1993)*
Okt. 1990 - Juni 1991	ECTS-Student an der University of Lancaster, England *(Abschluß: Diploma in Business Analysis)*
Jan. 1994 - Dez. 1998	Promotionsstudium an der Johann Wolfgang Goethe-Universität, Frankfurt a.M. *(Promotion Juni 2000)*

Berufstätigkeit:

Jan. 1994 – Dez. 1998	Wissenschaftlicher Mitarbeiter an der Professur für Rechnungswesen, Finanzierung und Kapitalmarktforschung (Prof. Dr. G. Gebhardt) an der Johann Wolfgang Goethe-Universität, Frankfurt a.M.
seit Jan. 1999	Angestellter in der Finanzabteilung der IWKA AG, Karlsruhe

Wissenschaftliche Lehrer:

Prof. Dr. Gebhardt, Prof. Dr. Ordelheide

Karlsruhe, im September 2001

GPSR Compliance

The European Union's (EU) General Product Safety Regulation (GPSR) is a set of rules that requires consumer products to be safe and our obligations to ensure this.

If you have any concerns about our products, you can contact us on ProductSafety@springernature.com

In case Publisher is established outside the EU, the EU authorized representative is:

Springer Nature Customer Service Center GmbH
Europaplatz 3
69115 Heidelberg, Germany

Batch number: 10816681

Printed by Printforce, the Netherlands